漯河市林业园林志

Luoheshi linyeyuanlinzhi

1986～2012

《漯河市林业园林志》编纂委员会 编

中国林业出版社

图书在版编目（CIP）数据

漯河市林业园林志：1986 ~ 2012/《漯河市林业园林志》编纂委员会编 .– 北京：中国林业出版社，2014.4

ISBN 978-7-5038-7400-0

Ⅰ.①漯… Ⅱ.①漯… Ⅲ.①林业史 – 漯河市 –1986 ~ 2012 Ⅳ.① F326.276.13

中国版本图书馆 CIP 数据核字（2014）第 037793 号

责任编辑 杨长峰
曹 慧
封面设计 曹 慧

出 版 中国林业出版社（100009 北京西城区刘海胡同 7 号）
http://lycb.forestry.gov.cn
E-mail:forestbook@163.com 电话：(010)83222880
发 行 中国林业出版社
制版印刷 北京中科印刷有限公司
版 次 2014 年 4 月第 1 版
印 次 2014 年 4 月第 1 次
开 本 889mm × 1194mm 1/16
字 数 500 千字 插图约 470 幅
印 张 23.25
印 数 1 ~ 5000 册
定 价 160.00 元

《漯河市林业园林志》
编纂委员会

主　　任：宋孟欣

副 主 任：李军学　王九龙　侯贡献　陈红霞　亓春华　赵自申　刘建清　王建中　张国乾

成　　员：周红菊　刘浩洪　朱振江　范五洲　吕云峰　高　云　师军杰　董秋彪　杨仲海　黄素萍　朱树安　魏华民　董道林　乔　华　闫安利　蔡联军　郭振业　郭俊强　周艳玲　田爱芳　张培营　张幸福　张文峰　孙要顺　陈海波　吕伟阳

编辑部

主　　编：宋孟欣

执行主编：侯贡献　范五洲

副 主 编：王绍鲜　梁晓红　朱　贺　朱春梅　刘　辉　魏花梅　孙会灵　张俊芳　李　凌　何　平　魏占海　李安启　闫华峰　翟留成　李瑞涛

编辑部主任：王绍鲜

编写人员（按姓氏笔画为序）：

王　奇　王月妹　王亚娟　王孟全　王晓楠　付丹贺　朱　琳　米　珺　刘占东　许天昌　苏　婷　杨　蕾　李　楠　李向阳　李绘红　李艳娜　李淑芳　吴晓泉　汪熙均　宋明亮　张　峰　武　君　赵基元　袁　琼　袁丹丹　袁同印　郭进才　郭迎春　黄　鹏　曹　阳　龚伟峰　崔　丹　彭　华　葛瑞琼　董庆敏　程绍忠　程海欣　焦宝山　靳红涛　翟耀东

创造最具竞争力的
生态宜居名城，环保工作者
责任重大，使命光荣。

靳克文

2010.8.12

中共漯河市委书记　靳克文

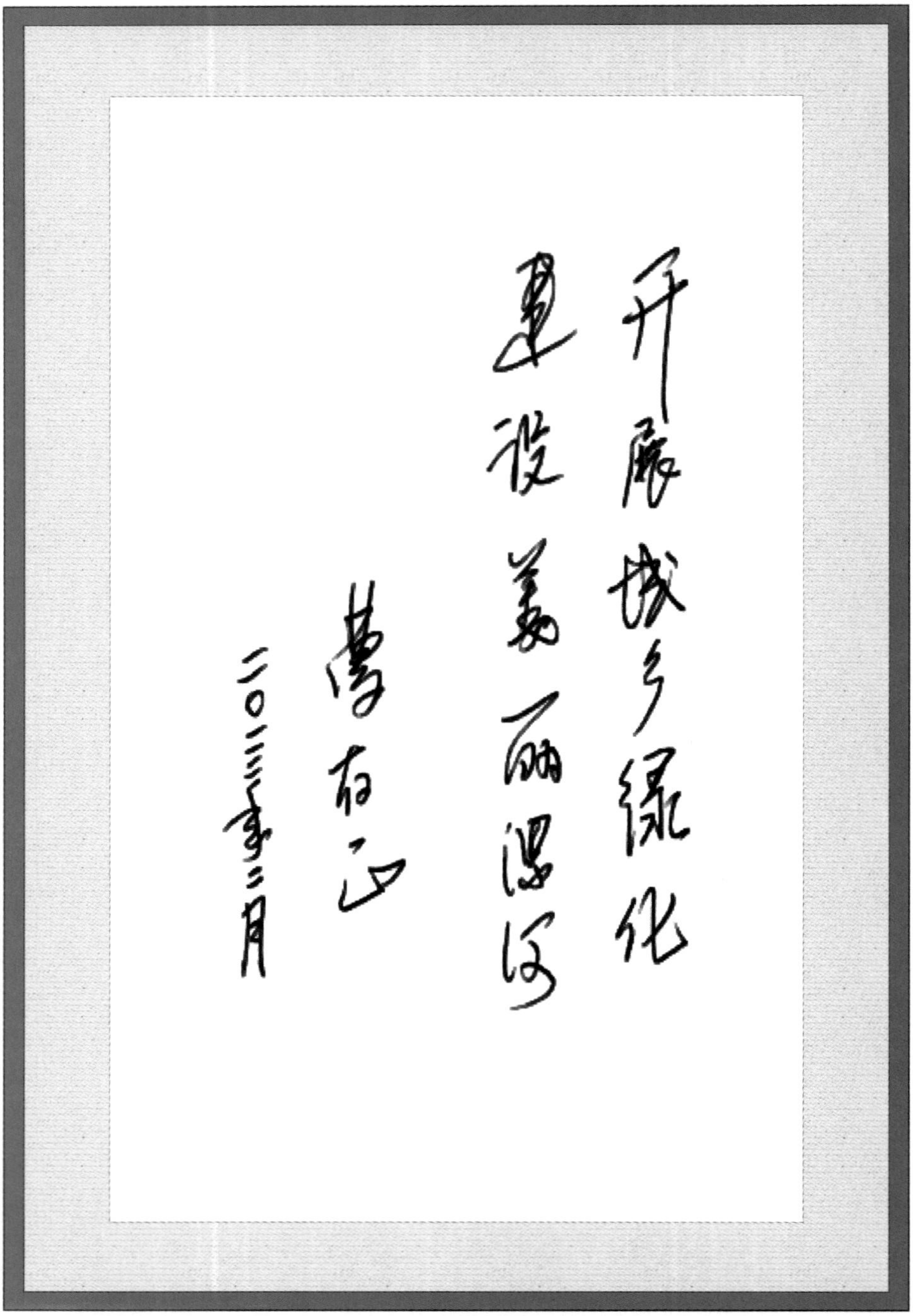

漯河市人民政府市长　曹存正

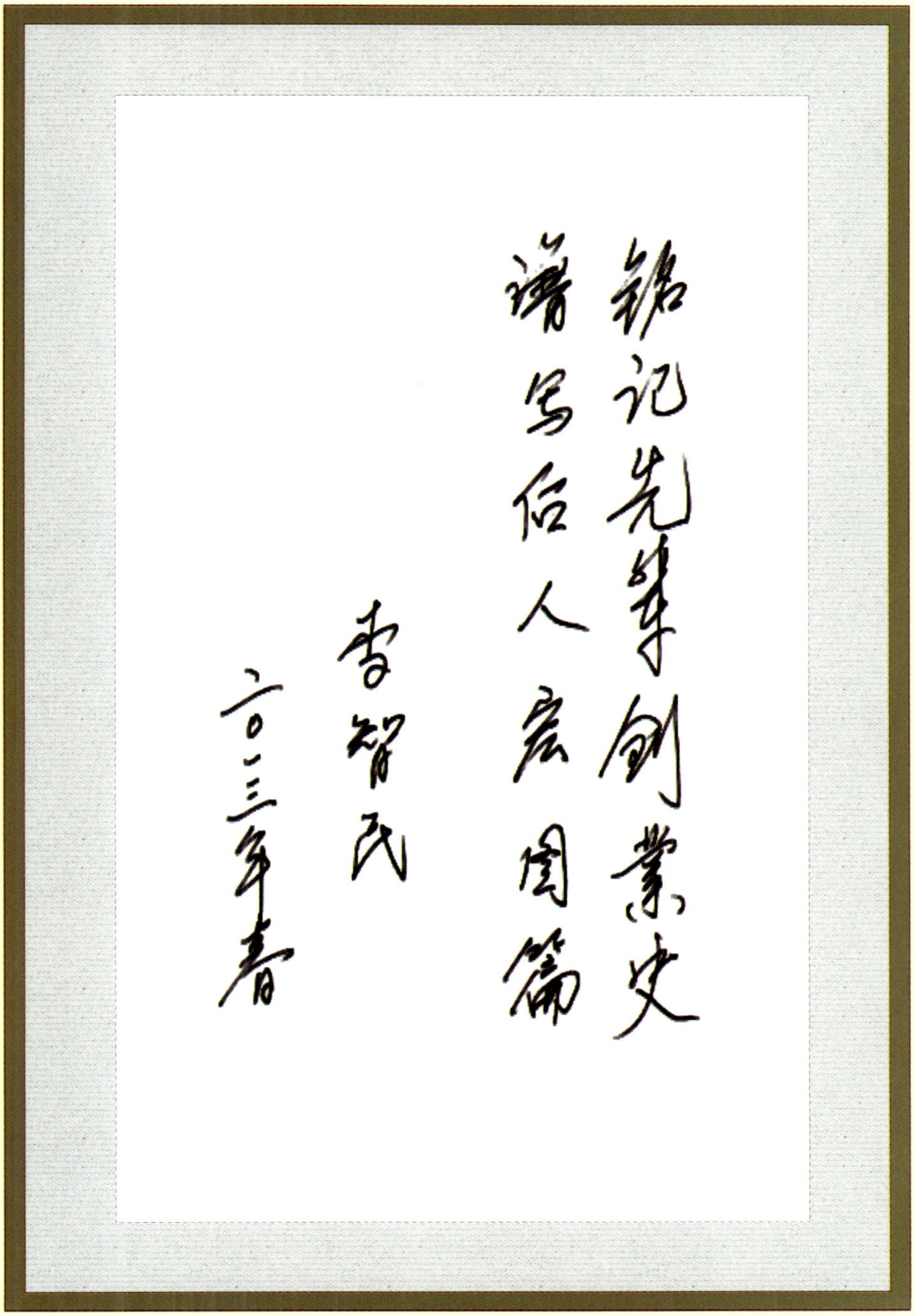

中共漯河市委副书记、纪委书记　李智民

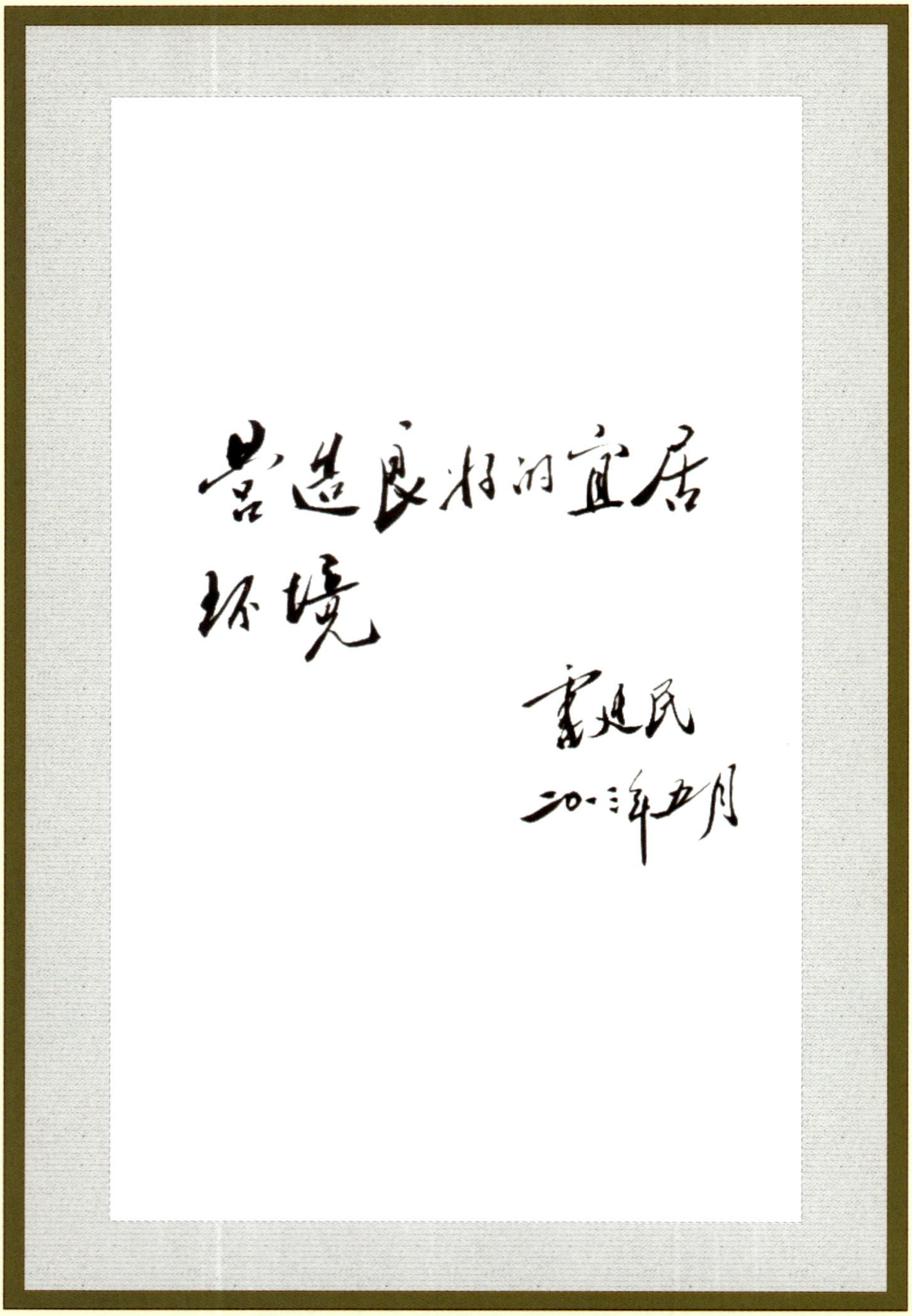

漯河市人大常委会主任　雷建民

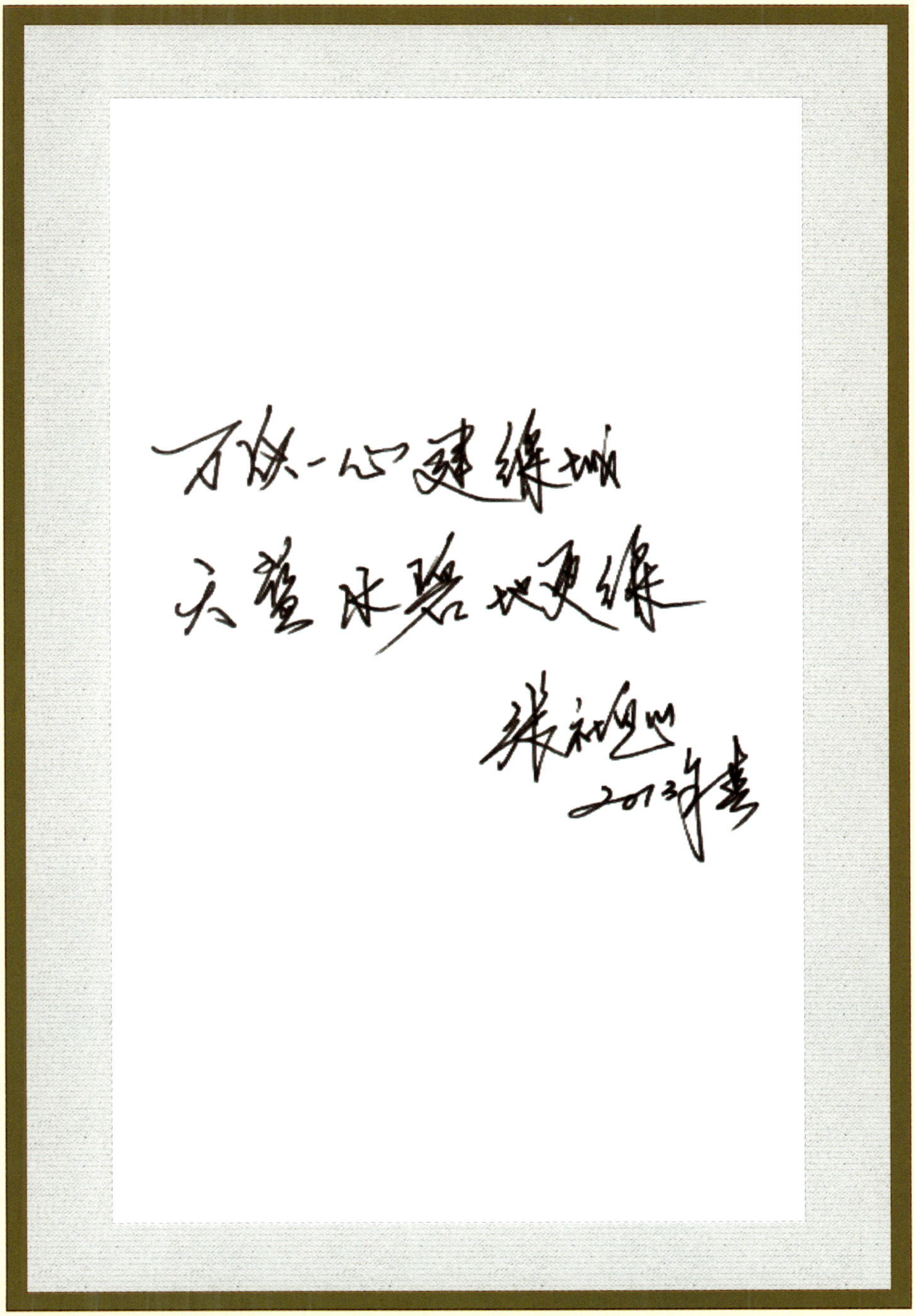

漯河市政协主席　张社魁

2009 年 4 月 9 日，原中共中央政治局委员、军委副主席、国务委员兼国防部部长曹刚川（右二）在漯河市委书记靳克文（右一）陪同下到母校漯河高中植树

2010 年 9 月 26 日，全国政协副主席罗富和（前排左四）、国家林业局局长贾治邦（前排左三）、河南省省长郭庚茂（前排左五）等领导参观由漯河市林业和园林局承建的中国·郑州绿博园河南园区。市林业和园林局局长宋孟欣（前排左二）陪同。

2010 年 8 月 18 日，河南省委书记卢展工（右二）视察由漯河市林业和园林局承建的中国·郑州绿博园河南园区。省林业厅厅长王照平（左二）陪同

2007 年 9 月 16 日，河南省省长李成玉（右一）视察漯河林业建设。省林业厅厅长王照平（左一）、漯河市委书记靳克文（左二）、市长祁金立（右二）陪同。

2008 年 11 月 6 日，国家林业局党组成员、纪检组长杨继平（右二）、国家林业局宣传办公室副主任叶智（左二）在漯河市市长祁金立（右一）、市委副书记张社魁（右三）等陪同下调研漯河市国家森林城市创建工作

2010 年 9 月 14 日，河南省副省长刘满仓（前排左一）、省林业厅厅长王照平（二排左一）视察中国·郑州绿化博览园漯河园

2001 年 7 月 1 日，国家园林城市验收组在漯河市副市长陈传进（右一）陪同下视察银河公园

2008 年 4 月 14 日，国家林业局新闻发言人、宣传办主任曹清尧（右一）在漯河市副市长库凤霞（中）陪同下，调研漯河市森林城市建设和林权制度改革工作

2008 年 5 月 18 日，国家林业局林改办副主任江机生（左二）在漯河市委副书记张社魁（右一）陪同下调研漯河市集体林权制度改革工作

2008 年 11 月 30 日，国家林业局宣传办公室主任程红（右二）、国家林业局森林资源管理司副司长王祝雄（右一）调研漯河市集体林权制度改革工作。省林业厅林改办副主任王胜文（左二）陪同

2009 年 2 月 23 日，中国风景园林学会副理事长张树林（右一）带领专家组对漯河市国家园林城市进行复查验收。河南省建设厅城市规划与风景园林处副处长张传慧、调研员杨生年参加，市林业园艺局局长宋孟欣陪同

2009 年 8 月 8 日，国家林业局集体林权制度改革领导小组副组长黄建兴（右四）在漯河市调研。副市长库凤霞（右三）陪同

2009 年 9 月 13 日，中国科学院院士蒋有绪（中），国家林业局宣传办公室副主任、中国森林城市论坛组委员副秘书长叶智（右二）在沙澧公园实地考察。漯河市市长祁金立（左二），市委常委、秘书长杨国志（左一）陪同

2012 年 12 月 5 日，国家林业局林业工作站管理总站站长潘世学（右一）考察漯河市林业工作

2010 年 9 月 23 日，河南省林业厅副厅长张胜炎（左五）、植树造林处处长师永全（左六）出席中国 · 郑州绿化博览园豫华园开园仪式

2012 年 3 月 8 日，河南省林业厅副厅长丁荣耀（右二）督导漯河市春季植树造林工作

2011 年 11 月 29 日，河南省中幼龄林修枝抚育现场会在漯河市召开。省林业厅副巡视员王学会（左二）出席会议，漯河市委常委、副市长刘瑞红（左一）等陪同

1997 年 4 月 15 日，漯河市市长陈全国（中），市政府副秘书长、市建委主任邵成山（右一）到烟花厂花园视察绿化工作

2009 年 4 月 27 日，漯河市委书记靳克文（左四）、市长祁金立（中）、市人大常委会主任雷建民（左三）、市政协主席王俊才（右四）等市领导参加沙澧公园澧河景区开园仪式

2012 年 1 月 30 日，漯河市委书记靳克文（中）、市长曹存正（右一）参加义务植树活动

2012 年 6 月 21 日，漯河市第四届优质鲜桃采摘节在郾城区龙城镇开幕。漯河市委副书记、纪委书记李智民，市委常委、副市长刘瑞红出席开幕式

2010 年 1 月 20 日，漯河市委常委、市政法委书记崔新芳（左三），市人大常务副主任蒋自周（右一）参加市林业和园林局揭牌仪式

2002 年 3 月 26 日，漯河市副市长薛豫宛（右二）到县（区）调研指导农田林网建设情况

2012 年 7 月 23 日，漯河市副市长高喜东（右一）调研市园林管理处园林科研示范基地

1998年9月25日，河南省建设厅绿化处处长杨生年带领省级园林城市验收组来漯检查验收。市委常委、常务副市长熊金栋，市委常委、宣传部长杨云出席汇报会

2001年6月19日，漯河市召开迎接国家园林城市验收动员会。市长史宁安，市委常委、统战部部长谢安顺，市人大副主任张富君，市政府副市长陈传进，市政协副主席明近超出席会议

2003 年 9 月 18 日，漯河市召开迎接全国绿化模范城市验收动员大会。市委副书记熊金栋，市政府副市长邵成山、薛豫宛出席会议

2007 年 8 月 9 日，漯河市召开“五城同创”动员大会。市委书记靳克文、市长祁金立等市四大班子领导出席会议

2008 年 4 月 10 日，河南省集体林权制度改革工作座谈会在漯河市召开。省林业厅副厅长刘有富、副巡视员谢晓涛出席会议

2008 年 9 月 4 日，河南省副省长刘满仓、省林业厅厅长王照平出席省政府在漯河市召开的全省集体林权制度改革工作座谈会

2009年2月23日，漯河市召开创建国家级园林城市复检工作汇报会。市长祁金立、市委副书记张社魁出席会议

2009年7月27日，漯河市召开迎接国家森林城市检查验收动员大会。市四大班子领导出席会议，市委书记靳克文作动员报告

2010 年 12 月 9 日，漯河市召开全市创建国家森林城市总结表彰暨 2011 年林业生态市建设动员大会。市委书记靳克文，市长祁金立，市委副书记张社魁，市委常委、秘书长杨国志，市人大副主任黎涛，市政协副主席刘运杰在主席台就座。省林业厅厅长王照平应邀出席会议

2011 年 9 月 4 日，漯河市沙河国家湿地公园考察论证会在金都大酒店召开。市委副书记张社魁、市政府副市长吕岩、省林业厅野保处副调研员张玉洁出席会议

2011 年 12 月 15 日，漯河市召开中原经济区城乡绿化一体化示范动员大会。市委书记靳克文，省林业厅厅长王照平，省林业厅副厅长王德启，市委副书记张社魁，市委常委、副市长刘瑞红，市人大副主任蒋自周，市政协副主席刘运杰出席会议

2011 年 12 月 15 日，河南省林业厅副厅长王德启与漯河市委常委、常务副市长杨国志分别代表双方签署《河南省林业厅与漯河市合作建设中原经济区城乡绿化一体化示范市框架协议》

2012 年 6 月 11 日漯河市林业和园林局领导班子合影
左起：张国乾 赵自申 亓春华 侯贡献 李军学 宋孟欣 聂建军 王九龙 陈红霞 刘建清 王建中

2012 年 2 月 29 日《漯河市林业园林志》编辑部第一次会议在局四楼会议室召开

漯河市荣获奖牌

授予:漯河市
国家园林城市
中华人民共和国建设部
二〇〇三年四月

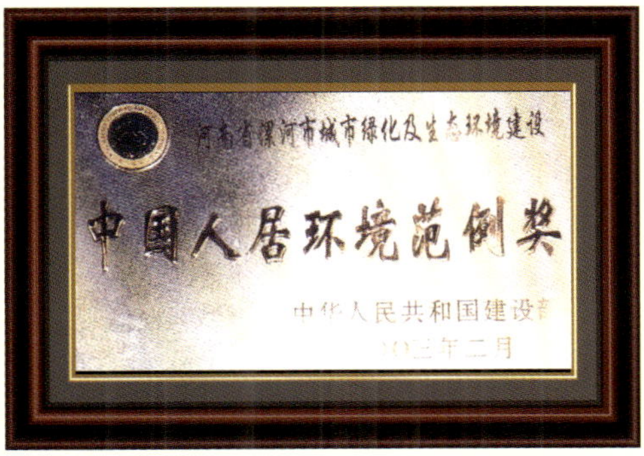
河南省漯河市城市绿化及生态环境建设
中国人居环境范例奖
中华人民共和国建设部

授予 河南省漯河市
国家森林城市
全国绿化委员会
国家林业局
二〇一〇年四月

全国园林绿化先进城市
中华人民共和国建设部
一九九九年十月

全国绿化
模范城市(区)
全国绿化委员会
二OO四年三月

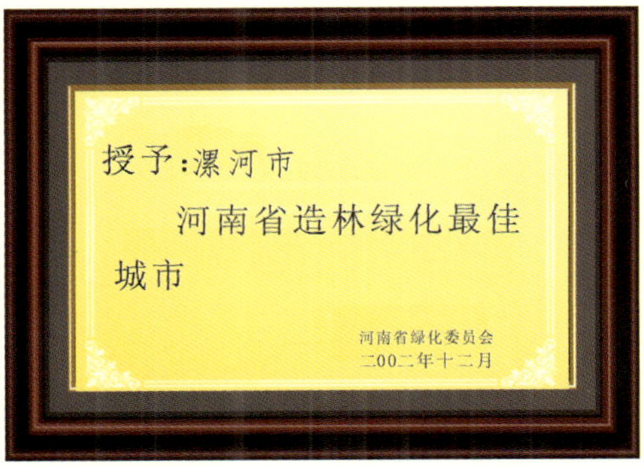
授予:漯河市
河南省造林绿化最佳
城市
河南省绿化委员会
二00二年十二月

命名:漯河市
河南省园林城市
河南省建设厅
一九九八年十二月

漯河市林业和园林局荣获奖杯奖牌

2003年8月中共漯河市委、市人民政府颁发2002年度“建功杯”竞赛银杯

2008年4月中共漯河市委、市人民政府颁发“2007年度群众最满意的实事”奖杯

漯河市政区图

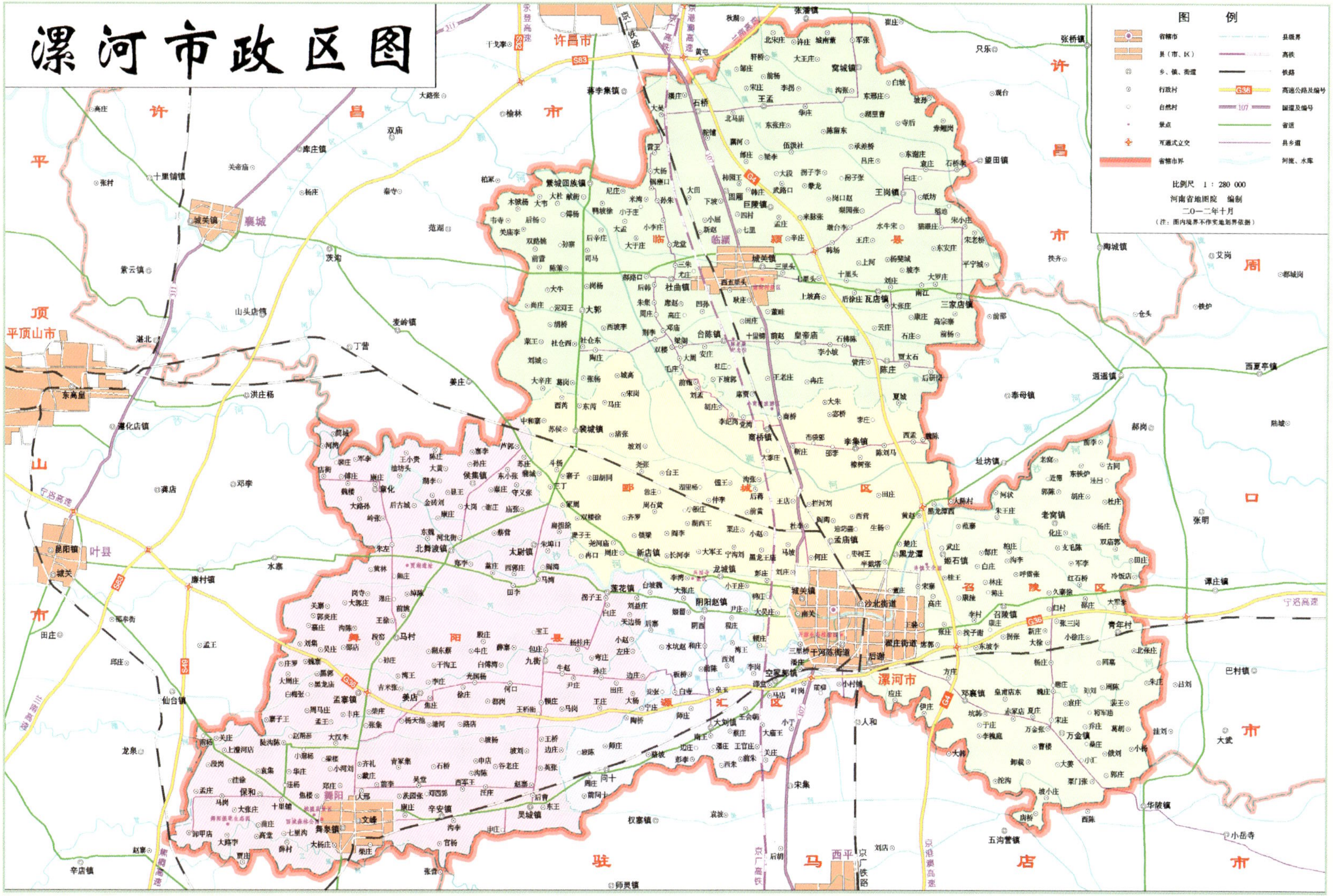
图例
省辖市
县（市、区）
乡、镇、街道
行政村
自然村
景点
互通式立交
省辖市界
县级界
高铁
铁路
高速公路及编号
国道及编号
省道
县乡道
河流、水库
比例尺 1∶280 000
河南省地图院 编制
二〇一二年十月
（注：图内境界不作实地划界依据）
漯河市
源汇区
郾城区
召陵区
临颍县
舞阳县
许昌市
平顶山市
周口市
驻马店市
叶县
襄城
西平
G4
G36
S83
107
311
宁洛高速
京港澳高速
京广铁路
京广高铁

晚霞中的漯河——澧河风景

序　言

志乃中华文化的重要载体，修志传统源远流长，盛世修志历久不衰。经反复论证修改，《漯河市林业园林志》即将付梓，以资承前启后，服务当今，利在千秋。

1986 年，漯河建省辖市，沙澧大地翻开城乡绿化发展新篇章。廿七载一挥间，市委、市政府带领全市人民在加快经济发展的同时，始终坚持可持续发展战略，把城乡绿化作为促进地方经济和社会事业可持续发展的重要工作来抓，励精图治，创新实干，林业园林事业从小到大，从弱到强，从有到优，从优到特，走出一条具有平原滨河特色的跨越式发展道路。沙澧两河滋润着灵秀的都市，茫茫林带汇聚成绿色的海洋，漯河市相继被命名为“全国园林绿化先进城市”“河南省造林绿化最佳城市”“国家园林城市”“全国绿化模范城市”，获得“中国人居环境范例奖”（城市园林和生态环境）。2010 年 4 月，漯河市又被全国绿化委员会、国家林业局命名为“国家森林城市”。“绿色”已成为漯河一张靓丽的城市名片。

盛世修志，是为记录林业园林事业的奋斗历程和为之付出的创造者。这份付出，源于市委、市政府历任班子的坚强领导和社会各界的深切关爱，在全市营造建绿、爱绿的浓厚氛围，形成一股推动林业园林发展的强大力量；源于漯河人民的创业发展激情，林业园林人融入其中，倾情付出，书写历程，在平凡中造就不平凡的业绩。一部林业园林志，就是一部林业园林发展史，其经验教训，挫折希望，教人以深思，给人以启迪，催人以奋进。读林业园林志，可以认知林业园林事业，抚昔追今，借鉴其丰富、翔实、可靠的资料，推动林业园林事业持续健康发展。

修志有着诸多难事。1986 ～ 2012 年，时间跨度 27 年，管理体制多变，人员调动更迭，档案资料残缺。修志工作者兢兢业业，运用辩证唯物主义和历史唯物主义的观点，对现存的各类史料去伪存真、去粗取精、删削冗长、举撮机要，以正确的观点、广博翔实的资料、规范的体例、通俗的语言，全景式展现林业园林发展历程，舛误疏漏虽在所难免，但也不失为一部较好的林业园林专业志。在此，谨向全体修志同志表示衷心的感谢。

乘着十八大的东风，漯河林业园林人要紧紧抓住中原经济区建设的历史机遇，认真贯彻市委、市政府建设“一区两城一中心”的重大决策部署，积极探索以不牺牲农业和粮食、生态和环境为代价的“三化”协调发展路子，着力打造中原经济区城乡绿化一体化示范市，把漯河建设成为具有平原滨河城市特色的高品位“中国绿城”。站在新的历史起点上，我们一定会看得更清、看得更远。漯河的未来一定会更加美好，更加辉煌。

是以为序。

宋孟欣
2012 年 12 月

目录

凡　例

一、本志以马列主义、毛泽东思想、邓小平理论和“三个代表”重要思想为指导，坚持辩证唯物主义和历史唯物主义的基本观点，坚持科学发展观，坚持实事求是、去伪存真的原则，力求客观、公正、全面地记述漯河市林业、园林发展的历史轨迹，揭示林业和园林发展的内在规律，达到存史、资政、镜鉴的作用。

二、本志是漯河市林业和园林局所编的第一部志书，力求全面完整反映改革开放后漯河林业、园林的发展变化，记述时间上溯至1986年1月1日，下迄止2012年12月31日，凡27年。

三、本志按照“详近略远，立足当代”的原则，着重记述漯河市林业和园林局自1986年以后所有史实。由于种种原因致使前期部分资料匮乏，根据占有资料尽力记述。

四、本志所用第三人称，采取规范的语体文，使用简化汉字，所有名词、名称、术语，力求科学，语言准确、简明、朴实、流畅、标点符号正确。数字一般用阿拉伯数字表示，计量单位遵行国家法定计量单位的规定，个别不宜换算表述的遵从习惯。数据来源以统计年报为准。

五、本志所记大事系指有较大影响和特殊意义的林业园林大事、要事、新事。

六、本志收录有对林业、园林绿化建设有较大影响的部分重要规范性文件、决定、调查报告，以及从不同角度反映市林业、园林绿化建设成就有代表性的新闻报道、文学作品等。

七、本志《人物篇》记述人物介绍和主要工作业绩，所录人物在林业和园林系统荣获全国、省“五一劳动奖章”“三八巾帼英雄”“绿化奖章”“劲松奖”获得者；享受国家、省、市级特殊津贴者；获“副高”以上专业技术职称和“技术拔尖人才”称号者；漯河市“十佳市民”称号获得者；获市级以上特殊荣誉者。

八、本志《荣誉篇》记述集体获省级、厅级以上荣誉及科技成果。

九、本志采用语体文，记述体，横排纵写，纵横结合，编年体和纪事本末体相辅并存。根据内容记述所需使用述、记、志、传、谱、图、表等体裁，随文插置，图表均具有自明性。志书采用篇、章、节、目体，共设11篇37章139节，卷首有领导题词、领导关怀、重要会议图片、序言、凡例、目录、大事记、机构沿革、林业和园林（县区）、人物、荣誉，卷末有附录（文献辑录，主要动植物名录，主要病、虫害名录）、编后记。

十、本志中的机构、会议、文件名称等，首次使用时用全称，重复使用时用规范的简称。如：“中国共产党漯河市委员会”简称为中共漯河市委或市委；“漯河市人民政府”简称为市政府；“漯河市林业和园林局”简称市局或局；“漯河市园林管理处”简称为市园林处。

十一、本志中的“全市”“漯河市”“漯河”均含县区。

十二、本志资料主要来源于市、县（区）林业、园林、档案、统计部门和局机关各科室、局属单位及个人所存、口述座谈等相关资料，编纂时不一一注明出处。

大事记

【1986年】

● 1月6日　市园林处组织开展第二届职工运动会和知识竞赛活动。

● 1月29日　北京军区空军司令部赠送市人民公园退役初教六型飞机1架。

● 3月12日　市绿化委员会城市绿化办公室组织市直机关干部200多人在市区人民东路参加义务植树活动，市委书记袁鹏雁、市长鲁茂升带领市四大班子领导参加。

● 3月20日　市编办批准市园林管理处升格为正科级单位。

● 3月27日　市编办批准成立市林业局，规格副处级。

● 5月1日　市园林处组织举办漯河市首届月季展。

● 5月20日　郭长德任市林业局局长。

● 5月29日　市林果处成立（对外挂漯河市林业局牌子），隶属市农村经济工作委员会。

● 6月5日　舞阳县被林业部授予“全国平原绿化先进单位”。

● 7月10日　市编办批准成立市林业技术推广站，规格正科级，隶属市林业局。

● 10月10日　市林业局决定在市林业技术推广站内设“市森林病虫害防治检疫站”，负责全市森林病虫害预测预报、防治、检疫工作。

● 11月18日　市民政局批复同意成立市林学会。

● 12月14日　市林业局首次完成京深路（107国道）漯河段55.5公里主干道绿化工程，历时13天，种植毛白杨7.2万棵。

● 12月16日　市民政局批复同意成立市园林花卉协会。

【1987年】

● 3月12日　省长何竹康在市长鲁茂升陪同下视察市人民公园，并参加漯河市“植树节”活动，在市区交通路沙河桥南岸东侧游园亲手种下3棵银杏树。

● 3月28日　市“三文明”指挥部组织开展市花、市树征集评选活动。

● 4月6～8日　市林业局召开全市县（区）林业局局长和业务技术骨干会议，并开展植树造林检查验收。经检查，全市上报完成林网植树任务的33个乡（镇）中，有26个基本完成林网植树任务。

● 6月24日　市绿化委员会印发《关于加强城市绿化管理，禁止乱砍滥伐树木的通知》。

● 9月8日　市一届人大常委会第六次会议通过槐树、雪松为市树，月季、玉兰为市花。

● 9月17日　市园林处组织开展“四佳”（最佳园林管理员、最佳花工、最佳机械手、最佳园林服务员）评选活动。

● 11月7日　市园林处组织举办漯河市首届菊花展，展出品种20个、4000余盆，市直及区直30多个机关、企事业单位参加。

● 11月13日　市绿化委员会办公室印发《关于城区内彻底清除泡桐丛枝病、大袋蛾的紧急通知》。

● 11月15日　中国人民解放军37753部队赠送市人民公园退役歼五型战斗机1架。

● 12月2日　市园林处首次开展大树移植试验。在旧城区道路扩建改造中，将生长在人民路两侧的70棵法桐（胸径27厘米）移栽到牛行街南段（湘江路－建设路），成活率达100%。

● 12 月 8 日　市政府提出大力发展农村经济，加快建设三大生产基地（黄桃、山楂、芦笋）。全市黄桃、山楂种植面积 3 万余亩。

【1988 年】

● 1 月 15 日　省建设厅批准市园林处专业设计室“丁”级园林规划设计资质。
● 2 月 10 日　原省委书记刘杰在市委副书记李长铎、副市长李广仁陪同下视察市人民公园。
● 3 月 28 日　市城乡建设环境保护委员会发文，将市人民公园划归市园林处管理，副科级规格。
● 4 月 3 日　市林业局组织召开三县一区林业局局长、股长、站长负责人会议，传达省林业改革经验，研究加快和深化漯河林业改革。
● 4 月 21 日　源汇区通过林业部平原绿化达标验收。
● 5 月 4 日　市园林花卉协会、市文化局、市文联联合举办首届盆景展和青年摄影作品展。
● 5 月 16 日　市园林处在人民公园举办漯河市第二届月季展和插花艺术展。
● 8 月 5 日　市林业局发出《关于防治泡桐大袋蛾的通知》。
● 8 月 26 日　市人民公园在省爱国运动委员会卫生检查团检查评比中，荣获全市第一名。
● 8 月 29 日　林业部颁发《全国平原绿化“五七九”达标规则》，舞阳县、郾城县、源汇区均在达标之列。
● 12 月 28 日　源汇区被林业部授予“全国平原绿化先进单位”荣誉称号。

【1989 年】

● 3 月 24 日　市林业局在临颍县举行黄淮海平原农业开发林业育苗签字仪式，市局主要领导与县（区）林业局负责人双方签订林业育苗目标责任书。12 月底，临颍县大郭乡成为全省黄淮海平原农业开发先进单位。
● 5 月 1 ~ 5 日　由省建设厅、漯河市人民政府主办，市建委协办，市园林处承办的“河南省第四届暨漯河市第三届月季展”在漯揭幕。市委书记李长铎，市委副书记杨全山，市政协主席刘希正，副市长李广仁，市人大副主任周鸿亮，副市长鲁文忠，市政协副主席周祖训等出席开幕式。副市长李广仁、省建设厅副厅长蒋书铭为本届月季展剪彩。副市长鲁文忠、省建设厅副厅长蒋书铭讲话。本届展会展出月季 300 多种 8 万余盆。全省 12 个地市的园林部门参加，河南电视台“河南新闻”栏目现场报道。
● 6 月 15 日　市人民公园划归市城乡建设环境保护委员会管理，规格为正科级。
● 8 月 24 日　市林业局和市公安局联合印发《关于划定森林消防监督工作职责范围的通知》。
● 9 月 20 日　市园林处编制《园林绿化“八五”发展规划》，纳入漯河市“八五”规划。
● 10 月 1 日　市人民公园参加“河南省首届名优花卉展”插花比赛，选送的《戏水》《欢乐》《思乡》作品均获一等奖。
● 12 月 31 日　全市 44 个乡（镇）基层林业工作站全部建成。

【1990 年】

●3 月 1 日　市政府印发《关于批转漯河市绿化委员会城市绿化办公室义务植树实行绿化卡制度和以钱代劳征收绿化费办法的通知》。

●3 月 5 日　市平原绿化现场会在临颍县召开，市委书记李长铎、市长鲁茂升等市四大班子领导出席会议，省林业厅副厅长王庭训应邀出席，县（区）有关领导、林业局局长及有关负责人参加。

●6 月 5 日　市建设委员会党委任命陈兴和为市园林处主任，李海勤为党支部书记。

●11 月 28 日　临颍县被林业部授予“全国平原绿化先进单位”。

【1991 年】

●2 月 15 日　市人民公园举办首届水仙展。

●2 月 20 日　市林业局出台《漯河市经济林工作人员行为准则》。

●3 月 4 日　全省春季植树造林现场会在漯河市召开，副省长宋照肃，省林业厅厅长马新高出席会议。与会人员参观临颍县大郭乡水田林路综合治理造林现场。

●4 月 6 日　市绿化委员会办公室组织市直单位开展义务植树活动，市党政领导、市直机关单位干部职工和社会各界 1000 余人参加。

●6 月 10 日　市人民公园聘请河南农大设计院对公园进行总体规划设计。分为 8 个功能区：园务管理区、少儿活动区、老中青活动区、文化活动区、花木观赏区、水上活动区、安静休息区、动物区。

●6 月 24 日　临颍县编办批准成立县园林管理处，主管部门为临颍县建设局。

●7 月 30 日　市林业局印发《漯河市平原绿化高级达标实施意见》。

●8 月 18 日　市园林处成立园林监察中队，正股级规格。

●8 月 24 日　市林业局召开全市经济林工作会议，讨论解决经济林发展工作思路、指导思想、发展方向、目标任务以及工作措施等。

●11 月 5 ～ 15 日　市绿化委员会城市绿化办公室组织举办漯河市第五届菊花展，展出品种 21 个、1 万余盆。

●12 月 20 日　市政府出台《漯河市城市园林绿化管理暂行办法》。

【1992 年】

●1 月 13 日　市计划委员会批准市林业局组建“漯河市林工商开发公司”。

●2 月 4 ～ 10 日　市人民公园在春节期间首次组织员工自排自演扭秧歌、舞狮、戏曲等节目，丰富游园节日气氛。

●4 月 10 日　市林业局印发《经济体制综合改革方案》。

●5 月 19 日　市计划委员会批准成立“漯河市园林绿化总公司”，隶属市园林管理处。

●5 月 22 日　市计划委员会批复成立漯河市林业总公司。

●8 月 10 日　舞阳县编办批准成立县园林绿化管理处，主管部门为县建设局。

●9 月 30 日　市园林处在交通路沙河大桥南东侧滩地开工建设香波乐园，拉开沿河造园序幕。

【1993 年】

●3 月 5 日　市园林处向省建设厅申请成立“漯河市园林建筑工程公司”。

●5 月 26 日　舞阳县林业局办公楼投入使用。

●9 月 3 ~ 8 日　在全市创建“三优杯”和建设文明城市活动中，市园林处对扩宽后的五一路中段、交通路北段进行树木更新，新植大叶女贞 800 余棵。

●11 月 6 日　临颍县编办批准成立县林业公安派出所。

●12 月 28 日　市人民公园引进社会资金在大门南侧新建的 700 平方米门面楼开业，主要经营饮食、游艺、摄影等项目，安排内部职工子女就业。

【1994 年】

●3 月 10 日　市林业局与山东小草沟园艺场联合在舞阳县九街乡田庄村建设 500 余亩苹果、银杏优良品种繁育基地。

●3 月 18 日　市政府召开全市林业工作会议，副市长刘法民出席会议并讲话。

●3 月 22 日　市高新技术开发区园林管理处成立。

●10 月 10 日　市园林处制定《漯河市城市园林建设五年发展规划》。

●11 月 1 日　市园林处成立漯河市（绿地）发展有限责任公司。创办经济实体 6 个，分别是犇牛皮鞋厂、大正养殖场、古建园林工程公司、康乃馨园艺公司、天鹏贸易有限责任公司、天马广告有限责任公司。

【1995 年】

●4 月 15 日　市园林处开始对市区行道树木、花灌木、绿地面积进行全面普查。

●5 月 15 日　郾城县编办批准成立县园林管理处，主管部门为县建设局。

●6 月 16 日　市园林处与漯河有线电视台共同开设“绿地风”专栏，拍摄《漯河园林绿化回眸》《绿地——走向成功的希冀》《夏日游玩——香波乐园》专题节目。

●8 月 28 日　省建设厅园林规划处处长魏伟一行视察漯河河滨游园。市建委主任魏金良陪同，市园林处主任陈兴和、党支部书记李海勤参加。

●10 月 19 日　市政府在舞阳县章化乡召开“漯河市农田水利基本建设现场会”，安排部署冬春农田水利和植树造林工作。副市长史宁安、市政协副主席郭廷珍出席会议。

●12月27日　市编委批准“漯河市林业总站”更名为“市林业技术推广总站”，规格副处级。

【1996年】

●3月15日　市园林处自行设计老虎滩公园施工方案，分期建设占地203亩的东西两园。
●4月1日　临颍县编办批准县林业局更名为县林业技术推广总站。
●4月12日　舞阳县推行林权制度改革，对农村四荒、活立木使用权进行拍卖，开展林地林权流转。
●5月29日　省政府批准设置临颍县杜曲镇木材检查站。
●5月31日　省政府批准设置郾城县小王庄木材检查站。
●7月10日　市林果业科学技术协会成立。
●9月9日　市人民公园对60岁以上老人实行免费入园。
●10月15日　省建设厅命名漯河市黄河西路为绿化达标道路。
●10月18日　市园林处开工建设老虎滩公园西园动工，次年6月竣工对外开放。
●11月15日　市林业局在临颍县繁城乡推行林权改革试点，实行家庭承包、联户承包、股份合作、买断路沟河渠植树使用权。
●12月20日　市园林处对解放路中段东侧的“四大坑”实施绿化美化工程建设，由漯河市卷烟厂出资，冠名“烟厂花园”，1997年12月建成。

【1997年】

●1月2日　市创建全国卫生城市指挥部印发《关于对黄河路美化改造的实施意见》。
●4月1日　由中国银行漯河支行出资冠名，市园林处承建的中银广场投入使用，占地面积36亩。
●4月15日　市长陈全国，市政府副秘书长、市建委主任邵成山视察烟厂花园、虹桥花园、黄山路、天山路、海河路等路段硬化绿化美化改造工程。
●6月5～12日　林业部委托华东林业勘察设计院对临颍县平原绿化巩固情况进行验收，林网保存率89.9%、河沟渠绿化率96.6%、林木覆盖率13.2%、村庄绿化覆盖率36%，均超部颁标准。
●7月2日　市政府批转市绿化委员会办公室《关于进一步加强“花园式单位”和“绿化先进单位”建设和管理报告的通知》。
●8月1日　市园林处承建的虹桥花园建成投入使用，分东西两园，占地119亩。
●10月20日　市政府召开全市平原绿化攻坚动员会，副市长王俊才出席会议并讲话。
●10月23日　郾城县、临颍县、舞阳县乡级林业工作站全部达到林业部颁发的林业工作站建设标准。
●12月1日　市创建全国卫生城市指挥部办公室组织开展“拆墙透绿”活动，拆除黄河路沿街两侧建筑。市园林处负责街道两侧绿化、美化建设工作。
●12月15日　全市平原绿化决战现场动员会在舞阳县文峰乡召开，市长陈全国出席并讲话。
●12月16日　陈祥安任市林业技术推广总站站长。
●12月31日　市政府办公室印发《漯河市林业局职能配置、内设机构和人员编制方案的通知》，组建市林业局，副处级规格。内设办公室、造林营林科、公安林政科。

【1998 年】

●1 月 5 日　市绿化委员会办公室印发《关于漯河市城市居住小区绿化达标标准的通知》。

●2 月 19 日　市委、市政府印发《关于开展“三化年”（硬化、绿化、美化）活动的意见》。

●2 月 20 日　市园林处开工建设老虎滩休闲公园东园，9 月 30 日竣工。

●3 月 2 ~ 3 日　全省春季平原绿化现场会在漯河召开。会议提出：学习漯河经验，坚决打好平原绿化攻坚战。副省长王明义、省林业厅厅长张敬增出席会议。

●3 月 3 ~ 4 日　省建设厅园林规划处处长魏伟一行 5 人，就全省绿地建设现场会相关事宜来漯调研。

●3 月 30 日　市林业局成立漯河市第四次森林资源连续清查领导小组。

●4 月 1 日　省林业厅在漯河蓝天宾馆召开全省春季造林现场会。市委副书记史宁安、副市长王俊才出席会议。

●4 月 21 日　为解决沙南绿地面积少的问题，市委、市政府决定将市中心体委训练场搬迁，拆除文化路、建设路沿街门面房 108 间，兴建“建设广场”。一期工程由市园林处承建。

●4 月 30 日　由广州园林设计院和市园林处设计室共同规划设计，市园林处承建的银河游园开工。9 月 30 日竣工开放。

●5 月 14 ~ 15 日　省建设厅、省园林学会在漯河召开全省草坪种植管理现场会。省建设厅厅长蒋书铭、市长刘法民、副市长雷建民出席会议并讲话。

●7 月 17 日　市政府出台《关于加强城市园林绿地管理的通告》。

●8 月 8 日　市园林处下文《关于对“五路一园”拍卖管护权的决定》。对黄河路、淮河路、海河路、天山路、黄山路、海河路竹园的绿化管护权进行拍卖。

●8 月 11 日　市园林处在市建委二楼会议室举行“五路一园”拍卖活动，9 人中标获得园林绿化管护权，当场签订管理协议书。

●9 月 21 日　市政府批复《漯河市城市园林绿地系统规划（1998 ~ 2010 年）》。

●9 月 23 日　省建设厅、省园林学会在漯河召开全省创建省级园林城市工作会议。省建设厅绿化处处长杨生年，省园林学会主任委员魏伟，副市长雷建民出席会议。

●10 月 7 日　市政府印发《关于加强林业资源保护管理工作的通知》。

●12 月 22 日　市政府印发《漯河市 1999 ~ 2010 年生态防护林体系建设规划方案》。

●12 月 25 日　省建设厅命名漯河市“一园三路”为“河南省达标公园、道路”。市人民公园，嵩山中路（黄河路至大学路）、建设路（交通路至泰山路）、湘江东路（燕山路至金山路）。

●12 月 29 日　省建设厅命名漯河市为“河南省园林城市”。

【1999 年】

●1 月 19 日　市人大三届五次会议通过创建国家园林城市决议。

●1 月 28 日　省林业厅授予漯河市林业局“林业产权制度改革先进单位”。

●3 月 5 日　市委、市政府成立市创建国家园林城市指挥部办公室。市委常委、常务副市长熊金栋、人大副主任李文光、副市长雷建民参加会议并讲话。

● 3 月 10 日　市委、市政府印发《关于创建国家园林城市的决定》，市政府印发《创建国家园林城市实施方案》。

● 3 月 12 ～ 13 日　市创建园林城市指挥部组织开展建市后规模最大的义务植树活动，市四大班子领导、市直党政机关、企事业单位干部职工和高校学生近 2.5 万人次，在市区东环路（中山路）两侧、高速公路连接线开展义务植树活动，植树 9 万棵。

● 3 月 13 日　市委、市政府召开创建国家园林城市动员大会，市长刘炳旺、副市长雷建民出席会议。省建设厅厅长蒋书铭应邀出席并讲话，向漯河市颁发河南省园林城市奖牌。

● 7 月 23 日　市政府秘书长、市创建办主任李国成主持召开草坪绿地综合治理工作会议，安排部署"百日爱绿护绿"活动。由市园林处、市政管理处、市建委城建法庭、城建派出所等单位组成百余人护绿队伍，重点对黄山小区、中银广场绿化进行集中整治，10 月 31 日结束。

● 8 月 26 日　市创建办召开双汇广场二期工程拆迁改造定向爆破协调会。28 日 9 时，市委常委、常务副市长熊金栋亲自启动按钮，成功实施定向爆破，拆除第二造纸厂办公楼和家属楼。建成后由双汇集团出资冠名。

● 10 月 4 日　建设部召开全国城市建设工作会议，授予漯河市"全国园林绿化先进城市"称号。

● 10 月 15 日　双汇广场二期改造工程由市人民公园接建，并负责广场综合管理。

● 11 月 19 日　市编委印发《关于重新核定漯河市林业局所属事业单位机构和人员编制的通知》，撤销市林业技术推广总站，成立市林业技术推广站，正科级规格，经费由市财政全额供给；成立市森林病虫害防治检疫站，正科级规格，经费由市财政全额供给；保留市苗圃场，正科级规格，经费自收自支，实行企业化管理。

● 11 月 25 日　建设部授予市园林处"全国城市绿化先进单位"称号。

● 12 月 30 日　郾城县被国家林业局评为"林业工作站建设合格县"。

【2000 年】

● 1 月 28 日　市政府印发《关于漯河市绿色通道工程和城乡绿化一体化建设实施方案的通知》。

● 3 月 2 日　市政府在郾城县召开全市林业工作现场会。市长史宁安、副市长王俊才出席会议。

● 3 月 2 日　市政府成立创建国家园林城市工作领导小组，市委常委、常务副市长熊金栋任组长，副市长雷建民，市政府秘书长李国成任副组长，成员由 21 个市直部门负责人组成，领导小组办公室设在市建委。

● 7 月 4 日　沙澧河遭遇 25 年来特大洪水，市区沿河 18 个游园被淹，淤泥深达 20 ～ 50 厘米。8 日，市创建办、市园林处和武警支队组织 1000 多名突击队员，清淤保绿。10 日，市政府召开紧急会议安排部署沙澧河游园绿地清淤、排水工作，出动人员 24 万人次，机械设备 3868 台次，清淤 480 万立方米，喷洒消毒药物剂 138 吨。

● 9 月 20 日　市政府《关于申报国家园林城市的请示》分别报送省政府、省建设厅。

● 11 月 6 日　市政府在郾城县召开全市造林绿化暨农田水利基本建设工作会，市长史宁安、副市长王俊才出席会议。

● 12 月 5 日　市政府办公室出台《漯河市平原绿化达标奖惩办法》。

【2001 年】

● 1 月 8 日　市园林处荣获“省级文明单位”称号。

● 6 月 16 日　市开源森林公园举行奠基仪式，拉开漯河市南部城区绿化的序幕。

● 7 月 3 日　漯河市通过国家园林城市专家组验收。

● 11 月 10 日　市委、市政府印发《漯河市市直党政机构改革实施意见》。在市林业局的基础上组建市林业园艺局，将市建委承担的城市园林绿化管理职能划归市林业园艺局。

● 11 月 12 日　孙保民任市林业园艺局党组书记、局长。

● 11 月 14 日　郾城县编办批准成立县森林公安分局，受县林业局、公安局双重管理。

● 11 月 20 日　市编委批准市园林管理处机构规格为副处级，仍由市建设委员会领导。

【2002 年】

● 1 月 9 日　省建设厅授予漯河市“河南人居环境范例奖”。

● 1 月 15 日　市林业园艺局编制完成《漯河市果树进城工程总体规划》。

● 1 月 31 日　市编委批准成立市林业公安分局，规格正科级，受市林业园艺局、市公安局双重管理。

● 2 月 22 日　副市长陈传进视察森林进城及城市游园建设，先后察看中银广场、金山桥两侧、汇晶花园和虹桥花园绿化。漯河市森林进城工程主要包括：大树进城、果树进城等内容。

● 3 月 7 日　市政府在郾城县青年乡召开春季植树造林现场会。市长史宁安、市委副书记王相富、市人大副主任蒋自周、副市长薛豫宛出席会议。

● 4 月 4 日　市编委印发《关于漯河市园林管理处、市人民公园改变隶属关系的通知》，将市建委所属的市园林管理处、市人民公园划归市林业园艺局。

● 4 月 27 日　全省春季造林绿化现场观摩会在漯河市召开，省林业厅厅长张敬增、市长史宁安、副市长薛豫宛出席会议。全省 17 个省辖市林业局负责人参加会议。漯河市在会上介绍开展冬季造林绿化工作经验。

● 5 月 8 日　市政府印发《关于实行造林绿化责任追究制的规定的通知》。

● 8 月 16 日　市政府印发《关于调整漯河市绿化委员会成员的通知》。主任：市长靳克文；副主任：副市长薛豫宛、邵成山，漯河军分区司令吕志勤，市政府秘书长刘运杰，市林业园艺局局长孙保民。成员单位由 16 个市直部门组成，市绿化委员会下设办公室（设在市林业园艺局），孙保民兼任办公室主任。

● 9 月 27 日　市政府修订颁布实施《漯河市城市绿化实施细则》。

● 10 月 10 日　市政府印发《关于加快林业生态体系和产业体系建设的意见》。

●10 月 11 日　市政府召开全市林业工作会议。市长靳克文、副市长薛豫宛出席并讲话。会议表彰全市先进集体和先进个人，副市长薛豫宛代表市政府与各县（区）政府签订 2003 年造林绿化目标责任书。

●10 月 17 日　省林业厅厅长张敬增带领林业厅主要业务部门负责人对漯河市林业生态建设工作情况进行考察，副市长薛豫宛陪同。

●10 月 27 日　国家园林城市复检考察组到漯河考察。

●11 月 13 日　省林业厅督导组到郾城县、临颍县检查冬季造林工作，副市长薛豫宛陪同。

●11 月 25 日　市编委批准市林业公安分局更名为漯河市森林公安分局。

●12 月 5 日　省绿化委员会授予漯河市“河南省造林绿化最佳城市”称号。

●12 月 16 日　建设部命名漯河市“国家园林城市”。

●12 月 24 日　市林业园艺局办公地点从黄河路西段（原市林业局院）迁至嵩山路北段。

【2003 年】

●1 月 20 日　省林业厅副厅长李德臣检查郾城县冬季植树造林工作。

●2 月 1 日　市人民公园租借一只大熊猫在春节期间展出，填补漯河市无国宝级动物展示空白。

●2 月 28 日　建设部授予漯河市“2002 年中国人居环境范例奖”（城市园林和生态环境）。

●3 月 2 日　市林业园艺局组建成立市绿化工程处。

●4 月 4 日　市长靳克文、副市长薛豫宛到市区北环路、107 国道和临颍县境内的京珠高速公路等路段察看造林绿化情况。

●4 月 11 ～ 12 日　中国城市森林建设研讨暨经验交流会在北京召开。市长靳克文作为唯一地市代表，向大会作《实施绿化工程建设生态宜居森林城市》典型发言。

●4 月 24 日　省林业厅在漯河市召开全省营造林体制创新座谈会，漯河市作典型发言。

●5 月 15 日　副省长李新民来漯视察漯平高速公路建设工程和漯河站引线绿化建设工程。

●5 月 21 日　市编委批准成立市园林监察大队，正科级规格，隶属市林业园艺局。

●7 月 25 日　市林业园艺局在 4 楼会议室组织召开副科级职务公开竞争上岗演讲。市委组织部、市人事局领导应邀参加，局党组全体成员、机关科室、二级单位主要负责人组成评委会，党组副书记邢进军主持。69 名候选人逐个做就职演讲，评委现场打分。经局党组会议研究后，当场宣布 23 名拟任副科级职务。

●9 月 12 日　市林业园艺局组织对全市城市绿化现状进行摸底调查。编制《2004 年度城市园林绿化重点建设项目》，历时 3 个月。

●9 月 18 日　市政府成立创建全国绿化模范城市指挥部。市长担任指挥长；市委主管副书记、市人大副主任、市政府分管副市长、市政协副主席任副指挥长；21 个市直、县（区）政府负责人为成员。指挥部下设办公室，市政府秘书长兼办公室主任，市林业园艺局局长兼办公室副主任。

●10 月 22 日　建设部授予漯河市　“中国人居环境范例奖”。市长靳克文荣获“创建国家园林城市优秀市长”称号。

●10 月 26 日　省政府对郾城县平原绿化高级达标进行验收，认定为合格。

● 11 月 17 日　经省政府批准,"郾城县小王庄木材检查站"更名为"郾城县张庄木材检查站"。
● 12 月 18 日　市绿化委员会印发《关于创建全国绿化模范城市的实施意见》。
● 12 月 27 日　国家林业局、中国林业科学研究院授予漯河市"全国中小城市生态环境建设实验区"称号。

【2004 年】

● 2 月 12 ~ 15 日　全国绿化模范城市验收检查团对漯河市创建工作进行检查。检查团听取市政府工作汇报，观看申创"全国绿化模范城市"电视专题片，并进行实地检查验收。
● 2 月 24 日　市长靳克文、市委副书记吴长忠、市人大副主任刘兴民、副市长邵成山、市政协副主席明近超等市四大班子领导视察入市口绿化改造建设工程。
● 3 月 8 日　市林业园艺局组织专家、学者在金都大酒店对《漯河市城市绿地系统规划 2003 ~ 2020 年》进行评审。评委会通过该规划。副市长邵成山出席会议。4 月 2 日，市政府批复该规划。
● 3 月 10 日　全国妇联授予市园林处"全国三八红旗集体"称号。
● 3 月 22 日　全国绿化委员会授予漯河市"全国绿化模范城市"称号。
● 5 月 29 日　国家林业局机关党委巡视员刘玉来对漯河城乡绿化一体化和"四旁"(村旁、路旁、沟旁、宅旁)绿化情况进行调研，省林业厅厅长赵顷霖、巡视员李建庭、市长靳克文、副市长薛豫宛陪同。
● 7 月 19 日　市区沙澧河水暴涨形成洪涝灾害，造成沿河游园进水，市园林管理处开展清淤保绿行动。出动人力 2000 人次，使用抽水机械 500 多台次。
● 7 月 21 日　市林业园艺局组织人员对市、县（区）花卉种苗产业状况进行调研，重点考察临颍县胡桥花木基地、舞阳县万春花木基地，形成《市种苗花卉产业市场调研报告》。
● 9 月 6 日　市文明委员会办公室、市绿化委员会办公室联合印发《关于在建国五十五周年期间开展评选"绿色家园"大赛活动的通知》。
● 10 月 8 日　市林业园艺局出台《漯河市林业科学技术普及实施办法》。
● 11 月 24 日　市政协副主席崔松科带领市政协视察组一行 13 人，实地查看 4 个入市口绿化改造情况。
● 11 月 26 日　市林业园艺局派市园林处党总支书记何芳东带队到舞阳县文峰乡李楼村开展驻村工作。
● 12 月 20 日　市编委批准市林业技术推广站加挂"市林业工作站"牌子。
● 12 月 23 日　市人大副主任、入市口改造指挥部指挥长蒋自周到东北入市口现场研究绿化施工方案。

【2005 年】

● 1 月 6 日　召陵区编办批准成立区园林绿化管理处，主管部门为区建设局。
● 3 月 4 ~ 6 日　市绿化委员会办公室在开源森林公园（二期建设）、新北环、东环组织开展市直单位义务植树活动。市四大班子领导、市直及驻漯各单位、人民团体、驻漯武警官兵、大专院校师生、青年志愿者等1万多人参加，植树20余品种6万余株。

●3月18日　省林业厅巡视员李建庭、省林科院院长朱延林、省森防站副站长林晓安到市森防站调研指导。

●3月29日　市林业园艺局组建成立“漯河绿地（集团）有限公司”。

●4月17日　市绿化委员会办公室、市林业园艺局、市电视台组织专家和执法人员，对全市所有花木市场、花店进行拉网式检查，紧急封杀“加拿大一枝黄花”。

●4月28日　中国花卉协会月季分会、郑州市政府联合举办首届中国月季展，38个城市、48个单位参赛。市林业园艺局参展作品《西瓦尔丽》获金奖，《黄和平》获银奖，《彩云》《绯扇》获铜奖。

●4月29日　市编委批准撤销市园林管理处道路绿化管理站，组建郾城园林绿化管理站、源汇园林绿化管理站、召陵园林绿化管理站，机构规格均为副科级。

●4月29日　市编委批准成立“漯河野生动物救护中心”。

●5月23日　市林业园艺局举办第一期林业有害生物测报员培训班。

●5月26日　市林业园艺局编制《漯河市生态林业小康村建设规划（2005～2010年）》。

●6月21日　市森林病虫害防治检疫站《杨树草履蚧综合防控技术研究与推广》《市外来有害生物普查及防控技术研究》两项科研成果通过市级鉴定。

●7月6日　市林业园艺局主办的“漯河绿化网站”投入使用。

●7月15日　临颍县编办批准县森林公安派出所更名为县森林公安分局。

●9月23日　副市长邵成山组织市林业园艺局、市建委等部门负责人在市林业园艺局二楼会议室召开会议，研究解决西南入市口有关拆迁、绿化工程设计方案等问题。

●10月1日　市人民公园加入河南省野生动物保护协会。

●11月24日　市林业园艺局、市农业局、市畜牧局、市农业科学院联合印发《关于加快推进林农牧复合经营工作的意见》。

●12月19日　省政府印发《关于漯河市和商丘市木材检查站布局调整的批复》，原郾城县张庄木材检查站迁至郾城区裴城镇三丁村，更名为“郾城区三丁木材检查站”。

【2006年】

●1月10日　市园林处对西南入市口道路、绿化进行改造升级，5月竣工。

●3月1日　市政府颁布实施《漯河市城市绿线管理办法》。

●3月2日　市委、市政府召开专题会议安排部署全市植树造林工作。全市共完成义务植树594万株，尽责率达90%以上。省绿化委员会在7月通报表扬全省义务植树突出的地市中，漯河名列第三名。

●4月5日　市政府表彰“2005年度市行政服务中心红旗窗口和服务标兵”，市林业园艺局获“红旗窗口”单位。

●4月13日　省林业厅巡视员李建庭，省森防站长裴海潮应邀到漯河市参加建市20周年活动，并到市森防站指导工作。

●5 月 23 日　市编委批准，“漯河市野生动物救护中心”挂靠市人民公园。
●6 月 20 日　市政府印发《漯河市创建林业生态县实施意见》。
●7 月 15 日　市政府办公室印发《漯河市重大林业有害生物灾害应急预案》。
●9 月 6 日　省建设厅检查组到漯河市督导检查《城市绿线管理办法》贯彻落实情况。
●11 月 23 日　郾城区被国家林业局列为全国首批农田防护林更新改造试点县（区）。
●11 月 24 日　市森林公安分局组织开展“绿盾行动”，集中打击破坏林地和野生动物资源违法犯罪活动。
●12 月 5 日　市绿化委员会办公室印发《关于确定漯河市新农村建设“十乡百村万户”生态林业示范工程试点单位的通知》。确定两县四区 15 个乡（镇）、36 个行政村为漯河市新农村建设“十乡百村万户”生态林业示范工程试点单位。
●12 月 5 日　市政府办公室印发《关于公布林业产业化市级重点龙头企业的通知》。命名市级林业产业化重点龙头企业 10 家。
●12 月 6 日　市政府召开全市林业工作会议。市长靳克文、市人大常委会主任熊金栋、市政协主席王相富出席会议。命名表彰 2 个县（区）、10 个乡（镇）、10 个非公有制造林企业和 106 名先进个人。
●12 月 7 日　郾城区三丁木材检查站被省林业厅、省政府纠风办公室命名为“河南省木材检查站文明执法热情服务十佳站”。
●12 月 20 日　市技术监督局发布《无公害水果石榴、葡萄、杏生产技术规程》3 项林业地方标准。

【2007 年】

●1 月 22 日　市林业科技工作座谈会在局会议室召开。局党组成员、副局长吴玉培总结 2006 年林业科技推广、科技下乡、乡站林业标准化建设等工作。会后采取“以会代训”形式对参会人员进行业务知识培训。
●2 月 5 日　省森防站在漯河市召开草履蚧综合控制技术研究项目协作会。会上，焦作、许昌、漯河、驻马店、周口 5 市项目负责人汇报“2006 年草履蚧发生防治及研究进展情况”。省森防站站长邢铁牛、副站长林晓安出席会议。局党组成员、副调研员侯贡献参加。
●3 月 7 日　市政府召开全市春季植树造林暨义务植树动员会。市委副书记、代市长祁金立出席会议并讲话，副市长库凤霞出席。
●3 月 22 日　省林业厅副厅长丁荣耀带领省政府春季植树造林第五督察组对漯河市春季植树造林工作进行督查。
●3 月 29 日　市林业园艺局在源汇区空冢郭乡邵堂村举行生态林业小康村试点工程苗木发放仪式。发放大叶女贞、合欢、红叶李、百日红、柿树、石榴等苗木 2100 多棵。
●4 月 16 日　宋孟欣任市林业园艺局党组书记、局长。
●4 月 17 日　市长祁金立组织召开双汇广场三期改造工程会议。市建委、市林业园艺局、市人防办、市发改委、市房管局等有关部门负责人、工程技术人员和 3 家国外设计公司代表参加会议。会议决定由市林业园艺局、市人防办负责管理，美国纳斯达克投资公司改造兴建，改造面积 7 万平方米。

●4 月 20 日　市园林处负责对中银广场进行绿化改造升级。

●6 月 9 日　市林业园艺局就配合沙澧河开发建设召开党组会议。印发《关于规范城市建成区树木采伐、移植等有关行政审批的紧急通知》。

●6 月 14 日　市委常委、组织部长徐彦军，市委副秘书长、市直工委书记戴有良到市林业园艺局调研基层党建工作。

●7 月 2 日　市林业园艺局组织实施全市森林资源规划设计调查工作（简称“二类调查”）。9 月底结束。

●7 月 30 日　市委、市政府成立漯河市创建国家森林城市工作领导小组，市委书记靳克文任组长，市委副书记、市长祁金立任第一副组长，市委副书记张社魁任常务副组长，市委常委、宣传部长谢安顺，市委常委、秘书长杨国志，市人大常委会副主任蒋自周，副市长库凤霞，市政协副主席崔松科任副组长。成员由 39 个市直部门负责人组成，指挥部办公室设在市林业园艺局。

●7 月 30 日　市林业园艺局、市史志档案局联合转发《河南省林业厅、河南省档案局转发＜国家林业局、国家档案局关于加强集体林权制度改革档案工作意见的通知＞的通知》。

●8 月 5 ～ 6 日（5 日 23 时～ 6 日 6 时）　全市遭遇特大暴风雨袭击，局部最大降雨量 370 毫米，瞬时最大风力 11 级。漯河市部分区域林业生产遭受严重损失。市林业园艺局派抢险队员到临颍县台陈、杜曲、大郭、繁城等 4 个重灾乡（镇）抢险抗灾，出动 200 余人次，车辆、抢险设备 500 余台次，抢险道路树障 15 余公里，清理倒伏树木 10 万余株。据不完全统计，全市林木受灾面积共计 52117.1 亩，其中经济林受灾 11197 亩，种苗花卉基地 8018 亩，直接经济损失达 1.2 亿元。

●8 月 9 日　市委、市政府召开“五城同创”（即：创全国文明城市、中国优秀旅游城市、国家卫生城市、国家环保模范城市、国家森林城市）动员大会，市委书记靳克文，市长祁金立等市四大班子领导出席大会。局长宋孟欣在会上作表态发言。

●8 月 20 日　市林业园艺局委托河南农大风景园林规划设计院对城市建成区范围内的绿化资源进行普查。9 月 30 日结束。

●8 月 21 日　省林业厅副巡视员谢晓涛到舞阳县保和乡冯河村调研集体林权制度改革工作，局长宋孟欣，局党组成员、调研员李军学陪同。

●8 月 29 日　省委组织部副部长臧安民率领省党员干部远程教育督导组，在市委书记靳克文、市委副书记张社魁陪同下，到市林业园艺局视察指导现代远程教育工作。

●8 月 30 日　市政府召开“漯河市 2007 ～ 2010 年度城乡绿化重点工程项目论证会”。市长祁金立、副市长库凤霞出席论证会。

●9 月 25 日　市政府印发《漯河市人民政府关于做好城市规划区内绿化资源保护工作的通知》。

●9 月 29 日　省林业厅副厅长张胜炎、造林处处长师永全调研漯河市平原绿化工作。局长宋孟欣，局党组成员、调研员王九龙陪同。

●10 月 1 日　市长祁金立、副市长邵成山视察市人民公园国庆节期间活动安排及公园管理情况。

●10 月 20 日　由市政府主办，市林业园艺局、源汇区政府承办，开源集团协办的市第五届菊花展在开源森林公园开幕。市委常委、统战部部长刘瑞红、市人大副主任蒋自周、副市长库凤霞、市政协副主席宗万志出席开幕式。

● 10 月 25 日　市委办公室、市政府办公室印发《漯河市创建国家森林城市工作实施方案》。

● 11 月 21 日　市创建国家森林城市暨冬春植树造林动员大会召开。市委书记靳克文，市长祁金立，市委副书记张社魁，市委常委、秘书长杨国志，市人大副主任黎涛，副市长库凤霞，市政协副主席孟顺礼出席会议，省林业厅副厅长张胜炎应邀出席会议。会议印发《漯河市创建国家森林城市 2008 年度重点工作目标任务》和《漯河市创建国家森林城市重点工作台账》，市政府与各县（区）及市直相关单位签订目标责任书。

【2008 年】

● 1 月 7 日　市林业园艺局召开第一届工会委员会选举大会，局党组成员、纪检组长亓春华当选工会主席。

● 2 月 23 日　市政府印发《关于深化集体林权制度改革的意见》。成立漯河市集体林权制度改革领导小组，市长祁金立任组长、副市长库凤霞任副组长。领导小组下设办公室，办公室设在市林业园艺局，局长兼任办公室主任。

● 2 月 25 日　市政府在舞阳县召开春季植树造林现场会，市长祁金立、副市长库凤霞出席并讲话。

● 2 月 28 日　市政府召开 2008 年春季全民义务植树动员会。市委常委、秘书长杨国志出席会议。

● 3 月 3 日　市委书记靳克文等市四大班子领导带领市直及驻漯单位、企事业单位 5000 多名干部职工在新北环城郊生态防护林建设基地参加义务植树，当日植树 2 万余株。

● 3 月 10～11 日　省林业厅副厅长刘有富督导漯河市村容村貌整治和春季植树造林工作。实地察看舞阳县农村村容村貌整治和林权制度改革情况。市委副书记张社魁陪同。

● 3 月 13 日　市政府《关于申报国家森林城市和承办第八届中国城市森林论坛的请示》上报国家林业局、省林业厅。19 日，国家林业局宣传办公室回复《关于对河南省漯河市人民政府申请创建国家森林城市的复函》。

● 3 月 15 日　副市长库凤霞带领市政府督察室人员深入县（区）督察春季植树造林进展情况。局长宋孟欣，副局长谢江华，党组成员、调研员李军学陪同。

● 3 月 19 日　市长祁金立、常务副市长邵成山视察高速入口漯河站人民东路绿化改造工程。

● 3 月 30 日　市林业园艺局成立林权制度改革办公室。

● 4 月 10 日　全省林业系统集体林权制度改革工作座谈会在漯河市召开。省林业厅副厅长刘有富、副巡视员谢晓涛、调研员王胜文、李银生、王明付出席会议。市政府副市长库凤霞代表市政府致辞，局长宋孟欣介绍漯河市林改工作经验。

● 4 月 14 日　国家林业局新闻发言人、宣传办公室主任曹清尧来漯河市调研，副市长库凤霞陪同。局长宋孟欣介绍漯河市森林城市建设和林权制度改革情况。

● 4 月 16 日　省林业厅副厅长张胜炎带领商丘市、周口市、新乡市等省内 10 个市林业局负责人观摩临颍县、舞阳县、郾城区、源汇区、召陵区冬春植树造林情况。

●4 月 16 日　市林业园艺局、市教育局联合在市人民公园举行以“同一个世界，同一片蓝天”为主题的第 27 届“爱鸟周”活动启动仪式。副市长刘凤山宣布漯河市第 27 届“爱鸟周”活动正式启动。局长宋孟欣讲话，市教育局副书记张义军、副局长甘德建应邀参加。局党组成员、调研员李军学主持，市森林公安分局局长王建中宣读《漯河市林业园艺局关于表彰 2007 年度爱鸟护鸟先进个人的决定》。

●4 月 17 日　全市林权制度改革工作推进会在临颍县召开。市委副书记张社魁出席并讲话，副市长库凤霞主持会议。

●5 月 5 ~ 9 日　市林业园艺局组织开展第七次全国森林资源连续清查和培训工作。历时 50 天，完成 169 个固定样地的外业调查工作。

●5 月 14 ~ 15 日　省政府参事赵体顺、解贵方，参事室处长刘庆跃一行在省林业厅造林处副处长菅根柱的陪同下，调研漯河市林业生态建设规划实施情况。副市长邵成山、局长宋孟欣参加。

●5 月 15 日　市林业园艺局举行“向四川汶川县地震灾区捐助仪式”。累计捐款捐物近 20 万元。

●5 月 18 日　国家林业局林改办副主任江机生调研漯河市生态建设及林权制度改革工作。省林业厅副巡视员谢晓涛、林改办副主任王胜文，市委副书记张社魁、副市长孙运锋陪同。

●5 月 30 日　市委书记靳克文参加由国家林业局、教育部、中华全国总工会、共青团中央联合在广州举办的首届中国生态文明建设高层论坛，并应邀在论坛上作《创建绿色家园，打造生态漯河》发言。局长宋孟欣，党组成员、调研员李军学随同参加。

●6 月 27 日　全市首次开展林业病虫害飞机防治工作。使用 S300C 型直升机，对 107 国道、京珠高速路段及主要廊道林实施防治。共计 33 架次，作业面积 2 万亩。

●7 月 9 日　省林业厅副巡视员谢晓涛、林改办副主任王胜文、调研员王明付来漯检查指导全省林改工作现场会筹备情况。

●7 月 11 日　市林业园艺局与市气象局签订《林业有害生物预测预报合作协议》，就林业有害生物预测预报开展合作。局长宋孟欣、市气象局局长赵规划参加签订仪式。

●7 月 23 ~ 24 日　国家林业局宣传办副主任金志成带领 13 家中央新闻媒体（人民日报、中央人民广播电视台、中央电视台、新华社河南分社、经济日报等）对漯河市集体林权制度改革工作进行集中采访报道。省林业厅副厅长刘有富、副市长库凤霞陪同。

●8 月 15 日　《河南省漯河市森林城市建设总体规划》编制领导小组成立。市委书记靳克文任顾问，市长祁金立任组长，副市长库凤霞、市政府秘书长高喜东任副组长。市政府副秘书长陈兴和、杜明春以及市发改委、市财政局、市建委、市交通局、市农业局、市林业园艺局、市规划局等 17 个市直单位负责人为成员。领导小组下设办公室，办公室设在市林业园艺局，局长宋孟欣兼任办公室主任。

●9 月 4 ~ 5 日　省政府在漯河市召开全省集体林权制度改革工作座谈会。副省长刘满仓出席会议并作重要讲话。省政府办公厅副巡视员郑林主持会议，省林业厅厅长王照平、市长祁金立、副市长库凤霞参加会议。

●9 月 11 日　市林业园艺局组织召开首届生态林业建设论坛暨优秀论文作者表彰会。获奖优秀论文 15 篇。

●9 月 22 日　国家林业局批复豫中南林业有害生物天敌繁育场建设项目落户漯河。

● 10 月 15 日　市林业技术推广站完成的“黄淮平原农田防护林优良品种及新技术”科技推广项目通过国家林业局和省林业厅专家组检查验收。

● 10 月 26 日　市第六届菊花展在开源森林公园开幕。市长祁金立、市政府秘书长高喜东出席开幕式。展出菊花品种 56 个，8 万余盆。

● 11 月 4 日　市林业园艺局参加漯河市纪念改革开放 30 周年歌咏比赛，荣获集体三等奖和优秀组织奖。

● 11 月 6 日　国家林业局党组成员、纪检组长杨继平，宣传办副主任叶智调研漯河市森林城市创建工作。省林业厅纪检组长乔大伟、宣传办副主任杨晓周、市长祁金立、市委副书记张社魁陪同。

● 11 月 12 日　市委、市政府召开创建国家森林城市暨林业生态市建设决战动员会。会议印发《漯河市创建国家森林城市 2009 年度重点工作目标任务》。市委书记靳克文作动员讲话，省林业厅副厅长张胜炎应邀出席会议并讲话。

● 11 月 14 日　省委、省政府印发《关于命名 2008 年度省级文明单位称号的决定》。市林业园艺局荣获“省级文明单位”称号。

● 11 月 17 日　副市长库凤霞出席在广州市举办的第五届中国城市森林论坛。局长宋孟欣，党组成员、调研员李军学、王九龙，市园林处主任赵自申参加。

● 11 月 29 日　《河南省漯河市国家森林城市建设总体规划（2008 ～ 2015）》专家评审会议在漯河金都大酒店召开。中国科学院院士、森林生态学家蒋有绪，国家林业局宣传办公室副主任叶智，森林资源管理司副司长王祝雄，林改办主任程红，造林司总工程师吴坚，湿地保护管理中心副主任严承高，省林业厅副厅长刘有富等专家领导应邀参加规划评审。市委副书记张社魁、常务副市长邵成山、副市长库凤霞出席。

● 12 月 16 ～ 17 日　由国家发展改革委农经司副司长吴小松、国家林业局保护司副司长刘永范、林业工作站管理总站站长陈凤学、处长张学武、副处长张志刚组成的国家发展改革委“拉动内需”联合调研组来漯。省林业厅副厅长丁荣耀、省发展改革委农业处处长冯建堂、省林业厅保护处处长甘雨、林业工作站站长孔维鹤陪同。市委书记靳克文、市长祁金立分别向调研组作情况汇报。

● 12 月 18 日　市园林处制定《园林管理体制改革实施办法》。

● 12 月 26 日　市政府批复将《漯河市城市森林建设总体规划》纳入《漯河市城市总体规划》。

【2009 年】

● 1 月 7 日　市政府向省政府上报《漯河市创建国家森林城市的请示》。

● 1 月 8 日　市政府向国家林业局上报《漯河市创建国家森林城市的请示》。

● 1 月 13 日　省林业厅《关于漯河市创建国家森林城市的意见》上报省政府。

● 1 月 15 日　省政府授予临颍县、舞阳县、郾城区“河南省林业生态县（区）”称号。

● 1 月 16 日　市林业园艺局在漯河大剧院举办“林园之春”2009 年春节联欢晚会。市人大副主任蒋自周等领导应邀观看演出。

● 2 月 10 日　市总工会印发《关于命名模范职工之家的决定》，市林业园艺局工会委员会获“模范职工之家”荣誉。

●2月13日　省建设厅副巡视员郭风春一行对漯河市“国家园林城市”进行复查。

●2月23～24日　中国风景园林学会副理事长张树林带领专家组一行6人对漯河市国家园林城市进行复查。省建设厅城市规划与风景园林处副处长张传慧、调研员杨生年陪同。汇报会上，市长祁金立致辞，市委副书记张社魁主持。

●2月26日　市政府印发《漯河市国家森林城市和林业生态市建设奖惩办法》。

●3月2日　市编委批准“漯河市森林公安分局”更名为“漯河市森林公安局”，规格副处级。为市林业园艺局直属机构，列入市公安局建制序列，挂“漯河市公安局森林警察支队”牌子。

●3月3日　市政府出台《漯河市全民义务植树实施办法》，将3月份定为全市义务植树活动月。

●3月6日　市绿化委员会办公室印发《关于组织开展绿地（树木）认养冠名活动的通知》。

●3月13日　市园林监察大队启动“春蕾护花保果”专项行动。

●3月15日　市政协五届三次会议开幕后，市委书记靳克文、市长祁金立、市人大常委会主任雷建民、市政协主席王俊才等市四大班子领导到许慎文化园参加义务植树活动。林业园林系统干部职工、驻漯武警官兵、召陵区中小学生等400多人参加。

●3月19日　市长祁金立、常务副市长邵成山、秘书长高喜东视察人民路高速入口绿化改造工程。

●3月31日　副市长库凤霞到召陵区老窝镇、舞阳县吴城镇督导植树造林工作。

●4月2日　市妇联、市林业园艺局、漯河医专、漯河日报社联合举办“春蕾护花保果”行动和“春华秋实”认养活动。市委常委、统战部部长刘瑞红、副市长刘新田参加启动仪式，局长宋孟欣主持会议。300名医专师生走出校门给嵩山路梨树挂牌认养。

●4月5日　市长祁金立、副市长库凤霞到国家林业局向宣传办公室主任程红汇报创森工作。

●4月6日　市政府出台《漯河市古树名木保护管理办法》。

●5月8日　市长祁金立参加在杭州举办的第六届中国城市森林论坛，并作《林水相依，宜居漯河》发言。局长宋孟欣，党组成员、调研员李军学陪同。

●5月22日　省林业厅命名市人民公园为“漯河市生态科普知识教育基地”。

●6月4日　市政府修订发布《漯河市城市绿化实施细则》。

●6月9日　市委书记靳克文、省林业厅厅长王照平到国家林业局，向国家林业局局长贾治邦汇报漯河市创建国家森林城市工作。局长宋孟欣陪同。

●6月12日　市委书记靳克文就创建国家森林城市工作做出重要批示：“国家林业局贾治邦局长在百忙之中听取漯河市汇报，并提出希望，还专门批示，这对漯河市是最大的关心和支持，请市林业园艺局从现在起就要做好各项工作，迎接国家林业局来漯考察，并取得好成绩。”

●6月15日　市林学会、市林技站组织开展首届优质鲜桃鉴评会。

●6月16日　漯河首届优质鲜桃采摘节开幕式在郾城区龙城镇举行。市委副书记张社魁，副市长库凤霞出席，市（区）相关部门负责人参加。

●6月23日　市政府召开集体林权制度改革工作促进会。市委副书记张社魁、副市长库凤霞出席会议。市政府出台《漯河市集体林权制度改革考核奖励方案》《漯河市集体林权制度改革督导工作方案》。

● 7 月 27 日　市政府召开迎接国家森林城市检查验收动员大会。市委书记靳克文作动员讲话。市委副书记张社魁，副市长库凤霞等出席会议。

● 7 月 27 ～ 30 日　市林业园艺局组织开展飞防工作。使用 R44 型直升机对全市主要廊道开展林木病虫害防治工作。

● 8 月 8 日　国家林业局集体林权制度改革领导小组常务副组长黄建兴一行在省林业厅副巡视员谢晓涛陪同下调研漯河林改工作。副市长库凤霞陪同。

● 8 月 14 日　市创建国家森林城市指挥部办公室召开全体会议，市委副书记、创森办主任张社魁讲话，市委宣传部部长、创森指挥部办公室副主任谢安顺主持会议。市林业园艺局局长、市创森办综合协调处处长宋孟欣通报创建国家森林城市工作情况。

● 9 月 12 ～ 14 日　国家森林城市综合考察组对漯河市“国家森林城市”创建工作进行考察。国家林业局宣传办副主任、中国森林城市论坛组委会副秘书长叶智任考察组组长。市委书记靳克文在汇报会上致辞，市长祁金立作工作汇报，省林业厅副厅长刘有富讲话。市委副书记张社魁，市委常委、宣传部部长谢安顺，市委常委、秘书长杨国志，市人大副主任黎涛，副市长库凤霞出席汇报会。

● 10 月 18 日　国家林业局造林绿化管理司巡视员张柏涛带领全国绿化模范城市复查组莅临漯河。市委书记靳克文出席汇报会并致辞，市委常委、秘书长杨国志主持会议，副市长孙运锋作工作汇报。

● 10 月 23 日　市第七届菊花展在市开源森林公园开幕。市委副书记张社魁，市委常委、秘书长杨国志讲话，市人大常委会副主任蒋自周出席，市政府副秘书长陈兴和主持，局长宋孟欣介绍展会筹备情况。

● 11 月 9 ～ 12 日　全市遭遇 60 年不遇的雨雪冰灾，气温骤降，伴随雨雪，积冰厚度为 13 ～ 18 毫米，积雪厚度为 6 ～ 10 厘米。导致各类树木、花灌木枝叶被雨水包冻，造成大面积植物断头、劈裂、倒伏，受灾率达到 90% 以上。市林业园艺局组织系统干部职工全力抗击雨雪冰冻灾害，经 4 天抢险，修剪整形树木 10 万余棵，清理断枝 1000 多车，确保群众出行安全。全市园林绿化经济损失达 2000 多万元。

● 11 月 21 日　国家林业局林改司司长张蕾在省林业厅副巡视员谢晓涛陪同下，到舞阳县辛安镇调研林权制度改革工作。

● 12 月 28 日　市委、市政府印发《关于将漯河市林业园艺局更名为漯河市林业和园林局的通知》。

● 12 月 29 日　市政府印发《关于加快林下经济发展的意见》。

【2010 年】

● 1 月 20 日　市林业和园林局举行揭牌仪式。市委常委、市委政法委书记崔新芳，市人大常委会副主任蒋自周参加揭牌仪式。局党组副书记聂建军主持，局长宋孟欣讲话，局班子成员、机关科室、局属各单位干部职工代表参加揭牌仪式。

● 1 月 31 日　市林业和园林局受省林业厅委托对《中国 · 郑州绿化博览园河南园区景观设计方案》进行公开招标。

●2月23日　市政府召开2010年春季全民义务植树动员大会。市委副书记张社魁出席并讲话，市政府秘书长高喜东主持会议。团市委书记罗静代表市总工会、团市委、市妇联宣读联合《倡议书》，局长宋孟欣宣读《漯河市绿化委员会关于申报市级花园式单位、园林式小区的通知》，市直机关及驻漯企事业单位负责人参加会议。

●2月25日　受省林业厅委托，市林业和园林局组织召开《中国·郑州绿化博览园河南园区景观设计方案》评审会。省林业厅巡视员张胜炎出席会议。局长宋孟欣主持会议，来自省内外专家及局领导、相关科室专业技术人员30余人参加。

●3月8日　市林业和园林局在局四楼会议室召开全市林业园林宣传工作会议。局党组成员、副局长刘建清主持。县（区）林业园林分管负责人和信息员参加。

●3月23日　以省林业厅副厅长丁荣耀为组长、省林业工作站站长孔维鹤为副组长的省林业厅造林督导组莅漯。督导组深入市区新北环义务植树基地、沙河一期绿化工地、源汇区大刘镇、南漯高速督导检查冬春植树造林工作。副市长库凤霞陪同。

●4月1日　市林学会第四届代表大会第一次常务会议在局四楼会议室召开。省林业厅科技处处长、省林学会秘书长罗襄生及省内部分地市林学会会员代表45人应邀参加会议。宋孟欣当选市林学会第四届理事会理事长，侯贡献当选副理事长。

●4月7日　省政府副秘书长何平、省政府办公厅三处处长王爱学、郑州市副市长王跃华、省林业厅造林处处长师永全等实地考察中国·郑州绿化博览园河南园区建设情况。

●4月10日　第二届中国绿化博览会郑州绿博园河南园区建设工程开工仪式举行。省林业厅植树造林处处长师永全出席开工仪式。局长宋孟欣讲话，局党组成员、调研员李军学主持仪式，副局长赵自申介绍工程筹建基本情况。漯河绿地（集团）公司总经理时威，河南省建基工程管理公司副总经理、总工程师尹凤海分别代表工程施工单位和工程监理单位作表态发言。

●4月14日　省林业厅印发《关于豫中南林业有害生物天敌繁育场建设项目初步设计的批复》。

●4月27日　第七届中国城市森林论坛在武汉市开幕，全国绿化委员会、国家林业局授予漯河市“国家森林城市”称号。市委书记靳克文上台领取奖牌，并在论坛上作《建设绿色城市 打造生态漯河》发言。副市长库凤霞陪同，局长宋孟欣，党组成员、调研员李军学参加。

●5月26日　市长祁金立察看第二届中国·郑州绿化博览园漯河园工程建设情况。

●5月27日　副省长刘满仓、省政府副秘书长何平、省政府办公厅三处处长王爱学、省林业厅厅长王照平、造林处处长师永全到第二届中国·郑州绿化博览园河南园，实地察看园区建设进展情况。

●6月22日　市林学会、市林技站、郾城区林业局在郾城区龙城镇举办漯河市第二届优质桃鉴评会。局党组成员、副调研员侯贡献参加。

●6月23日　副省长刘满仓视察第二届中国·郑州绿化博览园河南园区和漯河园建设情况。省林业厅厅长王照平，造林处处长师永全，市委书记靳克文，副市长库凤霞陪同。

●6月25日　第二届优质鲜桃采摘节在郾城区龙城镇举行。市委副书记张社魁，副市长库凤霞，市人大副主任黎涛出席开幕式，省林业厅科技处副处长杨文力应邀出席。市政府副秘书长杜明春主持，郾城区区长余伟致欢迎词，市林业和园林局局长、市林学会理事长宋孟欣宣读《漯河市林学会关于表彰漯河市第二届优质桃鉴评会获奖单位和个人的决定》。

●6 月 29 日　省政府印发《关于表彰许昌市、漯河市、商丘市的通报》，对漯河市荣获“国家森林城市”予以通报表彰。

●6 月 29 ～ 30 日　市人大常委会副主任黎涛带领部分市人大代表到临颍县、舞阳县、郾城区、源汇区开展《中华人民共和国森林法》执法检查。

●7 月 17 日　市区遭遇暴雨天气，造成部分园林树木倒伏，道路受阻。市园林处迅速启动应急预案，出动 500 多人，车辆 400 台次，手锯、油锯等抢险设备 100 余台次，清理倒伏、断裂树木 300 余株。

●7 月 28 日　市林业和园林局在会展中心召开“创森精神”主题教育活动动员大会。市林业和园林系统干部职工 500 余人参加。

●8 月 10 ～ 11 日　国家林业局森林病虫害防治总站防治处处长曲涛一行在省森林病虫害防治检疫站站长邢铁牛陪同下，先后到临颍县、郾城区视察林业有害生物防控工作。局长宋孟欣介绍全市生物防控情况，副书记聂建军和市森防站负责人陪同。

●9 月 6 日　国家林业局和省政府主办的第十届中原花木交易博览会在许昌市鄢陵县举行。市林业和园林局负责建设的“漯河园”展区荣获第十届中原花木交易博览会金奖。

●9 月 14 日　副省长刘满仓、省林业厅厅长王照平、造林处处长师永全、副处长吕本超视察郑州绿博园“河南园区”“漯河园”建设工地。

●9 月 17 日　市林业和园林局举行豫中南林业有害生物天敌繁育场奠基仪式。

●9 月 23 日　中国 · 郑州绿化博览园河南园区（豫华园）举行开园仪式。省林业厅巡视员张胜炎、造林处处长师永全出席。张胜炎、宋孟欣为河南园区（豫华园）揭牌，局领导班子全体人员参加。

●9 月 26 日　第二届中国 · 郑州绿化博览园举行开幕式，全国政协副主席罗富和、国家林业局局长贾治邦、河南省省委书记卢展工、省长郭庚茂等领导参观由市林业和园林局承建的中国 · 郑州绿化博览园河南园区。

●9 月 30 日　市林业和园林局承建的“漯河园”被第二届中国绿化博览会组委会授予室外展银奖。

●10 月 22 日　由市政府主办，市林业和园林局、源汇区政府承办，开源集团协办的第八届菊花展在市开源森林公园举行。

●10 月 25 日　市林业和园林局组织参加漯河市第十六届市直机关运动会，荣获“优质组织奖”和 7 个单项个人奖。

●11 月 25 日　市编委批准成立市豫中南林业有害生物天敌繁育场，隶属市林业和园林局，规格正科级。

●12 月 9 日　市委、市政府召开全市创建国家森林城市工作表彰会，市林业和园林局荣获“集体二等功”。

【2011 年】

●1 月 22 日　市林业和园林局在漯河大剧院举办以“森林放歌”为主题的 2011 年春节

联欢会。

●2月10日　市政府办公室印发《关于切实抓好杨树草履蚧防治工作的紧急通知》。

●2月18日　市政府召开全市2011年全民义务植树动员会。市委常委、秘书长杨国志出席并讲话。局长宋孟欣宣读《市委办公室、市政府办公室关于开展义务植树活动的通知》。

●2月25日　城市绿化宣传工作座谈会在漯河日报社召开。局党组成员、副局长刘建清主持座谈会。市委宣传部外宣办主任袁树青、漯河日报社工会主席张喜梅参加并讲话。局办公室主任范五洲介绍漯河城乡绿化宣传工作情况，宣读《开展“共建绿色漯河”绿化好新闻征文活动方案》。各县（区）宣传部副部长、新闻科科长以及林业局分管领导、信息宣传员参加。

●3月12日　市林业和园林局、漯河日报社组织小记者团，在许慎文化园对面开展“种植春天——3·12植树节小记者在行动”。200名小记者种植“小记者林”。

●3月15日　市森林公安局组织召开2011年森林公安工作会议。省森林公安局政委王胜文、市林业和园林局局长宋孟欣、市公安局治安支队政委张建国出席。市森林公安局局长王建中讲话。

●3月19～20日　国家林业局调查规划设计院湿地项目办公室项目处处长袁军、副处长吴琼、省林业调查规划设计院有关专家到漯河市实地察看沙河湿地公园选址工作。副局长陈红霞陪同。

●3月23日　市林业和园林局在市人民会堂召开“政风行风建设年”活动动员大会。局领导班子成员以及局系统干部职工代表500余人参加会议。局党组副书记聂建军主持会议，纪检组长亓春华宣读活动方案，局长宋孟欣作动员讲话。市纪委副书记、市监察局局长赵坤炎应邀出席会议并讲话。聘请的政风行风社会监督员在主席台就座。

●3月28日　局长宋孟欣深入汉江路、黄山路、沙河二期绿化建设工程现场，实地查看城市园林绿化重点工程进展情况。局党组成员：调研员王九龙、副局长赵自申、刘建清及相关科室人员参加。

●3月29日　全国绿化委员会、人社部、国家林业局授予市林业和园林局“全国绿化先进集体”称号。

●4月10～11日　国家林业局调查规划设计院湿地项目处副处长张晓云、北京林业大学副教授曹新、河南省林业调查规划设计院有关专家在漯河市召开沙河湿地公园规划编制工作对接会，并进行实地考察。

●4月12日　市政府召开全市规范木材生产经营加工秩序工作协调会。副市长库凤霞出席会议并讲话。市政府副秘书长杜明春主持会议并宣读《漯河市人民政府关于规范木材生产经营加工秩序的通告》。市政府督察室，市、县监察、公安、交通、工商、税务、林业园林部门相关负责人参加。市监察局、市公安局、市交通局、市工商局、市国税局5个单位作表态发言。

●4月25日　省林业技术推广站项目验收组莅漯，市林业技术推广站承担的平原农区竹柳快繁技术应用与推广项目顺利通过验收。

●5月5日　市林业和园林局在市人民会堂前举行“迎食博，林园人在行动”活动启动仪式。

●5月12日　全省首场乡（镇）林业工作站站长能力测试在漯河市举行。国家林业局林业工作站管理总站副处长张志刚、省林业技术推广站站长孔维鹤、副站长刘宇新参加能力测试并对考试进行全程监督。

● 5 月 17 日　省林业厅林发处处长邓建钦、副处长杨文培、陈风顺一行对舞阳县平原林改示范区建设情况进行调研。

● 5 月 27 日　市政府召开 2011 年全市林业有害生物防控工作会议。市政府副秘书长杜明春出席会议。局长宋孟欣主持会议并宣读《市政府办公室关于做好全市林业有害生物防控工作的紧急通知》。各县（区）分管副县（区）长、市财政局、市交通局、市水利局、市公路局等部门负责人参加会议作表态发言。

● 5 月 31 日　市林业和园林局组织开展全市古树名木普查建档工作。

● 6 月 29 日　《河南省漯河市沙河国家湿地公园总体规划》评审会在市政府会议室召开。市政府副秘书长效剑锋主持。局长宋孟欣介绍沙河国家湿地公园总体规划前期筹备情况。市建委、市规划局、市水利局、市房管局等部门主要负责人参加。

● 7 月 23 日　省林业厅野生动植物保护与自然保护区管理处处长卓卫华带领郑州大学专家评审组到舞阳县莲花镇进行考察，对《河南省漯河市沙河国家湿地公园总体规划》进行评审。市政府党组成员、市委农办主任吕岩，副秘书长杜明春陪同。市直有关单位及县（区）政府负责人、局领导班子全体成员、局机关科室、局属单位负责人参加。

● 7 月 26 ~ 28 日　省林业厅林发处调研员王理顺、副处长刘占朝对漯河市林改培训和确权发证工作进行模拟验收。

● 7 月 29 日 ~ 8 月 6 日　市林业和园林局组织开展城市建成区园林绿化资源摸底普查工作，对沙南、沙北区域所有园林植物、绿地进行资源统计。

● 8 月 10 日　沙澧两河沿线市区段绿化建设改造工程全面开工。市园林处管辖的 20 余个公园、游园纳入改造范围。

● 8 月 17 日　市林业和园林局举行第三届“银鸽杯”职工技术运动会。来自全市各园林绿化管理单位、园林绿化企业的 92 名选手参加决赛。 评出优秀组织奖 4 个。理论考试、绿化工实际操作、花卉工实际操作、综合技能个人一等奖 4 人、二等奖 9 人、三等奖 15 人。绿化工单位最佳选手奖 5 人。

● 9 月 4 日　国家林业局湿地公园考察论证组专家莅漯，对沙河国家湿地公园实地考察，在金都大酒店召开沙河国家湿地公园考察论证会。市委副书记张社魁作表态发言，副市长吕岩致辞。省林业厅野保处副调研员张玉洁、市政府副秘书长杜明春陪同考察。

● 9 月 19 日　市政府召开漯河市 2010 年林业生态效益价值评估评审暨新闻发布会。副市长吕岩出席会议并致辞。由中国工程院院士尹伟伦、省政府参事赵体顺、河南农业大学资源与环境学院院长杨喜田、中国林科院泡桐研究中心主任李芳东、省林科院院长朱延林等专家组成的评审组通过该项目。

● 9 月 20 日　省森林公安局副局长李山林带领省林业厅集体林权制度改革验收组一行 4 人，对漯河市林改确权发证工作进行检查并通过省级验收。

● 10 月 14 日　漯河市林下经济（魔芋）种植推广现场会在市政府二楼会议室召开，市委副书记张社魁出席会议并讲话。会议由市委农办常务副主任柏志安主持，市委副秘书长刘培峰参加会议。会后，与会人员对郾城区城关镇、黑龙潭镇的魔芋种植示范田进行观摩。

● 10 月 26 日　市第九届菊花展暨第一届盆景艺术展在开源森林公园开幕。市人大常委会主任雷建民、副主任蒋自周、副市长孙运锋出席开幕仪式。

●10 月 29 日　市林业和园林局第一届职工运动会在市实验中学举行。设比赛项目 11 个，共有 499 名职工参加比赛。

●11 月 10 日　漯河市第一届晚秋黄梨鉴评颁奖大会在源汇区大刘镇举行。此次评选活动在 55 户果农提供参评样品中，评出一等奖 1 名，二等奖 2 名，三等奖 3 名，优秀奖 10 名，源汇区农委、召陵区农委 2 个单位获优秀组织奖。并给予物质奖励。

●11 月 12 ～ 13 日　全省 2011 年林业统计年报和 2012 年定期统计报表制度布置会在漯河市凯悦大酒店举行。省林业厅计财处调研员李华堂主持会议并讲话，局党组成员、调研员李军学致辞。

●11 月 22 日　市委常委、副市长刘瑞红深入市林业和园林局调研林业生态建设工作，市政府副秘书长杜明春陪同。

●11 月 29 日　全省中幼龄林修枝抚育现场会在漯河市召开。各省辖市代表 100 余人先后观摩郾城区商桥镇商东村廊道林、商桥镇郭栗庄村农田林网、舞阳县文峰乡齐礼村廊道林、辛安镇大邢村片林、辛安镇庙后村农田林网等抚育现场。省林业厅副巡视员王学会，造林处处长师永全，计财处处长赵海林，市委常委、副市长刘瑞红，市政府副秘书长杜明春参加。

●12 月 12 日　国家林业局印发《关于同意浙江杭州湾等 54 处湿地开展国家湿地公园试点工作的通知》，批准漯河沙河湿地公园开展国家湿地公园试点工作。

●12 月 15 日　省林业厅与市政府在市科教艺术中心签订《合作建设中原经济区城乡绿化一体化示范市框架协议》。省林业厅厅长王照平，副厅长王德启，市委书记靳克文，市委副书记张社魁，市委常委、常务副市长杨国志，市人大副主任蒋自周，市政协副主席刘运杰出席签字仪式。市委常委、副市长刘瑞红主持仪式。省林业厅副厅长王德启、市政府常务副市长杨国志代表合作双方签字。签字仪式后，市委、市政府召开动员大会，对创建中原经济区城乡绿化一体化示范市工作进行安排部署。

●12 月 28 日　市总工会开展“送温暖活动”，向市园林处一线员工赠送棉衣 900 多件。市委副书记张社魁，市人大副主任、市总工会主席田爱华，市总工会常务副主席陈瑞峰，党组成员、调研员、困难职工帮扶中心主任孔祥根出席捐赠仪式。局长宋孟欣主持，局纪检组长亓春华、市园林处主任周红菊、党总支书记刘浩洪参加。

【2012 年】

●1 月 4 日　市林业和园林局成立《漯河市林业园林志》编纂委员会。

●1 月 30 日　市委书记靳克文，市委副书记、代市长曹存正，市委副书记张社魁，市人大常委会主任雷建民，市政协主席王俊才等市四大班子领导与市直机关干部、武警官兵以及党员志愿者 800 余人在市区新北环城郊生态防护林三期基地参加义务植树。

●2 月 23 日，市林业和园林局在金都大酒店召开 2012 年工作会议，传达贯彻市委六届二次全会暨经济工作会议和全省林业生态建设现场会精神。回顾总结 2011 年工作，安排部署 2012 年工作任务。局长宋孟欣讲话，党组成员、调研员李军学宣读《漯河市林业和园林局关于表彰 2011 年度先进集体和先进工作者的决定》。党组副书记、调研员聂建军主持会议。局领导班子全体成员，县（区）林业局、局机关各科室、局属单位负责人参加。

● 2 月 29 日 《漯河市林业园林志》编辑部第一次全体会议在局四楼会议室召开。局办公室主任范五洲主持会议，党组成员、副调研员侯贡献讲话。市档案局副局长王献民，方志科副科长李瑞涛等应邀参加并授课。各县（区）林业局、园林处、局机关各科室、局属各单位分管领导及志书编辑人员参加。

● 3 月 8 日 省林业厅副厅长丁荣耀、科技处处长罗襄生督导漯河市春季植树造林工作。

● 4 月 10 日 市政协主席王俊才到新北环优质桃种植试验基地、豫中南林业有害生物天敌繁育场、商桥镇林业工作中心站进行调研。

● 4 月 16 ～ 17 日 省林业厅农村林业改革发展处副处长刘占朝一行来漯河调研林改工作。副局长张国乾陪同，市林改办、市林技站、市林学会负责人参加。

● 4 月 30 日 世界 500 强企业正大集团副总裁傅学军受局长宋孟欣邀请来漯河进行项目考察。

● 5 月 4 日 由市绿化委员会办公室、市林业和园林局主办的市第二届盆景艺术展开幕式在开源森林公园举行。市委副书记、纪检书记李智民宣布开幕，市领导张社魁、王俊才、黄国英、王慧杰、蒋自周出席开幕式。局长宋孟欣主持开幕式，并介绍第二届盆景艺术展筹备情况。

● 5 月 8 日 山东省菏泽市林业局局长张代卿一行 23 人考察漯河城乡绿化工作。

● 5 月 25 日 市林业和园林局组织专家技术人员对源汇区阴阳赵镇湾赵村澧河北岸内滩地生态采摘观光园总体规划进行评审。会议通过《湾赵村生态采摘观光园总体规划方案》。

● 6 月 1 日 省经济林和林木种苗工作站在漯河市电力宾馆举办河南省林木种苗检验员培训班。省经济林和林木种苗工作站高级工程师李冰、高福玲授课。42 人参加结业考试。

● 6 月 4 ～ 7 日 全省林用药剂药械使用技术培训班在漯河市举办。来自全省 18 个省辖市的森防技术人员 130 余人参加。国家森防总站高级工程师孙德莹讲授《国内外药械使用现状及发展方向》，河南农业大学教授周琳讲授《林用农药使用和管理》。省森防站为全省 205 名网络医院专家颁发证书。

● 6 月 12 日 河南省首批林业有害生物天敌周氏啮小蜂释放仪式在郾城区商桥镇举行。省森防站站长邢铁牛，省森防站调研员李万林出席释放仪式。新华社河南分社、河南日报、河南电视台、省广播电台、大河报、漯河日报社、漯河电视台等多家新闻媒体进行专题报道。

● 6 月 19 日 局长宋孟欣带领局领导班子成员李军学、陈红霞、赵自申、王建中做客市人民广播电台《政风行风热线》直播室，通过无线电台和广大听众进行沟通交流。

● 6 月 29 日 市林业技术推广站《观赏桃超延期开花技术研究》《漯河市林下经济魔芋引种栽培试验与推广技术研究》两项科技成果通过省级鉴定。

● 6 月 30 日 市林业和园林局组织召开《漯河市沙河国家湿地公园设计方案》评选会。邀请清华大学规划院副总规划师、教授王兴国，河南省林业厅保护处副处长、教授级高工张玉洁，河南省水利勘测设计有限公司技术总监、教授级高工闫振真，广州普邦园林设计院院长、高级工程师谭广文，漯河市城乡规划局高级规划师尚茹敏等 5 名专家组成评选委员会。推选王兴国教授担任评选委员会主任。评选委员会分别对中国城市建设研究院、深圳市艾森曼景观及建筑规划设计有限公司、河南农业大学风景园林规划设计院 3 家设计单位设计方案进行评选。局纪检监察室进行全程监督，设计单位按照抽签顺序，分别汇报设计方案。经评选委员会现场咨询、专家合议、评分统计，河南农业大学风景园林规划设计院通过评选。

●7月16日　省林业厅林地保护利用规划落界工作督导组组长谢文贵一行来漯，督导林地保护利用规划落界工作情况。

●7月19～20日　市林业和园林局在舞阳县举办全市林果业发展研讨会。局长宋孟欣出席并讲话。舞阳县委常委、副县长刘宏敏致辞。局党组成员、调研员李军学主持。部分乡（镇）、专业合作社、果品加工厂、果品经销商及种植大户代表70余人参加。市财政局、市农业局分管领导应邀出席。

●7月23日　副市长高喜东在市政府副秘书长效剑锋陪同下，对城市园林绿化建设情况进行调研，并实地查看商桥苗圃场和河涯李园林科研示范基地。

●7月30日　河南农大植物保护学院与漯河市豫中南林业有害生物天敌繁育场院场合作签字仪式在局四楼会议室举行。河南农业大学农业资源博物馆馆长、教授原国辉，河南农业大学植物保护学院副院长、省昆虫学会秘书长、教授郭线茹，河南农业大学植物保护学院教授委员会主任闫凤鸣，河南农业大学植物保护学院昆虫系主任、教授安世恒应邀参加。局长宋孟欣讲话，纪检组长亓春华主持，局党组成员、调研员陈红霞参加。天敌繁育场场长朱振江与郭线茹分别代表双方签订合作协议。

●8月31日　《漯河市沙河国家湿地公园设计方案》评审会在市金都大酒店召开。评审委员会由西南林业大学校长、教授刘惠民，中国林科院木材研究所党委书记、副所长邓侃，河南省水利勘测设计有限公司技术总监、教授级高工闫振真，市城乡规划局高级规划师张江峰组成，刘惠民教授担任评审委员会主任。局领导班子成员、市直（县、区）相关部门负责人、局属单位和科室负责人参加评审会。

●9月6日　郾城区编委批复成立郾城区林权管理服务中心，规格正股级。

●9月10日　召陵区编委批复成立召陵区林权管理服务中心，规格正股级。

●9月11日　省林业厅副厅长丁荣耀、巡视员宋全胜带领全省花卉产业现场观摩会豫南片区代表团观摩漯河市花卉产业发展情况。观摩考察团实地参观漯河伊人黑玫瑰有限责任公司。

●9月24日　全国林业科学技术大会在北京京西宾馆召开，局长宋孟欣荣获“全国生态建设突出贡献奖先进个人”荣誉称号，并受到回良玉副总理亲切接见。

●9月25日　漯河市县级林下经济发展规划评审会在局二楼会议室召开。来自省林业厅、市发改委、市财政局、市畜牧局、市农业局、市林业和园林局7位专家组成的评审委员会对各县（区）林业部门编写的《林下经济发展规划（2012～2015年）》进行评审。

●10月14日　市林业和园林局在漯河迎宾馆组织召开《漯河市沙河国家湿地公园设计方案》二次评审会。邀请中国林业科学研究院分党组书记、副院长叶智，中国林业科学研究院木材研究所党委书记、副所长邓侃，中国林业科学研究院湿地研究所所长、博士崔丽娟，国家高原湿地研究中心常务副主任、教授田昆，国家林业局中南调查规划设计院处长、教授级高工但新球，河南省水利勘测设计有限公司技术总监、教授级高工闫振真，漯河市城乡规划局高级规划师尚茹敏7名专家组成评审委员会，推荐崔丽娟担任评审委员会主任。评审委员会专家对设计单位河南农业大学风景园林规划设计院设计的《河南省漯河市沙河国家湿地公园总体规划》详听汇报、专家现场提问，并提出修改意见。最后专家组一致同意通过该设计方案。

●10月20～27日　在陕西省安康市举办的第八届中国盆景展览会上，市林业和园林局、市盆景艺术协会、市园林花卉协会联合组织9件盆景作品参展，获1金5铜，漯河市代表团荣获优秀组织奖。

● 10月26日　漯河市第二届晚秋黄梨鉴评会在局四楼会议室举行。经过专家鉴评，评出一等奖、二等奖、三等奖和优秀奖46名。

● 11月2日　国家林业局造林司巡视员丁付林在省林业厅副巡视员师永全、市人大副主任张军佑、市政府副秘书长张威陪同下，调研舞阳县泥河洼项目区农田林网和“百千万”农田防护林建设工程情况。

● 11月22日　省林业厅森林航空消防站副主任李国峰一行到临颍县大郭乡胡桥村，对漯河市承担的中央财政林业科技跨区域重点推广示范项目——平原农区竹柳快繁技术应用推广进行现场查定。

● 11月23日　市长曹存正、副市长高喜东到市林业和园林局就沙河国家湿地公园项目规划推进情况进行调研。局长宋孟欣作整体汇报，河南农业大学风景园林规划设计院负责人作详细汇报。

● 12月5日　国家林业局林业工作站管理总站站长潘世学、办公室副主任唐伟、建设处副处长张志刚一行对漯河市林业生态建设进行调研。省林业厅副厅长丁荣耀、省林业工作站站长孔维鹤，市长曹存正，市委常委、副市长刘瑞红陪同。

● 12月11日　全省绿化模范单位验收组组长、省委办公厅行政处处长李为民一行，对漯河市申报省级绿化模范单位市中级人民法院、市沙澧河建设管理委员会进行检查验收。

● 12月11日　市长曹存正到京珠高速漯河北站入市口调研绿化示范段建设情况。副市长高喜东，市政府副秘书长效剑锋陪同。

● 12月13日　市总工会开展“服务创卫、爱播沙澧”送温暖活动，市领导冒着雨雪，到市园林处沙北管理站，向一线职工赠送棉靴、手套1309套。市委副书记、纪委书记李智民，市人大副主任、市总工会主席田爱华，副市长蒋志安，市政协副主席刘桂梅，市委宣传部副部长、市文明办主任梁国正出席仪式。

● 12月20日　省林业厅野生动物救护中心主任刘占军、政策法规处副处长李永成、省森林公安局副调研员冯新华一行到漯河市检查指导野生动物保护执法工作。

● 12月25日　省林业厅种苗站副站长刘增喜一行考察漯河市2012年国家林木良种苗木试点补贴项目验收评审工作。

● 12月30日　《漯河林业园林科技》第一期出版发行。

市情概况

城市一角

一、地 理

漯河市位于河南省中南部，伏牛山东麓平原和淮北平原交错地带，总地势西高东低。地理坐标东经 113° 27′ ~ 114° 16′，北纬 33° 24′ ~ 33° 59′。东西长 76 公里，南北宽 64 公里，沙河与澧河在市区交汇。北距省会郑州 140 公里，西距平顶山市 78 公里，南距驻马店市 66 公里，东距周口市 55 公里。城市建成区面积 60 平方公里。

全市地势平坦，地面绝对高程 56 ~ 59 米之间，全为澧河及汝河改道泛滥冲积层。土壤有潮土、黄棕壤土、砂姜黑土和褐土四个土壤类型。土壤呈中性（微碱性），pH 值 7.5，土地肥沃。

二、资 源

漯河市水资源丰富，境内有大小河流 81 条，均属淮河水系，主要河流有沙河、澧河、颍河等。地表水年均天然径流量 3.7 亿立方米，沙、澧河等过境水径流量 27 亿立方米，浅层地下水年均总补给 5.2 亿立方米，可开采量 3.7 亿立方米，单井涌水量每小时超过 60 吨。中深层地下水日开采量 2.5 万吨。

沙河

漯河市已探明的矿产资源为岩盐，主要分布于舞阳县孟寨和姜店两个乡，面积 80 平方公里，储量约 400 亿吨，居全国第二位，盐的品位 98.53%，达到国家食用标准。河沙资源主要产于沙河、澧河，沙质纯净，大小均匀，配级合理，年开采量 200 万立方米，是理想的建筑材料。

舞阳县盐矿

三、气候

漯河市位于暖温带南部边缘，属于暖湿性季风气候。冬季寒冷干燥，夏季高温多雨。一年之中，冷暖交替，四季分明。全市年平均气温 14.7℃，7 月份最热，平均气温 27.5℃；1 月份最冷，平均气温 0.5℃，年日照时数 2181 小时，全年无霜期 216～225 天，降水量平均 786 毫米。光照充足，热量丰富，降水适中，气候温暖，主要气象灾害有涝灾、旱灾、风灾、冰雹和霜冻。

四、交通

漯河是一个区位优越、交通发达的枢纽城市。漯河城市启于北魏、盛于明清，曾以商贸和水陆交通发达而享誉中原，在明朝永乐年间已是“江淮百货萃，此处星辰罗”的商品集散中心，素有“水旱码头”之称。

漯河车站旧貌

1904 年平汉铁路部分通车，漯河车站投入使用。火车站位于市区公安街，离北京站 839 公里，离广州站 1465 公里。隶属武汉铁路局管辖，现为一等站。是国家二类交通枢纽城市，距郑州新郑国际机场不足 1 小时车程，京广、漯宝（丰）、漯阜（阳）3 条铁路和京港澳高速、南洛高速、107 国道及 5 条省道贯穿全境，构成全省重要的铁路和高速公路“双十字”交通枢纽。

京广铁路绿化（漯河段）

漯河西站属于石武高速铁路客运专线中的小型站，隶属武汉铁路局。漯河西站设 2 座岛式站台，共 4 站台 6 股道，发线长度为 800 米，站台为无柱雨棚设计，有残疾人专用电梯，残疾人可乘坐电梯进入站台乘车。漯河站总建筑面积 1.6 万平方米，候车室能同时容纳 1000 人。站房主体一层，局部三层，建筑总高 24 米，宽 183 米。2012 年 9 月 28 日正式运营。

漯河水旱码头

漯河港于 2011 年开工建设，占地 26 万平方米，设计吞吐量 460 万吨，计划建设 11 个泊位，建成后将以矿石、煤炭、杂件和集装箱运输为主导货源，漯河市将形成水运、铁路、公路三位一体的综合运输功能。通行船舶单船为 500 吨级机动货船。

五、人口与民族

1986 年年初，漯河市和舞阳、郾城、临颍三县总人口 203 万人。“七五”期间，全市人口年均增长率 1.5%，1990 年，总人口 215 万人。“八五”期间，全市人口年均增长率 1.8%，1995 年，总人口 235 万人。“九五”期间，全市人口年均增长率 1.3%，2000 年 11 月 1 日 0 时第五次全国人口普查结果：漯河市普查登记户籍人口 245 万人，比 1990 年漯河市第四次全国人口普查增加 30 万人，增长率 12.96%；年平均增加 3 万人，年均增长率 1.19%。15 年中，漯河市人口状况发生重大变化，人口自然增长率下降，人口构成发生显著变化，人口素质明显提高。2010 年第六次全国人口普查结果，总人口 260 万人，城区人口 60 万人。全市有：汉族、回族、维吾尔族、满族、蒙古族、藏族、苗族、壮族、土家族、拉祜族、彝族、朝鲜族、布依族、佤族等 38 个少数民族，其中，汉族 2236406 人。

六、历史沿革

商周时期，漯河小镇就逐渐形成，因滨临隐水（今沙河）故称隐阳城，属召陵县管辖。南北朝时期，隐阳城改称奇雒城。隋朝，把汉代以来的行政区划由州、郡、县三级，改为州、郡两级，南颍川郡遂被取消。隋炀帝大业年间，将召陵县并入郾城县，奇雒城改名殷城，因它紧傍隐水，隐水又名殷水，城随水名。元代，因沙澧河相汇处，河湾状似海螺，将上口镇更名为螺湾河镇。明代嘉靖三年（公元 1524 年），山东省定陶县进士乔迁任郾城知县，认为“螺”字用于地名不雅，遂改“螺”为“漯”，漯湾河镇也随之称漯河镇，属郾城县。

随着漯河经济的发展，牛行街牲畜贸易市场成为全国四大牲畜交易市场之一，漯河知名度愈来愈高。1958 年国家文字改革委员会正式承认“漯”字的第二读音。《新华字典》《辞源》《辞海》等权威字书，也先后相继认可。《现代汉语词典》注：漯，漯河，专用地名，在河南。1948 年 7 月，设立县级漯河市，归许昌专区管辖。1949 年 1 月，漯河市与郾城县合署办公。同年 10 月，漯河和郾城分设。1960 年 6 月郾城县并

沙河与澧河交汇处

漯河旧城一角

入漯河市，同归许昌专区管辖。1961 年 11 月，漯河、郾城再次分设。1986 年 1 月 18 日，经国务院批准，漯河市由县级市升格为省辖市，辖郾城、舞阳、临颍 3 个县和源汇区。1992 年被省政府定为内陆特区，1994 年确定为全国综合配套改革试点市。2004 年 12 月新的行政区划调整后，为郾城、源汇、召陵三区和临颍、舞阳二县。2012 年行政辖区为：临颍县、舞阳县、源汇区、郾城区、召陵区、漯河新区、漯河西城区和一个国家级漯河经济技术开发区。

七、名胜古迹

七音骨笛

许慎故里

漯河是一个历史悠久、文化灿烂的古老城市。早在新石器时代，先民就在这里定居生息。贾湖遗址发现的裴李岗文化刻画符号距今已有 8000 年之遥，将中国文字史向前推进 4000 年；出土的国宝七音骨笛，将中国音乐文化史向前推进 3000 年；考古发掘的酿酒工艺，将中国造酒史向前推进 3000 多年。已发现的主要古迹还有：曹丕代汉的历史实证“受禅台”和“三绝碑”；早于赵州桥 20 年、被誉为“天下第一桥”的隋代小商桥等。全市现有各类文物景点 200 余处，其中全国重点文物保护单位 6 处 7 项，省级文物保护单位 28 处 30 项，市级文物保护单位 27 处。

东汉时期著名的经学家和文字学家许慎诞生于漯河召陵，他编纂的《说文解字》是中国乃至世界最早的字典，被誉为“文宗字祖”。许慎陵园位于召陵区姬石乡许庄村东。墓冢高 5 米，底径 16 米，墓前立清康熙、光绪年间碑刻二通，墓后苍柏林立。当地文物部门征地 12 亩，建许慎陵园。1986 年，许慎墓公布为省级重点文物保护单位。2005 年 7 月对许慎陵园进行整修，陵园占地 16 亩，陵园正门横额“许慎陵园”四个字由全国人大常委会副委员长许嘉璐亲自书写，园内立有许慎铜像。2006 年，国务院将许慎陵园公布为第六批全国重点文物保护单位。2009 年 3 月，许慎文化园再次开工建设，占地 150 余亩，于 2010 年建成。市政府每年在这里举办一次许慎文化研究会和祭拜活动。是漯河市重要的生态文化旅游地及中华文化教育基地。

杨再兴墓在临颍县城南 12 公里的商桥村。墓冢高大，翠柏茂密。冢前刻有“宋统制杨再兴将军之墓”的石碑，相传为岳飞用枪头刻成。墓前有祠，祠内有明清石碑数通，记载其生平事迹。杨再兴（公元 1104 ~ 1140 年），岳飞部下，抗金将领。金人屯兵 12 万于临颍，再兴以 300 骑遇敌于小商桥，骤与之战，杀 2000 余人。再兴战死，后获其尸，焚之，得箭镞二升。

陈星聚墓位于临颍县城南6公里，台陈镇台陈村西南陈氏祖坟内。占地1650平方米，南北长55米，东西宽30米。墓前原有华表、碑碣，墓两侧为石刻林。1958年和1965年，陈星聚墓两次遭到破坏，现仅存墓碑和墓冢。1982年，县政府拨款重修陈星聚墓碑，建砖瓦碑楼一座，高4.7米，宽1.7米，厚1米，墓地面积480平方米。2004年11月，被公布为县级重点文物保护单位。2008年6月被省政府公布为省级文明保护单位。2008年4月30日，台北首任知府陈星聚墓园重新修缮及豫剧《台北知府》剧本排演工作领导小组在漯河市召开第二次会议，会议传达4月29日省政府召开的关于做好陈星聚墓园修缮及豫剧《台北知府》剧本排演工作会议精神。工程于2008年5月开工建设，2009年3月竣工。2009年3月31日，陈星聚纪念馆在临颍县台陈镇台陈村开馆，馆名为原省委书记徐光春题写。4月19～20日，中共中央政治局常委、全国政协主席贾庆林莅漯参观了陈星聚纪念馆。

2009年4月，中共中央政治局常委、全国政协主席贾庆林、河南省省委书记徐光春、漯河市委书记靳克文等领导参观陈星聚纪念馆

小商桥位于临颍县黄帝庙乡小商桥南小商河（颍河故道）上。桥为敞肩单孔石拱桥，长20.87米，宽6.67米。大拱净跨11.6米，矢高2.13米，矢跨比为1/5，拱券面厚0.65米，小拱净跨2.13米，矢高1.2米，两岸小拱脚间距20.2米，主拱和小拱均由20道拱石并列砌筑而成，主孔每块拱石间均由咬铁连接。券面石浮雕有天马、狮子、莲花和几何图案，拱之上端置有兽，伸出桥身。桥墩下部四角有高浮雕金刚力士像，双肩扛拱，双手上托，大小一尺左右，造型生动，风格古朴。据方志记载，小商桥始建于隋开皇四年（公元584年），但现桥主体结构属北宋建筑风格，元、明、清历代均有修葺，最大的一次修筑是元大德年间（公元1297～1307年）。小商桥是一座时代较早的古石桥，造型优美，结构严谨，做工精致，是研究建筑和交通史的重要资料。1986年，小商桥被公布为省级文物保护单位。1994年，国家文物局拨专款进行大修。2010年，市政府以小商桥和杨再兴陵园为基础，建设小商桥旅游区。

小商桥

镇河铁牛是河南省重点文物，位于郾城西关沙河河堤上。1989年重建后的铁牛坐落在约1.5米高的仿造须弥座上，全身长约1.2米，由于年

郾城区镇河铁牛

代久远身上已有断裂处，铁牛右身上铸有“道光九年”四个凸字（1829 年），有 177 年历史，底座西南有阴雕“镇河铁牛”四个隶字。铁牛面对沙河，双角高耸，两眼凝视河面，气势威而不露，时刻监视着河水的涨落，日夜守卫着在这里居住的人们。

北舞渡山陕会馆彩牌楼位于舞阳县城北 25 公里北舞渡镇。镇临汝水，西通汝洛；东下江淮，北转郑汴。江南商货由此吞吐中转。有“装不完的赊旗店，填不满的北舞渡”之称。镇内山陕会馆为秦晋巨商筹金创建。彩牌楼居会馆拜殿前，清道光五年（1825 年）山陕粮商同建，为三间六柱五楼。建筑精巧玲珑，雄伟壮观。

八、传统文化节日

漯河地区以农历节气为名的地方特色较浓的民俗节日如：二月二（龙抬头）、三月三（赶庙会）、五月五（端午节）、六月六（虫王节）、七月七（牛郎会织女）、七月十五（鬼门节）、八月十五（中秋节）、九月九（重阳节）、十月初一（十来一）、腊月二十三（小年）等。

舞阳县农民画

元宵灯展是漯河市区节日文化的传统项目，从 1988 年起，每年举行元宵节灯展，展出时间一般一周左右。自 1988 ~ 2005 年，漯河市共举办灯展 16 届，观众 180 多万人，对漯河市的节日文化作出巨大贡献。2006 年至今，市委、市政府把每年的元宵节灯展演变为一年一度的元宵节焰火晚会。燃放大型礼花弹，装点漯河的夜空，烘托节日氛围，成为漯河市人民群众每年元宵节必不可少的文化盛宴。

民间艺术是漯河群众自编自演的艺术活动，历史悠久、源远流长，深受群众喜欢，有着很强的生命力。早在新中国成立前，漯河就是水旱码头，经济繁荣，商贾云集，丰富的民间艺术种类，在民间不断传播。有狮子舞、竹马舞、高跷行走、唢呐吹奏、闹伞表演、推小车、摇旱船、肘阁等。

心意六合拳是传统的内家拳之一，是中华武术的瑰宝。明末清初，河南洛阳马坡村马学礼遇一隐士传授此拳，其得意弟子马三元是漯河市临颍县繁城镇人氏，数百年来此拳世代相传。后来流传国内外的形意拳和意拳都是由心意六合拳衍变而成。心意六合拳的动作快而刚猛，柔中有刚，刚柔相济，技击性强，数百年来被拳家视若珍宝。2000 年 8 月，漯河市举办三百年来的首次全国心意六合拳研讨会和两次影响很大的邀请赛，成立“心意六合拳研究会”，把心意六合拳的理论、拳术套路和器械套路整理成书，由“中华武术展现工程”制作面向全国出版发行教学光盘 1 套。

双人旱船舞由单人旱船舞演变而来，是由两个坐船女、一个老艄公和一个撑船女，表演渔家在打鱼时，遇到的不同情景故事，具有河南地方戏剧形式的舞蹈。双人旱船舞起源于清末，师承五代，迄今已有百余年的历史。由于此舞运用大量的地方戏调子、动作，又因舞姿活泼、衣着考究、道具美观、舞步不俗、动有意思、静有图样，使双人旱船舞既可地摊表演，又可登台演出，人民群众喜闻乐见。

舞阳农民画历史悠久，是从民间美术包括民间绘画、剪纸、刺绣、泥塑、壁画等古老传统中发展而来的。舞阳农民画有 30 多位作者，600 多幅作品分别参加国家、省级展览或被选送国外展出，其中《左邻右舍》《东河湾 · 西河湾》《果熟时节》被评为一、二、三等奖，并被国家、省、市收藏。

铜器舞又叫“八大扇”——因主奏乐乐器为四扇大铙、四扇大镲而得名。该舞流传在源汇区问十乡一带，印板王、问十、董庄、草河李等村，皆有铜器会。1985 年 4 月，中国舞蹈家协会河南分会与河南省民族民间舞蹈集成办公室，对该舞录像。

舞龙

龙舞起源于清光绪年间，先是知名人士何发明、何同顺等人积极倡导组织发起龙灯会，在每年春节闹元宵期间表演，还在各个庙会、名人祝寿、做生意人开业庆典等进行巡回演出，备受人们喜爱。他们在农闲时一方面习武强身，一方面舞龙弄珠，因群众对这一象征吉祥的龙灯非常喜爱，又加上当时舞龙人的敬业，长时间演练切磋，何庄村龙灯会逐渐发展起来，并在当时漯河、郾城等周边地区经常巡回演出，服饰、道具都较原来有壮大和更新。

狮舞起源于 1897 年，由吴聚才（1877 年出生）从南阳拜师学艺归来组建“东关狮子会”，距今已有 100 多年历史。整个舞狮队多达 80 人左右，有令旗（指挥）、打击乐队、竹马队、狮子队、武术队、二鬼绊跌等，综合演出，更为壮观。

九、经济和社会发展状况

漯河市是中国食品名城，双汇集团、南街村集团、乐天澳的利集团总部位于漯河市，可口可乐集团、百事可乐集团、康师傅集团、统一集团、中粮集团在漯河市投资，是中西部首个、全国第二个“中国品牌城市”。漯河食品加工主导产业特色明显，培育出亚洲最大的肉类加工企业双汇集团、全国著名的方便面生产企业南街村集团、全国首家葡萄糖饮料生产企业乐天澳的利集团等一批知名企业。是全国首个中国食品名城、全国食品安全信用体系和保证体系建设双试点市、全国首个农业标准化综合示范市、全省食品工业基地市、全省无公害食品基地示范市、全国绿色蔬菜生产基地。

漯河是一个改革创新、充满活力的开放城市。改革开放不断取得新进展，国有企业改革较早完成转机建制任务，非公有制经济发展迅速，有20多个国家和地区的客商投资漯河，美国杜邦、高盛、可口可乐，日本火腿株式会社，中粮集团等8家世界500强企业以及韩国乐天、香港华懋和协鑫、台湾旺旺、康师傅、南京雨润等一批国内外知名企业在漯河都有较大的投资项目，并获得良好的投资回报。漯河是全国综合改革试点市、全国开拓农村市场试点市、国家农村信息化综合信息服务试点市、中部最佳投资城市。

双汇集团

临颍县南街村

食博会开幕式

漯河是一个大局稳定、社会和谐的文明城市。各项社会事业繁荣发展，精神文明建设和民主法制建设全面加强。计划生育、环境保护、土地管理三大国策得到落实。依法治市、基础教育、群众体育、残疾人康复、农村五保户集中供养等方面的工作走在全国前列。信访工作全省先进，安全生产形势总体平稳，公众安全感指数全省第一，社会大局和谐稳定。漯河是全国首批创建文明城市工作先进城市、全国普法依法治理先进城市、全国社会治安综合治理优秀市、全国信访工作先进集体、全省平安建设先进市、全省安全生产优秀市和全省双拥模范城等荣誉称号。

漯河是一个钟灵毓秀、泛舟轻歌的北方水城。淮河两大支流沙河、澧河贯穿全境并在市区交汇，一城春色半城水，寓风景长廊、生态长廊、文化长廊、休闲长廊于一体的沿河美景尽显城中，是北方少有的水景城市、森林城市。漯河市在林业造林绿化和城市园林绿化建设中，先后荣获“国家园林城市”“全国绿化模范城市”“全国园林绿化先进城市”“中国人居环境范例奖”“国家森林城市”等荣誉称号。凭借亲水融绿、环境秀美的独特城市风貌，摘取“中国特色魅力城市”“中国优秀旅游城市”等桂冠。

市林业和园林局概况

局办公楼

2001年，漯河市委、市政府将农村造林绿化和城市园林绿化管理职能合并，组建漯河市林业园艺局（正县级），为市政府工作部门，办公地点市嵩山路北段9号。2010年1月20日，“漯河市林业园艺局”更名为“漯河市林业和园林局”，内设办公室、计划财务科、人事教育科、植树造林科、资源法规与野生动物保护科、园林绿化建设管理科、规划设计管理科、监察室、集体林权制度改革办公室9个职能科室，下属市园林管理处、市森林公安局、市人民公园、市园林监察大队、市林业技术推广站、市森林病虫害防治检疫站、市绿化工程处、市苗圃场、市城乡绿化规划设计院、豫中南林业有害生物天敌繁育研究中心10个二级单位，全系统干部职工[含县（区）]2600余人。在机构设置上，城乡绿化规划、设计、施工、管理、监督各项职能健全，协调一致，同步发展，在全国范围内较早构建起统筹城乡绿化一体化的管理格局。

2007年，局领导班子确立“抓班子、带队伍、促工作、上台阶”的指导方针和工作思路，不断加强领导班子和干部职工队伍建设。全系统先后开展以“大局意识、责任意识、服务意识”为内容的“三种意识”主题教育活动、以“团结协作、敬业奉献、创新争先、敢于胜利”为内容的弘扬“创森精神”主题教育活动、以“加强行风建设、优化发展环境、提升工作效能、服务人民群众”为主题的“政风行风建设年”活动、“政风行风提升年”和“政风行风巩固年”活动，大力倡导真抓实干、以干立身，说实话、办实事、求实效，领导班子精诚团结，广大干部职工协作配合，形成心齐、风正、气顺、劲足、实干的良好氛围，工作中坚持高树标杆，勇争一流，力争工作纵比有突破、有提高，横比争先进、敢超越，为城乡绿化事业发展提供有力保障。

在推进城乡绿化一体化发展中，突出漯河林水相依、林水相连特色，大力实施森林进城、森林围城等城乡绿化工程，建设独具魅力的平原滨河森林城市。深入开展林业生态县（区）、园林式乡（镇）、绿化示范村等创建活动，全市两县三区全部成为省级林业生态县（区）。加强园林精细化管理，连年在全市城市管理工作评比考核中名列前茅。承建第二届中国绿化博览会郑州绿博园河南园区和漯河园。大力发展林下经济，探索“不砍树、能致富”的新路子。集体林权制度改革走在全省前列，省政府在漯河市召开全省集体林权制度改革工作座谈会，全国集体林权制度改革领导小组称赞漯河市林改做法为“漯河模式”。健全完善林业科技推广体系。豫中南林业有害生物天敌繁育研究中心建成并投入生产，填补省内空白。观赏桃超延期开花课题研究填补国内空白。连年开展飞机防治森林病虫害、连续举办优质果品采摘节暨鉴评会、举办盆景艺术展和插花艺术大赛。首次进行林业生态效益价值评估。在成功创建国家森林城市之后，立足漯河城乡绿化职能一体优势，抢抓中原经济区建设机遇，提出“建设中原经济区城乡绿化一体化示范市”的初步构想，省林业厅、市政府签署《合作建设中原经济区城乡绿化一体化示范市框架协议》，进一步明确今后发展方向。

市林业和园林局先后荣获“省级文明单位”“河南省五一劳动奖状”“全国绿化先进集体”，被市委、市政府记集体二等功，先后被市委、市政府、省林业厅、省建设厅授予130余项荣誉称号，系统内320余名人员获得市级以上表彰奖励。

游园绿化

沿河绿化

机构沿革篇

第一章　市林业和园林局

第一节　机构设置示意图

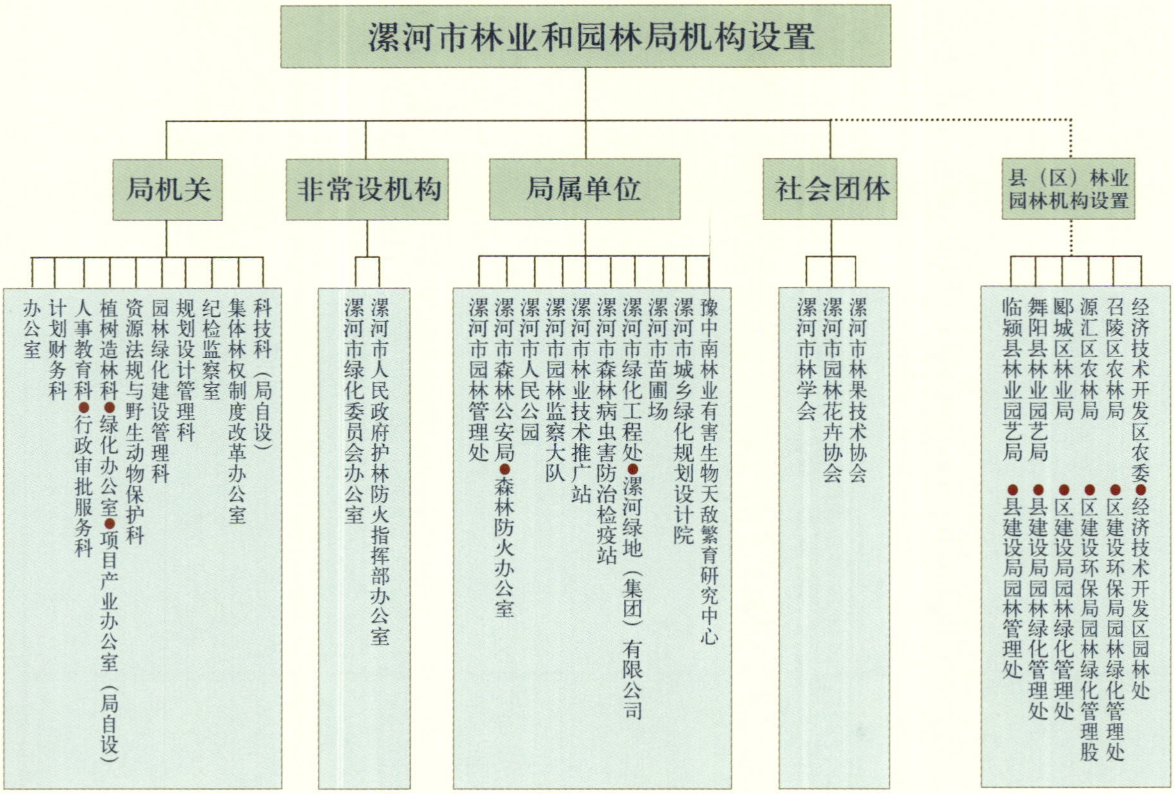

第二节　机构沿革

漯河市林业和园林局在 1986 ～ 2012 年的 27 年中，历经多次机构改革。区划前，漯河市（县级市）农委内设林业站。区划后，升格为省辖地级市。1986 年 3 月 27 日，市编办批准设立市林业局，规格副处级。1986 年 5 月 29 日成立漯河市林果处（对外挂漯河市林业局牌子），隶属漯河市农村经济工作委员会。1992 年 1 月 13 日，市计划委员会批准成立漯河市林工商开发公司。1992 年 5 月 22 日，漯河市计划委员会批复成立“漯河市林业总公司”，实行一个机构两个牌子，仍挂市林业局牌子，下设一室三公司和 2 个二级单位，即综合办公室（负责市林果业发展规划）、林果技术服务公司（兴办经济实体）、林产品公司（经营木材、松香等）、林工商公司（苗木、饮食服务、林产工业）；市林业技术推广站、市苗圃场。1995 年 12 月 27 日，市编委下文更名为“市林业技术推广总站”，隶属市农委。1997 年 12 月 31 日，市政府办公室下发《漯河市林业局职能配置、内设机构和人员编制方案的通知》，“漯河市林业技术推广总站”更名为“漯河市林业局（副县级）”，内设办公室（含财务科）、造林营林科、公安林政科，下属二级单位市林业技术推广站、市森林病虫害防治检疫站、市苗圃场。1999年11月19日，市编委印发《关于重新核定漯河市林业局所属事业单位机构和人员编制的通知》，撤销漯河市林业技术推广总站。

1982年4月29日，漯河市人民政府批复，从市政管理处分设成立市园林管理处（副科级单位），隶属市建设局（市城乡建设环境保护委员会、市城乡建设委员会）。1986年3月20日，市园林处由副科级单位升格为正科级单位。

2001年11月10日，市委、市政府印发《漯河市市直党政机构改革实施意见的通知》，在市林业局的基础上组建"漯河市林业园艺局"（正县级），将市建设委员会承担的城市园林绿化管理职能划归市林业园艺局。2001年11月20日，漯河市委编委批准市园林管理处升格为副处级（隶属漯河市城乡建设委员会）。2002年4月4日，市编委下文将市建委所属的市园林管理处、市人民公园改变隶属关系，划归市林业园艺局。5月，市局新设7个科室，9个下属二级单位。2009年12月28日，中共漯河市委、市政府下发《漯河市人民政府机构改革实施意见的通知》，市林业园艺局更名为"漯河市林业和园林局"，现有9个科室，1个自设科室，10个下属二级单位。

各县（区）林业、园林部门机构变更及人事任免由各县（区）负责。市局主要负责县（区）业务指导、督导工作。

表1—1　1986～2012年局历任领导班子成员变化情况

单位名称	姓名	职务	任职时间
市林业局	郭长德	局长	1986年5月～1987年9月
	刘正芳	副局长	1986年6月～1987年9月
市林果处	郭长德	处长	1987年9月～1988年4月
	刘正芳	副处长	1987年9月～1988年4月
市林业局	郭长德	局长	1988年4月～1991年10月
	刘正芳	副局长	1988年4月～1990年4月
	李学陆	副局长	1990年4月～1991年10月
市林业总公司	郭长德	总经理	1991年10月～1995年12月
	李学陆	副总经理	1991年10月～1994年5月
	万炳信	副总经理	1991年10月～1994年5月
	董道林	总工程师	1992年12月～1995年12月
	李军学	副总经理	1994年5月～1995年12月
市林业技术推广总站	郭长德	站长	1995年12月～1997年11月
	李军学	副站长	1995年12月～1998年3月
	陈祥安	站长	1997年11月～1998年3月
市林业局	陈祥安	支部书记、局长	1998年3月～2001年10月
	李军学	支部副书记、副局长	1998年3月～2001年10月
	侯贡献	支部委员、副局长	2001年3月～2001年11月
市林业园艺局	孙保民	党组书记、局长	2001年11月～2007年4月
	邢进军	党组副书记、副局长	2001年11月～2004年6月
	谢江华	党组成员、副局长	2002年12月～2007年4月
	吴心德	党组成员、副局长	2002年12月～2004年12月
	李军学	党组成员、副局长	2001年11月～2007年4月
	朱清州	党组成员、副调研员	2001年11月～2007年6月
	侯贡献	党组成员、副调研员	2001年11月～2007年4月
	吴玉培	党组成员、副局长	2004年10月～2007年6月
	王九龙	党组成员、副局长	2004年12月～2007年4月
	王永	党组成员、副局长（挂职）	2006年5月～2007年7月

续表

单位名称	姓名	职务	任职时间
市林业园艺局	宋孟欣	党组书记、局长	2007 年 4 月 ~ 2010 年 1 月
	谢江华	党组成员、副局长	2007 年 4 月 ~ 2009 年 11 月
	聂建军	党组副书记、调研员	2009 年 12 月 ~ 2010 年 1 月
	李军学	党组成员、调研员	2007 年 4 月 ~ 2010 年 1 月
	王九龙	党组成员、调研员	2007 年 4 月 ~ 2010 年 1 月
	侯贡献	党组成员、副调研员	2007 年 4 月 ~ 2010 年 1 月
	陈红霞	党组成员、副局长	2007 年 4 月 ~ 2010 年 1 月
	亓春华	党组成员、纪检组长	2007 年 4 月 ~ 2010 年 1 月
	朱清州	副调研员	2007 年 4 月 ~ 2011 年 2 月
		享受正县级待遇	2011 年 3 月 ~ 2011 年 9 月
	赵自申	党组成员、副局长	2009 年 12 月 ~ 2010 年 1 月
	刘建清	党组成员、副局长	2009 年 12 月 ~ 2010 年 1 月
市林业和园林局	宋孟欣	党组书记、局长	2010 年 1 月至今
	聂建军	党组副书记、调研员	2010 年 1 月 ~ 2012 年 6 月
	李军学	党组成员、调研员	2010 年 1 月至今
	王九龙	党组成员、调研员	2010 年 1 月至今
	侯贡献	党组成员、副调研员	2010 年 1 月 ~ 2012 年 5 月
		享受正县级待遇	2012 年 6 月至今
	陈红霞	党组成员、副局长	2010 年 1 月 ~ 2012 年 5 月
		党组成员、调研员	2012 年 6 月至今
	亓春华	党组成员、纪检组长	2010 年 1 月至今
	赵自申	党组成员、副局长	2010 年 1 月至今
	刘建清	党组成员、副局长	2010 年 1 月至今
	王建中	党组成员、森林公安局局长	2011 年 2 月至今
	张国乾	党组成员、副局长	2011 年 10 月至今

第三节　工作职能

(1) 研究制定全市林业、园林生态环境建设、森林资源保护、造林绿化和城市园林绿化政策，并组织实施和监督检查。制定中长期发展规划和年度计划并组织实施；组织审定公园、风景名胜区、湿地规划方案；审查城市建设项目设计方案中的园林绿化结构和布局。

(2) 组织开展植树造林、城市园林绿化、全民义务植树、经济林发展和林业基地的建设；组织、指导全市各类商品林（包括用材林、经济林、药用林、竹林、特种用途林）和生态公益林的培育；指导国有苗圃、集体林场及基层林业工作机构的建设和管理；组织、指导林木良种的培育、检疫和检验工作。

(3) 组织、指导对全市森林资源的管理；组织全市森林资源调查、动态监测及统计；组织编制全市森林采伐限额，经批准后监督执行；指导并监督木材凭证采伐与运输；负责全市林地、林权管理和征用、占用林地、绿地的审核；负责森林资源的有偿使用并监督林地开发利用工作；指导全市林地调查、定级、评估工作。

(4) 指导全市森林公安工作和森林公安队伍建设，组织全市林业和园林执法工作，指导、协调、监督对破坏森林资源和野生动植物资源重大案件的查处，打击违法犯罪活动；组织、协调、指导、监督全市森林有害生物防治、检疫工作；承担全市猎枪弹具的管理工作；组织协调、指导监督全市森林防火工作。

(5) 组织、指导陆生野生动植物资源的保护和合理开发利用；组织、协调全市湿地保护工作；指导珍稀、濒危野生动物救护、繁殖、驯养工作；指导、监督全市古树名木的保护和管理。

(6) 研究提出全市林业和园林发展经济调整意见；监管全市国有林业、园林资产；筹集、管理市级林业、园林绿化资金（基金）；监管全市林业资金的使用；指导、监督全市林业、园林系统财务、统计工作；负责全市林业、园林基本建设项目的审核与管理；对全市木材生产、木竹及林果产品加工、林业机械、木本药材、木本花卉等林业产业进行指导。

(7) 承担推进全市林业改革，维护农民经营林业合法权益的责任；指导、监督全市集体林权制度改革政策措施的落实；组织拟订鼓励林农、维护林农合法经营权益的政策措施；指导、监督农村林地承包经营和林权流转；依法负责退耕还林工作。

(8) 制定并监督实施全市园林绿化市场的有关政策规定和管理办法，指导和规范全市绿化市场；组织实施园林绿化工程的质量标准、定额标准；负责园林绿化工程设计、施工单位的资质管理；指导、监督园林绿化工程招、投标和工程监理工作。

(9) 负责全市园林、风景区以及城市公园的行业管理工作；负责全市森林公园、风景名胜区的建设、管理工作；制定园林绿化养护的质量等级标准，并组织实施。

(10) 组织、指导全市林业和园林科技、宣传、培训工作；指导全市林业、园林队伍建设。

(11) 承办市政府交办的其他事项。

第二章　机关科室

第一节　办公室

一、机构沿革

1986 年 5 月设置市林业局办公室。随着机构变更，先后更名为市林果处、市林业总公司、市林业技术推广总站、市林业局、市林业园艺局、市林业和园林局办公室。

人员变动情况：

鲁锁印 1986 年 6 月～1989 年 7 月为办公室负责人；桂运言 1989 年 7 月～1992 年 4 月为办公室负责人；刘洪恩 1992 年 4 月～1992 年 11 月任办公室主任；侯贡献 1992 年 11 月～2001 年 3 月任办公室主任；赵自申 2001 年 3 月～2003 年 6 月任办公室主任；刘浩洪 2002 年 1 月～2006 年 8 月任副主任；武浩 2003 年 7 月～2004 年 5 月任办公室主任；王国强 2004 年 6 月～2007 年 4 月任办公室主任；范五洲 2006 年 9 月任办公室副主任（正科级），2007 年 5 月～2010 年 1 月主持办公室工作，2010 年 2 月任办公室主任至今。

二、工作职能

负责组织召开重要会议，督促检查各科室、各单位对文件、会议决定及领导批示的落实情况；协助领导审核局文电收发、运转和印制，负责机要文件、文书档案的保管、整理、归档和印鉴管理；协助领导组织处理需要由局直接处理的重要问题、突发事件和重大事件；负责省定、市定目标管理，安排部署、督促检查系统内目标制定及目标落实情况；承办人大代表建议、政协委员提案和市长热线工作；分解安排调研课题、综合调研结果，为局领导决策提供服务；围绕市委、市政府重大决策及中心工作，收集、处理、上报和反馈信息，负责宣传工作；协调局行政事务管理、后勤服务和安全保卫工作。

第二节　计划财务科

一、机构沿革

1986 年 1 月～ 2001 年 12 月，财务室归属市林业局办公室，设会计、出纳员。2002 年 1 月～ 2010 年 1 月为计划财务产业科，2010 年 2 月 3 日，更名为计划财务科（正科级）。

人员变动情况 ：

1986年1月～2002年12月财务人员有专人负责。乔华2003年1月～2010年9月任科长，朱树安任会计（副主任科员）；吕云峰 2010 年 10 月任科长至今，董庆敏任会计（副科级），出纳 1 人。

二、工作职能

负责编制林业、园林行业及直属单位年度固定资产投资计划、利用外资计划、产业发展规划并监督执行；负责机关财务管理工作；指导直属单位的财务、统计工作；监管机关及直属单位的资产；监督全市绿化资金（基金）的管理和使用；监督全市国有林业、园林资产的使用；组织建立全市林业产业项目库，承办全市林业和园林项目的指导和申报工作。

第三节　人事教育科（行政审批服务科）

一、机构沿革

1986～2000年，人事、劳保、职工培训归属市林业局办公室。2001 年 12 月～ 2005 年 3 月，局设人事科。2005 年 4 月 29 日，市编委下发《关于市林业园艺局增设人事监察科的批复》，增设人事监察科；2007 年 12 月市编委下发《关于市林业园艺局人事监察科加挂行政审批服务科牌子的批复》，人事监察科加挂行政审批服务科牌子。2010 年 2 月市政府办公室印发《漯河市林业和园林局主要职责内设机构和人员编制规定的通知》，设人事教育科（行政审批服务科）。

人员变动情况 ：

1986 年 1 月～ 2006 年 8 月，局人事劳资、档案有专人负责。刘浩洪 2006 年 9 月～ 2009 年 11 月任科长；高云 2009 年 12 月～ 2010 年 9 月主持工作，2010 年 10 月任科长至今。

行政审批服务科　2004 年 9 月 24 日入驻市行政服务大厅，2008 年 8 月实行首席代表责任制。米珺 2004 年 9 月～ 2008 年 8 月为负责人；闫安利 2008 年 8 月～ 2012 年 3 月任首席代表；夏来超 2012 年 3 月任首席代表至今。

二、工作职能

负责机关和直属单位的机构编制、人事、教育、劳资、离退休人员管理工作；指导编制全市林业、园林人才培训规划并组织实施；指导林业、园林队伍建设；负责机关和直属单位的党务、群团、计划生育工作；承办局行政审批服务事项。

行政审批科　做好行政审批服务工作。负责临时占用城市绿地许可、砍伐城市树木许可、城市园林绿化企业（三级）资格审批，负责对改变绿化规划、绿化用地使用的审批，负责林地使用审核、对驯养繁殖国家一级、二级重点保护野生动物许可审核、建设项目附属绿化工程设计方案审核及绿化费收取等事项。

第四节　植树造林科
（绿化办公室、项目产业办公室）

一、机构沿革

1986 年 3 月～ 1997 年 11 月市林业局设立营林科，1997 年 12 月～ 2001 年 11 月更名为造林营林科，2001 年 12 月变更为植树造林科（绿化办公室）至今。

人员变动情况 ：

桂运言 1986 年 7 月～ 1989 年 12 月为营林科负责人；赵自申 1989 年 12 月～ 1997 年 12 月先后任办事员、副科长，1998 年 1 月～ 2001 年 3 月任科长；林金生 2001 年 3 月～ 2005 年 2 月任副科长、科长；周红菊 2002 年 1 月～ 2006 年 10 月任副科长，2006 年 11 月～ 2010 年 2 月任科长；胡旭 2005 年 2 月～ 2007 年 6 月任副科长，负责绿化办工作；师军杰 2010 年 2 月任科长（绿化办主任）至今。

项目产业办公室　2004 年经局党组研究决定，撤销速生丰产林办公室，设项目产业办公室。原项目管理职能从计划财务科转移到项目产业办公室。乔华　2003 年 12 月～ 2004 年 6 月主管此项工作；周红菊　2004 年 6 月～ 2009 年 10 月兼项目产业办公室主任；洪向阳　2006 年 10 月～ 2011 年 6 月任副主任；李志民　2011 年 6 月任副主任至今。

二、工作职能

组织起草全市造林绿化规划、计划并监督实施 ；负责全市林业生态工程的实施、监督与管理 ；指导各类商品林和生态公益林的培育 ；指导全市林木种苗、国有苗圃、木本药材和花卉的生产经营 ；组织指导全市森林病虫害的防治、检疫和预测预报 ；承担以植树、种草等生物措施防治水土流失工作 ；组织拟订全市绿化行业的科技发展规划 ，承办全市绿化科技攻关项目的申报工作 ；组织林业和园林科技成果申报、推广应用及科普宣传工作 ；指导协调绿化技术市场和基层林业、园林科技机构的建设和管理 ；指导、监督全市古树名木的保护和管理 ；承担市绿化委员会办公室日常工作。

项目产业办公室　负责全市林业产业工作的宏观指导和组织协调；研究制定和实施全省林业产业发展规划的年度计划，落实国家林业产业政策；研究制定加快全市林业产业发展的法规、政策，并监督执行；组织建立全市林业产业项目库，承办全市林业项目的组织指导和申报工作，负责全市林业产业协会的日常工作。

第五节　资源法规与野生动物保护科

一、机构沿革

1989 年 12 月，市林业局已有林政管理职能，因人员少与办公室合署办公。随着机构不断完善健全，1997 年 12 月 31 日成立公安林政科。2001 年 12 月市林业园艺局设资源林政法规科（挂野生动物保护科牌子），2010 年 2 月更名为资源法规与野生动物保护科（含集体林权制度改革办公室）。

人员变动情况：

鲁锁印 1989 年 8 月～ 1992 年 4 月为负责人；桂运言 1992 年 5 月～ 1998 年 3 月为负责人；魏华民 1998 年 4 月～ 2003 年 7 月任副科长；王国强 2003 年 7 月～ 2004 年 6 月任科长；闫安利 2004 年 6 月～ 2006 年 5 月任副主任科员（主持工作）；董秋彪 2006 年 6 月任科长至今。

二、工作职能

组织、指导、监督全市森林资源管理和森林防火工作；组织全市森林资源统计调查和动态监测；组织编制全市森林采伐限额，经批准后监督执行；负责全市林地、林权管理（包括承包经营和流转管理）；调处林权争议；负责权限内临时征、占用林地审批；负责监督森林资源的有偿使用；指导全市林地调查、定级和资源评估工作；指导、管理全市木材的采伐、运输工作；组织协调全市湿地保护工作；负责国家、省有关陆生野生动植物资源保护工作法律法规的贯彻落实；研究制订全市陆生野生动植物资源保护与管理的办法并组织实施；负责驯养繁殖国家一级、二级重点保护野生动物许可审核；指导猎枪弹具的管理工作；拟订全市林业和园林法制建设规划，负责行业依法行政和执法监督工作；承担相关行政应诉、行政复议工作。

第六节　园林绿化建设管理科

一、机构沿革

2001 年 12 月设绿化建设管理科。2010 年 2 月更名为园林绿化建设管理科。

人员变动情况：

蔡联军 2003 年 7 月～ 2010 年 2 月任科长；杨仲海 2010 年 2 月任科长至今；米珺 2006 年 8 月任主任科员至今。

二、工作职能

负责园林绿化施工单位的资质管理；组织实施园林绿化建设项目的工程质量标准、定额标准，指导、监督园林绿化工程招投标和工程监理、验收工作；负责占用（含临时占用）城市绿地和伐移树木管理；制定城区道路、绿地、居住区绿化养护等级评定标准并组织实施；协调、指导园林绿化单位、公园及风景名胜区管理工作。

第七节　规划设计管理科

一、机构沿革

2001 年 12 月设规划设计管理科至今。

人员变动情况：

张玉霞 2002 年 1 月～ 2005 年 12 月任副科长，2006 年 1 月任主任科员至今；黄素萍 2003 年 1 月任科长至今。

二、工作职能

制定全市城市园林绿化发展战略、中长期规划及绿化规划管理的规定、办法，并组织实施；指导县（区）绿地系统规划；审查城市规划区内新建、改建、扩建项目中的绿化设计方案；指导、监督城市规划区内单位、居住区绿化规划；负责市区绿化项目设计方案的审定；负责对改变绿地性质、绿化规划（永久性占用）的审批。

第八节　纪检监察室

一、机构沿革

2003 年 7 月局设纪检监察室，2007 年 12 月，改为市纪委监察局派驻机构。

人员变动情况：

董秋彪 2003 年 7 月～ 2006 年 9 月任纪检组副组长、监察室主任；杨仲海 2006 年 7 月～ 2010 年 2 月任监察室主任；朱树安 2010 年 2 月至今任纪检组副组长、监察室主任。

二、工作职能

监督检查驻在部门及所属系统贯彻执行党的路线方针政策和决议，遵守国家法律、法规，执行市委市政府决定、命令的情况；监督检查驻在部门党组和行政领导班子及其成员维护党的政治纪律，贯彻执行民主集中制，选拔任用领导干部，贯彻落实党风廉政建设责任制，维护政令畅通，建立健全惩治和预防腐败体系以及行政效能、廉政勤政的情况；经批准，初步核实驻在部门党组和行政领导班子及其成员违反党纪政纪问题；参与调查驻在部门党组和行政领导班子及其成员违反党纪政纪的案件；调查驻在部门及所属系统科级干部违反党纪政纪的案件和其他重要案件；调查或配合驻在部门党组调查驻在部门及所属系统其他党员干部的违纪案件；协助驻在部门党组和行政领导班子组织协调驻在部门及所属系统的党风廉政建设和反腐败工作；受理对驻在部门党组织、党员和行政监察对象的检举、控告，受理驻在部门党员和行政监察对象不服处分的申诉；承担市纪委监察局交办的其他事项；负责驻在部门及所属系统信访稳定、安全生产的监督检查工作。

第九节　集体林权制度改革办公室

一、机构沿革

2008年3月30日市林业园艺局设立林权制度改革办公室，2010年2月经市编委批准，成立局集体林权制度改革办公室。

人员变动情况：

董秋彪2008年3月～2010年10月负责集体林权制度改革办公室工作；魏华民2010年11月任集体林权制度改革办公室主任至今。

二、工作职能

具体负责市林权制度改革工作的业务指导、政策宣传及组织协调工作；负责全市林权改革的业务指导、培训工作；负责林权制度改革档案的建立和完善；负责全市林权改革的宣传报道工作；负责全市林权制度改革的配套改革措施，协调相关单位做好林权抵押贷款、林木产权规范流转、林业社会保险、林业要素市场等工作。

第十节　科技科（高工室）

一、机构沿革

2006年9月市林业园艺局自设高工室，2010年7月更名为科技科。

人员变动情况：

董道林 2006年9月～2009年9月任负责人；林金生 2009年10月任负责人至今。

二、工作职能

负责对涉及城乡绿化工作的重大科研课题进行专题研讨；指导参与全市城乡开展林业园林学术研讨、科技推广、科技服务等工作；在林业园林发展、工程建设等重大决策方面，为局党组提供咨询和建议；培养科技人才、选择和用好优秀科技人才、壮大科技队伍；做好局党组交办的其他工作。

第三章　非常设机构

第一节　市绿化委员会办公室

一、机构沿革

1983年2月漯河市绿化委员会成立，办公室设在市林业局（办公室下设：农村绿化组，负责郊区农村造林绿化；城市绿化组，负责城市园林绿化）。1986年1月18日，经国务院批准，漯河市升为地级市。区划后重新调整，由市长任市绿化委员会主任，市直16个主要部门负责人任委员。办公室设在市林业局，局长担任办公室主任，办公室负责全市国土绿化的具体工作。2002 年 8 月 16 日，市政府印发《关于调整漯河市绿化委员会成员的通知》，主任：市长靳克文；副主任：副市长薛豫宛、邵成山，漯河军分区司令员吕志勤，市政府秘书长刘运杰，市林业园艺局局长孙保民；成员：市计划发展委主任高喜东，市财政局长孟顺礼，市人事局局长刘志岐，市国土资源局局长刘庚寅，市教育局局长曹代颖，市建委主任马振业，市水利局局长李耀道，市交通局局长崔瑞卿，沙颍河管理局局长王国营，市环保局局长王银岭，市广电局局长王惠民，市农业局局长李殿卿，市武警支队支队长袁启发，市团委副书记刘瑞红，市总工会主席田爱华，市妇联会主任刘桂梅。市绿化委员会下设办公室（设在市林业园艺局），孙保民兼任办公室主任。2007 年市政府对绿化委员会成员单位进行调整。2012 年再次调整，主任 ：市长兼任；副主任 ：分管副市长、漯河军区司令员、市政府秘书长、市林业和园林局局长兼任；成员单位：市文明办、市发展改革委、市教育局、市工业和信息化局、市财政局、市人力资源和社会保障局、市国土资源局、市建委、市环保局、市交通运输局、市住房保障和房屋管理局、市水利局、市农业局、市文化新闻出版局、市广播电影电视局、市委市政府机关事务管理局、市沙澧河建管委、市总工会、团市委、市妇联、市公安武警支队。市绿化委员会下设办公室，办公室设在市林业和园林局，市林业和园林局局长兼任办公室主任。

二、工作职能

组织开展全民义务植树运动，编制实施义务植树发展规划和年度计划。创建义务植树基地和组织开展“植纪念树”“造纪念林”等绿色文明活动。组织开展义务植树和造林绿化工作的宣传教育和评比表彰工作。指导和检查城市绿化、农村绿化、社会绿化、部门绿化工作，开展单位、居住区对市、县、乡（镇）庭院绿化的申报、检查及验收工作，协调编制绿化规划并监督实施。负责绿化费的收缴和管理工作。组织开展全市古树名木的普查、保护工作。掌握各县（区）、各部门（系统）绿化动态、信息和成果。负责向市绿化委员会报告全民义务植树运动和国土绿化工作情况。

第二节　市人民政府护林防火指挥部办公室

一、机构沿革

2003 年 8 月 4 日成立漯河市人民政府护林防火指挥部（包括 18 个成员单位）。由主管副市长担任指挥长，漯河军分区、市政府办公室、市林业园艺局（市林业和园林局）、市公安局、市消防支队主要负责人为副指挥长，市科技局、市监察局、市财政局、市交通局、市农业局、市民政局、市人事局、市建委、市林业和园林局、市卫生局、市教育局、市司法局、市广电局、市气象局、市通信漯河分公司、市移动漯河分公司、市联通漯河分公司、武汉铁路分局漯河工务段等部门分管领导为成员。指挥部下设办公室，办公室设在市林业和园林局，市林业和园林局局长兼任办公室主任。各县（区）人民政府成立护林防火指挥部办公室。

二、工作职能

贯彻执行国家森林防火工作的方针、政策，监督《森林防火条例》和有关法规的实施；负责森林防火宣传教育，制定森林防火措施，组织群众预防森林火灾；组织森林防火安全检查，消除火灾隐患；检查本地区森林防火设施的储备和管理，组织有关单位维护、管理防火设施及设备；掌握火情动态，制定扑火预备方案，参与组织和指挥扑救火灾；配合有关单位调查处理森林火灾案件；进行森林火灾统计，建立火灾档案。

第四章 社会团体

第一节 市林学会

一、机构沿革

市林学会第四届会员代表大会

1986 年 11 月 18 日成立漯河市林学会，挂靠市林业局。郭长德任理事长，李学陆任副理事长兼秘书长。1989 年召开第二届会员代表大会，理事长：郭长德；副理事长：李学陆；1999 年 7 月 15 日召开第三届会员代表大会，选出林学会第三届理事会理事，理事长：陈祥安；副理事长：李军学、李学陆；秘书长：李学陆（兼）；副秘书长：赵自申。2010 年 4 月 1 日召开第四届会员代表大会。理事长：宋孟欣；副理事长：侯贡献；秘书长：司长征（2010 年 4 月～2011 年 8 月）。朱振江 2011 年 9 月兼任秘书长；副秘书长：丁亚珍；常务理事 22 人，地址位于漯河市嵩山路北段 7 号。

二、工作职能

开展学术交流，组织重大林业科技问题的论证和考察活动；普及林业科学知识，传播科学思想和方法；推广林业新技术、新品种、新成果，开展青少年林业科技教育活动；开展学术交流活动；开展在职林业科技人员的继续教育工作；开展林业科技咨询服务，接受委托进行林业技术项目论证、科技成果鉴定、科技文献和技术标准的编写等活动。

第二节 市园林花卉协会

一、机构沿革

1986 年 12 月 16 日，成立漯河市园林花卉协会，挂靠市园林管理处。当时会员 67 人（主要会员由园林部门职工和市区部分企业、事业单位花工和爱好者组成）。1987 ～ 1999 年漯河市第一届园林花卉协会，法定代表人陈兴和，业务主管部门是漯河市园林管理处，办公地点位于八一路 1 号。1999 ～ 2010 年第二届园林花卉协会换届，法定代表人谢江华。2002 年机构改革，业务主管部门由漯河市建设委员会变更为漯河市林业园艺局（市林业和园林局），地址由原来的文景路搬迁至嵩山北路；2010 年 3 月 1 日，第三届园林花卉协会换届，法定代表人周红菊，理事长由市林业和园林局副局长刘建清兼任，会员185人，地址位于漯河市嵩山路北段7号。

二、工作职能

承担城市园林绿化设计，开展技术咨询、技术培训，承担技术规划并举办花卉盆景展览，协调全市花卉盆景生产、科研、教育和营销。

市花卉产业调查培训班

第三节　市林果技术协会

一、机构沿革

1996年7月10日，申请成立漯河市林果技术协会，1996年9月12日，市科学技术协会批准。1999年7月15日召开第二届会员代表大会，与会代表27人，会员人数318人，其中专业技术人员142人，果农技术员169人。顾问：陈祥安；主席：李军学；副主席：李学陆、董道林；秘书长：董道林（兼）；委员：李军学、李学陆、董道林、李淑芳、郭振业、赵自申、桂运言、梁晓红、陈秀德、李成山、谢铁棍、贾惠琴、韦河民、靳国富、张金良。2001年5月撤销。

二、工作职能

面向市场，面向基层，面向群众，为生产第一线提供产前、产中、产后服务，组织广大科技工作者、林果业种植大户和科技能手，开展林果业科技开发、应用、推广和普及。

第五章　局属单位

第一节　市园林管理处

一、机构沿革

1982年4月29日，市政府下文，成立市园林管理处。副科级事业单位，隶属市城建委。设办公室、生产股、财务和材料科、绿化队、苗圃。1986年3月20日，市编办批准市园林管理处升格为正科级单位，内设：办公室、财务科、材料科、生产技术股（兼城市绿化办公室）、基建维修组、苗圃、绿化队、机车队。1987年1月10日，将全民工和集体工分岗，组建园林综合服务公司（花木公司）。1988年8月29日成立设计室，1991年8月18日成立园林监察中队。1992年4月市园林处变更增设：生产科（含基建维修组）、督查科、绿化办、绿地公司、道路绿化管理站、沙南游园管理站、沙北游园管理站、机车队（含草坪修剪组）。1993年5月19日～1993年12月创办经济实体，成立漯河市园林绿化总公司，下设市园林绿化工程公司（工程一部、工程二部、花木基地和香波乐园）；1994年2月注册成立漯河市绿地发展有限公司（前身为漯河市园林绿化总公司），创办犇牛皮鞋厂、正大畜业养殖场、古建园林工程公司、康乃馨园艺公司。1995年4月创办天鹏贸易有限责任公司、天马广告有限责任公司，1996年1月～2000年12月创办的经济实体相继转让。2001年11月20日，市编委下文，市园林管理处机构规格相当于副处级，仍由市建设委员会领导。2002年4月4日，市编委下文，市园林管理处隶属市林业园艺局。2003年3月市园林管理处下文撤销漯河市园林绿化总公司，成立漯河市碧苑绿化工程有限责任公司。2003年5月29日，市编委下文，市园林管理处内设科室（站队）10个，规格为副科级。即：办公室（含财务科）、生产技术科、督查管理科、绿化工程质量监督科、沙南游园绿地管理站、沙北游园绿地管理站、道路绿化管理站、园林绿化修剪队、园林病虫害防治与技术推广站、双汇广场绿化管理站。2005年4月29日，市编委下文，撤销市园林管理处道路绿化管理站，组建郾城园林绿化管理站、源汇园林绿化管理站和召陵园林绿化管理站，机构规格均为副科级。2010年10月，处内部自设园林科学技术研究综合部、园林科学技术研究示范基地。

人员变动情况：

陈哲亭1982年5月～1986年2月任党支部书记；尹秀娇1982年5月～1989年12月任主任；陈德安1986年2月～1987年12月任党支部书记；王振福1988年1月～1990年5月任党支部书记；李海勤1990年6月～1993年12月任党支部书记；陈兴和1989年12月～1997年4月任主任，1994年1月～1997年4月任党支部、党总支书记；黄宝锋1997年5月～2001年5月任党总支书记；谢江华1997年5月～2003年6月任主任，2001年6月～2003年6月任党总支书记；赵自申2003年6月～2009年11月任主任；何芳东2003年6月～2009年11月任党总支书记； 周红菊2009年11月任主任至今；刘浩红2009年11月任党总支书记至今。

二、工作职能

贯彻执行国家有关城市园林绿化管理工作的方针、政策和法规；对市区内园林绿化及绿化区内配套公用设施的养护、管理；接收达到工程建设标准的城市新建公共绿地、市区道路绿化的管理任务；市区内树木、绿篱、草坪病虫害的预测报和防治工作；组织开展园林绿化的科研工作和技术推广，负责各类园林绿化种苗的引进、试验、示范及推广工作；按照园林绿化工程质量标准和定额标准，对市区园林绿化工程质量进行监督。

第二节　市森林公安局

一、机构沿革

1989年12月市林业局设立林政公安科，副科级，科室成员3人；2002年1月31日，市编委下文成立漯河市林业公安分局，比照公务员管理，正科级事业单位，核定事业编制5人，设立领导职数2名，隶属漯河市林业园艺局。2002年11月27日，市编委下文，漯河市林业公安分局更名为漯河市森林公安分局，机构规格、人员编制、经费供给方式等不变。2003 年 5 月增加编制至 12 人，设立领导职数一正两副；2005 年 4 月人员增加到 20 名。2009 年 3 月 2 日市编委下文更名为漯河市森林公安局（漯河市公安局森林警察支队），纳入公务员管理，规格副处级，核定政法编制 20 名。

人员变动情况：

鲁锁印 1989 ～ 1992 年为林政科负责人；桂运言 1992 ～ 1998 年 3 月为林政科负责人；魏华民 1998 年 4 月～ 2001 年 12 月任公安林政科科长（副科级）；孙保民 2002 年 5 月～ 2007 年 4 月任市森林公安分局政委；王建中 2002 年 1 月～ 2009 年任市森林公安分局局长；2009 年至今任市森林公安局局长。

二、工作职能

组织协调和指挥全市打击破坏森林及野生动植物资源违法犯罪活动的统一行动、专项斗争；查处破坏森林和野生动植物资源的重特大案件和森林火灾案件，对破坏林业资源的刑事、治安案件行使立案侦查、采取强制措施、治安管理处罚裁决、提请批准逮捕和移送审查起诉等；负责查处由林业行政主管部门授权查处的林业行政案件；负责全市森林公安队伍建设和管理工作，掌握森林公安机构的设置和警力配备情况；负责森林公安民警的警籍管理和警衔的审核、呈报工作，协助有关部门管理县（区）森林公安机关；完成市政法委、市公安局、市林业和园林局和省森林公安局交办的各项工作，负责漯河市森林防火各项工作任务（市森林防火办公室设在市森林公安局）。

第三节　市人民公园

一、机构沿革

1975 年 10 月 25 日，市委组织部下文成立市人民公园，隶属市城建局二级单位。1986 年 5 月市人民公园人员编制共 41 人，下设 7 个组室：办公室、基建组、绿化组、电动汽车组、划船组、动物组、门卫组。1987 年市编委核定市人民公园为事业单位，隶属市城乡建设环保委员会、市城乡建设委员会。1988 年 3 月 28 日，市人民公园归属市园林处，为副科级单位。1989 年 6 月 15 日市人民公园开始为单列的正科级单位。2001 年 12 月市人民公园隶属漯河市林业园艺局，共有 11 个科室（队）：办公室、财务科、门保科、生产科、绿化队、花卉管理科、城防林管理科、许慎文化园管理科、病虫害防治修剪科、动物饲养管理科、司机班，在职职工 119 人。

人员变动情况：

王振福 1985 年 12 月～ 1986 年 1 月任主任，1986 年 1 月～ 1990 年 8 月任党支部书记、主任，1990 年 8 月～ 1992 年 9 月任党支部书记；曹天成 1990 年 8 月～ 1992 年 9 月任主任，1992 年 9 月～ 1996 年 12 月任党支部书记；牛建军 1992 年 9 月～ 1997 年 1 月任主任，1996 年 12 月～ 2001 年 5 月任党支部书记、主任；何芳东 2001 年 5 月～ 2003 年 1 月任党支部书记、主任，2003 年 1 月～ 2003 年 6 月任主任；张蓉星 2003 年 7 月～ 2010 年 10 月任党支部书记；武浩 2004 年 6 月～ 2005 年 3 月任主任；朱振江 2005 年 3 月～ 2010 年 10 月任主任；乔华 2010 年 10 月任主任至今；朱春梅 2010 年 10 月任党支部书记至今。

二、工作职能

组织和管理游览与娱乐项目，维护和管理公园各项公用设施，提供相关社会服务，负责野生动物救护，组织与管理动物的繁育饲养，负责园区绿化和养护管理，负责科普宣传教育工作。

第四节　市园林监察大队

一、机构沿革

1991 年 8 月 18 日，漯河市园林管理处设立园林监察中队，正股级，成员 3 人，设中队长 1 名。1995 年人员增至 5 人。1996 年园林监察中队合并到市城建监察支队，统一管理。1999 年 7 月园林监察中队从市城建监察支队归回市园林处，人员增加至 7 人。2003 年 5 月 21 日成立漯河市园林监察大队，正科级事业单位，核定事业编制 6 人，设立领导职数一正一副，隶属漯河市林业园艺局。下设绿化中队 2 个、规划中队 2 个、办公室、法制科、城管科。2005 年 4 月 29 日市编委下文增加事业编制人数为 15 人，科级领导职数为一正两副。2006 年增加至 20 名。2007 年市园林监察大队对园林绿化监察中队与园林规划监察中队进行内部职能整合。2010 年新设财务科，城管科更名为督查科。2011 年 7 月成立市园林监察大队工会。2011 年 10 月，设立园林规划一中队、园林规划二中队。2012 年 12 月，内设机构变化为办公室、财务科、法制科、督查科、园林绿化中队 4 个、园林规划监察中队 2 个。

人员变动情况：

王绍鲜 1991 年 8 月～1998 年 8 月任中队长；宋国生 1998 年 9 月～2010 年 9 月任队长、副大队长、大队长；朱贺 2006 年 9 月～2010 年 9 月任党支部副书记；闫安利 2010 年 10 月任大队长至今；刘辉 2010 年 10 月任党支部副书记至今。

二、工作职能

依据国务院《城市绿化条例》《河南省城市绿化实施办法》实施城市规划区内损坏城市园林绿化方面的监察；依据《城市规划法》实施城市绿化规划方面的监察和依据有关法律法规进行其他方面的监察。

第五节　市林业技术推广站

一、机构沿革

1986 年 7 月 10 日，市编委批准成立市林业技术推广站，隶属市林业局二级机构。1987 年 5 月 14 日，市编委批准市林业技术推广站为副科级事业单位。1999 年 11 月 19 日，市编委下文批准市林业技术推广站为常设正科级事业单位。2004 年 12 月 20 日，市编委批复市林业技术推广站加挂林业工作站牌子。2004 年 12 月 21 日，市林业园艺局批准市林业技术推广站加挂漯河市经济林和林木种苗工作站牌子。

人员变动情况：

李军学 1986 年 9 月～1986 年 12 月任副站长，主持工作；李学陆 1986 年 12 月～1993

年2月任站长；李军学1993年2月～1994年5月任站长；董道林1994年5月～1998年4月主持工作；李淑芳1998年4月～2003年7月任副站长（主持工作）；朱振江2003年7月～2005年3月任党支部书记、站长；林金生2005年3月～2010年1月任党支部书记、站长；蔡联军2010年2月任站长、党支部副书记至今。

二、工作职能

承担全市林业服务体系建设，指导全市林业技术推广工作和乡级林业工作站工作；负责林业技术培训、技术咨询和信息传递等技术服务工作；实施全市林业技术推广规划、计划，参与制定林业技术标准，对新技术进行试验示范；承担林业技术评估和林业新技术的推广、普及、宣传工作。

第六节　市森林病虫害防治检疫站

一、机构沿革

1986年5月～1998年5月，市林业技术推广站内设森防组。1999年11月19日，市编委下文成立漯河市森林病虫害防治检疫站，正科级单位，核定事业编制6名，其中科级职数2名（一正一副）。2003年，设站长、书记、副站长领导职位。2012年市森防站人员增加到12人，其中专业技术人员7人。

人员变动情况：

梁晓红1998～2001年3月主持工作；桂运言2001年4月～2003年7月任站长；郭振业2003年7月～2010年9月任党支部书记，2003年7月任站长至今；林艳平2010年10月任党支部书记至今。

二、工作职能

承担全市林木种子、苗木、竹类、花卉、木材、药材和其他林产品的检疫以及检疫案件的复议、应诉工作；办理有关检疫和审批手续；拟定全市主要林木病虫害测报，防治方案和防治方法，发布林木病、虫情中短期预报；制定封锁、扑灭重点林木病虫害和检疫对象的措施；依法对违章调运森林植物进行处理。

第七节　市绿化工程处（绿地集团）

一、机构沿革

2003年3月2日漯河市绿化工程处成立，设综合办公室、财务科、苗圃。2003年8月机构调整，设办公室、财务科、技术科、材料科、施工科、井李苗圃场、毛寨苗圃场、后谢苗圃场。2004年成立漯河市园林养护公司。2005年3月29日，经局党组研究决定成立漯河绿地（集团）发展有限公司。2005年5月，3个苗圃场整合为花木公司。2007年11月，市绿化工程处撤销材料科、施工科，成立3个项目部（即项目一部、项目二部、项目三部）和质检科。2011年8月，原养护公司更名为淞江植物园管理处，原花木公司更名为养护公司，原项目一部、项目二部、项目三部整合为1个项目部。2011年8月22日，内部调整科室为：

办公室、财务科、技术科、质检科4个科室，淞江植物园管理处、花木公司、项目部。

人员变动情况：

李国华2003年3月～2005年2月任主任、党支部书记；武浩2005年3月～2007年11月任主任、绿地集团总经理；李彦丽2006年9月～2010年10月任党支部副书记；林金生2007年11月～2009年11月任主任；王建柱2009年11月～2010年2月主持工作；时威2010年2月～2011年2月任主任；何芳东2011年3月任党支部书记至今；周艳玲2011年3月～2012年11月任党支部副书记、主持工作，2012年11月任主任至今。

二、工作职能

负责漯河市区内公园、游园、广场绿地、道路绿化工程施工、园林绿化综合性养护管理工程；园林绿化苗木、花卉、盆景、草坪的培育、生产和经营；园林绿化技术咨询和信息服务，承担城市园林绿化施工和涉外绿化工程建设。

第八节　市苗圃场

一、机构沿革

市苗圃场于1979年1月建成，至1985年12月隶属许昌地区林业局苗圃，1986年1月漯河市升格区划后归属漯河市林业局（市林业园艺局、市林业和园林局）管理，是漯河市唯一市属林木种苗繁育基地。1986年2月～1999年11月，属差额补贴单位。1999年12月，属自收自支事业单位，实行企业化管理。2010年11月25日，市编委下文，漯河市苗圃场加挂漯河市林业产业发展公司牌子，其机构规格、人员编制、经费形式不变。

人员变动情况：

阙海岭1985年2月～1986年12月任场长；王保林1987年1月～1997年12月任场长；葛慧韶1998年1月～2010年10月任场长，2003年7月～2010年10月任党支部书记；郭俊强 2010年11月任场长至今。

二、工作职能

承担经济林、用材林及各类花卉、绿化树种的繁育、引进，试验驯化各类优良种苗，参与制定经济林和林种苗种技术标准。负责管理市内国有苗圃。负责林木种苗生产供应，良种选育和推广，林业信息服务。

第九节　市城乡绿化规划设计院

一、机构沿革

1988年6月10日，市园林处建立园林设计室。1988年10月18日，经省建设厅、市建委批准，成立漯河市园林设计室，丁级园林设计资质单位，为市园林处二级机构。2002年6月7日，园林设计室更名为漯河市新世纪园林设计研究所，实行独立核算。2003年4月经省建设厅批准，设计资质升级为丙级。2003年8月，变更隶属关系，为市林业园艺局二级机构。2006年9月，经省林业厅批准更名为漯河市城乡绿化规划设计院，为丙级林业调查规划设计资质。

人员变动情况：

黄宝锋 1988 年 6 月～ 1992 年 4 月任设计室主任；张玉霞 1992 年 4 月～ 2002 年 6 月任设计室主任，2002 年 6 月～ 2003 年 6 月任所长；刘凤琴 2003 年 7 月～ 2006 年 9 月任所长、党支部书记；田爱芳 2006 年 9 月任院长至今；朱春梅 2006 年 9 月～ 2010 年 10 月任党支部书记；刘玉丰 2010 年 10 月至今任党支部书记。

二、工作职能

负责承揽风景区、游园、公园、广场、道路、居住区、单位庭院绿化等各种绿化设计工程。提供各种绿化方面的业务咨询、效果图制作、景观效果后期展示等工作。

第十节　豫中南林业有害生物繁育研究中心

一、机构沿革

2008 年 9 月 22 日，经国家林业局批复，漯河市豫中南林业有害生物天敌繁育场为重点科技推广项目。2010 年 11 月 25 日，市编委下文成立漯河市豫中南林业有害生物天敌繁育场。2012 年 9 月 15 日，市编委下文更名为漯河市豫中南林业有害生物天敌繁育研究中心，由漯河市林业和园林局管理，事业单位，正科级，编制 14 名，科级领导职数 1 正 2 副，经费实行财政差额补贴。内设办公室、财务科、科研科、生产科和技术推广科等 5 个科室。

人员变动情况：

乔华 2011 年 6 月 10 日～ 2012 年 3 月 5 日任场长（兼）；郭振业 2011 年 6 月 10 日～ 2012 年 3 月 5 日任党支部书记（兼）；朱振江 2012 年 3 月 5 日～ 2012 年 12 月 3 日任场长、党支部书记，2012 年 12 月 3 日任主任至今。

二、工作职能

负责林业有害生物天敌繁育及防治技术的示范推广、宣传普及工作；开展天敌繁育的技术研究和天敌释放应用研究；提供天敌繁育及防治技术培训、技术咨询和信息传递等服务。

市林业和园林局参加漯河市 2010 年第十六届市直机关运动会

2011 年 6 月 15 日晚，市林业和园林局在市人民会堂参加第三届市直机关“沙澧之夏 · 气象之夜”音乐文化周暨“庆祝建党 90 周年”红歌合唱大赛

林业篇

概　述

漯河市属典型的平原农区，新中国成立前森林植被破坏殆尽，仅在村民的宅旁、地头存有零星树木，河流、道路两侧及农田内鲜见树木，主要树种有桐树、榆树、杨树、椿树、柳树、桑树及少量果树，1949 年林木覆盖率 3%。1942 年、1943 年郾城县先后在辽宁引进果树 680 株，建园 40 亩。临颍县是漯河市建立林场最早的县，清光绪三十四年（1908）即置地十余亩开办试验林场，民国二十三年（1934）有官林面积 232.5 亩、公有林面积 396.8 亩、私有林面积 1688 亩。

1949 年新中国成立之后，随着经济社会全面发展，漯河市林业也逐步从无到有、从小到大得到发展。20 世纪 50 年代后期，采取国家与生产大队合作造林的办法，由国家投资，生产大队负责组织群众实施造林，凡国有土地，如河堤、公路、铁路两侧植树，按国 7 队 3 比例分成，集体土地植树按国 3 队 7 分成，对发展林业起到积极推动作用。20 世纪 60 ～ 70 年代，由生产大队统一规划，以生产队植树为主，分期分批完成植树任务，在耕地面积大、低洼易涝的乡村建立不少乡村林场，主要种植以苹果为主的经济林。八十年代初期，林业实行"三定"政策（稳定山林权、划定自留山和确定林业生产责任制），通过土地承包到户，15 年产权不变，统一规划，分户种植，树随地走、资金自筹、谁栽谁有等多项政策措施，解除群众顾虑，调动造林积极性，造林面积逐年增加，使造林质量不断提高。截至 1986 年，全市经济林面积 5.17 万亩，其中苹果 3.85 万亩。

1986 年，漯河升格为省辖市后，市委、市政府采取一系列措施加快林业发展，每年冬春季，各级乡（镇）党委政府把植树造林当做中心工作来抓，在全市掀起造林绿化高潮。特别是进入新世纪后，市委、市政府一直把造林绿化作为推动经济社会可持续发展的一项战略举措来抓，林业生态建设得到突破性进展，初步实现林业发展由单纯地服务于粮棉油生产向培育林业产业体系、促进经济社会可持续发展的历史性转变，投资方式实现由政府单一投资向社会多元投资的转变。2004 年 4 月 17 日，全市三县一区实现平原绿化高级达标。"十一五"期间全市新增造林面积 41.85 万亩，"四旁"树木折算林地面积 25.6 万亩，森林覆盖率 26.2%，农田林网控制率 95%。全市探索出规模造林型、合作造林型、股份制造林型、公司造林型等多种林改模式，走出一条以"明晰产权、减轻税费、放活经营、规范流转"为主要内容的平原农区林权制度改革路子，创造平原地区集体林权制度改革的"漯河模式"。在加强护林防火、森林病虫害防治检疫及野生动植物保护工作中，开展飞机防治森林病虫害，生物防治，打击破坏森林和野生动植物资源违法犯罪专项行动。2006 年 12 月 5 日，林业产业快速发展，市级林业产业化企业 10 家。2012 年 12 月 14 日，省级林业产业化龙头企业 5 家，林业产业连续 6 年同比增长 13.0% 以上，2012 年底全市林业总产值 33.59 亿元。漯河市先后荣获"省造林绿化最佳城市""全国绿化模范城市""国家森林城市"等荣誉称号。

京珠高速公路绿化（漯河段）

平原绿化

第一章　林业资源

漯河市处于亚热带向暖温带过渡地带，气候温暖湿润，全市地势平坦，土壤深厚肥沃，植物及物种资源丰富。但由于人类长期生产活动的结果，自然森林植被已全部遭到破坏，现有森林资源全部为人工营造。

第一节　林地林木资源

1986 年，漯河市共有活立木总株数 4484 万株，森林覆盖率 10.5%，有林地面积 23 万亩。区划后，按照国家统一部署，先后于 1988 年、1993 年、1998 年、2003 年、2008 年组织开展第三、四、五、六、七次全国森林资源连续清查工作。2007 年漯河市组织开展以县级为调查单位的森林资源规划设计调查（简称二类调查），依据本地调查，全市林木资源情况如下：

一、林地林木资源

全市土地总面积 270602.06 公顷，林业用地面积 24914.17 公顷，占全市土地总面积的 9.21%。

活立木资源

林业用地中，森林面积 21882.92 公顷，占林业用地的 87.83%；蓄积 1678336 立方米，占全市总蓄积量的 41.33%，平均每公顷林木蓄积 76.70 立方米；灌木林地 497.09 公顷，占林业用地的 2.00%；未成林造林地 1280.23 公顷，占林业用地的 5.14%；苗圃地 560.75 公顷，占林业用地的 2.25%；无立木林地 4.61 公顷，占林业用地的 0.02%；宜林地 683.73 公顷，占林业用地的 2.74%；辅助林业用地 4.84 公顷，占林业用地的 0.02%。四旁树蓄积 2382445 立方米，占全市总蓄积量的 58.67%。详见各类土地面积统计表。

表 1–1　2007 年各类土地面积统计

单位：公顷、%

<table>
<tr><th rowspan="4">单位</th><th rowspan="4">总面积</th><th colspan="24">林　地</th><th rowspan="4">农业用地</th><th rowspan="4">林业用地占总面积</th><th rowspan="4">农业用地占总面积</th><th rowspan="4">森林覆盖率</th><th rowspan="4">有林地占林业用地</th></tr>
<tr><th rowspan="3">林地总合计</th><th colspan="5">有林地</th><th rowspan="3">疏林地</th><th colspan="4">灌木林地</th><th colspan="3">未成林造林地</th><th rowspan="3">苗圃地</th><th colspan="4">无立木林地</th><th colspan="4">其他</th><th rowspan="3">辅林地</th></tr>
<tr><th rowspan="2">小计</th><th colspan="3">乔 木 林 地</th><th rowspan="2">竹林</th><th rowspan="2">小计</th><th colspan="2">国家特别规定灌木林</th><th rowspan="2">其他灌</th><th rowspan="2">小计</th><th rowspan="2">人工未</th><th rowspan="2">封育未</th><th rowspan="2">小计</th><th rowspan="2">采迹地</th><th rowspan="2">火迹地</th><th rowspan="2">其他无木林地</th><th rowspan="2">小计</th><th rowspan="2">宜林荒山荒地</th><th rowspan="2">宜沙荒</th><th rowspan="2">它宜林</th></tr>
<tr><th>小计</th><th>纯林</th><th>混交林</th><th>乔上灌</th><th>灌经济</th></tr>
<tr><td>漯河市</td><td>270602.06</td><td>24914.17</td><td>21882.92</td><td>21882.92</td><td>21794.45</td><td>88.47</td><td></td><td></td><td>497.09</td><td></td><td>436.13</td><td>60.96</td><td>1280.23</td><td>1280.23</td><td></td><td>560.75</td><td>4.61</td><td>4.61</td><td></td><td></td><td>683.73</td><td></td><td></td><td>683.73</td><td>4.84</td><td>245687.89</td><td>9.21</td><td>90.79</td><td>8.25</td><td>87.83</td></tr>
</table>

表 1-2　2007 年森林面积蓄积统计

单位：立方米

统计单位	活立木蓄积	有林地						森林地		四旁树		散生木蓄积	
		合计		天然林		人工林		面积	蓄积	株数	蓄积	株数	蓄积
		面积	蓄积	面积	蓄积	面积	蓄积						
漯河市	4060781	21882.92	1678336			21882.92	1678336			24933832	2382445		

（一）乔木林资源

在森林面积 21882.92 公顷中，全部为乔木林，森林资源全部为人工林。按树种组成分：纯林面积 21794.45 公顷，占森林总面积的 99.60%，纯林蓄积 1667501 立方米，占森林总蓄积的 99.35%；混交林面积 88.47 公顷，占森林总面积的 0.40%，混交林蓄积 10835 立方米，占森林总蓄积的 0.65%。详见乔木林纯林混交林面积蓄积比重表。

表 1-3　2007 年乔木林纯林混交林面积蓄积比重

单位：公顷、立方米

面积	蓄积	纯林			混交林		
		面积	蓄积	占总蓄积 %	面积	蓄积	占总蓄积 %
21882.92	1678336	21794.45	1667501	99.35	88.47	10835	0.65
平均每公顷蓄积量		76.51			122.47		

（二）灌木林资源

全市灌木林地面积 497.09 公顷，占林业用地的 2.00%。其中，人工经济灌木林 436.13 公顷，占灌木林的 87.74%，其他灌木林 60.96 公顷，占灌木林的 12.26%。覆盖度 30% ～ 49% 的疏级灌木林 15.31 公顷，覆盖度 50% ～ 69% 的中级灌木林 388.62 公顷，覆盖度 70% 以上的密级灌木林 93.16 公顷。详见灌木林地各种面积比重表。

表 1-4　2007 年灌木林地各种面积比重

单位：公顷

灌木林地总面积	灌木经济林		其他灌木林	
	面积	占灌木林地的 %	面积	占灌木林地的 %
497.09	436.13	87.7	60.96	12.26

（三）苗圃地资源

全市苗圃地560.75公顷，占林业用地的2.25%，总产苗量达1000万株。在苗圃地中，育苗种类主要是园林花卉苗木，占育苗面积的70%，树种主要有大叶女贞、大叶黄杨、香花槐、百日红等。

（四）无立木林地资源

无立木林地4.61公顷，占林业用地的0.02%，均为采伐迹地。

（五）四旁树资源

全市四旁树共2493.38万株，占地面积16032.56公顷，蓄积2382445立方米，占全市总蓄积量的58.67%。

其中，农田林网占地1337.39公顷，村庄树占地11404.44公顷，乡（镇）树占地1633.00公顷，县城树占地795.41公顷，零星树占地862.32公顷。胸径小于5厘米的四旁树有297.43万株，胸径大于5厘米的有1598.86万株，经济林138.51万株，灌木430.95万株。村庄平均每公顷林占地0.39公顷，乡（镇）平均每公顷林占地0.35公顷。

二、主要造林树种

现有造林树种中，用材树种19科60余种，主要有杨树、泡桐、刺槐、侧柏等。经济树种9科22种，主要有梨、杏、苹果、柿子、葡萄等。城乡绿化乔木约有64科309个品种，主要有法桐、黄山栾、银杏、大叶女贞等。灌木约60科130余种，以月季、紫荆、海棠、蔷薇、牡丹等为主。草本植物主要有狗尾草、红花酢浆草、麦冬等。

第二节　动植物资源

一、动物资源

分为家养动物、野生动物和鱼类。其中家养动物有马、牛、驴、骡、猪、羊、狗、鸡、鸭、鹅、猫、兔、鸽子、八哥、蜂、貂等。野生动物中，鸟类共有16目35科127种；兽类5目7科13种。主要有野兔、貂、山猫、黄鼠狼、刺猬、蝙蝠、鹌鹑、大雁、鸳鸯、鸬鹚、猫头鹰、啄木鸟、燕子、麻雀、杜鹃、喜鹊、白鹭、苍鹭、大雁等。鱼类资源以人工养殖为主，主要有鲤鱼、鲫鱼、草鱼、白鲢鱼、鳙鱼、金鱼、黄鳝、泥鳅、乌鳢、餐条、马口鱼、团头鲂、三角鲂以及虾、蟹、鳖、螺、蚌、蛙等。常规养殖品种有鲤、鲢、鲫、桂鱼、罗非鱼、草胡子鲶等。名优特新品种有淡水白鲳、斑点叉尾鮰、罗氏沼虾、南美白对虾、美国大口胭脂鱼、地图鱼等观赏鱼。

鸽子

二、植物资源

植物资源主要包括林果和花卉。

林果又分为用材树种、绿化树种和经济林树种。用材树种有泡桐、杨树、旱柳、白榆、刺槐、臭椿、槐树、香椿、楝树、松树等；绿化树种主要有广玉兰、水杉、百日红、黄杨、法桐、黄山栾、

葡萄

银杏、冬青、碧桃、蜀桧、女贞等；经济林树种主要有枣、核桃、苹果、梨、桃、杏、柿、葡萄、石榴、樱桃、山楂、枇杷、木瓜等。

花卉全市约60科130余种。木本花卉以梅花、月季、蜡梅、海棠、玫瑰、扶桑、栀子、柑橘、佛手、牡丹、米兰等为主，约32科76种；草本花卉常见有菊花、兰花、芍药、君子兰、朱顶红、晚香玉、文竹、一串红、美人蕉、仙人类等，约28科54种。

第三节　林业生态效益价值评估

2011年，漯河市首次开展林业生态效益价值评估，由河南省林业调查规划院和河南省森林资源监测中心，按照国家林业局发布的《森林生态系统服务功能评估规范》和漯河市森林及湿地资源等资料，经过实地调查，完成漯河市林业生态效益2010年度评估项目。

2010年林业生态效益价值评估发布会

9月19日，市政府召开2010年林业生态效益价值评估评审暨新闻发布会。副市长吕岩出席并致辞。来自中国工程院、中国林业科学研究院、河南农业大学、河南省林业科学研究院、河南省农业科学院等单位7名专家组成的评审委员会对评估报告进行评审。评估报告从涵养水源、保育土壤、固碳释氧等9个方面15项指标计算出全市森林生态服务功能的实物量和价值量；从4个方面共4项指标计算出全市湿地生态服务功能的实物量和价值量，评审委员会主任委员、中国工程院院士尹伟伦说："此次评估报告内容全面、方法科学、理论扎实、技术路线正确，并结合漯河实际有所创新，数据翔实可靠。通过开展这项林业生态效益价值评估，将对今后漯河林业生态建设起到积极作用。"

经评估，2010年全市林业生态效益总价值为70.03亿元，其中森林生态效益价值为66.55亿元，湿地生态效益价值为3.48亿元。

一、森林生态效益

(1)涵养水源：全市森林调节水量为1.31亿立方米／年，调节水量价值为9.25亿元／年；净化水量为1.31亿立方米／年，净化水质价值为3.28亿元／年。森林涵养水源价值是调节水量与净化水质两项之和，为12.53亿元／年。

林木资源

(2)保育土壤：全市森林固土量为0.01亿吨／年，固土价值为0.16亿元／年；保肥价值为4.31亿元／年。保育土壤价值是固土价值与保肥价值之和，为4.47亿元／年。

(3) 固碳释氧：全市森林固碳量为 24.08 万吨／年，固碳价值为 2.45 亿元／年；全市森林释氧量为 64.47 万吨／年，释氧价值为 10.96 亿元／年。固碳释氧价值是固碳价值与释氧价值之和，为 13.41 亿元／年。

(4) 积累营养物质：全市森林年增加氮量为 0.16 万吨／年，年增加磷量为 0.07 万吨／年，年增加钾量为 0.55 万吨／年，2010 年漯河市森林每年积累营养物质的总价值 0.84 亿元／年。

(5) 净化大气：全市森林净化大气价值为 1.30 亿元／年，其中全市森林提供负氧离子的数量为 1.90×10^{23} 个／年，价值为 28.38 万元；吸收二氧化硫量为 1.04 万吨／年，吸收二氧化硫价值为 653.46 万元；吸收氟化物 24.06 吨／年，吸收氟化物的价值为 1.66 万元；吸收氮氧化物 288.66 吨／年，吸收氮氧化物价值为 18.18 万元／年；吸收重金属 0.81 吨／年，吸收重金属价值为 2.50 万元／年；滞尘量为 27.20 万吨／年，滞尘的价值为 0.41 亿元／年；降低噪音价值为 0.82 亿元／年。

(6) 森林防护：森林防护作用使全市可增产粮食 14.28 万吨／年，价值 2.57 亿元；增产油料 0.20 万吨／年，价值 0.15 亿元；增产棉花 0.12 万吨／年，价值 0.21 亿元；增产蔬菜 16.72 万吨／年，价值 5.92 亿元。总计增产农作物 31.32 万吨／年，价值 8.85 亿元。

(7) 生物多样性保护：全市森林生物多样性保护总价值 2.36 亿元／年。

(8) 森林游憩：2010 年漯河市公园、植物园接待游客 635.1 万人次，旅游门票收入 7854.8 万元，提供森林游憩价值为 6.04 亿元。

(9) 节能减排：全市村镇森林节能减排价值 16.75 亿元／年，其中，全市村镇森林节能 19.37 亿千瓦时／年，节约能源价值为 10.85 亿元／年；减少发电厂排放的碳为 52.68 万吨，减少 CO_2 排放功能价值 5.35 亿元；减少 SO_2 排放量 5.81 万吨，减少 SO_2 排放功能价值 0.37 亿元；减少氮氧化物排放量 2.91 万吨，减少氮氧化物排放功能价值 0.18 亿元。

二、湿地生态效益

(1) 生物多样性保护：全市湿地生态系统的生物多样性保护价值为 0.09 亿元／年。

(2) 景观游憩：全市湿地生态旅游景观游憩价值为 0.08 亿元／年。

(3) 净化水质：全市湿地生态系统净化水质价值为 1.18 亿元／年。

(4) 调蓄洪水：全市湿地生态系统调蓄洪水价值为 2.13 亿元／年。

湿地生态

第二章　造林绿化

漯河市每年冬春都要召开植树造林动员会，由市政府领导安排部署年度造林工作，签订目标责任书。在工作推进中，召开不同形式、不同类型的推进会、现场会、观摩会。市四大班子有关领导深入县（区）、乡村造林现场，督促检查指导造林工作。市林业部门组织各县（区）进行造林小班调查，制定年度和中长期造林规划。冬春造林关键时期，局领导班子成员分包县（区），督导造林工作。造林结束后，组织对各县（区）当年造林情况进行市级核查验收。植树造林工作中，市直有关部门积极参与、配合，市新闻媒体广泛宣传报道。

第一节　造林规划

按照不同历史时期工作任务和建设目标，主要制定以下几个中长期林业发展规划：

（1）《漯河市林业生产第七个五年计划（1986 ～ 1990 年）》。1986 年 2 月制定。具体指标：全市 280 万亩农田按照部颁标准实现农田林网化，用材林面积达到 20 万亩，经济林面积达到 36 万亩。

（2）《漯河市工程造林总体规划方案（1989 ～ 1991 年）》。1988 年 7 月制定。造林面积：工程造林总面积 23935 亩。其中临颍县 10870 亩、郾城县 6315 亩、舞阳县 6750 亩。其中：1989 年造林 5190 亩，1990 年造林 10490 亩，1991 年造林 8255 亩。

生态林

（3）《漯河市林业生产第八个五年计划（1991 ～ 1995 年）》。1989 年 6 月制定。建设目标：完成造林 4 万亩。1995 年年底，经济林面积达到 9 万亩，完成中幼林抚育 6 万亩，完成 4.4 万亩中低产果园改造，四旁树木达到 5100 万株，林木覆盖率达到 14%。

（4）《漯河市 1999 ～ 2010 年生态防护林体系建设规划方案》。1998 年 11 月 30 日市政府下发。规划建设目标：到 2000 年全市所有乡（镇）全部达到平原绿化标准，60% 以上的乡（镇）达到平原绿化高级标准；有林地面积达到 24.32 万亩，林木覆盖率达到 13%；农田林网控制率达到 90% 以上，木材蓄积量达到 130 万立方米，四旁林木保存 3600 万株，年果品产量达到 7 万吨，年林业总产值 4 亿元。到 2005 年全部乡（镇）达到平原绿化高级标准，农田林网控制率达到 92%，初步建成农田防护林工程、河道防护林工程、道路防护林工程和围城防护林工程；有林地面积达到 29.52 万亩，林木覆盖率达到 14.5%，木材蓄积量 160 万亩，四旁林木达到 4350 万株，年果品产量达到 10 万吨，年林业总产值达到 6.5 亿元。到 2010 年农田林网控制率达到 92%，有林地面积达到 34 万亩，林木覆盖率达到 17%，木材蓄积量 195 万立方米，四旁林木达到 4700 万株，年果品产量达到 15 万吨，年林业总产值达到 10 亿元。

（5）《漯河市百万亩森林生态工程建设规划》。2002 年 1 月制定，为漯河市城乡绿化“十五规划”。规划目标：到 2005 年全市森林面积发展到 100 万亩，林木总株数达到 1 亿株。

规划防护林面积 30.1 万亩，速生丰产林基地 30 万亩，城镇、村庄周围森林生态工程 20 万亩，经济林基地 15 万亩，花卉种苗基地 5.2 万亩。

（6）《漯河市生态体系建设实施方案（2004 ～ 2008 年）》。2004 年 9 月制定。在漯河市城郊，北部以北环路、西部以西环路（107 国道）、东部以东环路、南部以南环路为依托，构筑一道闭合的立体的城郊环城防护林带。项目建设总规模 4.2 万亩。

（7）《漯河市林业产业发展规划（2005 ～ 2020 年）》。2004 年 6 月制定。建设林板一体化、经济林栽培和贮藏加工、林木种苗花卉、森林旅游四大产业基地，到 2010 年，林业总产值达到 20.7 亿元，年均增长率达到 14%。到 2020 年，林业总产值达到 34 亿元，年均增长率达到 13%。

（8）《漯河市林业发展"十一五"规划（2006 ～ 2010 年）》。2005 年 6 月制定。规划以通道建设为框架、农田林网为基础的防护林带 9 万亩，以生态林业示范乡（镇）和生态林业小康村建设为载体的城镇、村庄绿化 9 万亩，速生丰产林基地 17.5 万亩，新增经济林基地面积 8 万亩，种苗、花卉基地面积达到 5 万亩。到 2010 年，全市林木覆盖率达到 26% 以上，林业年总产值达 25 亿元，年均增长 18% 以上，产业结构趋于合理。

（9）《漯河市新农村建设十乡百村万户生态林业示范工程规划（2006 ～ 2010 年）》。2006 年 11 月制定。按照"农田林网化、村庄园林化、庭院花果化、道路林荫化、产业规模化"的总体规划要求，到 2010 年，全市建成 15 个生态林业示范乡（镇），100 个生态林业小康村，10000 个绿色小康户。全市乡（镇）、村庄绿化覆盖率提高 10 个百分点，达到 40%。农民依靠林业人均增收 2000 元。

（10）《漯河市林业生态建设规划（2008 ～ 2012 年）》。2007 年 12 月制定。建设目标：经过五年建设，巩固和完善全市多功能高效益的农业生产生态防护体系，基本建成城乡宜居的森林生态环境体系，初步建成持续稳定的国土生态安全体系，使全市生态环境显著改善，经济社会发展的生态承载能力明显提高，实现"城区园林化、郊区森林化、通道林荫化、农田林网化、乡村林果化"的城乡一体化绿化格局，实现"国家森林城市"建设目标，打造中原地区富有魅力的生态宜居名城。到 2012 年，全市新增造林面积 43.42 万亩，有林地总面积达到 77.52 万亩，森林覆盖率增加 10.7 个百分点，达到 19.82%（林木覆盖率达到 26%）。林业年总产值达到 36 亿元，林业资源综合效益价值达到 81.2 亿元。两县三区实现林业生态县目标。

（11）《漯河市林业发展"十二五"规划（2011 ～ 2015 年）》。2010 年 5 月制定。规划以"一城、两极、三网、多点"为重点，构筑点、线、面结合的综合林业生态体系。到 2015 年，全市林木覆盖率达到 26.7%，有林地面积达到 107.8 万亩，林木蓄积量达到 410 万立方米，林业年产值达到 57 亿元以上，林业资源综合效益价值达到 132 亿元。城市绿化覆盖率、绿地率、人均公共绿地面积分别达到 39%、35.5% 和 12.6 平方米。

第二节　营林造林

全市植树造林工作主要经历以下 5 个阶段：

一、平原绿化初级达标阶段

1986 年 8 月，受市政府委托，市林业局组织三县一区林业部门对全市平原绿化情况进

平原绿化

行调查，调查结果：全市林木总株数 4484 万株，农田林网、农林间作 213.2 万亩，林网控制率 76.15%。路沟河渠绿化 7521 公里，占总长度的 91%。村镇绿化 17.6 万亩，占应绿化的 98.9%。村旁闲散土地绿化 7.6 万亩，占应绿化的 81.9%。林木覆盖率 10.5%。全市仅舞阳县实现平原绿化初级达标，51 个乡（镇）只有 10 个达到平原绿化标准。

1987 年 2 月 4 日，市政府召开电话会议，要求全市迅速掀起春季植树造林高潮。当年全市植树 578.3 万株，营造农田林网 55 万亩，其中农桐间作 8.9 万亩，新发展经济林 2.4 万亩，全市有 31 个乡（镇）基本达到平原绿化标准。12 月 29 日，市林业局下发《漯河市 1988 年林业生产意见》，提出：冬春新建农田林网 20 万亩，补植完善林网 70 万亩，总植树 410 万株。具体任务是发展速生丰产林 1.5 万亩（杨树 0.5 万亩、桐树 1 万亩），建设经济林基地 5 万亩，完成育苗 5050 亩。1988 年冬春，全市植树 407 万株，完成农田林网 26.9 万亩，又有 5 个乡（镇）达到平原绿化标准。

1988 年 8 月 29 日，林业部在各地达标规划的基础上，制定颁发《全国平原绿化“五七九”达标规划》，临颍县、郾城县、源汇区列入必须达标县（区）。为此，市委、市政府提出用 3 年时间全面实现平原绿化初级达标，在全市掀起造林绿化高潮。12 月，源汇区通过初级达标验收，被林业部授予“全国平原绿化先进单位”称号。

1990 年是省政府要求漯河市平原绿化达标最后限定年。1989 年 11 月，市政府下发《关于今冬明春林业生产的意见》，下达各县（区）、各乡（镇）造林任务，并转发部颁平原绿化标准。1990 年 2 月 2 日，市政府又专题召开市长办公会，对 1990 年春季造林工作进行研究。3 月 5 日，市委、市政府在临颍县召开平原绿化现场会，市委书记李长铎、市长鲁茂升亲自到会安排平原绿化工作。市长鲁茂升要求：1990 年必须实现全市平原绿化达标。会上，市政府与县、乡政府签订限期达标目标责任书。按照市委、市政府安排部署，各县（区）积极行动。当年，全市完成成片造林 7300 亩，其中工程造林 3500 亩，完成四旁植树 781 万株，林业育苗 5938 亩，新建完善林网 187.3 万亩，投入造林资金 341.8 万元，林木成活率达到 85% 以上。7 月 25 ～ 30 日，省林业厅对临颍县、郾城县进行检查验收，初步认定达到部颁平原绿化初级标准，至此全市三县一区全部实现平原绿化初级达标。

三年平原绿化初级达标中，全市累计造林 965 万株，新建和完善农田林网 86 万亩，全市林网控制率达到 96% 以上，有林地面积达到 17.3 万亩，林木覆盖率由 1986 年的 10.5% 提高到 1990 年的 12%，活立木总株数达到 4896 万株，林木蓄积量达到 112 万立方米，经济林种植面积达到 7.37 万亩。

二、林果业快速发展阶段

随着全市平原绿化初级达标的实现和农村经济改革不断深入，漯河市把林业发展思路逐步转移到兴林富民上，工作重心从单纯的平原绿化转移到平原绿化高级达标与发展经济林并重上。

1990 年冬季开始，全市启动生态林果村建设。1991 年 7 月 30 日，市林业局《关于发展生态林果村的意见》提出：综合开发利用农村45.44万亩闲散土地，实行复合林业生产，发展生态林果村。到“八五”末，全市10%的行政村建成生态林果村，到2000年，全市40%的行政村建成林果村。

1992年各县（区）在发展集中连片果园的同时，开发利用闲散隙地，建设生态林果村，尤其是107国道和漯舞路沿线乡（镇），将建设生态林果村纳入农村小康村建设活动中，统筹规划、统筹建设。当年全市新发展经济林面积0.3万亩，生态林果村达到20个。1993年，全市新发展经济林面积1.4万亩，并逐步建成以舞阳县吴城镇英张村、临颍县巨陵乡观街村为代表的8个高标准生态林果示范村。1994年全市经济林面积达到7.8万亩，挂果果园面积达到4.6万亩，果品产量达到1900万公斤。1995年全市新发展经济林面积4.32万亩，经济林总面积达到12.12万亩，果品产量达到2250万公斤，林业产值突破8250万元。1995年，省政府批转省农业厅、省林业厅、省土地局关于严格控制占用耕地发展果树的报告的通知，占用耕地发展林果业被禁止，全市林果业发展受阻。

三、平原绿化高级达标阶段

1990年7月省政府下发《关于在全省开展造林绿化达标晋级活动的通知》。1991年7月，市政府印发《漯河市平原绿化高级达标实施意见》，提出：到1995年全市基本实现平原绿化高级达标。10月，市林业局印发《高级达标标准和规划方案》。当年全市新建林网17.8万亩，完善林网49万亩，有8个乡（镇）达到平原绿化高级标准。

全市林业工作会议

1992年，高级达标工作结合旱涝保收田、粮食基地片建设和黄淮海综合开发，提高了林网标准。当年全市完成四旁植树410.7万株，新建和完善林网28.9万亩，成片造林0.3万亩，全市有17个乡（镇）达到平原绿化高级标准。1993年7月22日，中共中央办公厅、国务院办公厅印发《关于涉及农民负担项目审核处理意见的通知》。关于达标升级活动，取消要求农民出钱、出物、出工的达标升级活动43项，其中，第26项为“取消平原绿化先进县达标”活动。

1995年，由于对上级政策的不同理解及农村承包土地调整，农田林网、围村林遭到大量砍伐。9月25日，市林业局在认真调研的基础上，向市政府上报《关于漯河市平原绿化严重滑坡的报告》，引起市委、市政府高度重视。1996年7月底，在省政府组织的造林核查和平原绿化复查工作中，郾城县农田林网控制率仅有15.3%，位居全省最后一名，被省政府摘去绿化合格县的牌子，并责令限期恢复平原绿化初级标准。

针对平原绿化严重滑坡这一现状，市委、市政府将1997年定为“平原绿化决战年”，把平原绿化纳入“富民杯”竞赛活动，作为县、乡政府目标考核重要内容。1997年2月20日，市委、市政府在舞阳县文峰乡召开全市平原绿化决战现场会，市长陈全国作重要讲话。全市上下开展了声势浩大的平原绿化活动。当年投入造林绿化资金310万元，完成造林507万株，新建和完善农田林网84.5万亩，林网控制面积达到217.79万亩，农田林网控制率达到86.9%，林木覆盖率达到11.61%。

临颍县作为林业部抽检河南省平原绿化巩固情况的两个定点县之一，为完成绿化任务，全县突击大干，新建林网 8.8 万亩，完善林网 31.4 万亩，新建林带 227 条，绿化路沟渠 881 公里，植树总株数 150.7 万株。1997 年 6 月份，林业部委托华东设计院对临颍县进行验收，经核查：临颍县林网保存率 89.9%，河沟渠绿化率 96.6%，森林覆盖率 13.2%，村庄绿化覆盖率 36%，四项指标均超部颁标准。郾城县于 1997 年 1 月 15 日召开林业工作会议，下发《关于对平原绿化决战活动实行奖惩的决定》和《关于加强林木管护工作的意见》，由县长与各乡（镇）第一责任人签订平原绿化决战达标责任书，拉开平原绿化决战年活动。同年 6 月，郾城县也顺利通过省政府组织的平原绿化达标核查验收。1997 年冬至 1998 年春，舞阳县姜店乡和北舞渡镇按照水田林路综合治理要求，开展大规模营造农田林网活动，由于林权到位，群众造林积极性空前高涨，绿化路沟 42 条，总长 143 公里，植树 34 万株，建成高标准林网 2.4 万亩，被市林业局评为造林绿化精品工程，并推荐上报省林业厅，参加全省评选。

1998 年 3 月，全省平原绿化现场会在漯河市召开，全市平原绿化工作受到省领导的好评。11 月 30 日，市政府下发《漯河市 1999 ～ 2010 年生态防护林体系建设规划方案》，在全市全面启动生态防护林建设工程。2000 年 2 月，市政府办出台《漯河市平原绿化达标奖惩办法》，对实现高级达标标准的县乡给予奖励。当年，全市植树总株数 672.5 万株，完成成片造林面积 2.04 万亩，是省计划任务 2.0 万亩的 102%；新建农田林网 21.2 万亩，完善农田林网 46 万亩，农田林网控制率达到 85.9%，高于省定 85% 的控制目标；完成绿色通道工程建设 156.5 公里，通道绿化率达到 85%，高于省定目标 5 个百分点；完成义务植树 325 万株，义务植树尽责率达到 87%，超过省定 85% 的目标；完成林业育苗 4210 亩，是省下达林业育苗任务的 105%。截至 2000 年年底，全市林木总株数达到 5200 万株，农田林网控制面积达到 217.79 万亩，控制率达到 87.6%，活立木蓄积量达到 119.2 万立方米，林木覆盖率达到 13.6%。

省道绿化（漯舞路段）

2001 年，全市完成成片造林 1540 公顷，是目标任务 1500 公顷的 102.7%；新建和完善农田林网 4.6 万公顷，是目标任务 4.2 万公顷的 109.5%；植树 460 万株，是目标任务的 102%；完成林业育苗面积 280 公顷，是省下达育苗任务 267 公顷的 105%。全市有 14 个乡（镇）达到平原绿化高级标准。

2002 年，市绿化委员会制定《漯河市百万亩森林生态建设规划》，把速生丰产林基地建设作为百万亩森林建设的重点工程列入造林规划之中，建设规模共计 30 万亩。当年，全市共完成速生丰产林造林面积 5.07 万亩，通道绿化 581.3 公里，新建和完善农田林网 101 万亩，完成林业育苗 5200 亩，植树总株数 1065 万株。至此，又有 10 个乡（镇）达到平原绿化高级标准。

2003 年春，市委、市政府召开速生丰产林基地建设动员会，动员全市各级党委、政府及全市人民投入到速生丰产林基地建设中。随后与上海新高潮公司合作，在全市范围内开展杨树速生丰产林基地建设活动。采取宽窄行栽植模式，窄行 2 米，宽行 9 米，株距 1 米，亩均 111 株，品种为美国三角杨，直接扦插造林，10 年为一轮伐期。全市共完成成片基地造林 20 万亩，绿化通道 1080 公里，新建和完善农田林网 60 万亩，其中：营造速生丰产林 8 万亩，发展经济林 1.6 万亩，植树总数 2160 万株，新造林成保率达到 95%。4 月 24 日，全省营造林体制创新座谈会和省辖市林业局局长会议在漯河市召开，省林业厅厅长赵顷霖，副厅长乔新江、张守印，原林业厅厅长张敬增出席，市长靳克文，副市长薛豫宛参加。与会人员实地参观郾城县生态林业建设情况，漯河市作为全省林业体制创新典型在会议上发言。厅长赵顷霖在会议上讲话，对漯河市的做法给予肯定。6 月 25 日，中共中央、国务院发布《关于加快林业发展的决定》，市政府随之出台《关于加快发展非公有制林业的意见》。2003 年冬至 2004 年春，通过土地承包、租赁、流转、联户造林等形式大力营造杨树片林、围村林。2003 年 10 月，全市开展决战平原绿化达标活动，迎接省政府平原绿化高级达标验收。11 月，省验收组对市各县（区）平原绿化高级达标情况进行验收。

2004 年 2 月，市委、市政府以创建“全国绿化模范城市”为契机，召开全市动员大会，层层签订目标责任书，强化责任意识。市委、市政府在临颍县召开“全市林业产业工作会议”，市长靳克文到会并讲话，副市长薛豫宛安排部署冬春植树造林工作。会上，市政府印发《漯河市林业产业发展规划》和《关于加快林业产业发展的意见》，提出今后一个时期林业产业发展的基本思路和目标任务。4 月，省政府下发文件，临颍县、郾城县、舞阳县、源汇区为平原绿化高级达标县（区）。至此，全市基本实现平原绿化高级达标。

速丰生产林

2005 年 3 月 2 日，市政府在舞阳县召开全市春季植树造林现场会，会议下发 2005 年植树造林目标责任书和工作台账。各县（区）相继召开植树造林现场会、观摩会。11 月 24 日，全市召开冬季植树造林现场会，市长靳克文出席会议。全年共完成成片造林 3.44 万亩，新建和完善林网 29.4 万亩。12 月，全市有林地面积达到 56.5 万亩，活立木蓄积量 150 万立方米。其中用材林面积 42.5 万亩，经济林面积 12 万亩，果品产量 24 万吨，林业育苗面积 2 万亩，年出圃各类合格苗木 5000 万株。林业年产值 11 亿元，占农业总产值的 5.5%，比“九五”期间年产值提高近 1 倍。

四、林业生态市创建阶段

2006 年 2 月省政府批转《河南省创建林业生态县实施方案》，在全省范围内开展林业生态县（区）创建活动。6 月 20 日，市政府制定下发《漯河市创建林业生态县实施意见》，意见指出：到“十一五”末，力争全市两县三区达到林业生态县标准，争创“河南省林业生态县建设先进市”。7 月，省政府确定临颍县、郾城区为全省首批 9 个林业生态县创建县（区）。11 月，临颍县、郾城区分别召开创建林业生态县（区）动员会。2006 年 12 月，全市完成造林面积 6.58 万亩，新建和完善农田林网 65.64 万亩。

2007 年 8 月 5 日，省政府召开全省林业生态省建设规划编制工作电视电话会议，8 月 17 日省林业厅召开各省辖市及重点县林业局长会议，安排部署林业生态省建设规划编制工作。11 月，两县三区完成《林业生态省建设规划（2008 ～ 2012 年）》，12 月市政府完成《漯河市林业生态建设规划（2008 ～ 2012 年）》编制工作，并报省林业厅批复。11 月 21 日，市委、市政府召开创建国家森林城市暨冬春植树造林动员大会，提出“创建国家森林城市”

目标。市委书记靳克文，市长祁金立出席。会议对2008年度创建国家森林城市和林业生态省建设工作作出部署。市政府与各县（区）及有关单位签订目标责任书。当年全市共完成造林面积6.53万亩，新建和完善农田林网38.85万亩。2007年12月，舞阳县通过省政府验收。

2008年2月25日，全市春季造林现场会在舞阳县召开，市长祁金立出席并作重要讲话。各县（区）迅速掀起"创森"和林业生态省建设热潮。当年全市共完成新造林面积8.31万亩，其中，生态廊道工程3.74万亩，环城防护林及城郊森林1.14万亩，村镇绿化工程1.02万亩，农田防护林改扩建工程1.81万亩。完成森林抚育工程1.48万亩，其中，中幼林抚育1.22万亩，低质低效林改造0.258万亩。

2009年1月3日，省政府下发《关于表彰林业生态县的通报》，临颍县、郾城区、舞阳县被授予"河南省林业生态县（区）"，成为全省首批林业生态县（区）。2009年2月25日，全市春季植树造林现场会在临颍县召开，市委副书记张社魁、副市长库凤霞出席会议并讲话。会议印发《漯河市国家森林城市和林业生态市建设奖励办法》《2009年漯河市林业生态建设实施意见》，对新造连片速生丰产林、经济林、苗木基地面积超过100亩以上的，按规模大小市财政每亩奖励100～300元。12月，漯河市对造林大户、产业基地进行核查验收，兑现奖金。全市完成造林面积8.11万亩，其中，农田防护林体系改扩建工程4.33万亩，生态廊道工程0.85万亩，环城防护林1.07万亩，村镇绿化1.86万亩。完成森林抚育工程6.64万亩，其中外资造林0.7769万亩，省级抚育5.86万亩，完成林业产业工程4.09万亩。

2010年3月12日，全市春季植树造林现场会在舞阳县召开。市委常委、市委秘书长杨国志，副市长库凤霞出席会议。2010年春，源汇区印发《创建林业生态区实施方案》，并召开创建动员会。当年，全市完成造林面积3.45万亩，其中，农田防护林体系改扩建工程1.57万亩，生态廊道0.05万亩，环城防护林0.53万亩，村镇绿化1.3万亩，完成林业产业工程2.86万亩，完成森林抚育工程1.4万亩。

2011年3月2日，省政府下发《关于表彰林业生态建设先进单位的通报》，源汇区被授予"河南省林业生态县（区）"。2011年3月10日，全市春季植树造林现场会在舞阳召开，对2011年林业生态建设工作进行再动员、再部署。市委副书记张社魁、副市长库凤霞出席会议。全市共完成造林面积3.53万亩，其中完成农田防护林工程0.29万亩，生态廊道工程1.13万亩，环城防护林及城郊森林工程0.37万亩，村镇绿化工程1.03万亩；完成更新造林工程0.77万亩。完成林业产业工程1.94万亩。完成森林抚育和改造1.41万亩，其中省级抚育1.41万亩。

重点工程项目论证会

2011年年底，召陵区通过"河南省林业生态县（区）"验收。至此，全市两县三区全部成为省级"林业生态县（区）"，漯河市实现林业生态市创建目标。

五、中原经济区城乡绿化一体化示范市创建阶段

为认真落实省九次党代会精神，充分发挥林业在中原经济区建设中的重要作用，积极探索以不牺牲农业和粮食、生态和环境为代价的"三化"协调发展路子，经市局深入研究，精心运作，省林业厅和市政府协商，决定合作建设中原经济区城乡绿化一体化示范市。

2011 年 12 月 15 日上午，省林业厅与市政府合作建设中原经济区城乡绿化一体化示范市框架协议签署仪式在市科教艺术中心隆重举行。出席仪式的市领导有：市委书记靳克文，市委副书记张社魁，市委常委、常务副市长杨国志，市委常委、副市长刘瑞红，市人大副主任蒋自周，市政协副主席刘运杰；出席仪式的省林业厅领导有：厅长王照平、副厅长王德启、办公室主任徐忠、造林处处长师永全、计财处处长赵海林。副厅长王德启和常务副市长杨国志分别代表双方在合作框架协议上签字。

总体思路：根据《河南省林业厅“十一五”林业发展规划》和《漯河市国民经济和社会发展第十二个五年规划纲要》，围绕平原林业发展先行先试，加快建立完善的林业生态体系，发达的林业产业体系、繁华的文化体系和牢固的保障体系，充分发挥林业的多种功能和效益，使区域内生态环境显著改善，经济社会发展的生态承载能力明显提高，建设中原经济区城乡绿化一体化示范市。

工作目标：到 2015 年，全市林木覆盖率达到 26.7%，有林地面积达到 107.8 万亩，森林积蓄量达到410万立方米，林业年产值达到57亿元，林业资源综合效益价值达到132亿元。到 2020 年，全市林木覆盖率达到并稳定在 27.2% 以上，有林地面积达到并稳定在 109 万亩以上，森林积蓄量达到并稳定在 430 万立方米，林业年产值达到 131 亿元，林业资源综合效益价值达到 231 亿元。

2011 年 12 月 15 日，市委、市政府召开漯河市创建中原经济区城乡绿化一体化示范市动员大会，市委书记靳克文、省林业厅厅长王照平分别作动员讲话。各县（区）、经济开发区负责人分别向市政府递交了《2012 年创建中原经济区城乡绿化一体化示范市目标责任书》。

2012 年 3 月 2 日，全市春季植树造林现场会在郾城区召开。市领导张社魁、刘瑞红、杜明春出席会议。2012 年，全市完成林业生态重点工程 3.36 万亩，其中农田防护林体系改扩建工程 0.67 万亩，生态廊道工程完成 1.19 万亩，环城防护林及城郊森林 0.2 万亩，村镇绿化工程 1.22 万亩，产业工程 0.54 万亩。完成森林抚育和改造 6.96 万亩。2012 年年底，市局提请市委、市政府召开全市中原经济区城乡绿化一体化示范市建设推进会。

第三节　造林绿化重点建设工程

（1）毛白杨基地建设工程。该工程涉及郾城区、临颍县 11 个乡 61 个行政村。基地共栽植毛白杨 16.85 万株，造林总面积 0.5106 万亩。工程分两期实施：一期工程重点绿化京深路（107 国道）两侧，绿化长度 42.5 公里，绿化面积 0.26 万亩，栽植毛白杨 8.5 万株，工程从 1986 年 11 月 26 日开始，12 月 8 日完成。二期工程重点绿化京深路（107 国道）两侧辐射路沟河两岸及阴阳赵乡，绿化面积 0.25 万亩，栽植毛白杨 8.36 万株，工程从 1987 年 2 月 10 日开始，2 月 20 日完成。

（2）工程造林。1989 年，省林业厅下达漯河农村造林面积 0.35 万亩，其中舞阳县 0.14 万亩、郾城县 0.14 万亩、临颍县 0.07 万亩，经核实，当年实际完成 0.32 万亩，造林成活率 95% 以上。

（3）绿色通道绿化工程。该工程是省林业厅下达的省级工程。2001 年完成京珠高速 49.3 公里、107 国道 56 公里、许泌路舞阳段 15 公里绿化 ；2001 ～ 2003 年先后完成高速公路、国道、县乡道路、主要河道两侧 30 ～ 50 米的防护林带建设 1500 余公里，造林面积 15 万亩，栽植各类乔灌木 1050 万株，林木成保率达 98.6%。为进一步提高通道绿化建设水平，市委四届三次全会将通道绿化建设作为 2004 年的重点工作：一是加速推进东北、东、西南、西入市口的绿化美化工程，确保 2004 年 5 月 1 日前完工；二是高标准完成国道和省道边沟、边坡、路肩及县级以上公路绿化任务。2003 年 12 月，市政府下发《关于加强公路绿化建设的意见》，出台优惠政策。公路管理部门将县乡公路两侧的边沟绿化林地经营权无偿移交给县乡政府，由县乡政府负责拍卖。2003 年春节前，各县完成公路两侧边沟绿化使用权的拍卖工作，出台优惠政策鼓励干部、工人、农民、机关团体联合参与公路两侧边沟绿化。2004 年 3 月 31 日，国道、省道两侧的边沟绿化和县级以上公路绿化任务全部完成。

（4）长江淮河流域防护林工程。该工程为国家级林业重点建设项目。2001 年，下达漯河市造林面积 3 万亩。项目涉及舞阳县、郾城县，其中郾城县 0.37 万亩，舞阳县 2.63 万亩。当年全部完成造林任务，通过国家和省验收。2002 年，下达漯河市造林面积 1.2 万亩。其中，郾城县 0.6 万亩，临颍县 0.6 万亩。2003 年，下达漯河市造林面积 2.4 万亩。其中，郾城县 1 万亩，临颍县 0.65 万亩，舞阳县 0.75 万亩。2004 年，下达漯河市造林面积 1.75 万亩。其中，郾城县 0.75 万亩，舞阳县 1 万亩。2005 年，下达漯河市造林面积 1.15 万亩。其中，郾城县 0.75 万亩，临颍县 0.4 万亩。2006 年，下达漯河市造林面积 0.575 万亩。其中源汇区 0.2 万亩，临颍县 0.375 万亩。2007 年，下达漯河市造林面积 0.58 万亩，其中临颍县 0.38 万亩，源汇区 0.2 万亩。2008 年，下达漯河市造林面积 0.8 万亩，其中，郾城区 0.4 万亩，临颍县 0.4 万亩。2010 年，下达漯河市造林面积 0.2 万亩。全部在郾城区。2011 年，下达漯河市造林面积 0.4 万亩。其中，郾城区 0.2 万亩，临颍县 0.2 万亩。2012 年，下达漯河市造林面积 0.5 万亩。其中，舞阳县 0.3 万亩，郾城区 0.2 万亩。

（5）退耕还林（荒山荒地造林）工程。2003 年全市造林计划 8.1 万亩，其中，临颍县 2 万亩，舞阳县 2.1 万亩，郾城县 4 万亩。2004 年全市造林计划 3 万亩，全部在郾城区。2005 年全市造林计划 0.5 万亩，全部在舞阳县。2006 年全市造林计划 0.7 万亩，其中，临颍县 0.3 万亩，召陵区 0.4 万亩。2007 年全市造林计划 2 万亩，其中，临颍县 1 万亩，召陵区 1 万亩。2008 年全市造林计划 2 万亩，其中，召陵区 1 万亩，舞阳县 1 万亩。

（6）平原绿化工程。2005 年下达郾城区造林面积 0.25 万亩。2006 年下达源汇区造林面积 0.2 万亩。2007 年下达郾城区造林面积 0.35 万亩。2010 年下达临颍县造林面积 0.1 万亩。2011 年下达临颍县造林面积 0.1 万亩。

（7）小型公益林工程。2002 年下达临颍县造林任务 3000 亩。2004 年下达临颍县造林任务 4000 亩，实际完成造林面积 4012 亩。

（8）产业工程。2009 年完成林业产业工程 4.09 万亩，涉及两县三区。2010 年完成林业产业工程 2.86 万亩，涉及两县三区。2011 年完成林业产业工程 1.94 万亩，涉及临颍县、舞阳县、郾城区。2012 年完成林业产业工程 0.54 万亩，涉及临颍县、舞阳县、郾城区。

（9）世界银行贷款林业持续发展项目（人工林营造部分）。郾城县该项目自 2003 年开始实施至 2007 年，五个造林年度共完成人工林营造 2.632 万亩，项目涉及 10 个乡（镇）。临颍县该项目自 2005 年开始实施至 2009 年，五个造林年度共完成人工林营造 3.1824 万亩，其中用材林 2.9475 万亩、经济林 0.2349 万亩，项目涉及 11 个乡（镇）。源汇区该项目自 2003 年开始实施至 2007 年，五个造林年度共完成人工林营造 1.247 万亩，项目涉及 4 个乡（镇）。召陵区该项目是原郾城县利用世界复兴银行贷款引进的一个林业外资造林项目，分五年完成，项目涉及5个乡（镇），完成营造林面积1217.85公顷，其中用材林859.6公顷，经济林358.25公顷。

（10）日本政府贷款河南省造林项目。郾城区该项目自2007年开始实施至2009年，三个造林年度共完成营造林面积2.875万亩，涉及7个乡（镇）。临颍县该项目自2007年开始实施至2010年，四个造林年度共完成营造林面积4.7925万亩，涉及15个乡（镇）。舞阳县该项目自2007年开始实施至2009年，三个造林年度共完成营造林面积2.8659万亩，涉及14个乡（镇）。

（11）林业生态省建设工程省级项目。自林业生态省建设启动后，共完成林业生态省建设省级工程造林26.76万亩。2008年完成造林合格面积8.31万亩。农田防护林体系改扩建工程造林计划面积1.82万亩，完成合格面积1.81万亩，涉及临颍县；生态廊道网络建设工程计划造林面积4.52万亩，完成合格面积3.74万亩，涉及两县三区；环城防护林及城郊森林计划造林面积1.24万亩，完成合格面积1.74万亩，涉及市本级、临颍县、舞阳县；村镇绿化工程计划造林面积4.62万亩，完成合格面积1.02万亩，涉及两县三区。2009年完成造林合格面积8.11万亩。农田防护林体系改扩建工程计划造林面积4.35万亩，完成合格面积4.33万亩，涉及两县三区；生态廊道网络建设工程计划造林面积0.82万亩，完成合格面积0.85万亩，涉及舞阳县、源汇区、召陵区；环城防护林及城郊森林计划造林面积0.7937万亩，完成合格面积1.07万亩，涉及市本级、临颍县、舞阳县；村镇绿化工程计划造林面积1.75万亩，完成合格面积1.86万亩，涉及临颍县、舞阳县、郾城区、召陵区。2010年完成造林合格面积3.45万亩。农田防护林体系改扩建工程计划造林面积1.792万亩，完成合格面积1.57万亩，涉及临颍县、舞阳县、源汇区、召陵区；生态廊道网络建设工程计划造林面积0.0478万亩，完成合格面积0.05万亩，涉及舞阳县；环城防护林及城郊森林计划造林面积0.56万亩，完成合格面积0.53万亩，涉及市本级、临颍县；村镇绿化工程计划造林面积1.4201万亩，完成合格面积1.3万亩，涉及郾城区。2011年完成造林合格面积3.53万亩。农田防护林体系改扩建工程计划造林面积0.4万亩，完成合格面积0.29万亩，涉及源汇区、召陵区；生态廊道网络建设工程计划造林面积1.46万亩，完成合格面积1.13万亩，涉及临颍县、舞阳县、郾城区、源汇区；环城防护林及城郊森林计划造林面积0.22万亩，完成合格面积0.31万亩，涉及市本级、临颍县；村镇绿化工程计划造林面积1.12万亩，完成合格面积1.0339万亩，涉及两县三区；更新造林计划造林面积0.8589万亩，完成合格面积0.7618万亩，涉及两县三区。2012年完成造林合格面积3.36万亩，农田防护林体系及扩建工程设计造林面积0.66万亩，完成合格面积0.67万亩。生态廊道网络建设工程计划造林面积1.18万亩，完成合格面积1.19万亩，环城防护林及城郊森林造林面积0.2万亩，完成合格面积0.2万亩，村镇绿化工程造林面积1.19万亩，完成合格面积1.22万亩。

苗木发放仪式

2008～2012年共完成省级中幼龄林抚育合格面积9.5301万亩。分年度抚育完成情况：2008年森林抚育和改造计划面积1.44万亩，其中：中幼林抚育1.22万亩，低质低效林改造0.22万亩。完成合格面积1.48

林业篇

万亩，其中：中幼林抚育1.22万亩，低质低效林改造0.258万亩，涉及两县三区。2009年森林抚育和改造计划面积6.2493万亩，其中：中幼林抚育6.2493万亩。完成合格面积6.6412万亩，其中：中幼林抚育6.6412万亩，涉及两县三区。2010年森林抚育和改造计划面积6.7万亩，其中，中幼林抚育1.40万亩。2011年森林抚育和改造计划面积1.4062万亩，其中：中幼林抚育1.4062万亩。完成合格面积1.4089万亩，其中：中幼林抚育1.4089万亩，涉及临颍县、郾城区、召陵区。2012年森林抚育和改造计划面积6.95万亩，其中：中幼林抚育6.95万亩。完成合格面积6.96万亩，其中：中幼林抚育6.96万亩，涉及临颍县、舞阳县、郾城区、源汇区、召陵区。

第四节　生态林业示范乡（镇）和生态林业小康村建设

2002年10月10日，市政府下发《关于开展争创生态林业建设示范乡（镇）和生态林业小康村活动的意见》，市绿化委员会下发《关于确定首批生态林业建设示范乡（镇）和生态林业小康村试点及示范企业的通知》，提出：从2003年起，在全市开展争创生态林业建设示范乡（镇）和生态林业小康村活动。2003年获得生态林业建设先进乡（镇）有：临颍县大郭乡、三家店镇、瓦店镇；舞阳县北舞渡镇、辛安镇、姜店乡；郾城县青年乡、商桥镇、召陵镇；源汇区干河陈乡。获得生态林业小康村有：临颍县大郭乡胡桥村、舞阳县北舞渡镇西大街村、郾城县邓襄镇铁炉村。2004年获得生态林业示范乡（镇）试点建设先进单位有：临颍县大郭乡、杜曲镇、三家店乡；舞阳县北舞渡镇、文峰乡、吴城镇；郾城县青年乡、问十乡、商桥镇；源汇区翟庄乡。获得生态林业小康村试点建设先进单位有：临颍县大郭乡胡桥村、三家店乡康庄村、城关镇樱桃郭村；舞阳县北舞渡镇鹿庄村、侯集乡余庄村、九街乡大杨村、保和乡冯河村；郾城县孟庙镇薛赵村、龙城镇十五里店村、商桥镇小杨村；源汇区翟庄乡梨园周村、干河陈乡干河陈村、后谢乡后谢村。

生态林业示范乡（镇）

为进一步发挥林业示范乡（镇）和示范村的辐射带动作用。2005年4月，市林业园艺局编制《漯河市生态林业小康村建设规划（2005～2010年）》，在全市开展生态林业小康村现状调查及试点村规划。确定10个乡（镇）和16个村作为试点，市县林业部门按照宜林则林、宜果则果的原则，制定详细规划，在项目资金上给予大力扶持。年底组织验收，临颍县大郭乡、舞阳县北舞渡镇、郾城区商桥镇、源汇区问十乡、召陵区青年乡达到生态林业示范乡（镇）建设标准。临颍县大郭乡胡桥村、三家店镇康庄村，舞阳县北舞渡镇鹿庄村、文峰乡李楼村，郾城区孟庙镇薛赵村，召陵区翟庄乡梨园周村达到生态林业小康村建设标准。

2006年，市县林业部门本着一村一色、一街一品、突出特色、群众自愿的原则，对村庄内的道路、庭院、荒地、荒沟进行统一规划，统一栽植，合理配置，增加林果面积，美化庭院环境。各县（区）启动15个乡（镇）、50个行政村规划建设。当年，临颍县窝城镇、固厢乡，舞阳县文峰乡、辛安镇，郾城区商桥镇、龙城镇，源汇区阴阳赵乡，高新区后谢乡，召陵区青年村乡、老窝镇达到生态林业示范乡（镇）建设标准。临颍县大郭乡胡桥村、窝城镇白坡村，舞阳县九街乡屈岗村、文峰乡李楼村，郾城区新店镇尧河庙村、龙城镇庙赵村，源汇区空冢郭乡邵堂村，召陵区翟庄办事处梨园周村、万金镇大姜村，高新区后谢乡铁炉村达到生态林业小康村建设标准。

2003 ~ 2006 年，漯河市先后有 21 个乡（镇）达到生态林业示范乡（镇）标准，22 个村达到生态林业小康村标准。

2006 年 11 月 10 日，市林业园艺局制定《漯河市新农村建设十乡百村万户生态林业示范工程规划（2006 ~ 2010 年）》，提出：2010 年，全市建成 15 个生态林业示范乡（镇），100 个生态林业示范村，10000 个绿色小康户。同时制定《漯河市 2007 年新农村建设十乡百村万户生态林业示范工程实施方案》，舞阳县北舞渡镇等 15 个乡（镇）列入生态林业工程示范试点乡（镇），临颍县大郭乡胡桥村等 36 个村列入生态林业工程示范试点村。

2007 年春，各县（区）、乡（镇）围绕试点建设任务，规划设计、组织落实，栽植各类绿化树 25 万株，发展庭院林果 16 万株，村庄四旁植树 419 万株。临颍县窝城镇、大郭乡，舞阳县北舞渡镇、孟寨镇，郾城区裴城镇、黑龙潭乡，源汇区空冢郭乡、阴阳赵乡，召陵区万金镇、老窝镇，经济开发区后谢乡被市政府授予生态林业示范乡（镇）称号。临颍县石桥乡驼铺村、大郭乡胡桥村，舞阳县北舞渡镇鹿庄村、文峰乡李楼村，郾城区新店镇前丁村、孟庙镇西营村、邓襄镇庙李村、问十乡曹店村，源汇区后谢乡铁炉村、西坡李村被市政府授予生态林业小康村称号。

2009 年，按照“村庄花果化、庭院园林化、道路林荫化、农田网格化”的总体要求，市林业园艺局制定《村镇绿化建设标准和技术规范》，并下发《关于加强村镇绿化建设的意见》，计划利用 3 年的时间，有计划、分步骤完成全市村镇绿化建设任务。2009 年，完成全市主要过境公路沿线 24 个乡（镇）政府所在地和 500 个行政村庄绿化任务，建设绿化达标示范村庄 200 个；2010 年完成 15 个乡（镇）政府所在地和 500 个行政村庄绿化任务；2011 年完成 10 个乡（镇）政府所在地和 282 个行政村庄绿化任务。

2010 年 10 月经市政府同意，在全市开展创建“园林式乡（镇）”“绿化示范村”活动，每年评出 3 ~ 5 个“园林式乡（镇）”、7 ~ 10 个“绿化示范村”。达到“园林式乡（镇）”“绿化示范村”标准的，由市政府命名表彰。先后有 4 个乡（镇）获得市级“园林式乡（镇）”称号，25 个村获得市级“绿化示范村”称号。其中，2010 年获得“市级园林式乡（镇）”的有临颍县台陈镇，获得“市级绿化示范村”的有临颍县城关镇南街村、舞阳县保和乡冯河村、郾城区商桥镇靳庄村、源汇区大刘镇南王村、召陵区万金镇大姜村、经济开发区后谢乡铁炉村。2011 年获得“市级园林式乡（镇）”的有舞阳县孟寨镇、源汇区大刘镇，获得“市级绿化示范村”的有临颍县王岗镇周湾村、舞阳县北舞渡镇鹿庄村、郾城区裴城镇铁炉村、郾城区商桥镇申明铺村、源汇区问十乡曹店村、源汇区阴阳赵镇湾赵村、召陵区召陵镇常村、召陵区召陵镇归西村、经济开发区后谢乡辛庄村。2012 年获得“市级园林式乡（镇）”的有临颍县杜曲镇，获得“市级绿化示范村”的有临颍县杜曲镇龙堂村、舞阳县吴城镇北高村、舞阳县吴城镇汪庄村、郾城区黑龙潭乡黄赵村、郾城区商桥镇胡庄村、源汇区阴阳赵镇湾赵村、大刘镇大刘村、召陵区青年乡井庄村、经济开发区后谢乡方庄村、经济开发区后谢乡白坡村。

表 2-1　1986 ~ 2012 年漯河市林业生产情况统计

单位：万亩、万株、万立方米

年份（年）	四旁植树	造林面积		新建林网	完善林网	农林间作	育苗面积	木材产量	抚育面积
		用材林	经济林						
1986	444.66	6.6	0.3	13.1	23.6	3.8	0.67	1.7	3.6
1987	368	3.7	2.4	17.3	18.8	8.9	0.31	1.4	5.6
1988	307.6	2.3	0.1	16.8	8.3	1.8	0.32	1.6	4.2
1989	236	3.8	0.3	17.9	4.6	1.3	0.76	0.8	3.7
1990	463	8.7	0.2	68.2	119.1	1.9	0.72	1.6	4.3
1991	325	5.8	0.1	17.8	49	0.3	0.51	1.4	3.8
1992	317	2.6	0.3	10.3	18.6	0.4	0.4	1.2	6.3
1993	268	2.3	0.8	8.3	13.6	0.1	0.5	1.4	5.7
1994	167	2.1	3.2	8.2	32	—	0.46	1.3	5.8
1995	146	1.6	2.4	6.6	28	—	0.3	2.8	4.4
1996	299.6	4.8	0.3	28.9	46.7	—	0.48	1.2	5.6
1997	388	6.7	0.1	44.1	78.8	—	1.01	3.2	4.6
1998	463	6.3	0.15	41.3	69.7	—	0.46	2.8	5.9
1999	264	5.4	0.2	19.4	40.9	—	0.41	3.8	6.2
2000	272	1.84	0.3	21.2	46	—	0.42	1.4	6.4
2001	224	1.67	0.2	20.3	48.7	—	0.42	1.6	10.3
2002	386	4.56	1.8	36.4	71.3	—	0.52	2.4	8.6
2003	285	13.6	0.7	23.5	30.5	—	1.3	2.6	15.8
2004	308	12.3	0.8	26.4	45.7	—	1.4	2.3	18.6
2005	374	3.44	1.37	10.4	19.3	—	1.9	2.6	20.5
2006	307	7.69	0.4	30.2	46.7	—	2.1	2.4	18.8
2007	210.6	4.3	0.3	8.6	15.7	—	2.2	4.8	14.7
2008	326	10.4	0.2	10.3	18.6	—	2.1	4.6	1.48
2009	383	8.51	0.2	15.6	30.8	—	2.1	3.8	6.64
2010	296	4.231	0.3	10.4	15.6	—	1.9	5.4	16.7
2011	283	3.69	0.2	10.8	16.4	—	2.1	4.2	1.41
2012	267.2	4.0221	0.1	11.9	18.2	—	0.505	5.153	6.97

第三章　全民义务植树

1979 年 2 月 23 日，在第五届全国人大常务委员会第六次会议上，根据国务院提议，决定每年 3 月 12 日定为全国的“植树节”。1981 年 12 月 31 日全国人大五届四次会议审议通过《关于开展全民义务植树运动的决议》。1982 年 2 月 27 日国务院常务会议通过《关于开展全民义务植树的实施办法》。漯河市认真贯彻落实，坚持不懈开展全民义务植树活动。

第一节　组织领导

植树动员会

1986 年 3 月 12 日，市委、市政府组织市直单位、党员干部 200 余人在文化路、解放路、沙澧河空闲地开展义务植树活动，由市建委统一部署、市园林处提供苗木。1987 ～ 1990 年，漯河市绿化委员会下发一系列植树造林文件，要求全市各县（区）、各单位扎实开展全民义务植树运动。城市义务植树活动落实到人，有条件的企业、机关、学校建立义务植树基地，没有基地的按照指定地点完成植树任务；农村义务植树活动实行乡（镇）政府统一规划、统一组织、统筹资金、统备苗木、统一时间的办法组织实施。

1991 年 3 月，漯河市在全市范围内开展“纪念义务植树十周年宣传月”活动中，市绿化委员会城市绿化办公室先后在《漯河报》开辟《全民植树　绿化漯河》宣传专栏，印发绿化宣传标语口号、《绿化知识 100 问答》3000 余份，下发各部门、单位。影剧院放幻灯字幕近千次，市区主要街道、单位门前悬挂横幅标语 200 余幅，出版宣传板报 38 块。同时，市绿化办与市妇联联合举办漯河市首届妇女儿童“绿叶杯”文艺汇演，参加省绿委举办的“绿叶杯”摄影大赛，有 2 幅作品获奖。1992 ～ 1994 年，市委、市政府组织全市开展城郊防护林植树活动。1995 年 3 月 12 日，市绿化办组织全市市直单位在虹桥花园和沙北绿地开展义务植树活动。10 月 6 日，漯河市出台《漯河市全民义务植树实施办法》。1996 年 3 月 12 日，市绿化办组织市直单位干部、职工在昆仑北路和烟厂花园开展义务植树活动。1997 年 3 月 12 日，市绿化办将人民会堂、老虎滩公园作为全民义务植树基地。1998 年 3 月 14 日，漯河市创建国家卫生城市指挥部下发《关于开展全民义务植树活动的意见》。1999 年 3 月 6 日，团市委组织青年代表 1000 多人在城市公园、沙河游园等处栽植“成长林”“春蕾林”。3 月 12 日，市四大班子领导和市直党政机关、企事业单位职工和高校学生，从黄河路董庄桥以东及南环路参加义务植树活动。

2000 年 10 月 16 日，市绿化办出台《关于搞好全民义务植树基地建设的意见》。3 月 8 日，团市委、市妇联分别组织共青团员和女职工，在沿河公园、花园等处栽植“成长林”“夫妻林”。3 月 11 日，市四大班子领导和市直党政机关、企事业单位职工、高校学生，在淞江路与金山路交叉口四周参加义务植树活动。3 月 12 日，市长陈全国在《漯河内陆特区报》发表题为“关注林业，美化家园”署名文章，号召全市人民积极行动起来，投入到造林绿化事业中去。各级党政主要领导亲自到自己的造林绿化点开展义务植树活动，领导办绿化点成为全市开展义务植树活动的样板工程和示范工程。

2002 年 3 月 12 日，市四大班子主要领导、源汇区四大班子领导、市直、区直各部门及驻漯各单位近万人，在金山路生态园基地参加义务植树活动。11 月 30 日，市委、市政府领导带领全市机关干部、企事业单位职工及广大市民 4 万人次参加冬季全民义务植树活动。2002 年全市累计参加 163 万人，义务植树 630 万棵，尽责率达到 98%，种植灌木 30 万株，辅种草坪 4 万平方米。

2003 年市绿化委员会下发《关于深入开展造林绿化和全民义务植树活动的通知》。3 月 7 日，全市春季植树造林暨义务植树动员会召开。2003 年，全市共组织 4 次大规模的义务植树活动。

2006 年 11 月 24 日，市委、市政府召开全市冬季植树造林现场会，市长靳克文带领市四大班子领导到郾城区商桥镇农业综合开发区，与干部群众一起参加义务植树活动。

2008 年 2 月 28 日，市委、市政府召开春季全民义务植树动员会。会后，水利、铁路、交通等部门密切配合，为义务植树活动提供场地；市总工会、团市委、市妇联联合发出“相约碧水蓝天，共建绿色家园”倡议书。

2009 年 12 月 28 日，市绿化委员会、市教育局、市林业园艺局联合下发《关于联合开展“弘扬生态文明，共建绿色校园”活动的通知》，要求全市各级各类学校宣传建设绿色校园的意义，组织学生开展植纪念树、造纪念林活动。2010 年 2 月 23 日，市政府召开春季全民义务植树动员大会，安排部署 2010 年春季全民义务植树工作。

2011 年是全民义务植树运动 30 周年，也是联合国确定的“国际森林年”。市政府制定《2011 国际森林年漯河行动方案》。2 月 18 日，市委、市政府召开 2011 年全民义务植树动员会。2 月 23 日，市委书记靳克文、市长祁金立等市四大班子领导在新北环城郊生态防护林二期基地参加义务植树。市林业和园林局与市委组织部、团市委、市志愿者协会共同组织实施“绿满沙澧”千名志愿者植树活动；与漯河日报社共同组织“种植春天——2011 植树节小记者在行动”植树活动。教育部门开展“弘扬生态文明 共建绿色校园”活动。

2012 年 1 月 30 日，市委书记靳克文，市委副书记、代市长曹存正，市人大常委会主任雷建民，市政协主席王俊才等市四大班子领导与市直机关干部、武警官兵以及党员志愿者一起在新北环城郊生态防护林三期基地参加义务植树。市林业和园林局与市文明办联合组织开展“关注自然、义务植树”绿化共建活动。2012 年 3 月，市四大班子领导与市直机关干部，武警、消防官兵以及党员志愿者一起在西城区漯河西站西侧，参加义务植树。

第二节　政策措施

根据《中华人民共和国森林法》、第五届全国人大四次会议《关于开展全民义务植树运动的决议》以及国家财政部、全国绿化委员会、林业部制定的《全民义务植树和国营企业、事业单位造林绿化资金的使用管理办法》，1990 年 3 月 1 日，市政府下发《关于转批市绿化委员会办公室城市义务植树实施绿化卡制度和以钱代劳征收绿化费办法的通知》。办法规定：义务植树实行绿化卡制度。绿化卡是体现单位义务植树适龄人数、应分任务、分配形式、记录任务完成情况、进行绿化考核的一种卡片。由市绿化办根据植树单位适龄人数填制分配任务，植树单位填制任务完成情况，双方共同填制复核情况。每年5月，市绿化办组织对植树单位任务完成情况进行验收，未完成植树任务的收取绿化费。以资代劳收费标准为单位职工每人每年5元；个体工商户及联营户按实际从业人员，每人每年10元。对完成分配任务，但成活率低于85%的应限期补栽，补栽后仍达不到要求的，每株补交苗木费1元。1991年以后，各县（区）也普遍建立绿化卡制度。1996年2月20日，市政府下发《关于在全市继续实行全民义务植树绿化卡的通知》。1999年3月6日，市绿化委员会出台《漯河市农村义务植树管理暂行办法的通知》。

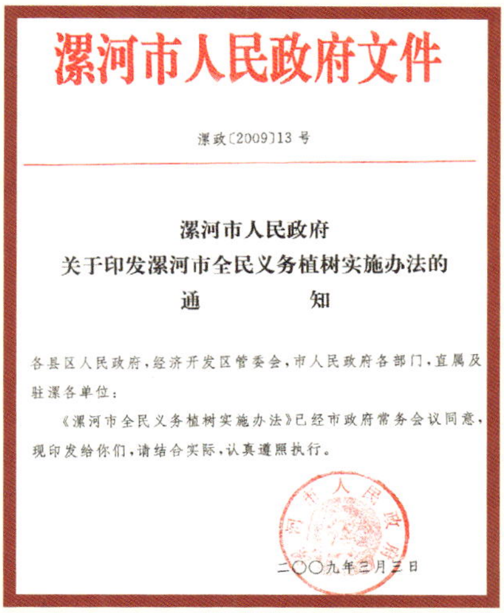
漯河市人民政府文件

漯政〔2009〕13号

漯河市人民政府
关于印发漯河市全民义务植树实施办法的
通　　知

各县区人民政府，经济开发区管委会，市人民政府各部门，直属及驻漯各单位：

《漯河市全民义务植树实施办法》已经市政府常务会议同意，现印发给你们，请结合实际，认真遵照执行。

二〇〇九年三月三日

2009年3月3日，市政府印发《漯河市全民义务植树实施办法》，明确指出，“每年3月为本市义务植树活动月；凡居住在漯河市范围内的公民，男性18至60周岁，女性18至55周岁，除丧失劳动能力者外，均应按照本办法规定承担义务植树任务；有植树义务的公民，每人每年应义务植树不少于3棵，也可采用完成相当于一个工作日的育苗、整地、管护及其他绿化任务折抵义务植树任务，具体折抵标准由市绿化委员会制定”；“市直机关、团体、企事业单位（含私营企业、外商及港澳台投资企业）和外地驻漯单位的义务植树任务，由市绿化委员会办公室组织安排；县、区所属机关、团体、企事业单位、个体工商户、无业市民和农村务农人员的义务植树任务，由县、区绿化委员会办公室组织安排”；“对不能直接参加义务植树活动的市直党政机关、群团组织、企事业单位干部职工，采取自愿缴纳以资代劳绿化费的形式履行法定义务植树义务”。

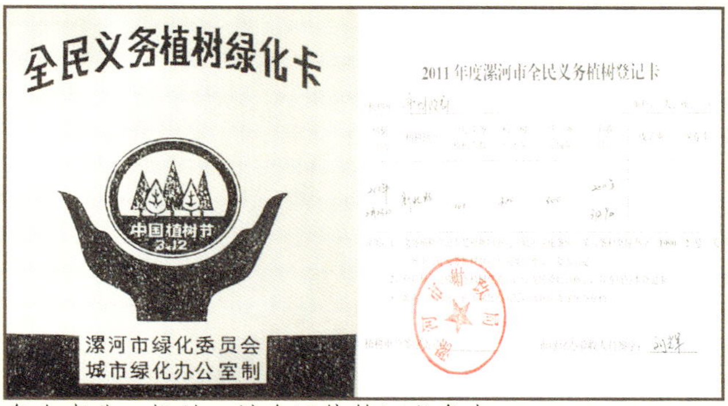

各企事业、机关、社会团体签订义务卡

2010年，市绿化委员会根据《漯河市全民义务植树实施办法》，对不能直接履行植树义务的市直干部职工可以采取自愿缴纳“以资代劳绿化费”的办法履行植树造林义务，每人每年缴纳50元，由市绿化委员会办公室负责收缴，采取“收支两条线管理”。市绿化委员会办公室负责编制义务植树工程等建设计划和概算，报市财政部门审核。财政部门审核后，编制支出预算计划，通过财政支出渠道拨付到义务植树工程项目单位。

第三节　领导办绿化点和义务植树基地

1990年，为推动全市平原绿化达标，全市各级领导带头建绿化点，市、县、乡三级领导有220人建有绿化点，总面积0.891万亩。1991～1992年市、县领导55人建绿化点，完成成片造林0.15万亩，完成高标准林网建设24.25万亩。1998年11月24日，市绿化委员会下发《关于对领导办绿化点进行规范和认定的通知》，通知要求，市、县、乡党政正职和分管副职都应建立自己的绿化点。1999 年乡（镇）以上领导办绿化点 98 处。2000 年乡（镇）以上领导办绿化点 123 处。

义务植树基地是全民义务植树运动的重要实现形式。1999 年，全市建立义务植树基地 54 个，植树 315 万株。2000 年 10 月 16 日，市绿化办下发《关于搞好全民义务植树基地建设的意见》。2001 年，建立市、县（区）、乡三级义务植树基地 62 个，植树 350 万株。2001 ～ 2012 年，相继建立开源森林公园、许慎文化园、召陵新区义务植树基地、北环 1500 亩城郊森林义务植树基地、新北环城郊生态防护林基地（一、二、三期）等市级义务植树基地，植树 31.4 万株。

市、县、乡三级领导办绿化点

表 3–1　漯河市市级党政领导办造林绿化点情况登记表

职务	办点规模（亩）	地点	树种	株数（万株）	完成时间	工程名称
市委书记	1000	开源森林公园	广玉兰、水杉、银杏	4.2	2003 年 3 月	森林公园
市长	1000	南环路	杨树	8.3	2003 年 3 月	环城防护林
市委副书记	50	嵩山路桥南	毛白杨	0.3	2001 年 3 月	城市片林
常务副市长	329	淞江路	杨树、柳树	5.4	2003 年 2 月	淞江防护林
副市长	195	金山路	毛白杨、黄山栾、大叶女贞	3.2	2002 年 2 月	金山生态防护林

表 3–2　漯河市县级党政领导办造林绿化点情况登记表

县（区）	党政领导人数	办点规模（亩）	株数	主要树种	完成时间
舞阳县	5	2500	20.8	杨树	2003 年 3 月
郾城县	7	2100	17.4	杨树	2003 年 2 月
临颍县	3	2400	20	杨树、红栌、白蜡、广玉兰	2003 年 3 月
源汇区	3	800	6.6	杨树	2003 年 1 月

表 3-3　漯河市乡级党政领导办造林绿化点情况登记表

县（区）	乡（镇）数	办点人数	办点规模（亩）	株数（万株）	主要树种
舞阳县	14	56	2800	23.2	杨树、杂果
郾城县	18	72	3240	28.6	杨树
临颍县	15	60	2400	19.9	杨树
源汇区	4	12	600	5	杨树

表 3-4　漯河城区全民义务植树基地情况

单位：亩

基地名称	基地地址	管护单位	建设面积	主要树种	建设起止时间
开源森林公园	金山路	开源集团	1000	广玉兰、水杉、银杏	2001 ~ 2003 年
金山路防护林	金山路北段	市园林处	300	杨树	2001 ~ 2003 年
金山生态林	金山路中段	市园林处	230	毛白杨、黄山栾、大叶女贞	2001 ~ 2003 年
南环防护林	南环路	市园林处	2000	杨树	2001 ~ 2003 年
东环防护林	东环路	市园林处	1100	杨树	2001 ~ 2003 年
淞江防护林	淞江路	市人民公园	540	杨树、柳树	2001 ~ 2003 年
沿河防护林	沙河、澧河河堤	市园林处	280	杨树、刺槐、水杉	2001 ~ 2003 年
107 国道防护林	107 国道	市园林处	280	杨树	2002 ~ 2003 年
京珠高速防护林	黑龙潭 － 金山路	市园林处	660	杨树	2002 ~ 2003 年
开源森林公园二期建设工地	泰山路南段开源森林公园内	开源集团	500	广玉兰、樱花	2005 年
围城防护林建设工地	龙江路和东环、淞江东路两侧	市园林处	10740	广玉兰、樱花	2005 年
龙江路生态防护林带	西起 107 国道、东至中山路宋寨以北	市园林处	40000	碧桃、大叶女贞	2006 年
森林公园	森林公园西南侧	开源集团	1000	大叶女贞、法桐	2007 年
城郊生态防护林基地	京广铁路以东，李漯路以西，龙江路以北	市园林处	1500	广玉兰、大叶女贞	2008 年

续表

基地名称	基地地址	管护单位	建设面积	主要树种	建设起止时间
许慎文化园	许慎文化园	市人民公园	150	杨树	2009 年
龙江路城郊生态防护林基地	金山路至许慎文化园 2 公里	市园林处	500	广玉兰、百日红	2010 年
龙江路城郊生态防护林二期基地	沙河桥至许慎文化园高速路东 2 公里	市园林处	400	广玉兰、石楠	2011 年
漯河医专义务植树基地	漯河医专院内	漯河医专	150	广玉兰、马褂木	2012 年
龙江路义务植树基地	京广铁路 - 金山路	市园林处	300	广玉兰、红叶石楠	2012 年

第四节　义务植树活动

1986 年 3 月 12 日，市直部门千余人参加义务植树，在市区新建道路、游园空地栽植柳树、毛白杨、法桐 800 棵。1987 年 3 月 12 日，市直单位 2000 余人在交通路沙河桥南桥头游园参加义务植树，栽植树木 5663 棵。1988 年 3 月 12 日，漯河市绿化委员会城市绿化办公室组织市直、企事业、驻漯单位、部队 162 个单位参加义务植树，植树 112080 棵，绿化草坪 60760 平方米，育苗 26681 平方米。1989 年 3 月 12 日，市、县（区）四大班子主要领导在植树责任区和绿化基地义务植树，全市义务植树 15 万人，植树造林 35 万多株。1990 年参加义务植树人数 121.4 万人，占应参加义务植树人数的 92%，全市义务植树 782 万株。1991 年 2 月 25 日，漯河市绿化委员会城市绿化办公室组织市直、企事业单位近千人在金山路、人民东路、昆仑路参加义务植树，植树 3000 棵、绿篱 370 米。3 月 31 日，市四大班子领导带领各局委、企事业单位、学校、驻漯部队 6000 余人在沙澧河堤参加义务植树，在长达 10 公里沙澧两河战线上，栽植各类乔木、灌木 7000 余棵。市妇联组织全市妇女在黄河路开展“三八”绿色工程，栽植乔灌木 6000 余棵。全市参加义务植树人数 208 万人，栽植各类树木 790.4 万棵。1992 ～ 1993 年，市直部门、单位参加义务植树 5.5 万人次，栽植各类树木、灌木 16 万棵。签订全民义务植树绿化卡 455 份。1994 年 3 月 12 日，市直单位义务植树以人民东路为基地，党政机关、部队、学校踊跃参加，栽植毛白杨、法桐 600 多棵。1995 年 3 月 12 日，市直单位义务植树以沙北昆仑路北段为基地，党政机关、部队等单位，栽植馒头柳、毛白杨 2000 余棵。1996 年 3 月 12 日，市直单位义务植树以沙北游园为基地，党政机关、武警官兵 300 余人参与，栽植花灌木 3000 余株。1997 年 3 月 12 日，市直单位义务植树以人民会堂、老虎滩公园为基地，党政机关、教育系统、卫生系统等单位参与，植树 2 万余株，铺种草坪 1.13 万平方米。1998 年 3 月 12 日，市直单位义务植树以体育村、植物园、沙河河堤为基地，市四大班子领导参加，栽植黄山栾等近 1 万株。1999 年 3 月 12 日，市直单位义务植树以董庄桥向东沿线到南环为基地，市四大班子领导和市直党政机关、企事业单位职工、高校学生 3 万人次参加植树近 9 万株。2000

年 3 月 11 日，市直单位义务植树以淞江路与金山路交叉口四周片林为基地，市直党政机关、企事业单位职工、高校学生 4 万人次参加植树 11 万株。2001 年 3 月 12 日，市直单位义务植树以开源森林公园为基地，植树 3 万余株。2001 年 11 月 25 日～ 12 月 1 日，市直单位义务植树地点在沙河两岸、人民东路两侧，植树 83108 棵，参加单位 92 个。2002 年 3 月 12 日和 11 月 30 日组织开展两次声势浩大的市直单位义务植树，种植毛白杨等 1.5 万株。2002 年 11 月 30 日～ 12 月 10 日，市直单位义务植树在东环路两侧、南环路两侧植树 253266 棵，参加单位 76 个。2003 年春冬季，全市有 170 万人次参加义务植树，植树造林 870 万株，建立义务植树基地 100 余处，尽责率达 90%。2004 年春冬季，全市有 197 万人次参加义务植树，植树造林 698 万株，建立义务植树基地 100 余处，尽责率达 96%。2005 年 3 月 4 日，市直单位义务植树以开源森林公园为基地，市四大班子领导、市直及驻漯各单位、人民团体、大专院校师生、青年志愿者 1 万余人参加，栽植广玉兰、樱花、白蜡等树木 20 多种 6.2 万余棵，花灌木 22 万株。2006 年 3 月 10 日，市直单位义务植树以新北环两侧、中山路北段和南段、湘江西路、银鸽大道、创业大道（经济开发区）、富民路（舞阳县）为基地，市直及区直多家单位 2.3 万人参加，植树 12 万余棵。2007 年 3 月 8 日，市直单位义务植树以开源森林公园为基地，市直党员干部 1 万余人参加。当年全市参加义务植树 110 万人次，植树造林 348 万株，尽责率达到 90%。2008 年 3 月 3 日，市直单位义务植树以新北环城郊生态防护林为基地，市直及驻漯 125 个单位近 4 万人参加，植树 12 万株。当年全市参加义务植树 105 万人次，植树 380 万株，尽责率达到 91%。2009 年 3 月 12 日，市直单位义务植树以许慎文化园、颍河生态防护林为基地，市四大班子领导、市直及驻漯 125 个单位，近 4 万人参加，植树 12 万棵。全市参加植树 110 万人次，植树造林 386 万株，尽责率达到 91%。2010 年 2 月 23 日，市直单位义务植树基地在召陵新区新北环（金山路－许慎文化园东 2 公里）城郊生态防护林，市四大班子领导参加，当天栽植广玉兰等 200 余株。市直及驻漯 125 个单位 1 万余人参加，植树近 1.5 万株。2011 年 2 月 23 日，市直单位义务植树基地在新北环（沙河桥－许慎文化园高速路东 2 公里）城郊生态防护林二期，市直 116 家单位近 1 万人参加，共栽植树木 4 万余株。2012 年 1 月 30 日，市直单位义务植树基地在新北环（金山路中心花坛－京广铁路）城郊生态防护林三期、漯河医专新校区。市四大班子领导、市直机关干部、武警官兵以及党员志愿者参加，当天栽植广玉兰 1000 余株。市直及驻漯 125 个单位约 3.2 万人参加，植树近 4 万株。全市完成植树造林 335.69 万株，参加义务植树 110.26 万人次，尽责率达到 90%。

全民义务植树基地

驻漯官兵植树

第五节　纪念林营造及认建认养

为丰富和完善义务植树形式，市绿化委员会鼓励和号召机关事业单位、群众团体和企业报名参加营造纪念林活动。组织部队、学校、企业、社会团体等营造“成长林”“夫妻林”“三八林”“学子林”“名人林”。

1991 年团市委组织青年团员在沙北营造“青年林”，市妇联组织开展“绿色工程”活动。1994 年开展绿地、游园认建活动，主要有：烟厂花园，汇晶花园，中银广场，双汇广场，环保游园，邮电花园，老虎滩公园，金沙滩公园，兴亚世纪乐园。2000 年采取种植名誉林的形式，由市妇联组织栽植“母亲林”“鸳鸯林”，由团市委组织栽植“青年林”“春蕾林”等。2009 年 3 月 6 日，市绿化委员会下发《关于组织开展绿地（树木）认养冠名活动的通知》。4 月 2 日，由市妇联、市林业园艺局、漯河医专、漯河日报社共同组织开展春蕾护花保果行动“春华秋实”认养活动。市委常委、统战部部长刘瑞红，副市长刘新田出席活动启动仪式。在全市范围内开展游园、绿地认养冠名活动。认养冠名活动以自愿为原则，由市绿化委员会统一制作以名称、寄语为主的认养冠名标牌，党政机关、企事业单位、社会团体和个人均可参加。认养冠名活动采取单位或个人出资认养，与园林绿化管理部门签订协议。认养冠名期为一年。当年参加结对管护的学生有 240 名，对嵩山路上的 240 棵梨树进行结对认养。2010 年 11 月，团市委与市沙澧河建管委组织团员青年在市区沙澧河段开展“认养绿地树木，增强责任意识”主题活动，活动旨在唤起广大市民爱绿护绿、保护母亲河的环保意识。本次活动共认养树木 620 棵，认养绿地 6200 平方米。

成长林

果树认养

表 3-5　漯河市纪念林

名称	建成时间	地点	树种	名称	建成时间	地点	树种
中加友谊林	1998.04	淘气猫游园西	三角枫	双思林	2007.08	老虎滩公园	水杉
民建林	2005.03	开源森林公园	红花玉兰	学子林	2007.08	星光公园	紫荆
成长林	2007.08	淞江路	雪松	三八林	2007.08	银河公园	樱花
母亲林	2007.08	虹桥花园	银杏				

表 3-6 1986 ~ 2012 年漯河市全民义务植树情况

年份（年）	适龄公民（万人）	植树株数（万株）	尽责率（%）	人均植树（棵）	义务植树基地		领导办绿化点		登记卡执行情况	
					个数	面积（亩）	个数	面积（亩）	建卡单位（个）	建卡率（%）
1986 ~ 1990	96	192	70	2	6	367	9	180	396	60
1991	102.7	284.4	83	2.77	23	1067	32	486	851	62
1992	101.7	290.6	89.3	2.85	35	2585	29	581	786	73
1993	103.8	308.2	90.1	2.97	40	2849	31	811	926	78
1994	103.5	311.1	90.4	3	37	3865	32	763	796	68
1995	103.7	329.3	90.9	3.18	32	3810	33	689	821	70
1996	104.1	366.1	90.5	3.51	39	3716	32	880	935	71
1997	104.9	336.2	90.4	3.2	52	3203	32	1077	853	56
1998	105.4	374.2	92.6	3.55	43	2850	35	943	876	75
1999	106.5	398.5	91.2	3.74	43	3855	51	964	915	81
2000	106.7	395.6	92.3	3.71	46	4086	39	933	928	83
2001	107.1	391.1	89.5	3.65	46	4613	38	735	969	86
2002	107.9	388.5	90.6	3.6	51	3451	39	1149	998	89
2003	109.1	493.2	89.3	4.52	51	5029	42	1964	1036	92
2004	112.1	438.5	90.5	3.91	59	2926	42	1127	1044	93
2005	116.6	424.2	90.7	3.64	61	5262	75	1925	1051	94
2006	118.5	434.9	90.2	3.67	81	14237	93	2126	1073	93
2007	121.3	471.5	90.5	3.89	83	5519	115	2390	1129	94
2008	121.3	499.3	90.6	4.11	87	8445	121	3160	1079	94
2009	122.1	489.5	90.7	4	92	7865	123	3620	1076	93
2010	122	471.4	90.5	3.86	89	7763	124	3590	1082	94
2011	121.9	466.4	90.2	3.83	94	7826	118	3680	1092	94
2012	125	498.4	90.8	4.2	112	8759	121	4790	1451	98.2

第四章　林业资金管理

漯河市林业资金主要包括各级财政拨付的用于林业行政事业管理经费、基础设施建设费、扶持群众造林、育林、护林的补助资金、用于林业发展的国家银行林业贷款及外资贷款。一般随林业工程项目下拨，实行专户管理，专款专用。

第一节　建设项目资金的种类

漯河市的林业工程项目主要有四类：

（1）营造林项目。退耕还林工程、长防林工程、淮防林工程、世行贷款造林项目、日元贷款林业可持续发展项目、林业生态省建设工程。

（2）基础设施建设项目。林木种苗工程、森林病虫害防治工程、自然保护区建设工程和林业工作站、木材检查站、森林公安、林技推广站等林业基层单位基础设施建设项目。

（3）生态保护项目。中央森林生态效益补偿项目、地方生态公益林补偿项目。

（4）产业建设项目。主要指速生丰产林、木竹加工、林产品加工、经济林培育等方面的项目。

第二节　建设项目资金的来源

项目投资主要有中央、省、各级地方政府及社会各界，按投资来源可分成六个方面：

（一）中央资金

（1）中央预算内基本建设投资。主要实施两类项目：一是营造林项目。主要是长防林、中幼林抚育、珍稀树种培育、防沙治沙建设项目。二是基础设施建设项目。主要包括森林防火物资储备、森林公安、科技推广、林业工作站、一级木材检查站、野生动植物保护等项目。

（2）中央预算内专项资金（国债资金）。包括长防林工程、种苗工程、森林病虫害防治工程、自然保护区建设、重点火险区综合治理工程、退耕还林种苗补助、林业科技支撑项目。

（3）中央财政专项补助资金。包括中央森林生态效益补助资金、退耕还林财政补助资金、贫困林场补助资金、林业有害生物防治经费、林业专项事业费（用于林业科技新技术研究等小额的专项支出）、林业项目贷款贴息、育林金减收转移支付资金。

（4）农业综合开发资金。包括农发生态林项目、农发名优经济林项目。

（5）各类政策性贷款。主要包括林业项目贴息贷款、基本建设项目贷款、国家开发银行速丰林贷款等。

（二）省级资金

一是省级预算内基本建设投资。主要用于中央预算内基本建设投资的配套资金。二是省级财政专项补助资金。主要包括生态省建设以奖代补资金、森林资源保护激励资金、林改专项转移支付资金以及森林防火、森林病虫害防治等项目资金。

（三）市级资金

2008年起五年对林业的支出占本级财政支出的1.8%。一是市级预算内基本建设投资。主要用于中央预算内基本建设投资的配套资金。二是市级财政专项补助资金。包括生态林建设以奖代补资金，小康村建设补助资金等。

（四）县（区）资金

2008年起五年对林业的支出占本级财政支出的1%。

（五）国外贷款

包括世界银行贷款、日元贷款等。

（六）社会各界发展非公有制林业投资

第三节　建设项目资金的使用与管理

国家、省下达的林业资金计划和批复的实施方案属于指令性计划，未经批准，任何单位和个人不得变更建设地点、扩大建设规模、提高或降低建设标准、变更项目建设内容。对于因建设项目外部环境发生变化确需调整的计划内容，必须按照有关规定，按程序提出调整计划的申请，报原批准机关批准后实施。

在林业建设项目资金的使用管理工作中，做到按规划设计、按设计施工、按项目投资、按效益考核。建立健全工程管理、技术规程、质量保证、检查验收等制度。执行项目法人责任制、招投标制、工程建设监理制和工程建设合同制，不断创新重点工程管理机制。对项目勘察设计、施工和主要设备、材料采购等，实行公开招标，确定专人负责工程资金管理，将责任落实到人。对工程资金实行专户存储、单独核算、专款专用的管理办法，严格控制工程资金支出范围和标准，对各项支出精打细算，力求节约，讲求效果。

在项目资金管理各项制度和法规的落实上，加强林业项目资金管理各项规章、制度、要求和管理办法的宣传教育，及时制止和纠正林业建设项目建设资金管理中的各种问题。严格责任追究制度，强化项目建设和项目资金的监管，对擅自调整年度投资计划和财政资金预算的，责令限期整改；对违反资金使用规定，截留、挤占、挪用或造成资金损失浪费的，追究当事人、负责人的责任。

财务人员培训班

在项目资金财务核算工作和项目档案工作中，根据实际发生的各项业务进行核算，填制会计凭证，登记会计账簿，保证会计信息的真实、可靠、完整、及时，严禁虚列开支，编制假账。从项目筹划到工程竣工验收各环节的文件资料，按照规定收集、整理、归档，建立健全项目档案。

强化资金监督检查力度。在资金监督检查方法上，实现由集中性、突击性监督检查为主，向经常化、规范化、多样化监督检查的转变。在监督管理的环节上，从过去的事后监督管理为主，转向事前审核、事中监督和事后检查稽核的有机结合，形成多环节、全过程的监督管理格局，及早发现问题，及早解决问题，避免和减少损失。

第五章　林政资源管理

全市森林资源管理体系逐步完善，形成以林权管理为核心，以林地管理、采伐管理、木材市场管理、木材运输管理等为重点，以资源监测为手段，行政执法为保障的森林资源管理体系。

第一节　组织领导和体系建设

1986 年 5 月，市林业局内设林政科，负责全市林政资源管理工作。各县（区）林业局分别成立相应机构或安排专职人员。1988 年统计，全市共有县乡级林政人员 53 人，但文化程度偏低，年龄偏高，部分人员学习政策法规积极性不高。针对这一情况，1989 年市林业局进行县级林政人员考核和乡级林政人员定岗到位工作，为 26 名县级合格林政人员颁发证书，全市已建成的 35 个乡（镇）林管站全部配备专职林政人员。全市林政资源管理体系初步建立。

1988 年 4 月 19 日，市林业局下发《关于统一林木采伐、更新、销售、运输管理程序的通知》，规定：农民采伐房前屋后、自留地上的林木，经村委会批准。采伐集体林、林网林、大片农桐间作的林木必须经县级以上林业主管部门或其授权的乡（镇）政府审核，发给林木采伐许可证，并缴纳每株 2 元的更新费；木材上市销售时，缴纳育林金；木材及木竹制品出县时，必须出具育林金交纳收据，由县林业局发给运输证明。同年，组织林政人员培训和考试，考试合格的发放“林政管理工作证”，持证上岗。1989 年，市林业局对全市林木采伐、运输、销售等环节实施许可证制度，防止乱砍滥伐。

1990 年以前的林政资源管理由县（区）林业局和乡（镇）林管站联合管理。林木的采伐、运输、木材经营加工由县（区）林业局及下属的竹木检查站负责，一般的盗伐、滥伐、毁坏林木案件由乡村按照乡（村）规民约处理，重大案件由公安机关查处。1990 年 2 月 12 日，市林业局下发《关于开展林政建设达标的通知》，要求：各县（区）建立健全林政与资源管理机构，完善各项管理制度，定岗定责，明确职责，实行林政目标管理。8 月 31 日，印发《漯河市林政人员岗位规范》规定：各县（区）设林业许可证签发员，负责林木采伐证、木材运输证、木材经营许可证的签发工作；设监伐更新验收员，负责采伐监督和更新造林质量验收；设林政管理员，负责林业行政案件的调查处理；设林政统计信息员，负责各种林业资源及林政管理的数据及信息的统计上报。林政达标活动得到省林业厅肯定和推广，市林业局荣获“河南省林政管理先进单位”。

1990 ~ 1991 年，市林业局先后举办三期林政人员培训班，参加培训考试的 107 人成绩全部及格。各县（区）林业局分别成立林政资源股，各乡（镇）林管站配专业林政人员，负责辖区内林政资源管理。县乡建立林业资源管理档案，编制县乡木材采伐限额，实行限额采伐，凭证采伐。1991 年 2 月 12 日，市林业局印发《对乡（镇）林业管理站下放行政管理权的通知》，将部分林木采伐审批权、林业行政案件处罚权、木材市场管理权、育林金征收权下放各乡（镇）林管站，明确权限范围。由于出现乱砍滥伐及木材市场混乱等现象，1993 年，市林业局收回乡（镇）林管站林政资源管理权限，由县级林业主管部门管理。

1994年2月16日，市林业局下发《漯河市1994年林政工作管理意见》，提出：各县（区）林业部门要严格执行森林采伐限额管理，不断完善凭证采伐制度，建立采伐限额台账；加强林政执法工作，在全市开展专项行动，坚决制止乱砍滥伐、无证采伐、无证运输、无证销售等违法活动，并建立执法监督制度；坚持凭证采伐、凭证运输和凭证销售制度，建立各种发证台账，主动与工商、公安部门配合，对木材流通领域进行全面的清理整顿；加强育林金征收管理，保证育林基金足额征收。同年，市林业局通过考试录用林政员29名，发放木材检查证。1996年，市县两级先后举办培训班7次，培训人员256余人次，查处违犯“三证”案件12起。

1998年10月6日，根据国务院、省政府关于加强森林资源保护的有关精神，市政府下发《关于加强林业资源保护管理工作的通知》，要求各级政府切实加强对林业资源保护工作的领导，决不能以破坏森林资源、牺牲生态环境为代价换取短期的经济增长；严格控制林业资源消耗，依法打击各种毁坏林木的违法犯罪行为。同年，市林业局出台关于强化公安、林政管理的九项规定。2000年9月，按照国家林业局关于进一步开展以查处破坏林木、林地资源为重点的保护森林资源“三号行动”的统一部署，市林业局在全市开展“保护森林资源三号行动”。市“三号行动”领导小组统一领导，各县（区）林政、林业公安、森防、办公室等人员联合行动，重点查处上级林业部门督办的案件、林政执法大检查中发现的案件、乡村干部滥用职权导致森林资源破坏的典型案件。

“十五”期间，木材价格上涨，乱砍滥伐、无证运输、无证经营加工木材现象有所抬头。为加强林木资源管理，禁止非法采伐，严禁乱砍滥伐，制止非法运输木材，控制森林资源过量消耗，2004年，市林业园艺局出台《关于加强林木资源管理的意见》，对林木采伐、育林金征收、木材运输管理、木材加工经营管理等工作进行进一步明确。

2004年9月24日，市行政服务中心林业窗口成立，进一步规范林业园林行政审批程序，减少审批环节，提高办事效率。市林业园艺局授予服务审批权限：办理砍伐城市树木的申请、临时占用征用林地许可的核发、野生动物及其产品运输许可、城市园林绿化企业资质的审核、临时占用城市绿地的审批、木材运输（出省）许可、森林病虫害的检疫、建设项目绿化规划审核等11项申请，办理绿地补偿费、育林金、森林植物检疫费等手续。2005年12月20日，市林业园艺局又授权市行政服务中心林业窗口负责受理铁路、公路、河道防护林采伐许可和漯河市绿化规划、绿化用地的使用性质项目申请及办理相关育林金、绿化补偿费收费手续。各县（区）林业局也先后成立行政服务中心林业窗口，并授予相应的林政资源管理审批权限。

随着各级政府和林业部门对林业资源保护认识的提高，全市林政资源体系得到完善和加强，林政管理队伍不断壮大。到2006年年底，设立县级以上林政资源管理机构7个，林业行政执法机构5个，木材检查站2个，从事林政资源管理人员150多名。通过加大林政管理资金投入，基础设施得到明显改善，实现网上办理木材运输证、林木采伐证。为提高林政人员业务素质，“十五”期间，省、市、县共培训林政人员800多人次。

2008年7月22日，为贯彻落实《行政许可法》和市委、市政府《关于建设高效行政服务机制的实施意见》，市林业园艺局印发《行政审批（服务）项目工作流程（试行）》，对各种林业园林行政审批服务工作程序、办理时限进行明确规定，简化审批程序，提高办事效率。

2012年12月14～17日，为做好全国林木采伐管理系统使用工作。全市林政管理人员和具体办证人员参加省林业厅在新密市举办的集中培训学习班，为启动使用全国林木采伐管理系统打好基础。

第二节　林木采伐和限额管理

依据《中华人民共和国森林法》第三十二条，采伐林木必须申请采伐许可证，按许可证的规定进行采伐，农村居民采伐自留地和房前屋后个人所有的零星林木除外。林木采伐实行采伐许可管理。森林资源限额采伐制度是管理森林资源的一项基本制度。省林业主管部门按照林木生长量大于消耗量原则下达的最高采伐量，每5年编制调整一次，最后经省政府批准实施。

1987年8月5日，省政府核定漯河市“七五”期间年森林采伐限额为5.1万立方米。鉴于全市尚未完成平原绿化达标，市政府研究决定压缩为年4.9万立方米；各县（区）在审批采伐时，应控制在市政府下达限额数的50%以下。各县（区）严格执行市政府核定的采伐限额及采伐审批制度，凡超批超采、批少伐多依法追究当事人和有关领导的责任。

1990年1月23日，省林业厅下发豫林资（1990）第14号《关于加强林木采伐许可证管理的通知》，对林木采伐证审批程序、审批权限、发证部门责任以及年采伐限额进行明确。当年，全市核发林木采伐证617份，监督采伐林木33800株，蓄积量2.028万立方米，加上群众自用材，共采伐木材4.056万立方米，为年度采伐限额5.1万立方米的79.5%。

1991年，经省政府批准，全市年采伐限额为9.95万立方米。其中舞阳县3.59万立方米、郾城县3.92万立方米、临颍县2.28万立方米、源汇区0.16万立方米。按照国家和省政府要求，木材采伐从“八五”期间开始，实行全额管理，新的采伐限额包括商品材、农民自用材、工副业用材三大类，各类指标不能相互挪用，这是限额采伐制度的重大改革。

1996年，经省政府批准，全市年林木采伐限额为9.47万立方米。当年市林业局制定《漯河市森林资源采伐限额管理暂行办法》，对森林采伐限额制定和管理、凭证采伐管理和监督检查进行明确规定。

1998年12月1日，为控制林木采伐量，保护森林资源，实现平原绿化高级达标，市绿化委员会下发《关于切实加强林木采伐管理工作的通知》，通知要求：严格控制林木采伐，农田林网内的林木（包括公路、铁路护路林和河道护岸林）属防护林，采伐须严格控制，确需采伐更新的，应先培育更新苗木，经县（区）人民政府审核并报市林业主管部门批准后，方可采伐，采伐后限定一年内更新造林。1999年全市实际林木采伐量1.3757万立方米，2000年全市林木采伐量控制在1.9万立方米，低于“九五”期间年9.47万立方米的采伐限额。

1999年11月26日，市林业局转发《河南省林业厅关于规范林木许可证签证与发放管理有关问题的通知》，对林木采伐证的办理进行规范：凭证采伐的范围是除农村居民自留地和房前屋后个人零星树木外的所有林木；申请采伐的凭据，必须持有法律效力的林权证书；采伐证的签发，实行全省统一编号，逐地块、逐小班发放，采伐证上填写清楚采伐面积、采伐蓄积、采伐方式、采伐期限、完成更新时间等；发证人员须经省级培训，持证上岗；发证机关要在伐前、伐中、伐后进行监督检查，并督促及时造林；强化森林采伐限额的监督，凡超额采伐或越权核发采伐证的，将依法追究发证单位领导的责任。

2000年4月，市林业局对各县（区）林木采伐后更新造林任务的完成情况进行检查，检查主要内容是：采伐单位植树株数是否大于原采伐株数；造林面积是否高于原林地面积；当年成活率是否高于85%，三年后保存率是否高于80%。达不到要求的视为未完成更新造林任务。未完成任务的县、乡暂停林木采伐审批，并按有关规定进行处罚。2001年，全市各县（区）执行林木采伐审批的规定，采伐林木在上级下达的限额之内，实行全额控制，分类管理，凭证采伐的管理制度。2001年12月6日，市林业园艺局印发《关于严格执行2002年林木采伐限额的通知》。2002年12月9日，市林业园艺局印发《关于严格执行2003年林木采伐限额的通知》。

2003年1月13日，市林业园艺局下发《进一步规范林木采伐的紧急通知》，要求各县（区）林业主管部门加强对林木采伐审批的领导，并把采伐管理列入年度考核目标；严格控制对市区及其城郊范围内林木的采伐，东起京珠高速、西至107国道、南到南环路、北至孟平路并向外各延伸3公里范围内三年不得采伐；严格审批程序，严格控制皆伐，发证蓄积不得超过采伐限额，其中商品林采伐不得超过木材计划；林政、林业公安加强监督管理，发现批少伐多、无证采伐的严厉打击。6月6日，市林业园艺局补充通知：通道两侧防护林、城区城郊所有林木、农田林网防护林采伐均须市林业部门批准，并规定报批程序和材料。12月26日，市林业园艺局下发《关于严格执行2004年林木采伐限额的通知》，对林木采伐不得突破采伐限额的规定进行重申，并实行责任追究制。

2007年1月1日，按照省林业厅要求，实行网上办理采伐证，每办理一份采伐证，系统自动扣减相应的采伐限额指标，确保每年采伐量不超限额。7月5日，市林业园艺局下发《关于规范城市建成区树木采伐、移植等有关审批事项的紧急通知》，要求：全市城市建成区内树木的伐移一律由市行政服务中心林业窗口受理审批，树木生长期内停止办理树木伐移审批手续。为严肃采伐纪律，对郾城区林业局越权审批，造成城市建成区304株林木被采伐事件进行了通报批评。

2008年3月30日，针对部分速生丰产林、围村林、农田林网及通道防护林在造林时栽植密度过大，导致林木生长停滞，防护效益下降这一情况，市林业园艺局下发《关于加强林木抚育间伐工作的通知》，对郁闭度大于0.8以上的中幼龄林间伐。2008年度重点安排在国道、省道两侧的通道防护林带，伐后郁闭度保持在0.6以上。间伐审批程序是各县（区）林业局制定抚育间伐实施方案，报市局审核备案后实施，同时加强对间伐的管理，严禁借机乱砍滥伐。

省政府下达漯河市“十一五”期间年森林采伐限额共计81888.4立方米，其中主伐11.10立方米，抚育采伐5499.11立方米，其他采伐76378.19立方米。分县（区）年度采伐限额分别是：临颍县14837.93立方米、舞阳县33596立方米、郾城区19079.05立方米、源汇区1425.42立方米、召陵区12950立方米。“十一五”期间，各县（区）较好地执行林木采伐限额及审批制度，均未突破省下达的年度采伐限额。

2008年，郑漯高速拓宽改造，需要采伐沿线通道林木，针对林木采伐战线长、采伐量大、时间集中、伐中监督难度大的实际，市林业园艺局加大采伐管理力度：一是建立市、县、乡、村四级监督体系，层层签订责任书，对出现乱砍滥伐的地段，追究当地乡（镇）和县（区）林业部门的责任；二是加强监管，严厉打击滥伐盗伐，市县林业公安、林政人员分区包片，全天候巡查，发现苗头，立即制止；三是加大宣传力度，实现和谐采伐。林木采伐工作基本顺利。2009年，为确保“国家森林城市”创建成功，市林业园艺局要求9月份实行全市阶段禁伐。

2011～2015年“十二五”期间，省政府下达漯河市年森林采伐限额共计139538立方米。其中，主伐55595立方米，抚育采伐61085立方米，更新采伐11322立方米，其他采伐11536立方米（含低产林改造2557立方米）。其中，临颍县37917立方米、舞阳县30186立方米、郾城区26286立方米、源汇区20047立方米、召陵区17046立方米、漯河市建成区8059立方米。

表5-1　1987～2012年漯河市木材采伐情况

单位：万立方米

年份（年）	年采伐限额	年采伐量	采伐证办理份数	年份（年）	年采伐限额	年采伐量	采伐证办理份数
1987	5.1	1.3584	431	2000	9.47	1.9358	465
1988	5.1	2.7708	369	2001	11.4	2.6987	538
1989	5.1	1.5816	523	2002	11.4	2.4352	846
1990	5.1	4.0563	617	2003	11.4	3.6895	1438
1991	9.95	3.5248	621	2004	11.4	2.4586	1549
1992	9.95	3.8654	647	2005	11.4	2.1097	2199
1993	9.95	3.8941	568	2006	8.1884	2.1185	1984
1994	9.65	2.6532	654	2007	8.1884	2.1659	1807
1995	9.65	4.7865	728	2008	8.1884	2.7808	1957
1996	9.47	2.3542	547	2009	8.1884	1.4499	2242
1997	9.47	2.8742	536	2010	8.1884	2.7601	1419
1998	9.47	2.1578	589	2011	13.9538	3.1115	1652
1999	9.47	1.3757	425	2012	13.9538	4.5256	1147

表5-2　2002～2003年度漯河市林木采伐限额汇总

单位：立方米

单位	限额总量	按采伐类型			按消耗结构				
		主伐	抚育采伐	其他采伐	商品材	出材量	出材率	农民自用材	烧材
漯河市	114454	16809	6231	91414	30817	17094	55.5	83637	–
国有	–	–	–	–	–	–	–	–	–
集体	114454	16809	6231	91414	30817	17094	55.5	83637	–
舞阳县	35510	–	1221	34289	9561	5303	55.5	25949	–
集体	35510	–	1221	34289	9561	5303	55.5	25949	–
临颍县	27074	–	2639	24435	7290	4044	55.5	19784	–
集体	27074	–	2639	24435	7290	4044	55.5	19784	–
郾城县	48143	16809	2371	28963	12962	7190	55.5	35181	–
集体	48143	16809	2371	28963	12962	7190	55.5	35181	–
源汇区	3727	–	–	3727	1004	557	55.5	2723	–
集体	3727	–	–	3727	1004	557	55.5	2723	–

注：2002～2003年林木采伐限额一样。

第三节 木材检查及运输管理

1988年8月18日省政府下发《林木采伐和木材销售运输管理办法》，对木材销售运输进行规定。市林业局按照省政府的办法规定实行木材运输许可证制度，由各县（区）林业局或委托的林政资源管理站负责核发木材运输证。

1996年，省政府下发《关于在全省设置木材检查站的通知》，批准漯河市设立郾城县三丁（小王庄）木材检查站、临颍杜曲木材检查站。由木材检查站和各县（区、乡）林政资源管理站、林政稽查队负责木材运输监督，核查木材运输证件，对违法运输木材行为进行行政处罚。5月16日，省林业厅下发《关于明确凭证运输的木竹材及其制品范围的通知》，将凭证运输的范围进行规定：木材类包括原木、锯材、木制品（刨花板、纤维板、木工板、家具、门窗等）；竹材类包括原竹及制品。9月24日省林业厅下发补充通知，将条、条编、杆列入凭证运输范围。

2009年1月12日，市林业园艺局转发《河南省林业厅关于进一步规范木材运输证发放管理的通知》，规定：省内运输木材的由起运地县级林业部门负责审核签发《河南省木材运输证》，运输木材出省的，由起运地县级林业部门根据省林业厅的委托，签发《出省木材运输证》，未设林业主管机构的县级区，由所在地的省辖市林业主管部门负责签发；木材运输证的签发统一使用河南省木材运输管理系统，网上办理，计算机打印，申请人、签发人手工签名；签发时严格审核各种材料，严格办证程序，并做好木材运输证的档案管理工作；实行一车一证，省内运输有效期不得超过1天，出省1000公里以内的不超过3天，1000公里以上的不超过5天。

2010年7月1日，全国统一使用新版木材运输证，市林业和园林局按照上级要求，及时对木材运输签证的监督检查重新做出规定：申请木材运输证除提交木材检疫证明外，还须提交林木采伐许可证或者其他合法来源证明；需二次运输的，凭原起运地县级以上林业主管部门核发的运输证件；原证在换发时由发证机关留存备查；从木材交易市场购买的原木、原条、锯材和竹原材，持木材交易发票的育林费票据，交易木材；从木材经营加工单位购买的半成品持套印《税务机关发票监制》的交易发票、《木材经营加工许可证》（副本）；农村居民自伐的自留地和房前屋后个人所有的木材，持村民委员会证明。实行凭证运输的木竹及其制品的范围是：木材类的原木、原条、板材、木制品，木竹制品类的胶合板、刨花板、竹制用品等。

三丁木材检查站

表 5-3 1992 ~ 2012 年漯河市木材运输情况

单位：件、万立方米

年份（年）	运输证办理份数	木材及其制品运输量	查获违法运输案件数	案件处理数	年份（年）	运输证办理份数	木材及其制品运输量	查获违法运输案件数	案件处理数
1992	1468	3.25	88	86	2003	6009	30.7191	28	25
1993	1996	5.7809	63	61	2004	6656	32.8825	25	23
1994	2673	8.6325	71	70	2005	6696	36.2752	22	19
1995	3849	14.2966	97	96	2006	6603	36.01	19	17
1996	4419	19.0065	83	80	2007	6482	30.88	31	29
1997	4598	20.8818	54	51	2008	6005	25.98	32	30
1998	4574	20.1179	47	45	2009	6429	33.57	27	27
1999	4938	22.4108	22	21	2010	6897	40.88	23	23
2000	5070	23.8606	41	39	2011	7781	44.85	16	16
2001	5417	27.8097	10	9	2012	9520	53.5	11	11
2002	5485	28.8563	17	15					

第四节 木材经营加工

1988 年，为整顿木材市场流通秩序、建立完善木材交易市场，市林业局与市工商局联合下发《关于加强木材市场管理的通知》，要求：全市各级工商部门要协同林业部门做好木材市场管理工作；凡经营木材及制品的单位或个体工商户，必须经县级以上林业主管部门审核同意后，发给《木材经营许可证》，然后工商部门才可登记发放营业执照，坚决取缔无证、无照经营；木材凭证销售，由林业部门发放销售证。当年全市发放木材经营许可证 37 份。

1986 ~ 1992 年，木材加工经营主要以分散的作坊式生产为主，产品是低档次的家具、木锨、扫帚、条编，经营加工规模较小，木材经营加工市场管理工作主要由各县（区）林业局及各乡（镇）林管站负责。随着木材市场的放开搞活，木材加工经营量迅速增加，据 1991 年 4 月市林业局组织的调查登记，大小木材加工经营户达到 1000 户，木材加工经营市场出现混乱局面。

1994 年，针对木材市场混乱，存在无证经营、无证运输现象，全市林业部门开展木材流通秩序整顿工作，对木材经营商户进行调查摸底、资格审查，对不符合经营条件的吊销、收回木材经营许可证。1995 年，对木材加工经营首次进行规范整顿，木材加工经营秩序趋于规范，市场趋于活跃，新增木材经营加工户 200 多家。1997 年，按照省政府文件要求，市林业局再次组织县（区）林业部门对木材加工经营单位和个体经营户进行整顿，换发木材经营加工经营许可证。

全市规范木材生产经营加工秩序工作协调会

2002 年 8 月，按照国家林业局、国家工商总局等四部委关于开展木材经营单位整顿的通知精神，市林业园艺局和市工商局联合制定《漯河市木材加工业清理整顿工作方案》，整顿取缔关闭违规经营加工户 32 家。2004 年 3 ～ 4 月，市林业园艺局再次组织开展清理整顿活动，淘汰一批作坊式企业。

2006 年 10 ～ 11 月，经调查发现部分木材经营加工企业非法收购和销售不明来源木材，扰乱正常生产流通秩序，造成森林资源的过度消耗，对森林资源安全构成严重威胁。全市林政和森林公安共同行动，开展木材经营加工普查、清理、整顿。经普查，全市从事木材经营加工企业和商户共 547 户，查处无证经营加工 30 户，对无证经营加工户下发办证通知单，责令限期停产整顿 15 户，取消经营加工资格 10 户。

2011 年 4 ～ 6 月，为进一步规范木材经营加工秩序，市政府在全市范围内组织开展为期 3 个月的规范木材生产经营加工秩序活动。4 月 12 日，市政府召开全市规范木材生产经营加工秩序工作协调会，下发《漯河市人民政府规范木材生产经营加工秩序的通告》和漯河市人民政府办公室《关于印发漯河市规范木材生产经营加工秩序实施方案的通知》，通过活动的开展，重新发放木材经营许可证 512 家，对 60 家从事柳编、竹编生产的家庭作坊进行登记管理，依法取缔无证经营企业 17 家。

表 5-4　1986 ～ 2012 年漯河市木材加工情况统计

单位：个、万立方米

年份（年）	木材加工户数	年木材加工量	年份（年）	木材加工户数	年木材加工量
1986	74	1.375	2000	287	30.098
1987	84	1.506	2001	321	31.769
1988	93	1.779	2002	300	29.736
1989	113	2.479	2003	319	35.065
1990	134	2.141	2004	349	40.323
1991	144	3.839	2005	414	41.966
1992	159	4.422	2006	445	47.862
1993	164	5.455	2007	476	46.375
1994	170	6.609	2008	465	39.706
1995	176	7.555	2009	482	48.069
1996	211	10.106	2010	504	52.026
1997	210	14.175	2011	512	58.743
1998	223	15.712	2012	561	67.9
1999	274	20.425			

第五节　林地管理

由于漯河市属于平原农区，林地界限模糊不清，1994 年以前，林地管理基本处于放任状态，导致大量林地被侵占。

1993 年，林业部颁布《林地管理暂行管理办法》，省政府下发加强林地管理的有关规定。1994 年 11 月，为贯彻落实林业部、省政府文件精神，市林业局组织开展林地管理情况检查，内容包括：地籍登记、造册、林权证发放、林权档案建设等林地管理情况；征占用林地面积，森林植被恢复费征收、使用管理情况；清理无手续占用林地情况；调处林木、林地纠纷和查处破坏林地案件情况等。纠正一批违法占有林地现象。

1999年5月30日，省九届人大常委会第九次会议通过《河南省林地保护管理工作条例》，林地管理工作纳入到资源管理工作范畴。2005年12月30日，为规范征占用林地的审批，市林业园艺局发文明确市、县林业主管部门林地管理权限：占用或征用林地由县（区）林业主管部门审核后上报市林业园艺局复核，统一上报省林业厅审批。

2012年12月，根据《国务院关于全国林地保护利用规划纲要(2010～2020年)的批复》要求、省政府办公厅《关于组织开展全省和县级林地保护利用规划编制工作的通知》精神和省林业厅安排，全市正式启动县级林地保护利用规划编制工作。《县级林地保护利用规划》编制工作，将使漯河市的林地管理工作逐步迈上规范化、制度化轨道。

第六节　森林资源清查及专项调查

1986年后，全市共开展九次森林资源清查和森林资源专项调查：

（1）漯河市经济林普查。1988年8月，市林业局组织各县（区）林业部门技术人员25人，历时1个多月，对全市1亩以上的果园进行逐个普查登记。调查结果：全市果园面积4.3596万亩，其中1986年之前发展1.7367万亩，1986～1988年发展2.6229万亩。按品种分，苹果1.8906万亩、桃1.81万亩、葡萄0.2453万亩、其他（梨、柿、杏、沙果、山楂等）0.4136万亩。形成几个粗具规模的生产基地，如以舞阳县吴城、郾城县大刘为主体的4000亩苹果基地，以舞阳县章化、北舞渡为主体的2500亩黄桃基地，以临颍县三家店、瓦店、王岗、巨陵为中心的5000亩苹果基地，以临颍县台陈为主体的4000亩黄桃基地，以郾城县十五里店、新店、商桥为主体的2000亩苹果基地，以郾城县老窝、青年为主体的5000亩黄桃基地等。

（2）全国第二次森林资源连续清查。1988年4月开始，5月22日完成。全市调查样地在林业部定点47个的基础上，增加到230个，三县一区分别组织调查组，抽调专业技术人员80多人。调查结果：全市林业用地面积21.56万亩，其中有林地面积14.1万亩，宜林荒地6.0万亩，活立木蓄积量109.2万立方米，森林覆盖率10.2%，四旁树株数3513.68万株，优势树种为泡桐。

（3）漯河市平原绿化现状调查。按照省林业厅安排，经市政府同意，1995年7～9月，市林业局组织150人的调查规划队伍，以行政村为单位，对全市平原绿化现状进行全面调查。调查结果：全市246.5万亩适宜林网面积中，控制率在85%以上的合格林网面积47.37万亩，控制率在40%～84.9%的林网面积93.07万亩，网格面积大于300亩的空当面积106.06万亩，全市农田林网平均控制率为57%，低于部颁平原绿化标准28个百分点，其中临颍县70%、郾城县42%、舞阳县61.8%、源汇区79.9%。

资源普查

（4）全国第四次森林资源连续清查。按照国家、省政府统一部署，1998 年 6 月，市林业局抽调专业技术人员组成清查队伍，经过 45 天的外业调查，完成 40 个样群 160 个样地的清查任务，顺利通过国家林业局和省林业厅验收。

（5）河南省县级资源清查。1999 年 9 ～ 10 月，按照省政府办公厅要求，市林业局成立林业资源清查领导小组，三县一区成立四个清查队，抽调 50 多名专业技术人员，分 13 个清查小组，高标准完成 1340 个样地的外业调查和内业计算任务。

（6）漯河市“四荒”资源调查。2004 年 3 月 15 日～ 6 月 30 日，市林业园艺局组织三县一区有关技术人员，分四个调查队，对全市 51 个乡（镇）、1233 个行政村荒地资源进行调查。调查结果：全市四荒地总面积 564725.5 亩，其中荒地（村镇周围、四旁、低洼地、窑厂废弃地）320030 亩、荒滩 113444 亩、荒沟 131251.5 亩。郾城县“四荒”地总面积 250000 亩，其中荒地 82610 亩、荒滩 80210 亩、荒沟 87180 亩。舞阳县“四荒”地总面积 138078 亩，其中荒地 115532 亩、荒滩 17989 亩、荒沟 4557 亩。临颍县“四荒”地总面积 175971 亩，其中荒地 121888 亩、荒滩 15001 亩、荒沟 39042 亩。源汇区“四荒”地总面积 716.5 亩，其中荒滩 244 亩、荒沟 472.5 亩。

（7）全国第五次森林资源清查。2003 年 7 月，按照国家林业局、省林业厅要求，市林业园艺局抽调专业技术人员 50 多名，分 7 个调查小班，历时 1 个多月，首次使用 GPS 定位技术，调查样地 282 个，顺利通过国家林业局检查验收。

（8）漯河市森林资源二类调查。2007 年 6 ～ 11 月，根据省林业厅《关于在全省开展森林资源规划调查设计工作的通知》精神，市林业园艺局组织调查组 45 个，参加人员 137 人，外业调查涉及全市所有县（区）、乡（镇）、村庄 6 万多个调查小班。本次调查首次采用 3S 技术。

（9）全国第七次森林资源清查。2008 年 5 ～ 7 月，按照省政府安排部署，全市开展第七次森林资源清查工作，组织技术人员 43 人，分 6 个组，调查固定样地 169 个，7 月份通过省政府验收。

表 5-5　2007 ～ 2012 年漯河市森林覆盖率变化

单位：公顷、%

年份（年）	新造林面积	采伐面积	林木覆盖率
2007	—	—	19.47
2008	6524	159.5	21.83
2009	5404	134.4	24.58
2010	2229	834	25.14
2011	2355	159.8	25.98
2012	1167	207.36	26.35

第六章　集体林权制度改革

全市林业产权制度改革大体经历探索实践和规范程序、全面推进两个阶段。第一阶段时间从1995～2007年，通过试点，探索以拍卖、承包经营、租赁集体林地林木等方式，明晰林木管理产权。第二阶段时间从2008～2012年，通过规范程序，明晰所有权、放活经营权、落实处置权、保障收益权，全面推进集体林权制度改革。

第一节　产权制度改革的探索与实践

1995年春，为提高群众植树造林积极性，解决造林难、管护难问题，舞阳县开始探索林业产权制度改革，把集体林木管理经营方式转变为以家庭为单位的产权明晰化管理方式，使林业生产与家庭承包责任制相适应；拍卖路、沟、渠、坑塘、河岸宜林地段，对不适宜拍卖的果园等实行承包经营。11月15日，市林业局转发《舞阳县人民政府关于改革林木管理办法（试点）的通知》，各县（区）结合自身情况，开始林权制度改革试点工作。市林业局分别在舞阳姜店乡、临颍窝城乡、郾城万金乡进行试点。当年共拍卖路段186公里，拍卖林木104万株。

全市集体林权制度改革促进会

1997年，市政府总结试点经验，决定在全市普遍推行林业产权制度改革。到3月底，共拍卖路、沟、河、渠2350条，总长4102公里，拍卖资金738.5万元。拍卖资金专户储存，用在发展林业生产上。1998年，林业产权制度改革全面实施，有6900条、总长6600公里的路、沟、渠完成林业产权制度改革。当年7月，市林业局对各县（区）林改工作进行考核。1999年，全市共完成拍卖路段2055.6公里，拍卖资金356.7万元。当年，省林业厅授予市林业局“林业产权制度改革先进单位”。

2002年，市政府出台《关于加快林业生态体系和产业体系建设的意见》，提出“百万亩林业生态工程规划”，鼓励国家机关、企事业单位和社会各类投资主体采取独资、合资、股份合作等多种形式，跨行业、跨地区、跨所有制造林绿化，广泛吸引各种社会资金投向林业建设。同时，市政府表彰命名“全市造林大户”“林业科技示范园区”。

2002～2005年，全市各级林业部门以发展非公有制林业为突破口，积极探索林业产权制度改革新办法，稳定林木所有权，放活林地经营权。加大竞标拍卖、租赁、招标、承包、股份合作力度，建立产权明晰化、投资多元化、管理规范化，责、权、利相统一的经营管理新机制。农民、私营业主承包荒沟荒滩、租赁耕地发展林业生产。“不栽无主树，不造无主林”。对属于国家、集体所有的河渠、道路、农田生产道路等宜林地段，公开拍卖林地使用权；村镇周围荒片地、宅基地谁栽谁有；经济林、种苗花卉、速生丰产林基地建设和林产品加工企业遵循市场经济规则，鼓励大户、公司发展集约化生产。全市完成拍卖承包四荒面积34.55万亩，参与农户3.9万个。

2006年，继续推进产权制度改革。全市拍卖四荒6816亩，吸引社会资金796万元。2007年12月，产权归属清楚的林业产权制度基本建立，全市确权林木面积12.3万亩，发放林权证2万多份。漯河市的林权制度改革工作得到省长李成玉的肯定。漯河市的做法在省政府办公厅编发的《政府工作快报》单篇刊发，经验在全省推广。

第二节 集体林权制度改革进程

2007年1月，河南省启动集体林权制度改革试点工作，省政府组成调研组分赴各市地开展集体林经营状况调研。按照省林业厅工作部署，市林业园艺局制定《漯河市集体林权制度改革试点方案》，确定源汇区阴阳赵乡为试点乡。10月，省林业厅将舞阳县作为河南省平原林改工作试点县。11月26日，省政府出台《关于深化集体林权制度改革的意见》。

2008年1月，市林业园艺局党组书记、局长宋孟欣就全市集体林权制度改革工作向市长办公会进行专题汇报。2月23日，市政府成立由市长祁金立任组长，副市长库凤霞任副组长，市直18个局委单位主要负责人为成员的漯河市集体林权制度改革领导小组，制定下发《漯河市人民政府关于深化集体林权制度改革的意见》。3月30日，市林业园艺局成立集体林权制度改革办公室。各县（区）也分别成立由县（区）长任组长，分管副县（区）长任副组长，相关单位负责人为成员的领导机构。

4月10日，省林业厅在漯河召开全省林业集体林权制度改革工作座谈会，省林业厅副厅长刘有富，各省辖市林业局局长、林改办主任及6个扩权县和7个林改试点县的林业局局长、林改办主任参会。局长宋孟欣就漯河市林改工作向大会作经验交流。4月17日，全市林权制度改革工作推进会在临颍县召开，副市长库凤霞主持会议，市委副书记张社魁出席会议并讲话，与会人员参观舞阳县辛安镇、临颍县杜曲镇的林改成果。5月18日，国家林业局新闻发言人、宣传办公室主任曹清尧，国家林业局林改办主任程红，国家林业局林改办副主任江机生，国家林业局宣传办公室副主任金志成，国家林业局森林资源管理司副司长王祝雄等领导先后来漯调研，对漯河林改工作给予充分肯定。

6月8日，中共中央、国务院发布《关于全面推进集体林权制度改革的意见》。7月23～25日，国家林业局宣传办组织人民日报、新华社、中央人民广播电台、中央电视台、经济日报等13家中央新闻媒体记者组成采访团，深入到舞阳、临颍，对漯河市集体林权改革工作进行集中宣传报道。

9月4～5日，省政府在漯河市组织召开全省集体林权制度改革工作座谈会。副省长刘满仓出席会议并讲话。省政府办公厅副巡视员郑林主持会议，省林业厅厅长王照平、市长祁金立、副市长库凤霞参加会议。11月12日，市林业园艺局向市委、市政府专题汇报漯河集体林权制度改革情况。11月30日，国家林业局森林资源管理司副司长王祝雄、国家林业局林改办主任程红到舞阳县调研林权制度改革情况，对舞阳县的林改工作给予充分肯定。

2009年4月9日，为深化林权制度配套改革，市林业园艺局召开全市林权制度配套改革座谈会。6月23日，市政府召开集体林权制度改革工作促进会，市委副书记张社魁、副市长库凤霞出席会议。市四大班子成立5个林改督导组，分别由市长祁金立、市委副书记张社魁、市人大副主任黎涛、副市长库凤霞、市政协副主席刘运杰带队，深入县（区）一线，历时一个月，检查指导林改工作。8月8日，国家林业局集体林权制度改革领导小组常务副组长黄建兴一行在省林业厅副巡视员谢晓涛陪同下调研漯河林改工作，称赞漯河林改做法为“漯河模式”。

2010年6月18～19日，国家林业局机关党委常务副书记、国家林业局林改典型核实工作组组长谭光明一行4人，在省林业厅副厅长刘有富陪同下对漯河市林改工作进行检查。舞阳被列为全国林改百强县，向全国推广漯河市的林改经验。年底，市林业和园林局和市史志档案局联合制定《漯河市县级集体林权制度改革档案建设标准》。2011年2月，按照省林业厅有关文件要求，市林业和园林局组织开展集体林权制度改革回头看活动。7月1日，省政府参事赵体顺、刘发魁等一行5人来漯河市调研集体林权制度改革工作。市委副书记张社魁向调研组介绍漯河林改做法及取得的经验。

第三节　集体林权制度改革措施

“机制不活、产权不明”，“造林难、管护难”是制约平原林业生产的“老大难问题”。如何将林改的惠农政策与平原林业的特点相结合，实现政府得绿、群众受益、林农得利的目标，是市委、市政府及林业主管部门破解平原林业发展难题的重中之重，也是集体林权制度改革坚持的核心和原则。

一、围绕明晰产权，狠抓主体改革

明晰产权是集体林权制度改革的关键和核心。在林权制度主体改革过程中，漯河市结合平原农区人多地少且农林交叉的特点，始终坚持惠农均利的原则，全面推进林权制度主体改革。

坚持严格林改程序，做到还权于民。在试点取得成效的基础上，在全市范围内先后组织659期林改业务培训，培训人员1.9万人次。统一编印《漯河市集体林权制度改革工作手册》，免费发放至县、乡、村、组。在《漯河日报》全文刊发《漯河市人民政府关于深化集体林权制度改革的意见》，利用各种宣传媒体大剂量进行宣传报道，使林改的程序、方法和步骤家喻户晓。市政府成立5个林改工作督导组，分片包干，对照林改程序、方法和步骤进行督导，切实让群众参与到林改当中，行使自己的权利。为保障林改工作的顺利进行，全市各级财政投入林改专项资金687万元，参与林改工作的人员达6360人。

坚持因地制宜，抓好分类指导。在林改推进过程中，充分尊重群众意愿，不搞一刀切。林改改什么、怎么改，都交由村民代表大会进行决定。充分发挥群众的首创精神，在林改过程中呈现出多元化造林管护新模式，主要有均分到户型、规模造林型、合作造林型、股份制造林型和公司造林型五种类型。

坚持统筹兼顾，协调利益分配。在平原地区，林粮矛盾是林改工作中最为突出的问题。为妥善解决林木遮阴产生的矛盾，坚持“农民得实惠、生态受保护”的原则，统筹兼顾林农与遮阴户的利益，林农与集体的利益，协调各方的利益关系，确保农民的利益不受损失。在实际推进过程中，通过召开村民代表会议，对群众反映出遮阴户利益补偿的问题，通过耐心细致的思想工作，本着合情合理的原则，采取采伐收益分成、粮食（货币）补偿等方法，完善承包合同，使双方能够在利益分配上达成一致。

二、围绕产业发展，狠抓配套改革

林木确权后，仍存在着林业经营者后续投入资金不足、经营分散、林权流转不规范等问题。市林业园艺局在主体改革基本完成的基础上，对配套改革进行探索。一是开展林权贷款抵押业务。通过协调金融部门推出适合林业生产特点的林权抵押贷款业务，解决林农在生产经营活动中遇到的资金短缺的问题，为林业长远发展注入活力。二是完善商品林采伐管理办法。对放宽商品林采伐管理作出规定，允许商品林经营者根据市场需求和培育目的自主确定采伐年龄，优先保证商品林采伐限额；林农可以凭林权证直接提交采伐申请，减少审核审批程序；严格实行采伐审批公示制度，确保林农经营的商品林能够按照市场需求进行变现，以方便林农在生产经营活动中利益最大化。三是规范林地林木资源流转。严格落实《河南省森林资源流转管理办法》，对林改前已流转的林地林木资源全部建立档案，对今后需要流转的林地林木资源，在林权登记管理中心进行备案，农户可以凭林权证在林权管理中心进行流转、寻租或寻求合作伙伴。通过林业要素市场建设，使林业生产要素在流转中活跃起来，加快林业产业的发展。四是组建林业专业合作社。引导林农以资金、技术、亲情为纽带，组建各类林业专业合作组织，把千家万户的小生产与千变万化的大市场连接起来，不断提高林业的组织化程度，提高抵御市场风险的能力。

三、围绕支撑体系建设，狠抓政策配套

制定鼓励政策。在投资主体上，允许各类社会主体投资发展林业，允许投资者参与国家重点生态工程建设，落实“谁投资、谁经营、谁造林、谁受益”的政策；在育林金征收方面，林农营造速生丰产林、加工企业自办的原料林，育林金自提自用；林农在荒沟、荒滩地营造的商品林，育林金减半征收；在资金扶持方面，对适度发展规模生产的经营者分别给予 100 ～ 300 元／亩的扶持资金，充分调动林农和社会力量参与林业建设的积极性。

建立健全保障支撑体系。从组织机构建设方面着手，整合资源，强化林业队伍建设，建立可靠的保障支撑体系，为林农提供全方位的服务和支持。制定出台资源管理方面规范性文件，用制度规范林木资源管护工作，组建森林公安局、林政稽查队等林业专业执法队伍，保障资源管护工作的扎实开展，有效打击和震慑涉林违法犯罪，创造稳定的林业生产环境；组建豫中南林业有害生物天敌繁育研究中心，建立覆盖面广的测报体系，开展人防、飞防和生物防治相结合的多重防治措施，减少森林病虫害的发生和蔓延；健全市、县、乡三级林业科技服务网络，加强与林业科研院所的合作，加快林业新科技、新成果、新品种的推广和应用；整合林业生产信息资源，搭建林业生产信息发布平台，为林农、果农和木材生产经营加工单位提供生产信息和市场需求。

第四节　集体林权改革的模式、成效和经验

一、集体林权改革的模式

(1) 拍卖承包模式。经营主体是私营企业主以及具有一定经济实力和林木管护能力的个人，承包整条路段或四荒。按照公平、公正、公开的原则，采取竞标、招标拍卖等形式，面向社会竞标，由林改小组和乡村干部、群众代表组成评估组评定标底，张榜公布。然后召开群众大会，由拟购者公开叫价竞买，价高者中标。承包户与顶地户达成利益分配协议进行司法公正，一般承包期限为 10 ～ 15 年。

(2) 树随地走模式。谁的地头由谁植树，树权归植树者所有，村委统一组织农户办理《林权证》，达到一户一证，让农户有实实在在的拥有感。

(3) 联户承包模式。由多户联合起来承包整条路段、四荒，对资金、劳力和技术进行

有机组合，风险同担，利益共享，受益按投资比例分成。

(4) 公司造林模式。2006 年漯河市引进绿天地农林发展有限公司对临颍县境内新沟河进行综合开发，签订 30 年期承包合同，该公司当年投资 190 万元植树 16 万株，同时树下种植中药材、牧草等，提高土地整体效益，树木成活率达 90% 以上。

(5) 合作造林模式。2003 ~ 2004 年，临颍县为实施通道绿化工程，在京珠、107 国道、许泌路等通道两侧各 50 米栽植杨树，由县直单位出资金、沿线群众出地进行合作造林，利益由双方按比例分成。

(6) 公司加农户型模式。由造林公司与相关农户协商，统一植树，统一管护，并签订利益分配协议。在操作过程中，由造林公司与涉及的农户进行协商，达成共识，进行利益分成。

二、集体林权改革的成效

(1) 改善农业生产条件。舞阳县辛安镇北部属于低洼易涝地，过去小麦年均产量仅有 300 多公斤。2001 年，镇政府利用综合开发项目，将路沟河渠整修后，公开向社会拍卖路段进行造林。该镇私营业主张新兴以 20 多万元投资买断两个行政村的宜林路段进行造林绿化。截至 2012 年，他个人已累计植树 15 万株，发展速生林 500 多亩，绿化道路长度达到 43 公里。通过综合开发，辛安镇农田林网的控制率达到 96%，农业生产条件得到明显改善，形成沟相通、路相连、田成方、林成网、旱能浇、涝能排的农业生产格局，粮食产量连年增加。据农业部门测定，辛安镇的粮食产量由 2002 年的亩产 350 公斤提高到 2007 年的 430 公斤。粮食产量增长 22.86%。

(2) 带动农村产业发展。集体林权制度改革后，广大林农对林业有经营自主权、产品处置权和收益权，林农收入稳步增加。通过林木林地流转，一些不善和不愿经营林业的农户，通过转让林地经营获得资金，干起种养业、运输业、服务业等，促进农村产业结构的优化。近年来，通过拍卖集体林地使用权，全市共回收资金 5800 万元。这部分资金除作为基础设施建设费用外，其余全部直接发到农民手中。舞阳县北舞渡镇采取措施发展木材加工业，目前从事木材加工的专业户达 100 多家，从事木材经营加工的人数达 1000 多人，成为漯河市一个重要的木材集散地，带动当地运输业、餐饮业的发展。据统计，仅林业一项，全镇农民人均增收 300 元。经济开发区后谢乡铁炉村大力发展葡萄产业，带动周边地区形成近万亩的葡萄生产基地，每亩葡萄年收入在 5000 元以上，占人均年收入的 77%。

(3) 拓宽投资渠道。通过林权制度改革，工人、农民、干部、私营业主投资林业产业的积极性高涨，林业融资渠道更加广泛，投资主体呈多元化发展趋势，改变过去仅依靠政府投资林业的单元结构。舞阳县文峰乡金庄村经村民代表商议，将该村路沟河渠的林木种植权进行拍卖，由中标者出资，解决 5000 亩耕地的林网开发和 2500 米县界河沟疏通的资金问题。据统计，近年来全市造林投资总额 1.8 亿元（城市投资除外），其中，个体、企业、农户等非公有制投入达 1.545 亿元，占总投入的 85.8%。目前，全市共有万株以上造林大户 243 户，累计投资近 6700 万元。

(4) 提高经营水平。造林业主普遍重视引进推广使用新型林业新技术，大力推进林业结构调整，采用林农复合经营，提高造林质量和综合效益。天翼公司、伊人黑玫瑰公司等积极和科研院所、大专院校联系，聘请专业技术人员为他们提供信息和技术服务，提升产品科技含量和市场竞争力。个体造林大户广泛应用林 – 草（牧）– 禽、林 – 经（经济作物）、林 – 药、林 – 菌等林农复合经营模式，不断提高土地的综合效益，以短养长，以长促短。

(5) **改善干群关系。**林权制度改革，增强广大群众的民主法制意识，提高基层干部依法办事、民主决策的自觉性，确保农民的知情权、参与权、决策权和监督权，促进基层民主政治建设和农村的社会和谐。

三、集体林权改革的经验

(1) **领导重视是关键。**各级党委、政府把林权制度改革作为加快林业发展的重中之重，为林权制度改革的顺利进行提供坚实保证。林改工作全面铺开后，市政府成立林改领导小组，出台《漯河市人民政府关于深化集体林权制度改革的意见》，召开集体林权制度改革专题会议，建立各级领导干部联系点制度和林改工作目标责任制，抽调专门力量，成立林改督导组，层层建立分包责任制，落实责任追究制，集体林权制度改革工作走在全省前列。

(2) **林农致富是核心。**市政府研究制定一系列兴林富民的激励政策，鼓励各类社会主体投资发展林业，允许林地使用权、林木所有权出租、抵押、继承和转让；允许个体和私营业主参与国家重点生态工程建设；严格落实"谁投资、谁经营、谁造林、谁受益"的政策；农民在耕地上营造速生丰产林、加工企业自办的原料林基地，育林金自提自用；投资者在荒沟、荒滩地营造的商品林，育林金减半征收。如舞阳县辛安镇对规模造林 100 亩以上的大户，每 50 亩无偿打配机井 1 眼；文峰乡对规模造林 50 亩以上的大户，除每 50 亩打配一眼机井外，还帮建护林房一座。各级政府每年都要对涌现出的造林大户予以奖励，每年用于奖励帮扶林业生产的资金达 150 万元。

市人大常委会副主任黎涛视察各县（区）学习《中华人民共和国森林法》贯彻情况

(3) **群众参与是根本。**农民是林权制度改革的受益主体，也是参与、决策和监督主体。地方各级党委、政府和林业主管部门尊重群众、相信群众、依靠群众，把改不改、怎样改等重大问题的决定权交给群众，真正做到发挥民智、符合民心、体现民意。不包办代替，更不强迫命令、强制推行，将群众的知情权、参与权、决策权和监督权交给群众。

(4) **依法改革是保证。**在集体林权制度改革推进过程中，严格按照《中华人民共和国村民委员会组织法》《中华人民共和国农村土地承包法》《中华人民共和国森林法》等法律法规的规定，做到政策、程序、内容、方法、结果五公开，落实好和保护好农民的承包权、经营权、收益权，严厉打击乘机乱砍滥伐林木、乱征滥占林地等违法犯罪行为，确保改革依法有序推进。

表 6-1　1996 ~ 2012 年漯河市林权证发放情况统计

单位：份、亩

年份（年）	办证份数	面积	年份（年）	办证份数	面积
1996	320	1942	2005	1480	2647
1997	126	2722	2006	1063	12015
1998	207	1123	2007	335	2501
1999	94	1214	2008	1187	6723
2000	177	1717	2009	21324	148737
2001	3442	5662	2010	6774	61571
2002	353	5056	2011	15058	113624
2003	161	1454	2012	17085	135264
2004	905	10579			

第五节　新闻媒体看漯河林改

2008 年 7 月 23 ~ 24 日，13 家中央新闻媒体对漯河市的集体林权制度改革工作进行宣传报道，现摘录其一。

平原林改聚起田边地角的希望

记者：尚文博　陈卫　通讯员：王明付

夏季的漯河，一望无际的农田，其间林网交错，绿色深深浅浅地铺开，一派富足景象。

会议现场

漯河市位于河南省中部偏南，属典型的平原农区。平原区林改怎样开展，农民通过林地获得的收益又在哪儿？记者在漯河的绿色中找到了答案。

平原地区林业用地少，人均更少。山区、林区通常的均山、均林的林改方式，在这里根本行不通。漯河林改选择了大户承包林地规模发展获利，农民均股均利家家户户增收。林改带动社会资本投入四荒地造林，促进了农村的生态、经济、社会效益的全面发展。

基本农田受到严格保护，加上平原农区农林交叉，林地分布零散，且树木胁地，幼树遭人为损毁现象一直比较严重。新一轮林改启动前，漯河市即推出了营造林新机制，不栽无主树、不造无主林，先明晰土地使用权再栽树，树栽活了即颁发林权证，以明确林木权属。林木确权时往往采取公开拍卖，收益全部归中标人所有。无论单位和个人，只要具备条件的，都可以参加竞拍。

随着《漯河市人民政府关于深化集体林权制度改革的意见》出台，漯河市林改渐入佳境。政府鼓励社会各类投资主体采取独资、合资、股份合作等多种形式参与造林绿化。沟、河、路、渠等荒坡地全部纳入改革视野，在保证粮食生产和生态安全的同时，追求更高的经济价值。

在新一轮改革过程中，群众的知情权、参与权、决策权和监督权掌握在自己手中，对程序不严格、材料不完整的部分推倒重来；相关部门通过走访、公示等方法调查林权有无争议，存在争议的不办林权证；鼓励林木所有权、林地使用权有序流转，并自主决定流转方式，实现林业生产要素的重新组合。

在土地承包流转中，漯河市充分尊重农民意愿，创造了便利条件。对宜林的岗洼易涝地内不愿种树而要求发展其他作物的村民，村、组以机动土地置换，然后转包给愿意种树的大户；对不愿进行土地置换的，乡、村与农户协商，在双方自愿的基础上，以适当的价格统一租赁过来，再向大户发包；对宜林的沟河、渠堤及四荒地，通过划边定界、公正评估、公开程序、公平竞争四道环节，对外集中发包；经村民代表商议决定，拍卖路、沟、河、渠的林木种植权，进而界定产权，公开发包。

目前，漯河市已将境内所有宜林的路沟河渠、四荒地分别公开拍卖或承包，明晰了林木产权，确立了经营主体。同时，对过去的土地承包合同，已根据林改后的要求进一步进行清理和规范。

林木产权确定后，林农在提高林分质量上下了很大工夫。承包大户纷纷开展林下养殖，提高林地的综合效益，并且从群众利益考虑，还与各胁地户签订书面协议，树木采伐时按一定比例分成。舞阳县保和乡生态园经理张振乾投资2250万元，承包了村里的荒沟、荒坡、荒地以及全乡公路两旁80%的绿化养护，总面积1000多亩，现已植树34万株。在他的监督下，村委会和村民签署协议，将土地承包费均利分给村民。每年，张振乾都要雇用当地村民护林防火，解决了村里300多人的就业问题，还带领周边群众发展林下经济。

林改为漯河社会资金开发林业打开方便之门，全市林业投资主体日趋多元化。目前，全市和张振乾一样造林万株以上大户已有243户，造林面积达到8.99万亩，社会资本投入林业累计已达1.55亿元。

漯河林改，改造了四荒地的土壤质量，改善了农村的生态状况，大户规模经营带动了农村经济发展，农民在林改中持续得到了收益。

《中国绿色时报》2008年8月19日

第七章　林业科技

漯河市广泛开展林业园林科研和技术普及，一大批林业新技术、林木新品种在生产中得以推广应用，为推动兴林富民提供科技支撑。

第一节　科技推广体系建设

1986年，全市县级推广站2个，乡级推广站3个。1988年开始，在全市所有乡（镇）组建基层林业工作站，至1990年，三县一区分别成立林业技术推广站，组建44个乡（镇）基层林业工作站，6个乡（镇）设立林业助理。1990年4月19～30日，市林业局举办乡站站长培训班，培训内容包括营林技术、林政管理、经济林主要树种栽培管理技术、林业统计知识等。

1992年，全市林业机构改革，林业部门人员工资及经费实行拨改贷。市县林业部门分别成立林果业科技开发服务公司，公司实行企业化管理、自负盈亏，林业科技实行有偿服务，同时乡级林站下放乡（镇）政府管理，与乡财政脱钩，经费大部分取消，科技人员逐渐流失，乡级林业技术服务瘫痪。

林果科技下乡服务

1994年2月25日，针对林业科技推广服务体系"线断、网破、人散"的严重危机，市林业局出台《关于加强林业科技服务体系建设的意见》，要求加强林技推广服务机构支持力度，在资金、场地、政策等方面给予优惠，鼓励科技人员下乡开展技术承包。

1995年，市、县林业部门人员工资及办公经费恢复财政全额供给，三县一区县级林业推广体系相继步入正常运转，乡级林业站恢复。市林业局开展乡（镇）林业工作站站长岗位培训，对全市乡站站长培训一遍。同年，市政府举办农民科技知识大赛，巨陵乡林站站长周坤山带领的巨陵镇代表队在比赛中夺魁。

1998年，郾城、舞阳32个乡（镇）林业站通过省林业厅验收，成为标准化林业站，完成32个乡级林站站长培训任务。1999年，市林业局重点抓临颍县乡级林站建设，完成15个乡级林站站长培训工作，持证上岗，乡站工作正常运转。继续抓舞阳、郾城乡站的巩固提高，开展"示范站"试点建设活动。

2004年10月，市林业园艺局出台《漯河市林业科学技术普及实施办法》，对林业科技普及的组织管理、科普活动、科普工作责任、保障措施、科技人员的奖励等方面进行规定。2006年成立漯河市林业科技工作领导小组，同年4月组织林业专家赴舞阳孟寨开展"漯河市科技活动周"活动。6月开展漯河市乡（镇）机构改革后基层林业机构现状调查。9月开展漯河市乡（镇）林业技术推广公共服务机构改革调研和摸底调查工作。

2011年5月，对全市49个基层林业工作站站长进行为期两天集中培训，培训内容包括林木栽培技术、森林资源管理、林业工作站管理、林业政策和法规等。5月12日进行乡（镇）林业工作站站长能力测试，国家林业局、省林业厅对考试进行全程监督，全市49名基层林业工作站站长参加测试。

2012年，全市两县三区均有县（区）级林业技术推广站，有49个乡（镇）林业工作站，其中23个乡（镇）林业工作站受县（区）林业部门和乡（镇）政府双重领导。

第二节　科技交流与研究

一、科技交流

1987年，邀请汝南林校老教师和黄泛区农场具有丰富果树栽培经验的农艺师做技术交流和培训。同年与中国果树研究所郑州分所、河南农业大学协作，共同开展臭椿、蜡梅、仙人掌良种选育工作。1989年5月中旬，邀请省农业科学院园艺所果树专家杨庆山到郾城县邓襄等乡（镇）对苹果生产进行技术培训和现场指导。1990年11月下旬，邀请省林业厅果树专家侯尚兼到舞阳县侯集等乡（镇）对苹果整形修剪技术进行巡回指导和培训。1998年，组织葡萄专业村有关人员，到北京市张家湾优质葡萄生产基地和郑州果树研究所，考察学习优质葡萄丰产栽培与日光温室促早栽培技术。2000年3月，邀请上海新高潮集团林业专家在漯河召开"杨树优良品种速生丰产林建设研讨会"，并洽谈合作建设漯河市杨树良种速生丰产林基地项目。2005年12月，组织有关人员赴安徽省六安市果树科学研究所、六安市绿宇苗木公司、信阳市林业技术推广站等地考察研究林业生产、苗木培育情况，引进果树良种10余个，如林下耐阴作物食用百合等。2010年6月，邀请省林业科学研究院桃树专家在龙城鲜桃采摘节上为桃农传授桃树优质丰产栽培技术。

第一届晚秋黄梨鉴评会

二、技术创新与实践

（一）林业科技成果

1989 年，市林技站承担市科委下达的“苹果高产及中、低产园技术推广开发研究”星火计划项目。1990 年，市林业局与河南农业大学、市科委、临颍县林业局联合开展泡桐烂皮病研究，申报省政府科技成果奖；同年，市林技站开展经济林“小矮密、早高套”集约经营试验，建试验园 322 亩。1996 年，市林技站先后开展葡萄大棚栽培技术、葡萄贮藏保鲜技术、“惠满丰”在果树上的应用、成龄果园立体栽培食用菌技术等研究项目。2000 年，市林技站试验“人工低温处理法”，满足大棚油桃、大棚葡萄需冷量技术，利用“石灰氮激素涂芽”提高温棚葡萄发芽率技术和激素处理、电热催根、温棚加营养钵快速育苗技术。总结出当年（1 月）育苗、当年（5 月）定植、翌年可获亩产 750 公斤的温棚葡萄综合配套技术。2005 年，市森防站对漯河市主要林业有害生物防控技术进行研究实验，该项目获得市政府科技成果二等奖。2007 年，市苗圃场和许昌林科所合作进行“美国红地球葡萄引种速繁及无公害高效栽培技术研究”，此种为优质、丰产、耐储耐运晚熟良种葡萄。2010 年，市林技站开展观赏桃超延期开花期课题研究项目。专家技术人员严把壮苗筛选、营养土配制、装盆、浇水、消毒等技术程序，通过激素应用、低温调控、盆土配方等技术，在第十届中原花木交易博览会、郑州绿博会成功展出。该项技术属国内首创。2011 年该项目成功申报市级科技成果。2012 年 6 月 22 日，在郾城区龙城镇举办漯河市第四届优秀鲜桃鉴评会；10 月 26 日，举办漯河市第二届晚秋黄梨鉴评会。1986 年以来，全市林业系统获省部级成果奖 5 项，市（厅）级成果奖 42 项。

（二）科技论文

1998 年 8 月 4 日，市林业局开展征集漯河市平原林业发展道路理论与实践研讨活动，在全系统范围内征集科技论文，评出获奖论文 6 篇，优秀论文 13 篇。1999 年 8 月，市林学会和市林果科技协会组织会员参加漯河市第三届自然科学优秀论文评选活动。2008 年，组织首届全市林业和园林系统生态林业建设论坛和优秀论文评选活动，评出一等奖 2 篇，二等奖 7 篇，优秀论文奖 6 篇。其中 2 篇推荐获省林业生态工程建设论文一等奖，3 篇获二等奖，2 篇获三等奖，7 篇获优秀奖，并收录《河南林业生态工程建设探索与实践》一书。2012 年 6 月 15 日，市林学会组织开展林业工作者学术经验交流会，征集优秀论文、评选、颁奖工作；7 月 31 日，市林学会参加“首届河南省科技普及成果评选活动”，上报的 3 个科普成果均获二等奖；同年，参加“漯河市第二届自然科学学术奖活动”，分别获学术一等奖 2 项、二等奖 3 项、三等奖 2 项。参加河南省林业生态工程建设探索与实践优秀论文活动，获 2 个二等奖。参加“中国林学会举办的第十届中国林业青年学术年会”，3 篇论文刊登在《林业实用技术》。1986 ~ 2012 年，全市林业系统在省级以上杂志发表科技论文和科普文章 103 篇。2012 年 12 月 31 日编辑出版首刊《漯河林业园林科技》杂志。

观赏桃培育

（三）林业技术标准

按照国家林业局2003年9月1日发布的《林业标准化管理办法》，市林技站结合漯河林业生产特点，制定3项省级技术标准、12项市级地方技术标准。

（1）《主要造林树种苗木标准》。该项标准由省质量技术监督局2005年3月1日发布，2005年12月20日实施。

（2）《欧美杨速生丰产林栽培技术标准》。该标准由省质量技术监督局2005年10月31日发布，2005年12月1日实施。

（3）《林业科技示范园区建设规范》。该标准由省质量技术监督局2005年12月19日发布，2005年12月20日实施。

（4）《林业育苗技术规程》。该项标准由市质量技术监督局2005年3月1日发布，2005年3月15日实施。

（5）《无公害食品石榴生产技术规程》。该项标准由市质量技术监督局2006年11月26日发布，2006年12月5日实施。

（6）《无公害食品葡萄生产技术规程》。该项标准由市质量技术监督局2006年11月26日发布，2006年12月5日实施。

（7）《无公害食品杏生产技术规程》。该项标准由市质量技术监督局2006年11月26日发布，2006年12月5日实施。

（8）《无公害水果桃生产技术规程》。该标准由市质量技术监督局2007年11月26日发布，2007年12月30日实施。

（9）《无公害水果梨生产技术规程》。该标准由市质量技术监督局2007年11月26日发布，2007年12月30日实施。

（10）《无公害果品柿生产技术规程》。该标准由市质量技术监督局2008年11月29日发布，2009年1月1日实施。

（11）《无公害果品枣生产技术规程》。该标准由市质量技术监督局2009年11月17日发布，2009年11月21日实施。

（12）《林业科技示范园区建设规范》。该标准由市质量技术监督局2010年11月27日发布，2010年11月29日实施。

（13）《林业科技示范园区建设规范》。该标准由市质量技术监督局2010年11月27日发布，2010年11月29日实施。

（14）《无公害果品核桃生产技术规程》。该标准由市质量技术监督局2011年11月26日发布，2011年11月28日实施。

（15）《竹柳快繁技术规程》。该标准由市质量技术监督局2012年11月29日发布实施，并通过省级验收。

第三节　科技推广

一、新品种引进推广

1986～1999年先后引进推广新品种85个，用材林主要有沙兰杨、46杨、72杨、107杨、

示范基地

2000杨等；葡萄系列引进巨峰、黑提、红提、紫珍香、兴华王、8612、8611、美人指等；苹果系列引进新红星、红富士、金矮生、乔纳金、华冠、藤牧1号等；桃系列引进春蕾、雨花露、麦香、安农水密、寒露桃、川中岛、中华寿桃、仕女红桃等早、中、晚熟品种；杏系列引进大接杏、金太阳等优良早熟品种；李系列引进密思李、井上李、红宝石、黑宝石、秋姬等早、中、晚熟优良品种；石榴系列引进泰山红、大红甜、巨密、突尼斯软子石榴等；柿系列引进富有、次郎、津轻等日本甜柿、方柿、黄金柿、日本斤柿等；小杂果系列引进冬枣、苹果枣、金梅枣、梨枣、山楂等名优特新品种；园林绿化树种引进广玉兰、黄山栾、女贞、桂花、白蜡、枇杷、马褂木、红栌、重阳木、石楠、海桐等并试种成功。

2000～2005年先后引进新品种149个，其中用材林35个，经济林76个，园林绿化树种38个。推广40余个，用材林有南林95、南林895、108、109、豫楸杨等；葡萄系列有皇家秋天、超级无核、京玉等；苹果系列有松本锦、皇家嘎拉等；杏树系列有红丰、金太阳、新世纪、金皇后、凯特等；李系列有盖州巨李、大石早生、早红李、美国红肉李、莫尔特尼、红宝石、黑宝石等；梨系列有绿宝石、晚秋黄梨、大果水晶、红香酥等；园林绿化树种有红玉兰、大叶垂榆、法国冬青、香樟等。

2006～2010年先后引进新品种125个，推广30余个，用材林有红叶杨、丹红杨、巨霸杨、碧玉杨；经济林有秋仙甜柿、超世纪梨、天缘奇葡萄、红阳猕猴桃、薄壳核桃、黑石榴、软籽石榴等；园林绿化树种有玫红紫薇、美国红枫、广香樟、金丝楸等。

2010年开展“名、优、新”优质桃示范基地建设。引种优质鲜桃品种27个，栽种苗木3000余株，建成示范基地面积30余亩。采用新品种、新树型、新定植方法、新管理方式等于一本的建园模式。2011年引进推广107杨、丹红杨、中华红叶杨、巨霸杨、天演杨、金丝楸、猕猴桃、天鹅绒李、天王巨桃、中华乌桃、八月红梨、紫叶矮樱等用材树、果树、绿化树种及花卉的名、优、特、新品种90多个。

二、新技术引进推广

1987年，全市推广泡桐剪梢接干技术240万株，大官杨树桩改接毛白杨3万株，苹果低产园技术改造0.3万亩。1989年，舞阳县林业局与中国农业科学院动物研究所、郑州果树所联系，引进桃小性诱剂，在试点基础上推广防治面积3000多亩，虫果率由原来的30%下降到5%。同年，在河南农业大学专家指导下，引用植物生长抑制剂PP333，在舞阳县赵寨村20亩幼树上使用，获得三年生亩产200公斤的好收成。1990年，市林技站开展PP333、克螨特、乳乐乳油等新激素、新农药的引进推广工作，同时在造林育苗中开展ABT生根粉试验工作。1991年，引进推广花期喷洒硼砂、磷酸二氢钾、微量元素和放蜂等新技术，提高果树座果率；在花后喷洒PP333植物生长抑制剂，防止因新梢旺长引起生理落果。

1992年，引进推广苹果小、矮、密、早、高、套新技术，提高果园效益；在育苗上打破传统办法，推行营养钵和地膜覆盖育苗新技术，提高苗木出圃率和质量。1996年，市林技站与省林技站合作在源汇区推广大棚葡萄栽培技术，建示范园 60 亩。郾城县林业局在大刘乡推广杨树地膜覆盖育苗技术。1999 年，依托“绿色庄园”“天翼生物工程有限公司”等龙头企业，应用各项林业新技术 10 多项，建设经济林高新示范园区 1057 亩，建设植物细胞组培中心一个。2000 年，引进推广果树保护地栽培、配方施肥、激素调控、幼树促花、叶面喷肥、果树套袋、葡萄膨大剂应用、全光喷雾育苗、ABT、GGR 生根粉激素应用技术等一批新技术新成果。

2001 ~ 2005 年，推广新技术主要有：抗旱保水剂在造林中的应用技术、容器大苗贮存培育技术、速生丰产林立体栽培复合经营配套、GGR、PPO 植物生长调节剂应用、高效抽枝宝应用、PT 菌根应用、脱毒繁育、桃树简易四季修剪技术、梨树矮化密植丰产优质技术、果实套袋技术、无公害果品生产栽培技术等。

2006 ~ 2011 年年底，推广新技术主要有：抗蒸腾防护剂、杨树生长促进液应用、节水集水整地、SAP 抗旱保水剂脱毒苗木应用、PBO 成花激素、观赏桃超延期开花、缓势修剪促早丰产、果园地面铺设反光膜和摘叶、生物有机肥应用、果树根段嫁接等。

三、林业科技推广项目

(1)《毛白杨优良类型推广项目》。1984 年由林业部科技司、省林技站下达市林技站，舞阳县林业局承担。任务是三年完成毛白杨优良类型推广 80 万株，实际完成 139 万株。

(2)《黄桃早、晚熟品种引进及早期丰产技术研究与推广项目》。1987 年由市科委下达，市林技站承担。1988 ~ 1990 年，经过试验筛选出金童、明星、雨花露、N–J–C 四个品种，1990 年开始推广，共计推广 2694 亩。

(3)《万亩苹果中低产园改造项目》。1988 年市科委下达，市林技站承担。1989 ~ 1991 年在三县推广 1 万亩，其中郾城 0.3 万亩、舞阳 0.5 万亩，临颍 0.2 万亩，苹果亩均增产 1000 公斤，好果率由 65% 提高到 95%。

(4)《泡桐“予杂一号”推广项目》。1989 年由省林技站下达，郾城县林技站承担。培育良种苗木 30 万株，营造对比试验林 140 亩，农林间作 1400 亩，四旁植树 10 万株。

(5)《1992 年苹果矮密早丰产栽培推广》。推广 8 万余亩，主要在郾城县的龙城、万金、邓襄；舞阳县的城关、九街；临颍县的巨陵、石桥；源汇区的干河陈、后谢、翟庄等乡（镇）。

(6)《2005 年漯河市林农复合经营模式及配套技术研究》。全市推广面积 10 万余亩，重点在各乡（镇）速生丰产林基地和通道宽林带及果园进行。主要模式有林粮、林油、林菜、林药、林菌、林草牧等。

(7)《2006 年良种和技术推广项目》。全市推广面积 8 万余亩，引进晚秋黄梨、金太阳杏、红提、泰山红石榴、日本斤柿等 30 余个新品种，应用果树四季修剪、果树密植早期丰产等 10 余项林业新技术，全市林业良种应用率达 90% 以上。

(8)《2007 年立体栽培复合经营示范园项目》。重点在临颍县大郭乡胡桥园林、舞阳县万春园林、舞阳县保和乡冯河村振乾林业生态园、舞阳县孟寨速丰林基地建设。采取乔、灌、地被植物立体种植，综合培育园林苗木花卉及地被植物。

(9)《2008 年红叶杨示范基地建设项目》。建设地点在市城区苗圃。建设面积 30 亩。该项目于 2008 年 11 月开始，2009 年 12 月完成。

(10)《2009 年平原农区林农复合经营模式及配套技术推广项目》。全市推广面积 30

余万亩，重点在各县（区）的速丰林、绿色通道宽林带及果园进行，主要模式有林草牧、林菌（食用菌）、林下魔芋、林地参、林菜瓜、林药及林经（其他经济作物）等。

(11)《2010年林业科技兴林建设项目》。建设地点在郾城区商桥镇，建设面积30亩。该项目于2010年3月开始实施，2011年9月完成。

(12)《2010年漯河市平原农区竹柳快繁技术应用与推广项目》。建设地点在临颍县大郭乡胡桥村，建设面积200余亩。2010年3月实施，2012年12月完成。

(13)《2011年林业科技兴林建设项目》。建设地点郾城区新店镇，建设面积60亩。该项目于2010年开始实施，2011年12月完成。

四、林业科技示范园区建设

2003年11月17日，市绿化委员会下发《关于加强林业科技示范园区建设的意见》。总体规划目标是：到2005年，建成以四荒开发为重点的300亩以上生态示范园区10个、以经济林为重点的300亩以上科技示范园区15个；到2010年，建成以四荒开发为重点的300亩以上生态示范园区50个、以经济林为重点的300亩以上科技示范园区60个。

2007～2010年，市林业技术推广站承担《漯河市杨树速丰林种植标准化示范区》建设项目，该项目属第六批国家农业标准化示范区项目，历时三年，2010年8月，以第二名成绩通过专家组考核验收。

近年来，全市各级林业部门通过培育龙头企业，提高科技水平，走公司＋基地＋农户路子，先后建成临颍县胡桥园林花卉苗木基地、漯河天翼林果苗木基地、郾城新世纪庄园、临颍县新沟河速丰林示范基地、源汇区梨园周黄金梨示范基地、郾城区王店林业科技示范基地、召陵区铁炉葡萄示范基地、临颍县杜曲木业加工区等一批林业科技园区。到2012年年底，全市建成林业标准化科技示范园区15个，示范基地65个，示范户500多户，示范面积达到4.2万亩，辐射带动面积20多万亩。

五、技术服务和技术培训

1987年，市林业局开展组建经济林技术服务网点活动，全市建立网点21个，其中舞阳县10个，临颍县6个，郾城县3个，源汇区2个。依托网点举办培训班16期，对成绩合格的78名农民发放技术员证书。1988年，省林业厅组织林业技术讲师团，到召陵、邓襄、老窝3乡讲授果园夏季修剪、山楂幼树管理及病虫害防治技术；市林技站与各县（区）林业部门联合编写8万多字的苹果、桃、葡萄栽培技术培训教材。1989年1月，市林业局、市林学会印发《关于实行集团技术承包—育苗及万亩苹果中低产园改造的意见》，全市成立“技术承包总团”，各县（区）成立相应的分团，自愿参加技术承包的林业科技人员均属集团承包的成员。4月20日，市林业局制定《果树管理要点》，指导全市果园规范化管理。8月23～27日，对舞阳、临颍、郾城三县集团技术承包情况进行检查，全市参加技术承包的技术人员占90%以上，同53个果园签订承包合同，面积3321亩。示范带动郾城庙赵村及舞阳东王村的苹果亩产超1500公斤、郾城二郎村黄桃亩产超2500公斤。1989年8月8日，市林业局组织各县(区)林业局对回乡知识青年进行技术培训。

现场培训

同时选择21名农民技术员作为科技示范户进行培养。1992年，市林业开发总公司开展有偿技术服务。1994年，市、县、乡三级技术服务网络围绕农民产前、产中、产后，开展技术服务。1996年7月，市林果科技协会成立，与果农签订有偿技术承包合同100多份，承包果园2万多亩，无偿技术指导3万多亩。据不完全统计，1986～2000年共开展各类技术培训班2250期，培训人员累计达22.5万人次，印发技术资料20万余份。

2001年后，每年都组建科技专家服务团，制作大量林业科技版面、DVD科教片、技术资料，借助集市、庙会进行宣传，服务林农。2011年6月22日，漯河市第三届优质鲜桃鉴评会及桃新品种品评会举办。收到31户果农提供的参评样品，评选出“桃王奖”1户，“最甜奖”1户；种植优质雨花露桃特等奖3户，优质奖15户；引种优质桃新品种特等奖1户，优质奖5户。2011年10月14日，漯河市第一届优质晚秋黄梨鉴评会举办。评选出一等奖1名，奖现金1000元；二等奖2名，各奖现金500元；三等奖3名，各奖现金300元。2011年11月，市林学会在源汇区大刘镇举办2011年晚秋黄梨冬季管理技术培训班。2011年，市林技站与市气象局《乡村气象》栏目合作，加大宣传力度，向林农果农免费宣传林果知识，建立信息平台，向各县（区）林业技术推广部门及广大林农、果农及时发布服务信息。2012年1月，市林学会与市林技站联合举办“冬季果园管理技术服务活动”；5月17日，市林学会和源汇区农业局在大刘镇联合举办“普及林业科技服务便农富农”和“夏季晚秋黄梨管理”培训班；11月在源汇区大刘镇举办漯河市第二届晚秋黄梨颁奖会及冬季果园管理技术培训班。2000～2012年年底共开展各类技术培训班2560期，培训人员累计达31.5万人次，印发技术资料40万余份。

表7-1　1986～2012年漯河市林业系统专业技术人员统计

单位：人

年份（年）	正（副）高级工程师	工程师	助理及技术员	其他系列	年份（年）	正（副）高级工程师	工程师	助理及技术员	其他系列
1986	—	6	12	—	2000	6	12	20	2
1987	—	6	14	—	2001	5	10	26	2
1988	—	8	17	—	2002	6	13	25	2
1989	1	11	22	1	2003	6	13	24	2
1990	3	9	31	1	2004	6	13	24	2
1991	3	11	29	1	2005	6	16	19	2
1992	3	12	27	1	2006	6	20	19	2
1993	3	14	19	1	2007	6	21	21	3
1994	3	13	23	1	2008	6	25	22	3
1995	3	11	21	1	2009	7	23	21	3
1996	4	13	19	2	2010	8	28	22	2
1997	4	12	23	2	2011	14	29	25	2
1998	6	7	17	2	2012	15	32	30	3
1999	6	14	19	2					

表 7-2 1986 ～ 2012 年漯河市林业系统历年干部职工人员统计

单位：人

年份（年）	局机关	林技站	苗圃场	森防站	森林公安局	豫中南天敌繁育中心	临颍县	舞阳县	郾城区	源汇区	召陵区	合计
1986	8	7	1	1	—	—	115	23	128	—	—	283
1987	8	17	2	1	—	—	138	27	130	—	—	323
1988	8	17	2	1	—	—	137	27	126	—	—	318
1989	8	17	2	2	—	—	139	27	126	—	—	321
1990	8	17	2	2	—	—	139	27	121	—	—	316
1991	11	17	3	2	—	—	126	33	117	—	—	339
1992	11	17	3	2	—	—	205	33	112	—	—	383
1993	13	17	3	2	—	—	206	38	114	—	—	393
1994	13	17	3	2	—	—	123	38	109	—	—	305
1995	13	17	3	2	—	—	114	38	106	—	—	293
1996	13	17	3	2	—	—	128	38	106	7	—	314
1997	14	8	3	2	—	—	128	43	104	7	—	309
1998	14	9	3	3	—	—	114	44	110	8	—	312
1999	14	9	3	3	—	—	115	44	116	8	—	312
2000	14	9	3	3	—	—	115	50	121	10	—	325
2001	15	9	3	3	—	—	125	52	132	10	—	349
2002	15	11	3	3	5	—	125	56	142	12	—	372
2003	15	12	4	4	12	—	131	59	141	15	—	393
2004	16	11	4	6	12	—	131	62	146	16	—	404
2005	16	10	4	6	12	—	140	62	80	16	15	362
2006	16	10	4	8	16	—	154	62	80	17	15	382
2007	16	10	4	8	20	—	157	62	76	18	15	386
2008	16	10	4	8	20	—	194	62	75	18	14	421
2009	16	10	4	8	20	—	198	66	81	18	14	435
2010	16	11	5	7	17	—	202	66	81	18	15	438
2011	16	11	5	7	17	20	202	66	80	18	15	457
2012	20	15	8	10	23	20	203	67	82	20	18	486

第八章　林木种苗

第一节　种苗培育

漯河市种苗培育大体经历三个阶段，从育苗品种到育苗形式发生巨大变化：

一、国营苗圃为主的用材林苗木培育阶段

1986 年，育苗工作主要由国有苗圃承担，有 1 个市级苗圃，3 个县级苗圃，育苗面积 700 多亩，全市从事育苗生产的个体 42 户，个人育苗面积 2000 多亩。苗木品种主要是泡桐系列和杨树系列。1987 年 10 月，全市育苗面积 3168.8 亩，出圃面积 2828.5 亩，出圃苗木 483 万株，品种主要为杨树和泡桐。1989 年，市政府与县（区）政府签订育苗目标责任书，年终按任务完成情况兑现奖惩。全市各级政府和部门分别制定优惠政策，为平原绿化达标提供充足苗木。

苗木基地

二、育苗大户为主的经济林、用材林并重的苗木培育阶段

1991 年开始，无论国有苗圃还是个体育苗户都培育经济林树种。1994 年，市林业开发总公司与山东省莱州市小草沟园艺场在舞阳县九街乡田庄村联合建立占地 500 亩的“莱漯果树无病毒苗木良种繁育基地”。1996 年以来，品种优良、抗逆性强、速生的苗木品种成为造林树种首选，速生杨树、绿化树种、花卉成为苗木培育的主导，育苗生产逐渐由国有苗圃占主导转变成集体育苗、个人育苗、民营企业专业育苗共存的形式。

三、规模化基地为主的绿化苗木、木本花卉培育发展阶段

2000 年，从事苗木花卉生产经营的个体承包户和民营企业由 1986 年的 42 户增加到 370 户，育苗工作逐步走上专业化、产业化路子。2001 年，市林业局下发《关于抓好种苗工作的意见》，全市林业育苗面积 4200 多亩。2003 年，全市完成育苗面积 12972.3 亩，产苗量 5188.8 万株，良种率达 95%。2004 年，市林业园艺局开展林业育苗普查及抽样检查，林业育苗 16041.5 亩，其中经济林 5727 亩，用材林 10314.5 亩，花卉栽培面积 7.8 万平方米，可出圃苗木面积 11480 亩，苗木数量 3846.8 万株。苗木新品种应用率、育苗新技术使用率、非公有制育苗率分别在 95%、89%、90% 以上。市林技站制定《漯河市育苗技术规程》和《漯河市种苗质量标准》，对三县一区“两证一签”情况进行检查。2005 年，全市完成育苗 14397 亩，其中新育 2921 亩，留床 11476 亩，苗圃数达 419 处，总产苗量 4380.85 万株，出圃面积 8468 亩，出圃株数 2322.16 万株，良种率 92% 以上。2011 年度，全市完成育苗 10129 亩，其中新育 5655 亩，留床 4109 亩，按树种分为用材树种 4670 亩，园林绿化树种 5094 亩，可出圃合格苗木 6024 万株，除满足全市种苗需求外，大部分销往外地，林木种苗产业已成为部分乡村支柱产业。

第二节　林木种苗行政执法管理

1997 年 8 月 25 日，市林业局和市技术监督局联合下发《关于进一步加强林木种苗质量监督工作有关问题的通知》，同时下发主要造林树种苗木标准。1999 年，市、县林木种子管理体制建立，种子管理工作走向正规化。

2000 年 12 月 1 日，《中华人民共和国种子法》颁布。规定从事林木种子生产经营的单位和个人必须在县级以上林业行政主管部门办理《林木种子生产经营许可证》。2002 年，《林木种子生产经营许可证》成为从事林木种子生产经营企业申办营业执照的前置审批条件。

苗木检疫

省林木种苗检验员培训班在漯河举办

2003 年，《河南省实施 < 中华人民共和国种子法 > 办法》实施。同年全市开展“林木种苗行政执法年”活动，加强种苗执法和质量检验队伍建设，全面实行林木种子生产、经营许可证制度和标签制度，整顿规范林木种苗市场秩序，查处无证经营，依法打击非法经营、制售假劣种苗行为。《中华人民共和国种子法》和《河南省实施 < 中华人民共和国种子法 > 办法》实施后，通过举办培训班、印发宣传材料、悬挂宣传标语、出动宣传车等多种形式加强宣传，保护种苗生产者、销售者、使用者的合法权益，维护公平竞争的市场经济秩序，推进依法治种、科技兴种。2006 年 2 月 10 日，市林业园艺局下发《关于进一步加强漯河市森林植物检疫工作》的通知。要求各县（区）全面开展种苗产地检疫工作，确保产地检疫率达到 100%；加强证书管理，规范检疫程序；强化流通环节检疫执法，加大复检工作力度；加强宣传，提高服务意识水平。2012 年年底，发放林木种子生产许可证 14 份，林木种子经营许可证 19 份。

第三节　林木种质资源库

（1）2004 年石榴种质资源收集圃。收集引进石榴品种，适当抚育管理后，为苗木生产提供繁殖材料。该圃收集石榴品种有牡丹石榴、红巨蜜、常年红、疆波 1 号等 10 个名优特新品种。

（2）2005 年柿树种质资源收集圃。收集选择当地适应性强、成型快、综合效益好的柿树品种为培育对象。主要收集品种有斤柿、中华巨柿、牛心柿、磨盘柿等。

（3）2007 年香樟种质资源收集圃。位于郾城区孟庙镇王店村 107 国道西侧，建设面积 30 亩。收集大叶香樟、中叶香樟、小叶香樟等品种。

（4）2009 年石榴种质资源收集圃。收集豫大籽石榴、突尼斯软籽、泰山红石榴、大青皮石榴等适合本地发展的优良无性系或家系品种。

（5）2010 年七叶树种质资源收集圃。收集有天师栗七叶树、云南七叶树、日本七叶树、伏牛七叶树等品种。

（6）2012 年核桃种质资源收集圃。收集香玲、中林 5 号、西扶 1 号、绿波等名优新品种。

第四节　林木种苗繁育基地

一、国营苗圃

20 世纪 90 年代，全市国营场圃主要有漯河市苗圃场、临颍县苗圃场、舞阳县苗圃场、郾城县苗圃场。各场圃的经营方针为“以苗为主，多种经营”。1994 年以前，圃场主要为全市造林和发展经济林提供优质苗木。1995 ～ 1997 年各苗圃育苗面积都相应减少，开展其他业务“以短补长”，苗木生产不再是国营圃场的主要收入来源。1997 ～ 2000 年各圃场引进培育大量良种，国营场圃成为林木新品种推广，良种试验的示范窗口。2000 年后国营苗圃在国家、地方项目资金的支撑下，基础设施得到改善。

（1）漯河市苗圃场。场部办公地点位于郾城区华山路农贸市场中段。占地 5.14 亩，温室花棚 2 座，现有职工 12 人，其中领导干部 3 人，中、高级工程师 4 人，管理人员 5 人。圃地位于临颍县驼铺村，占地面积 180 亩。20 世纪 80 年代，主要引进繁育桐树、杨树等乡土树种苗木，开展 72 杨、69 杨、槐树等树种繁育。90 年代，开展大叶女贞、百日红、红叶小檗等城市园林绿化苗木繁育。2000 年以来用材林方面重点发展 107 杨、108 杨、中林 46 杨、红叶杨等，园林树种方面重点围绕名优新特树种，培育玫红紫薇、红叶石楠、美国红枫等树种。

（2）郾城区苗圃场。2004 年 8 月以前为郾城县苗圃，2004 年 9 月 23 日县改区。2005 年 3 月经郾城区编办下文，变更为郾城区苗圃场，隶属郾城区林业局。位于商桥镇境内，始建于 50 年代中期，经营面积由初期 220 亩逐步扩至 800 亩。主要培育红白玉兰、红叶石楠、红叶碧桃、柿树等苗木。

（3）临颍县国有苗圃场。始建于 1979 年，位于县城北部，石桥乡驼铺村境内，总土地面积 362 亩。育有 107、108、中林 46 等杨树苗木 110 亩，大叶女贞、法桐、红叶李、黄杨、侧柏等绿化苗木 150 多亩。

（4）舞阳县国有苗圃。1985 年 12 月、1986 年 4 月，经县城乡建设环境保护局批准县林产品公司分 2 次征用城关镇东街二组耕地 9.8 亩，加上荒地实际征用面积 17 亩，与吴庄苗圃一起建成舞阳县国有苗圃。1997 年之前，场部位于县城人民路东段 165 号，现苗圃位于孟寨镇吴庄村东北，总面积 100 亩，主要以培育速生杨树苗为主。

二、民营企业（个人）林木种苗繁育基地

全市面积在 100 亩以上的民营林木种苗繁育基地，2012 年年底发展到 17 个，总面积 1.2 万亩。年产苗量 3000 万株以上，规模较大的有：

（1）漯河市天翼生物工程有限公司。1998 年始建，苗木基地 2600 亩。2000 年，租赁临颍县巨陵镇油坊陈、娄庄、孟庄三村农户土地近 2000 亩，繁育苗木 1800 亩。所培育的品种是国内比较先进的优良品种，如乌克兰大樱桃、花桃、黄金梨、凯特杏、红叶石楠等。

（2）河南省胡桥实业有限公司。1997 年建立，位于临颍县大郭乡胡桥村，2001 年投资

160万元，购进一套脱毒育苗设备，高标准建设植物克隆技术组织培养室，建立珍稀植物育苗基地。林果基地繁育出金太阳杏、美国黑宝石李子、中华盆景寿桃等19个品种。花卉基地引进培育彩色马蹄莲、红掌、丽格海棠、长寿花等22个品种。绿化苗木基地培育丝棉木、紫叶矮樱、七叶树、银芽垂柳、日本北海道黄杨等200余品种。2004年被市政府确定为"漯河市绿化苗木种植基地"。2012年，种苗基地面积发展到6400亩。

苗圃场一角

(3) 临颍县繁城镇育苗专业村大杨村。该村有30多年育苗历史，主要繁育中林46、107、2001等杨树品种，全村三分之二以上农户从事育苗生产，年育苗面积保持在500～1000亩，年出圃苗木保持在150万～300万株左右。

(4) 舞阳永盛园林苗木基地。位于舞阳县李楼村，成立于2002年，占地面积560亩，主要培育玉兰、女贞、梧桐、银杏、香樟等苗木，带动附近5个行政村的近800户农户发展苗木产业。

(5) 漯河伊人黑玫瑰有限责任公司。始建于2008年，位于漯河市郾城区新店镇，是一处以玫瑰种植业为龙头，集旅游观光、保健休闲、玫瑰研发、鲜切花生产、产品加工为一体的优质种苗生态园区。计划种植面积1000亩，目前一期已开发365亩，日光大棚50座，种植有黑玫瑰、土耳其玫瑰、法兰西等各色品种；种植30万棵食用玫瑰。

(6) 舞阳县万春园林有限公司。位于舞阳县文峰乡乔庄村，始建于2002年，占地1000亩（园区核心面积500亩，辐射500多亩）。引进各种绿化、观赏林木20余种。

(7) 漯河市豫卉园艺有限公司。位于郾城区龙城镇仲李村，成立于2008年。主要从事园林绿化苗木的培育、繁育、种植和销售。一期占地面积125亩，温室大棚2个，实行"公司＋基地＋农户"经营方式。

(8) 丰杨林木苗圃场。位于郾城区太行山路中段，建于2008年1月，基地面积210亩，树种主要有石榴、柳树、香樟、法桐等。

(9) 天绿苗木基地。位于经济开发区河西张村。建于1996年，占地300亩，培育树种有花椒、枣树、苹果树、梨树、柿树等。

(10) 红黄兰苗木基地。位于经济技术开发区东方红路与燕山路交叉口南侧，建于2001年，占地240亩，培育树种有杨树、黄山栾、百日红等。

(11) 源汇区刘湾苗圃（个人）。位于阴阳赵镇刘湾村，建于2010年，基地面积98亩，主要品种有女贞、石楠等。

(12) 漯河市龙湖林木种苗场。位于郾城区李集镇田庄村，建于2010年，基地面积150亩，树种主要有柳树、泡桐等。

(13) 漯河市绿动林苗场。位于郾城区李集镇田庄村，建于2010年，基地面积150亩，树种主要有泡桐等。

第九章　林业产业

第一节　林业产业发展状况

“八五”期间，主要发展经济林和林木种苗，五年累计发展经济林9.5万亩，育苗2.16万亩，完成林业总产值6.27亿元。1996年10月，市林业局组织开展林业加工利用企业现状调查，全市林业国有和集体企业39个，多为中小企业，年企业总产值1.6亿元。2001年5月，市林业局下发《关于加快林业产业化基地建设的意见》，并出台相应的扶持政策和措施。2003年，中共中央、国务院颁布《关于加快林业发展的决定》。同年，市政府制定《漯河市林业产业发展规划》，按照林业产业化经营思路，着力打造木业加工、花卉苗木、经济林、林下经济、生态旅游为主体的特色林业产业。

2002年10月10日，市政府下文《关于加快林业生态体系和产业体系建设的意见》，以建设开放型、区域性中心城市统揽林业工作全局。全市以建设林业科技示范园区为突破口，鼓励造林大户、企业、农民利用低洼易涝、窑厂废弃地，因地制宜，科学规划，种植速生丰产林、经济林、种苗花卉等，特色产业基地建设逐渐趋于规模化；通过加强政策引导、信贷支持、激活民间资本、延伸加工体系、提高产品质量和市场竞争力等多种手段，形成临颍杜曲、舞阳北舞渡、召陵青年、郾城裴城等木业加工基地；整合森林旅游资源，开发以沙澧河沿岸风景带、城市森林公园、南街村植物园、苗木花卉基地为主的平原森林生态旅游业；建立和完善木材、人造板、家具、苗木花卉、果品等区域化林产品销售市场和信息网络，鼓励发展农民营销大户和中介组织；在生产实践中探索林－草－牧、林－瓜、林－椒、林－菌等10余种林农复合经营模式。扶持胡桥园林绿化工程有限公司、漯河装饰材料有限公司、漯河伊人黑玫瑰有限公司、漯河市永盛园林有限公司等林业产业化重点龙头企业，以及以胡桥村、李楼村、铁炉村、梨园周村等一批林业特色产业基地为代表的专业村。林业部门重点开展技术服务，技术承包、技术培训、专题讲座、领办创办示范园、示范基地等活动。

2003年，速生丰产林、经济林、种苗花卉基地建设更趋高效、集约、规模化发展态势。全市发展千亩以上的林果示范园区6个，百亩以上的示范园区32个，50～100亩的示范园区102个，基地建设面积达4.8万余亩。林产品加工企业逐渐发展壮大，共有木材经营加工户413家，年加工木材34万立方米，年销售额达3.25亿元，形成杜曲、北舞渡木材加工区。全年完成林业总产值10.8亿元，较上年增长15.6%。新发展速生丰产林2.76万亩，经济林0.68万亩，种苗花卉基地面积达1.8万亩。

2004年10月，市政府转发《漯河市林业产业发展规划》，全市确定林板加工及原料林基地、果品及经济林基地、种苗花卉业、生态旅游为漯河市四大林业主导产业，逐步形成区域化、专业化、集约化的林业产业新格局。10月，市委、市政府召开全市林业产业工作会议，市委、市政府主要领导亲自参加会议并讲话。会上下发《漯河市关于加快林业产业发展的意见》，出台一系列优惠政策，创造林业产业发展的宽松环境。新发展速生丰产林4.2万亩，种苗花卉1.8万亩，经济林1万亩，年产果品25万吨。培育胡桥绿化工程公司、金硕农业发展公司等林业产业基地建设龙头。漯河市中小型木材加工企业发展到560家，年产值达4.66亿元，较2003年增长33%。年加工木材52万立方米，从业人员达2万余人，带动相关产业近1万人就业。

2005年，临颍县、郾城区、源汇区、召陵区相继成立项目产业管理办公室，理顺管理体制，促进林业产业发展。全市完成林业总产值 10.8 亿元，比上年增长15.6 %。全年新增速丰林、经济林1.6万亩，发展种苗花卉基地2.2万亩，林业产业基地总面积达52.5万亩。

2006年，全市完成林业总产值14.16亿元，比上年增长18%。按照农业产业化龙头企业的认定标准和评选条件，10家林业重点龙头企业被确定为市级林业产业化重点龙头企业，并评选6家非公有制造林大户，为进一步鼓励全市非公有制经济的发展起到了积极的推动作用。

2007年，全市完成林业总产值15.78亿元，较上年增长19%。新发展速生林2.1万亩，经济林0.6万亩，花卉基地1.2万亩。全市认定10家市级林业重点龙头企业，在政策、项目、资金上重点扶持。

2008年，全市完成林业总产值14.1亿元，增长20%以上。新发展速丰林 3.4万亩，经济林 0.5万亩，种苗基地1.4万亩，花卉基地0.9万亩。

2009年，全市完成林业产值21.3亿元，较上年增长13%。大力发展特色产业，涌现出郾城区伊人黑玫瑰、源汇区天翼、舞阳县万春等苗木花卉为代表的产业基地，以龙城桃、铁炉葡萄、梨园周黄金梨等林果为代表的特色产业竞相发展。为发展特色产业，促进农民增收，6月16日，在郾城区龙城镇举行漯河市首届（龙城）优质桃采摘节。

2010年，全市林业总产值25.5亿元，较上年增长18%。郾城区龙城镇万亩优质桃生产基地、源汇区万亩晚秋黄梨基地、召陵区和经济开发区万亩优质葡萄基地、舞阳县小杂果基地、临颍县苗木花卉基地等速生丰产林、经济林、种苗花卉基地建设初具规模。杜曲、太尉、青年、裴城等木业加工区发展势头良好，林业产业工程完成2.86万亩。

2011年，全市林业总产值达29.7亿元，较上年增长18%。4月26日，召开全市林业产业现场观摩会。全市产业结构调整加快，名优特新经济林基地面积达6.4万亩，种苗花卉基地面积达1.2万亩，木材加工企业达544家。探索推广林粮、林菜、林油、林禽、林菌、林魔芋等复合经营模式，新发展林下经济8500亩。

2012年，全市林业总产值33.52亿元，同比增长13%。全市种苗花卉、经济林新增0.62万亩和0.3万亩，新发展林下经济0.81万亩，木材加工企业达到595家，杜曲镇、太尉镇、青年乡、裴城镇木业加工区聚群效应初步呈现。林业产业工程完成0.54万亩。

第二节　经济林

一、经济林发展历程

采摘果实

（1）经济林大发展阶段（1987～1996年）。1986年，全市经济林种植面积2.85万亩，果品产量1.2万吨。当年市林业局制定《漯河市1987～1994年黄桃发展规划》。1987年新发展经济林面积2.4万亩，全市建立21个经济林生产服务网点，涉及67个行政村357个果园。1988年8月，对全市1亩以上的果园进行逐个登记。全市果树5.73万亩，其中郾城县2.51万亩，舞阳县1.79万亩，临颍县1.41万亩。以苹果、桃为主。其中，苹果2.09万亩、桃3.1万亩、葡萄0.27万亩。果品总产10902.25吨。全市形成几个粗具规模的生产基地，如吴城、大刘、三家店、瓦店、王岗、巨陵、十五里店、新店、商桥等苹果基地；章化、北舞渡、台陈、老窝、青年等黄桃基地。1989年，新发展经济林种植面积0.37万亩，全市果品总产1229.21万公斤，比上年增产32.5%。至1990年年底，全市经济林种植面积达到7.37万亩，挂果果园2.7万亩，果品总产量达到1.5万吨。1990～1991年，由于农村土地承包“两田制”推行、果品价格下降，经济林面积比1988年减少19629亩。市林业局印发《1991年经济林工作意见》，要求将管好现有果园力争高产高效益放在首位，把利用闲散土地发展小、矮、密、早、高、套果园作为方向，并向各县（区）下达经济林工作指标。1992年，全市生态林果村达到20个。1993年，新发展经济林种植面积1.4万亩，基本形成以舞阳县吴城、侯集，郾城县十五里店、邓襄，临颍县巨陵、台陈等乡（镇）为主的六大果品生产基地，面积达到3.72万亩。1994年，市委、市政府出台《漯河市“八五”期间林果业发展意见》，全市经济林总面积达到7.8万亩，果品产量达到1.9万吨。1995年，新增经济林面积4.32万亩。总面积达到12.12万亩，至此，经济林发展达到高峰。

（2）调整巩固阶段（1996～1999年）。由于国家政策调整，限制占用耕地发展经济林，经济林面积不断下滑，经济林工作重点转移到稳定面积、调整结构、加强管理、提高效益上。1996年市林果专业村总数达到35个，果品产量4248.98万公斤。1997年12月市林业局组织召开全市经济林会议，就经济林发展思路及模式进行研讨。1998年经济林种植面积稳定在4万亩，果品产量达到6136.49万公斤，出现天翼公司、绿色庄园为代表的经济林种植园区。1999年，市林业局确立“立足优势、狠抓名优、突出四早、示范带动、规模发展”的工作思路，各县（区）新发展名优小杂果种植面积2137亩，建成1000亩高收益的经济林示范区，129个塑料大棚，118个日光温室。全市果品总产量稳定在5900万公斤。

（3）基地化、园区化、产业化、品牌化，高效发展阶段（2000年至今）。进入新世纪后，全市各级政府和林业部门相继出台一系列扶持经济林发展的政策措施。一是延长土地承包年限30年不变，允许在果园内建简易管理房，其管理房和果园允许继承和转让；二是鼓励企事业单位和个人联办、领办高新技术示范园区；三是每建一个大棚或温室，补助1000元；四是帮助果农加入互联网、举办经济林产品展销会，催生一批不同类型的林果种植典型。至2012年，全市经济林总面积6.41万亩，其中：桃树1.20万亩，年产量2.81万吨；葡萄2.35万亩，年产量1.86万吨；梨树1.65万亩，年产量4.22万吨；柿树0.18万亩，年产量0.1万吨；杏及其他经济林1.21万亩，年产量0.98万吨。经济林年产值3.56亿元。形成邓襄镇、后谢乡葡萄，龙城镇优质鲜桃，梨园周村、大刘镇晚秋黄梨等一批规模化名优特林果基地。全市千亩以上林果示范基地达到9个，林果无公害生产相关标准使用率70%以上，通过认证的林果产品20余个。

二、特色林果产品

2012年，全市常见的鲜果树种有桃、李子、杏、苹果、梨、石榴、葡萄和樱桃等，干果树种有枣、柿子、核桃等。

（1）桃。黄桃曾是漯河市主产水果之一，种植在召陵区老窝、临颍县台陈等乡（镇）。

近年来主要是雨花露等生食鲜桃，种植在郾城区龙城等乡（镇）。

（2）柿子。全市均有分布，主要有方柿、牛心柿、磨盘柿、灰柿等10多个品种。20世纪90年代引进日本斤柿、甜柿、贡柿等优良品种。

（3）梨。梨树在漯河市有多年的栽培历史，漯河鸭梨个大，汁多、味正、耐贮、有医疗价值。近年来主要以发展晚秋黄梨为主，在两县三区均有分布。

（4）葡萄。1987年后，商桥镇陆续发展葡萄面积3000多亩，成为第二大葡萄生产基地。1988年全市仅有葡萄0.27万亩，1990年以后，由单一品种发展为不同系列多个品种，亩产量达到3500公斤。2004年后谢乡、邓襄镇、召陵镇葡萄基地被评为“河南省最大的无公害葡萄基地”。2012年葡萄种植面积2.35万亩，产量1.86万吨。

三、经济林基地

（1）郾城区龙城镇鲜桃基地。全镇优质桃栽培面积5000多亩，鲜桃产量1.5万吨，年产值6000万元。鲜桃亩均单产4000公斤左右，亩均经济效益1.5万元。2009年由市林业园艺局组织举办漯河市首届优质鲜桃鉴评会和鲜桃采摘节，截至2012年已举办4届。2011年为扩大桃产业种植规模，新发展中威巨密、巨世王、早春红等桃树新品种1200亩。

（2）经济技术开发区后谢乡铁炉村无公害葡萄示范基地。铁炉村是葡萄种植专业村，种植优质品种葡萄1180余亩，被评为河南省无公害葡萄生产基地。2011年，全村葡萄销售收入达1360万元，人均8300元。

（3）召陵区邓襄镇葡萄生产基地。邓襄镇的葡萄产业始于1982年，种植规模达到1.3万亩，主要种植品种有巨峰、乍娜、红地球、京秀等30多个品种，年产值4000多万元，亩均经济效益5000元以上。

（4）源汇区大刘镇南王村晚秋黄梨示范基地。基地建立于2005年，现有种植户210户，种植面积800亩，年产果品3000吨，亩效益达1.5万元。2007年在市工商局注册“雪中雪”牌晚秋黄梨。

（5）郾城区丰汇源晚秋黄梨专业基地。基地位于郾城区裴城镇裴城村，建立于2009年，一期占地433亩，每亩年经济效益8000元以上。

（6）舞阳县孟寨镇梨树经济林基地。孟寨镇经济林基地始建于1996年3月，2012年发展到800亩。基地平均每年产量达160万公斤，经济效益达192万元。

（7）舞阳县吴城苹果经济林基地。吴城苹果基地始建于1990年3月，新建时面积700亩。到1995年面积发展到1500亩，平均年产量300万公斤。

（8）召陵区翟庄黄金梨经济林基地。1998年发展黄金梨高效种植园1600多亩，葡萄种植园400多亩，涉及农户276户，年均产值达到900万元以上。

（9）舞阳县保和乡柿、枣杂果经济林基地。基地始建于2004年2月。位于环乡路两侧，涉及7个自然村，面积970亩。

表 9-1　1986 ~ 2012 年漯河市经济林生产情况统计

单位：万亩、万吨

年份（年）	面积	果品产量	年份（年）	面积	果品产量
1986	2.5	1.2	2000	4.1	5.8
1987	5.29	1.4	2001	4.4	6.27
1988	5.73	1.09	2002	4.6	6.52
1989	6.02	3.23	2003	4.8	5.98
1990	5.2	1.5	2004	5.34	11
1991	4.4	1.65	2005	5.74	12
1992	6.3	1.85	2006	5.5	7.5
1993	6.8	2.18	2007	5.88	10
1994	7.8	2.25	2008	5.8	8.6
1995	14	3.68	2009	6.1	9.4
1996	12.3	4.2	2010	6.2	9.8
1997	11.7	5.24	2011	6.41	10.3
1998	7.3	5.46	2012	6.52	12.1
1999	4	6.14			

第三节　林下经济

林下养鸭

林下经济（魔芋）种植推广现场会

全市适宜发展林下经济的林地面积约 30 万亩。

自 2001 ~ 2003 年，总结和实施林粮、林菜、林瓜、林棉、林草、林椒、林菌、林药等间作套种模式。如临颍县皇帝庙乡坡高村，与上海新高潮公司合作扦插营造 150 亩速生杨，实现林、草、牧立体复合经营；郾城县问十乡在速生林下种植冬凌草、板蓝根、柴胡、食用菌等，开展林药、林菌种植，亩均效益 1500 ~ 3000 元。2005 年市林业园艺局、市农业局、市畜牧局、市农科院等单位联合出台《关于加快推进林农牧复合经营工作的意见》，采取公司 + 基地 + 农户等多种形式，建立中介组织，发展订单生产，实行基地化、集约化、规模化生产经营，推广面积达到 12 万亩。2006 年，林农复合经营得到大力推广应用，全年推广林农复合经营面积 5 万亩。2009 年 12 月 29 日，市政府下发《关于加快林下经济发展的意见》，着力实现林地增效、林农增收、林木资源永续利用的发展目标。

2012 年 12 月，全市利用林下土地资源 5 万余亩，主要探索出以下示范模式：①林粮（油）模式：林下种植粮油作物。②林牧模式：林间种植牧草发展奶牛、肉羊等。③林菌模式：林下栽培食用菌。④林药模式：林下种植柴胡、黄芩、金银花、党参、天麻等药材。⑤林菜模式：林下种植蔬菜类作物。⑥林经模式：林下种植经济作物。如：林下魔芋种植基地从 2007 年开始，已发展到 4000 余亩。2009 年 12 月 23 日，在郾城区召开林地魔芋种植现场会。2011 年 10 月 14 日，漯河市召开林下经济（魔芋）种植推广现场会。当年市财政拿出 100 万元扶持资金，重点用于魔芋产业发展。主要分布于郾城区城关镇沙河堤内和颍河河堤南侧，面积 2000 余亩，年亩产量 1500 ~ 2000 公斤，产值 6000 ~ 8000 元。2012 年林下经济 8500 亩。

第四节　木材经营加工业

一、木材经营加工业概况

全市木材加工企业逐步发展壮大，至 1997 年 10 月，有木材加工企业 448 家，木材市场 12 个。其中，规模较大的人造板生产企业 4 家，主要生产胶合板、宝丽板、刨花板、纤维板，以郾城县李集乡装饰材料有限公司、临颍东美人造板厂为代表；锯材及木制品生产为主的企业 18 家，以临颍县杜曲镇为代表；家具制造业 16 家，木竹及其制品经营业 12 家，全市木材加工经营业粗具规模。

领导察看木材加工厂

1997 年市、县林业局开展整顿规范木材加工经营市场秩序活动。临颍全县加工户发展到 700 家。1999 年临颍县在杜曲镇前韩、后韩、湾陶、朱集四个村结合部创办杜南木业加工小区，并召开林业、工商、电力、土地、税务等部门会议，统一制定为期一年的优惠政策，扶持木业区的发展。2000 年临颍县政府再次做出决定，各项优惠政策延长一年。杜南木业区区域面积发展到 1000 多亩，新建东美人造板有限公司、长兴木业有限公司、森寅木业有限公司等一批木材加工厂。2007 年临颍县木业协会成立。经过近几年的发展，木材加工能力显著提高，由开始的初级产品向深加工高档产品发展。产品远销广东、浙江、福建、台湾等地区，出口美国、马来西亚等国家。

2002 年 10 月，市政府出台《关于加快林业生态体系和产业体系建设的意见》。决定以现有的临颍县杜曲镇和北舞渡镇的林产品加工基地、临颍县东美中密度纤维板厂、郾城县宝丽板厂为基础，带动全市造纸工业和人造板材加工业及其他相关产业的快速发展。2004 年 10 月，市政府下发《漯河市林业产业发展规划》，确定林板加工为重点培育产业之一。并召开全市林业产业工作会议，下发《漯河市关于加快林业产业发展的意见》，出台一系列扶持优惠政策措施，优化产业发展环境。

至 2012 年年底，全市共有各类木材经营加工企业 595 家，年加工能力 120 万立方米，木材加工业年产值 17.2 亿元。形成杜曲镇、太尉镇、青年村乡、裴城镇木业加工区，林产品加工业为社会提供就业岗位 3 万多个，带动交通运输、建筑建材、餐饮等产业发展。

二、企业选介

（1）漯河装饰材料有限公司。1995 年 3 月注册，公司现有员工 280 人，其中高级管理人员 25 人，中、高级技术人员 20 人，其他各类专业技术人员 31 人。现有林业种植地 1100 余亩，加工生产基地 90 余亩，2002 年荣获省质量监督局颁发的装修材料“产品质量检验合格证”，2005 年荣获国家质量监督局颁发的“全国工业产品生产许可证”，分别于 2003 年和 2006 年通过 ISO9001—2000 质量体系认证和“3C”认证。

（2）临颍县森发木业有限公司。2004 年 6 月成立，获得国家进出口权。主要生产经营木板材、拼板、家具配料、家具等产品，开发生产“奥群”牌实木门。公司生产能力达到月产 2000 套实木门，有上海、西安、郑州、武汉、洛阳等地 30 多家实木门代理商，年出口创汇 200 多万美元。

（3）漯河市漯汇装饰材料有限责任公司（东美）。2004 年 7 月注册登记，公司占地 55000 平方米，现有职工 85 人，年产中密度纤维板 1.5 万立方米。

（4）临颍县兴达木业有限责任公司。经营范围为木材、家具加工销售。主要产品为杨树烘干板材、杨木规格板材、椿木烘干板材、椿木规格板材。

（5）临颍县信远木业有限公司。2008 年 2 月成立，占地 27 亩，总投资 2200 万元。现有职工 76 人，厂房面积 1500 平方米，主要生产杨木拼接板、椿木拼接板、滑雪板和冲浪板等体育器材，产品销往我国台湾、沿海地区及东南亚。

（6）南街村工艺品有限责任公司。南街村集团下属企业，占地 18 万平方米，注册有“天赐一木”等品牌，主要生产木制工艺品，产品涵盖红木家具、红木艺术品、工艺梳、雕刻品、饰品等多个类别 300 多种，曾荣获国家级非物质文化遗产传承最佳作品奖。

（7）临颍县光大木业有限公司。占地 60 亩，投资 1500 万元，公司现有职工 160 人，主要生产板材、多层板、旋切板等。

（8）召陵区保林木业有限公司。2010 年 1 月成立，投资 1000 万元，两条胶合板生产线，主要生产高、中、低档建筑模板、多层板等产品，年产胶合板 2000 立方米。

（9）漯河强一木业。2010 年成立，占地 10 亩，现有员工 60 人。主要生产木制板材，年加工能力 3000 立方米，主要销往广东、上海等地。

（10）舞阳远程木业有限公司。2010 年成立，占地 2 万平方米，主要生产经营建筑模板和装饰模板等相关产品，产品销往山西、陕西、四川、内蒙古、青海和新疆等地。

（11）舞阳县桥莞木业。2011 年成立，投资 1500 万元，占地 6000 平方米。年加工木材 5 万立方米，产品销往广东、西安等地。

（12）河南省阿凡达精密家具有限公司。2012 年成立，占地 60 亩，投资 2.4 亿元。年生产能力达到 3000 个集装箱精密家具。

第五节　特色生态游

一、漯河市开源森林公园（金凤凰乐园）

开源森林公园占地800多亩，园内种植各类树木10万余棵，水体面积120亩，绿化面积350亩。景区拥有鸟类100多个品种，8000多只。设有专门的菊花培育中心，培育菊花106个品种，承办漯河市菊花展和盆景、插花艺术展。园内设有牡丹观赏区，培育百园争彩、大叶蝴等10多个新品种。2011年、2012年连续2年举办漯河市牡丹花会。

二、龙城桃花节

龙城镇位于郾城区西部，从20世纪80年代起，逐步形成以桃为主的林果生产基地，常年面积稳定在6000亩左右。1996年举办第一届“桃花节”。截止2012年，龙城镇已举办17届“桃花节”。

三、龙城鲜桃采摘节

2009年，举办第一届优质鲜桃采摘节。采摘节期间，同时举办文艺演出、鲜桃品种展示、鲜桃品尝评比、专家技术指导、田间采摘等系列活动，截止2012年，连续举办4届。

四、临颍梅苑

始建于2010年，占地120多亩。以梅花为主，配以水杉、紫薇、银杏等园林绿化树种1500多株。2012年2月举办首届梅花节。

漯河市第二届优质鲜桃采摘节

五、临颍县南街村红色生态游

南街村投资1200万元建设迎宾绿地广场、古树名木园、村民休闲游园，占地面积483亩，栽植各种园林绿化树木150多种、46万株，种植草坪300亩。2003年南街村投资2000多万元，建设南街植物园，植物园占地面积9980平方米，种植热带植物15000多株、1206种。园内四季如春，有百花迎宾园、南国风情园、热带雨林园、百果园、青竹园、沙漠植物园和农家园7个景区。

六、舞阳西城森林公园

位于舞阳县城西部，2000年以西城墙为依托，建成西城森林公园景区，占地600多亩，是集科普、科教、游览等功能于一体的综合性公园。2002年3月公园东南部西城文化广场竣工，投资240万元，占地75亩，是一处在红色革命老区的基础上兴建的集休闲娱乐、健身、垂钓为一体的现代文化广场。

第六节　农民林业专业合作社

全市农民林业专业合作社有33家，规模较大、影响较强的主要有：

一、舞阳县安乐种植农民专业合作社

位于舞阳县辛安镇。采取合作社＋基地＋农户的经营模式，以舞阳县丰源生态林果科技公司小杂果种植基地为依托，现有社员55户，小杂果种植面积530亩。引进推广山东大樱桃、晚秋黄梨、日本甜柿等8个新品种，产品销往山东、北京和省内各地。

二、舞阳县沙澧香梨种植农民专业合作社

位于舞阳县莲花镇包王村。以晚秋黄梨基地种植大户为基础，从事林果种植、生产资料购买和果品销售服务，入社农户98户，经营面积880亩。注册“沙澧香”牌晚秋黄梨，果品销往北京、广州、深圳、新疆及省内各地。

三、舞阳县绿园幸水梨种植专业合作社

位于舞阳县孟寨镇下澧河村。从事林果种植、生产资料购买、果品销售和技术信息服务。现有社员325户，种植规模620亩，年产水果250万公斤，产品年产值1000万元。推行果品标准化、无公害生产，并注册商标，申请无公害生产果品认证，果品销往平顶山、许昌、云南等地。

四、漯河市召陵区金利园果品专业合作社

位于漯河市召陵区沟李村。从事果品、苗木、化肥、农药购销服务，入社农户130户，经营面积2000亩。2007年5月晚秋黄梨种植基地被河南省无公害认定委员会认定为河南省无公害林果基地。2007年12月注册“金利园”商标。全社每年可向市场提供60万株优质种苗，500多万公斤果品，带动周边区域1350多农户种植晚秋黄梨，产品远销全国各地。

五、临颍县弘泰种植专业合作社

位于临颍县繁城镇东街村。2009年7月成立，基地面积860亩，入社会员118户。主要从事特色农业种植，生猪、家禽养殖，农产品销售和加工。利用林下空闲地，建设双孢菇种植大棚58座，实现年产值900万元。

表9-2　2004年漯河市水果生产情况

单位：吨、千公顷

	合计	源汇区	舞阳县	临颍县	郾城县
一、水果产量	110743	4126	7723	2057	96828
1. 苹果	10145	—	3047	751	6347
2. 梨	5139	1000	2179	88	1872
3. 葡萄	75211	3038	534	527	71112
4. 柿子	2070	—	217	1	1852

续表

	合计	源汇区	舞阳县	临颍县	郾城县
5. 枣	801	—	41	—	760
6. 桃	17368	88	1705	690	14885
二、果园面积	5.34	0.11	0.55	0.25	4.43
1. 苹果园	0.94	—	0.13	0.12	0.69
2. 梨园	0.41	0.06	0.22	0.01	0.12
3. 葡萄园	2.7	0.04	0.02	0.06	2.58
4. 桃园	1.1	0.01	0.1	0.06	0.93
5. 柿园	0.15	—	0.06	—	0.09

表 9-3　2005 年漯河市水果生产情况

单位：吨、千公顷

	合计	源汇区	郾城区	召陵区	高新区	舞阳县	临颍县
一、水果产量	120219	4028	41077	58548	8000	6493	2073
1. 苹果	10901	17	2209	6198	—	1723	754
2. 梨	6110	721	1759	1020	—	2520	90
3. 葡萄	83419	1364	29161	43879	8000	483	532
4. 柿子	2248	116	1933	—	—	199	—
5. 枣	844	—	750	10	—	84	—
6. 桃	16697	1810	5265	7441	—	1484	697
二、果园面积	5.74	0.26	2.46	2.11	0.2	0.45	0.26
1. 苹果园	0.89	—	0.44	0.28	—	0.06	0.11
2. 梨园	0.47	0.07	0.1	0.04	—	0.24	0.02
3. 葡萄园	2.89	0.05	1.23	1.32	0.2	0.02	0.07
4. 桃园	1.12	0.13	0.46	0.38	—	0.09	0.06
5. 柿园	0.33	0.01	0.22	0.08	—	0.02	—

表 9-4　2007 年漯河市水果生产情况

单位：吨、千公顷

	合计	源汇区	郾城区	召陵区	高新区	舞阳县	临颍县
一、水果产量	107832	7218	30936	48247	11200	9474	757
1. 苹果	5288	50	1897	—	—	3206	135
2. 梨	7132	1251	1758	380	—	3692	51
3. 葡萄	59519	835	9045	38024	11200	104	311
4. 柿子	2977	190	2462	160	—	165	—
5. 枣	822	—	755	—	—	67	—
6. 桃	32094	4892	15019	9683	—	2240	260
二、果园面积	5.88	0.65	2.41	1.72	0.27	0.58	0.25
1. 苹果园	0.44	0.02	0.25	—	—	0.14	0.03
2. 梨园	0.68	0.24	0.07	0.12	—	0.23	0.02
3. 葡萄园	2.74	0.04	0.97	1.32	0.27	0.02	0.12
4. 桃园	1.59	0.35	0.76	0.27	—	0.13	0.08
5. 柿园	0.31	—	0.28	0.01	—	0.02	—

表 9-5　2000 年漯河市林业生产情况

	单位	合计	源汇区	舞阳县	临颍县	郾城县
一、当年造林面积	公顷	1360	3	400	490	467
1. 用材林	公顷	1168	3	341	455	369
2. 经济林	公顷	192	—	59	35	98
二、幼林抚育作业面积	公顷	2290	—	—	2100	190
成林抚育面积	公顷	380	—	—	—	380
三、零星（四旁）植树	万株	551	1	165	165	220
四、育苗面积	公顷	279	11	84	75	109
其中：本年新育	公顷	200	8	66	30	96
五、木材采伐量（村及村以下）	万立方米	2.3	0.03	0.4	0.78	1.09

表 9-6　2004 年漯河市林业生产情况

	单位	合计	源汇区	舞阳县	临颍县	郾城县
一、当年造林面积	公顷	5855	135	1300	870	3550
1. 用材林	公顷	1894	—	440	649	805
2. 经济林	公顷	1093	80	360	41	612
3. 防护林	公顷	2868	55	500	180	2133
二、幼林抚育作业面积	公顷	23200	—	8500	4200	10500
成林抚育面积	公顷	11720	10	5450	2660	3600
三、零星（四旁）植树	万株	440	2	200	178	60
四、育苗面积	公顷	1133	74	233	696	130
其中：本年新育	公顷	342	30	105	99	108

表 9-7　2005 年漯河市林业生产情况

	单位	合计	源汇区	郾城区	召陵区	舞阳县	临颍县
一、当年造林面积	公顷	1737	185	700	182	360	310
1. 用材林	公顷	396	—	—	73	300	23
2. 经济林	公顷	200	45	35	40	60	20
3. 防护林	公顷	1141	140	665	69	—	267
二、幼林抚育作业面积	公顷	12988	—	—	4278	7300	1410
成林抚育面积	公顷	8765	250	—	—	5700	2815
三、零星（四旁）植树	万株	209	3	4.4	30	150	21.6
四、育苗面积	公顷	301	37	49	45	80	90
其中：本年新育	公顷	172	21	24	22	52	53

表 9-8　2006 年漯河市林业生产情况

	单位	合计	源汇区	郾城区	召陵区	舞阳县	临颍县
一、当年造林面积	公顷	3943	480	583	667	717	1496
1. 用材林	公顷	1468	—	82	270	467	649
2. 经济林	公顷	558	120	55	117	28	238
3. 防护林	公顷	1917	360	446	280	222	609
二、幼林抚育作业面积	公顷	29178	280	8800	7450	10300	2348
成林抚育面积	公顷	17036	320	8000	—	6100	2616
三、零星（四旁）植树	万株	597.09	73	88.69	69.4	194	172
四、育苗面积	公顷	926	95	100	100	140	491
其中：本年新育	公顷	475	70	67	70	134	134

表 9-9　2007 年漯河市林业生产情况

	单位	合计	源汇区	郾城区	召陵区	舞阳县	临颍县
一、当年造林面积	公顷	1851	268	467	133	300	683
1. 用材林	公顷	753	90	120	93	—	450
2. 经济林	公顷	81	—	8	20	—	53
3. 防护林	公顷	1017	178	339	20	300	180
二、幼林抚育作业面积	公顷	19873	280	2898	4250	11720	725
成林抚育面积	公顷	14096	1340	3900	1260	6160	1436
三、零星（四旁）植树	万株	1196.18	79	42.08	80.1	140	855
四、育苗面积	公顷	860	95	30	80	135	520
其中：本年新育	公顷	403	70	24	67	134	108

注：本表召陵区数据包含高新区。

表 9-10　2008 年漯河市林业生产情况

	单位	合计	源汇区	郾城区	召陵区	舞阳县	临颍县
一、当年造林面积	公顷	5540	333	1017	778	1150	2262
1. 用材林	公顷	1658	98	267	261	—	1032
2. 经济林	公顷	480	80	136	134	—	130
3. 防护林	公顷	3402	155	614	383	1150	1100
二、幼林抚育作业面积	公顷	15025	450	3065	5072	6160	278
成林抚育面积	公顷	16283	800	3740	3200	6493	2050
三、零星（四旁）植树	万株	594.49	25	30.37	54.12	180	305
四、育苗面积	公顷	1096	80	227	194	210	385
其中：本年新育	公顷	698	60	201	125	207	105

注：本表召陵区数据包含高新区。

表 9-11　2009 年漯河市林业生产情况

	单位	合计	源汇区	郾城区	召陵区	舞阳县	临颍县
一、当年造林面积	公顷	5034	349	1233	811	1326	1315
1. 用材林	公顷	2019	117	363	365	158	1016
2. 经济林	公顷	476	40	81	203	120	32
3. 防护林	公顷	2539	192	789	243	1048	267
二、幼林抚育作业面积	公顷	15476	1500	1031	6035	4100	2810
成林抚育面积	公顷	15970	2400	932	3820	6493	2325
三、零星（四旁）植树	万株	569.98	26	35.22	50.76	150	308
四、育苗面积	公顷	825	86	54	70	210	405
其中：本年新育	公顷	354	65	31	18	190	50

注：本表召陵区数据包含高新区。

表 9-12 2010 年漯河市林业生产情况

	单位	合计	源汇区	郾城区	召陵区	舞阳县	临颍县
一、当年造林面积	公顷	2120	163	445	317	615	580
1. 用材林	公顷	1121	66	—	115	483	457
2. 经济林	公顷	65	—	—	—	65	—
3. 防护林	公顷	934	97	445	202	67	123
二、幼林抚育作业面积	公顷	13041	850	2870	7245	1560	516
成林抚育面积	公顷	11733	2450	943	5310	1320	1710
三、零星（四旁）植树	万株	495.7	25.4	31.09	—	155	284.21
四、育苗面积	公顷	784	53	63	73	210	385
其中：本年新育	公顷	271	35	35	48	133	20

注：本表召陵区数据包含高新区。

表 9-13 1986 ~ 2012 年漯河市林业产值统计

单位：万元

年份（年）	总产值	第一产业	第二产业	第三产业	年份（年）	总产值	第一产业	第二产业	第三产业
1986	2089	1684	400	5	2000	47046	24825	21228	993
1987	2543.6	2066.6	466	11	2001	62074	36304	25770	0
1988	3198	2548	605	45	2002	69001	45111	22520	1370
1989	4425.1	3395.1	980	49	2003	70983	45598	25235	150
1990	5491.2	4150.2	1306	65	2004	93406	48145	45078	183
1991	7447	5418	1542	87	2005	108797	43598	64899	300
1992	9180	6379	2670	131	2006	132628	52270	76128	4230
1993	11129	8185	2720	224	2007	157800	58123	93318	6359
1994	12618	9120	3170	328	2008	188582	69864	109086	9632
1995	14748	10316	4046	386	2009	216031	78450	123827	13754
1996	16966	11546	4777	463	2010	254065	90565	144641	18859
1997	21033	13928	6560	536	2011	297389	107072	171019	19298
1998	26118	15124	10347	638	2012	335893	118686	198481	18726
1999	36638	22421	13461	756					

第十章 资源保护

第一节 护林防火

护林防火工具库

漯河市属平原无山地区，主要防火期为每年“三夏”“三秋”期间，农户焚烧秸秆对林木造成危害。重点防护区域为片林及通道两侧绿化树木。1989 年，市林业局、市公安局联合下发《关于划定森林消防监督工作职责范围的通知》，规定市区、城镇以外的林木、林地防火工作，无论是国有、集体或个体的，由同级林业部门负责。2003 年 8 月 4 日，漯河市人民政府护林防火指挥部成立。市委、市政府重视森林防火工作，加大投入改善防火设施。2009 年 9 月，市政府为指挥部划拨护林防火专项经费 9.5 万元，购置风力灭火机 200 台、油锯和铁锨 1500 把，二号救火工具 500 把、三号工具 500 把，使漯河市护林防火设施建设逐步完善和提高。全市各级护林防火部门普遍建立 20 ～ 35 人的护林消防队伍。重点乡（镇）建立 15 人以上的乡（镇）干部、职工为主的护林消防突击队，提高扑火救灾能力。完善护林防火各项办公制度、值班制度、火情报告和处置制度及火灾应急方案等规章制度。2003 年，市护林防火指挥部在“三夏”“三秋”期间发布护林防火通告，市林业园艺局领导班子实行护林防火工作分包责任制，班子成员分包县（区），成立护林防火巡逻队，坚持 24 小时值班制度，昼夜巡逻。1986 ～ 2012 年，漯河市没有发生大的林木火灾案件。

一、林木管护

1986 年 12 月 23 日，市林业局下发《关于加强京深公路林木管护的通知》，要求京深路沿线各乡（镇）政府，每个行政村落实一名专职护林员，并制定奖罚措施。1989 年 10 月 18 日，市政府下发《关于今冬明春林业生产意见》，要求每个乡（镇）和行政村结合本乡本村实际制定切实可行的护林公约。把“五护员”队伍建立起来，当年年底全市有护林员 5094 人。1990 年 3 月，市政府下发《关于“三夏”期间加强护林工作的意见》。针对推行“两田制”过程中，一些地方出现毁林乱砍滥伐现象，市政府办公室下发《关于转发临颍县人民政府推行土地有偿承包妥善处理林木问题的报告的通知》。当年全市共有护林专业组织 359 个，群众性护林组织 1717 个，经村以上任命的护林员 5001 名，签订护林合同 19654 份，落实林木管护株数 836.2 万株。1991 年 1 月 20 日，市林业局下发《1991 年资源和林政工作管理意见》，以乡为单位推行“五定责任制”，即“定人员、定地段、定任务、定报酬、定奖罚”；同时实行“五统一”，即“统一筹集资金、统一福利待遇、统一管护目标、统一检查标准、统一奖励制度”。1993 年后，林管站下放乡（镇）管理。1995 年全市护林员人数急剧下降，给林木管护工作带来很多困难。5 月 18 日市林业局下发《加强林木管护的通知》，要求各级林业部门加强林木管护宣传，落实护林员待遇，及时查处和打击毁林案件，巩固造林绿化成果。

1995 年，全市开展以拍卖四荒使用权、拍卖活立木所有权为内容的林业产权改革试

“护林防火”宣传

“三夏”“三秋”禁烧宣传

点并陆续推行，林木管护工作由林木所有者承担。1996年，各县（区）分别成立林业公安派出所，依法查处涉林案件。市政府下发《关于加强林业资源保护管理工作的通知》，要求各县（区）各部门加强土地调整中林木保护和管理工作，不允许因土地调整而造成乱砍滥伐林木现象发生。在全市开展以打击各种破坏林木资源违法犯罪活动为主体的专项活动。2001年春季，发生严重旱情，市林业局下发《关于对新栽幼树突击浇水保活的意见》，要求各县（区）把抗旱浇水作为林木管护的重点，督促造林承包户及时浇水。特别是做好京珠高速绿色通道幼树保活工作。

2003年，全市非公有制林业迅猛发展。全市各级党委、政府和林业部门相继出台林木管护的办法和措施，多次开展护林宣传、护林巡逻、案件查处及打击毁林违法犯罪专项活动。

2010年，临颍县大郭乡社仓村、张杨村，繁城镇司马村、清街村、献街村，郾城区裴城镇东芮村境内许泌路沿线通道林，多次发生滥伐林木事件，市绿化委员会下发通报，对有关县（区）、乡（镇）、部门通报批评。

二、防火宣传

各级防火办公室开展有针对性的宣传教育活动，提高广大群众的护林防火意识和参与护林防火的积极性。2004年4月国务院办公厅印发《关于进一步加强森林防火工作的通知》，对森林防火工作提出新的要求。全市各级森林防火部门积极与广播、电视、报社等新闻媒体联系，采取定点宣传与流动宣传相结合、社会宣传与重点单位宣传相结合、正面宣传与典型火灾案例宣传相结合的方法，把宣传教育与强化火源管理紧密结合起来，开展以强化野外火源管理为主题的森林防火宣传活动。通过写标语、贴布告、发放宣传单等形式，把森林防火基本知识、法律法规、扑火安全常识和火灾典型案例等宣传普及到农村千家万户，让广大群众知法、懂法、守法。使“护林防火、人人有责”成为人们的自觉行动。

第二节　湿地资源保护

漯河市湿地处于东亚候鸟迁徙通道上，湿地资源类型主要有河流湿地、人工湿地、洪泛湿地等类型。据《河南省湿地保护工程规划（2005～2030年）》数据公布，漯河市湿地资源共有14180公顷，占全市土地面积的5.24%。列为国家重点保护野生动物的水禽小天鹅、省重点保护物种大白鹭和苍鹭在漯河市分布广泛，濒危物种大鸨在全市有少量分布。

市林业和园林局2010年开展湿地保护工作，并着手建设沙河湿地公园。2011年4月10～11日，国家林业局调查规划设计院湿地项目处副处长张晓云、北京林业大学副教授曹新、河南省林业调查规划设计院有关专家在漯河市召开沙河湿地公园规划编制工作对接会，并进行实地考察。6 月 29 日《河南省漯河市沙河国家湿地公园总体规划》市级评审会在市政府会议室召开。7 月 23 日《河南省漯河市沙河国家湿地公园总体规划》省级评审会在市金都大酒店进行评审。9 月 4 日，国家林业局湿地公园考察论证组专家莅漯，对沙河国家湿地公园实地考察，并在金都大酒店召开沙河国家湿地公园考察论证会。经过认真考察、论证、专家评审，2011 年 12 月 12 日，国家林业局正式批准漯河市沙河国家湿地公园试点工作。沙河湿地公园规划面积 651.33 公顷。

《沙河国家湿地公园总体规划》省级评审会

2011 年，由环保部门牵头的黑河湿地建设项目启动，项目选址在召陵区万金镇，规划面积 1000 亩。

第三节　野生动植物资源保护

漯河市地处平原，野生动植物资源较为贫乏，保护工作开展较晚。直到 20 世纪 90 年代中后期林政森林公安队伍建立以后，才陆续开展野生动植物保护宣传和打击捕猎野生动物犯罪活动。

一、野生动植物保护宣传与救治

（一）全市野生动植物资源概况

据全市野生动植物资源普查统计，全市约有林木植物 93 科 151 属 259 种及变种；动物约 42 科 140 余种，其中鸟类 35 科 127 种。国家重点保护的植物有：鹅掌楸、水杉、银杏、喜树、香樟、楠木、连香树；省级重点保护植物有：白皮松、三尖杉、杜仲、七叶树、枫香、河南杜鹃。国家重点保护的动物有鸢、苍鹰、雀鹰、赤腹鹰、普通鵟、燕隼、红隼、大天鹅、小天鹅、凤头潜鸭等。

漯河市是候鸟迁徙的通道，候鸟种类繁多。随着全市林木面积增加，水域治理加强，生态环境日益改善，为更多候鸟提供良好栖息地。每年春季，大量到北方繁殖的候鸟在此路过歇息。秋季，也有大量去南方越冬在此停歇、休整，一部分在此越冬，另一部分继续南迁。近几年仅停留越冬的白鹭鸟累计达万只，冬季栖息在市区的麻雀等鸟类达 10 万只。

（二）野生动植物保护宣传

全市各级林业部门经常组织开展版面展示、发放宣传页、巡回录音播放等宣传活动，利用电视、报纸、网络等新闻媒体对《中华人民共和国野生动物保护法》和《河南省实施＜中华人民共和国野生动物保护法＞办法》等相关法律法规进行宣传。市林业园艺局成立以来，每年都开展野生动物保护及“爱鸟周”宣传活动。2008 年 4 月 16 日，由市林业园艺局、市教育局联合主办，以“同一个世界，

“爱鸟周”活动

同一片蓝天”为主题的第27届“爱鸟周”活动在市人民公园启动。组织开展青少年爱鸟周绘画作品展、鸟类保护宣传展览和签名活动，举办中小学生心中最喜欢鸟类推荐评比活动等。2012年4月21日，组织开展全市第31届“爱鸟周”系列宣传活动，在开源森林公园（金凤凰乐园）组织开展鸟类知识讲座和鸟语林免费游园活动。10月，组织开展野生动物宣传月活动，结合宣传活动开展打击捕猎野生动物违法犯罪活动，将打击成果进行集中宣传报道。

（三）野生动物救治与饲养

放生青蛙

随着社会各界保护野生动物意识增强，不断有单位、群众自发地对捕获的、受伤的、患病的野生动物开展救治、放生或送入市人民公园。2005年4月29日，经市编委批准，市林业园艺局成立“漯河野生动物救护中心”，2006年5月23日，挂靠市人民公园，承担全市野生动物的救护、救治工作。2009年10月30日，救护国家二级保护动物金雕1只，省级重点保护动物草鹭1只。当年救护孔雀、白天鹅等38只。2010年全年救治放生孔雀、白天鹅、朱雀、刺猬等各类鸟兽54只（头）。2011年2月，救治动物4只，放生野生青蛙1000只。2012年12月，救治野生动物9只，放生野生动物9000只。

二、保护野生动物专项行动和典型案件

20世纪90年代中期，市林业局针对乱捕乱杀野兔、麻雀、青蛙等野生动物违法犯罪活动，组织各县（区）林政、林业公安，对辖区内的饭店、宾馆、酒楼、农贸市场等可能出现非法出售野生动物的场所进行多次突击检查，并开展收缴捕鸟网、猎枪行动，从源头上制止违法犯罪活动发生。2002年以后，为更好地保护野生动植物资源，市森林公安机关连年在全市范围内开展代号为“候鸟行动”“猎鹰二号”“飞鹰行动”“护蛙行动”等一系列严打活动， 严厉打击各类破坏野生动物资源的违法犯罪行为。典型案件：

(1) 周某非法杀害野生动物案。2003年11月份，源汇区居民周某在未办理“野生动物驯养繁殖许可证”的情况下非法驯养11只鸵鸟，后指使他人将其驯养的11只鸵鸟杀掉。市森林公安分局于2004年1月立案调查，但涉案嫌疑人周某一直在逃。直至2005年3月15日将其抓获。周某对自己的违法行为供认不讳。当日将犯罪嫌疑人周某依法刑事拘留。

(2) 利用医院车辆贩运青蛙案。2004年9月14日，犯罪嫌疑人郭某利用医院车辆装2200多斤近2万只青蛙，欲运往武汉贩卖时被市森林公安分局查获。这是全市首次发现利用医院车辆贩运青蛙的案件。市森林公安分局依法对犯罪嫌疑人进行处罚后，将查获的2万余只青蛙全部放生在颍河。

(3)“8·13”非法贩运野生动物案。2006年8月13日晚10时许，市森林公安分局接举报称：一辆车牌号为豫SA2825的白色江淮货车，运大量青蛙在107国道漯河境内由北向南行驶，欲从高速公路漯河西站上高速。接报后，分局迅速组织民警赶往高速公路漯河西站入口处设卡，刚赶到漯河西站，嫌疑车辆从北面驶来，民警示意让车辆停车接受检查，司机听到民警的喊话后，不但不停车接受检查，反而沿107国道加速向南行驶，民警驾警车追赶，追赶过程中多次喊话要求该嫌疑车辆停车接受检查，该车辆强行超车拒绝检查。当民警快

追至107国道西平收费站时，该车调头向北行驶，至西平县宋集乡段时，拐向一个往东的乡间小路。警车追赶至宋集乡弘庄时，因该村主要街道被障碍物拦住，车辆无法通行，司机弃车逃跑。分局立即与西平县公安局宋集派出所联系，在宋集派出所民警和后来赶到的西平县林业局林业派出所、野生动物保护股人员的共同努力下，直至凌晨3点左右，将该车扣至宋集派出所。经检查，该车内装24箱青蛙活体，2000余斤，10000余只。

(4) 非法收购野生动物行政案。2011年8月10日晚20时40分，接到群众举报称：临颍县窝城镇西张村村东一民房内有人非法收购野生动物麻雀和斑鸠。接警后，临颍县森林公安局民警迅速出警，于2011年8月10日晚24时将窝城镇西张村村东一非法收购野生动物的窝点捣毁。经查：窝城镇西张村1组村民张某雇佣周口市鹿邑县人吴某非法收购野生动物麻雀1500余只，斑鸠20余只，价值1500元。根据《河南省实施＜中华人民共和国野生动物保护法＞办法》第三十三条之规定：给予违法行为人张某3000元的罚款，并没收非法收购的野生动物。

表10-1　2007～2012漯河市救护国家级、省级重点野生动物统计

单位：只

时间	救护动物名称	数量	级别	基本情况
2007年10月1日	大蟒蛇	3	Ⅰ级	生长正常，案件侦查
2007年9月28日	山鸡	1	省重点	生长状态良好
2007年10月20日	猫头鹰	1	省重点	幼鸟，良好
2007年10月28日	白骨顶鸡	1	省重点	有病带伤，于29日早晨死亡
2007年11月6日	白骨顶鸡	1	省重点	鼻子带伤，流血
2007年11月28日	苍鹭	1	省重点	无伤
2007年12月24日	雕	1	Ⅰ级	腿部受伤
2008年3月8日	山鸡	1	省重点	正常
2008年3月14日	猫头鹰	2	省重点	放飞
2008年4月9日	猫头鹰	1	省重点	放飞
2008年4月17日	白骨顶鸡	1	省重点	放飞
2008年5月9日	猫头鹰	1	省重点	腿部有伤，流血
2008年6月20日	山鸡	1	省重点	腿部受伤
2008年8月11日	猫头鹰	1	省重点	鼻子受伤
2008年10月5日	白鹭	1	省重点	嘴部流血
2008年10月9日	山鸡	1	省重点	腿部受伤
2009年4月17日	苍鹭	1	省重点	体弱不进食
2009年5月2日	白鹭	1	省重点	腿部有伤
2009年5月28日	锦鸡	1	Ⅱ级	左翅受伤
2009年6月3日	猫头鹰	1	省重点	幼鸟，无伤
2009年6月28日	草鹭	1	省重点	胸部有伤
2009年7月4日	金雕	1	Ⅱ级	翅头部有撞伤
2009年7月12日	小苇鳽	1	Ⅱ级	右翅有伤
2009年7月23日	黄嘴白鹭	1	Ⅱ级	腿部受伤
2009年7月29日	黑骨顶鸡	1	省重点	无伤，不进食
2009年8月18日	石龙子	3	省重点	无伤
2009年10月2日	刺猬	8	省重点	幼仔，无伤
2009年10月4日	孔雀	2	Ⅱ级	生长状态良好
2009年10月7日	刺猬	3	省重点	生长状态良好
2009年10月27日	白天鹅	1	Ⅱ级	站不稳
2009年10月30日	金雕	1	Ⅱ级	嘴里流水
2009年11月8日	猫头鹰	1	省重点	良好

续表

时间	救护动物名称	数量	级别	基本情况
2009 年 11 月 20 日	小苇鳽	1	省重点	良好
2009 年 11 月 23 日	秃鹰	1	Ⅱ级	良好
2009 年 11 月 25 日	雕	1	省重点	右翅受伤
2009 年 11 月 27 日	猫头鹰	1	省重点	胸部受伤
2009 年 12 月 3 日	游隼	2	省重点	左翅受伤
2010 年 3 月 24 日	猫头鹰	1	省重点	放飞
2010 年 4 月 9 日	猫头鹰	1	省重点	放飞
2010 年 5 月 7 日	白骨顶鸡	1	省重点	放飞
2010 年 5 月 10 日	猫头鹰	1	省重点	放飞
2010 年 8 月 11 日	猫头鹰	1	省重点	鼻子流血，后放飞
2010 年 10 月 5 日	白鹭	1	省重点	嘴部流血
2010 年 11 月 2 日	雕	1	省重点	右肢受伤
2010 年 11 月 17 日	苍鹭	1	省重点	放飞
2010 年 11 月 29 日	游隼	1	省重点	放飞
2011 年 4 月 7 日	孔雀	1	Ⅱ级	生长状态良好
2011 年 7 月 21 日	灰鹭	1	省重点	左肢受伤
2011 年 9 月 15 日	白鹭	1	Ⅱ级	头部受伤
2011 年 10 月 5 日	黄唇鹰	1	省重点	放飞
2012 年 1 月 25 日	白鹭	1	省重点	放飞
2012 年 3 月 18 日	白鹭	1	省重点	放飞
2012 年 4 月 21 日	白鹭	1	Ⅱ级	幼鸟
2012 年 7 月 30 日	白鹭	1	Ⅱ级	左翅受伤
2012 年 8 月 15 日	鳄鱼龟	1	Ⅱ级	胸脯受伤
2012 年 9 月 25 日	猫头鹰	1	省重点	幼鸟
2012 年 10 月 10 日	鹰	1	省重点	解救
2012 年 11 月 19 日	鹰	1	省重点	受伤

第四节　森林公安执法

漯河市森林公安执法部门严格按照《中华人民共和国森林法》《中华人民共和国野生动物保护法》等法律法规开展执法活动，森林公安执法体制机制不断完善。2005 年 12 月，市林业园艺局对森林公安机构设置进行调整、管理权限进行明确：临颍、舞阳两县分别成立森林公安派出所，依森林公安职责独立行使执法权，案件处理过程中，需要依法追究刑事责任的，可移送市森林公安局提请起诉至检察机关或直接提请起诉至当地检察机关；原郾城森林公安分局整体划归市森林公安局。市森林公安局在源汇区、郾城区、召陵区分别设立森林警察大队，三区涉林案件由市森林公安局直接受理。2006 年，按照省森林公安局的要求，市森林公安局和临颍县森林公安派出所完成公安专网装建工作。2009 ～ 2010 年，市森林公安局在郾城区、召陵区和源汇区分别设立警务区。2010 年 8 月，市林业和园林局转发《漯河市人民政府关于印发漯河市行政执法案卷评查制度等三项制度的通知》。2012 年 12 月，全市共有森林公安机构 7 个，其中市森林公安局 1 个、县森林公安局 2 个，区森林警察大队 4 个，现有森林公安民警 30 名。

2003 年 10 月 25 日，市林业园艺局下文《关于开展严厉打击破坏森林资源违法犯罪专项行动实施方案》。此后历年开展的主要行动： 2004 年，双剑行动； 2005 年 11 月 1 ～ 30 日，绿色风暴行动；2006 年 4 ～ 6 月，春季打击涉林违法犯罪行动； 2006 年 11

月 1 日～ 12 月 10 日，绿盾行动； 2007 年，绿盾二号行动，林业执法和治理整顿专项行动；2008 年，猎鹰二号行动，“抓逃犯、破积案、保平安专项行动”，飞鹰行动，候鸟三号行动；2009 年 6 月 5 日～ 8 月 31 日，严厉打击破坏森林资源违法犯罪专项行动；2010 年，打击破坏森林资源违法犯罪专项行动；2011 年 8 ～ 9 月，亮剑行动，护蛙行动，绿剑行动。2002 年 1 月～ 2012 年 12 月，漯河市森林公安机关共查处案件 2650 起。其中刑事案件 182 起，行政案件 2468 起。调解各类林业生产矛盾 853 起。共打击处理违法犯罪嫌疑人 2431 人，刑事拘留 246 人，逮捕 84 人，起诉 20 人，直诉 57 人，林业行政处罚 2148 人，行政拘留 37 人，没收野生动物 63.3 万余只。

表 10-2　1986 ～ 2012 漯河市查获林业案件统计

单位：件

年份（年）	查获案件数 (一)+(二)	行政案件数 (一)	刑事案件数 (二)	野生动物保护案件数	年份（年）	查获案件数 (一)+(二)	行政案件数 (一)	刑事案件数 (二)	野生动物保护案件数
1986	35	33	2	0	2000	185	168	17	12
1987	70	70	0	0	2001	262	258	4	6
1988	80	80	0	0	2002	319	308	11	9
1989	152	148	4	0	2003	236	213	23	9
1990	122	116	6	0	2004	267	248	19	13
1991	138	138	0	0	2005	306	289	17	18
1992	186	186	0	0	2006	335	311	24	23
1993	117	117	0	0	2007	333	310	23	18
1994	126	121	5	6	2008	144	130	14	16
1995	189	187	2	3	2009	138	124	14	17
1996	262	254	8	8	2010	225	207	18	22
1997	168	152	16	4	2011	247	227	20	16
1998	126	123	3	7	2012	336	318	18	15
1999	79	73	6	10					

漯河市政府森林火灾应急组织机构图

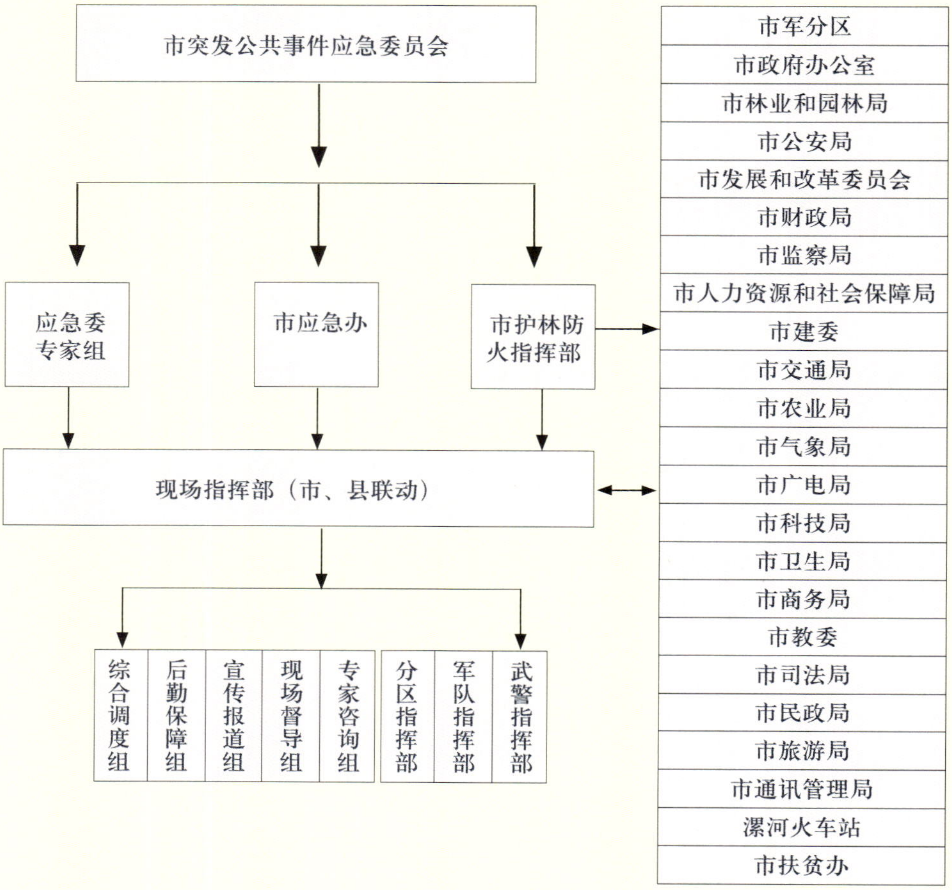

第十一章　有害生物防控

漯河市逐步建立较为完整的林业有害生物测报、防治、检疫体系。1998 年 5 月 10 日，市林业局下发《关于下达 1998 年度森林病虫害防治目标管理指标》的通知，首次对各县（区）森防工作实行目标管理。2002 年 3 月 29 日，市林业园艺局下发《关于加强全市森防体系建设意见》，要求各县（区）在森防站建设中，力争做到“五有”“二全”“一图”，即有编委批文、有足够办公用房、有交通工具、有检测设备、有档案柜；档案资料全、规章制度全；绘制本县（区）森林病虫害分布图。2006 年 4 月 17 日，市林业园艺局下发《关于下达“十一五”林业有害生物防治目标管理的通知》，首次将无公害防治率列入目标管理体系。2008 年 7 月 11 日，市林业园艺局与市气象局签订《林业有害生物预测预报合作协议》。

业务合作签字仪式

第一节　有害生物种类

2004 年，全市已查明林业有害生物 249 种，其中林木病害 79 种，虫害 165 种，有害植物 5 种。

一、主要树种虫害种类

杨树——杨树食叶害虫包括杨树草履蚧、杨小舟蛾、杨扇舟蛾、大黑鳃金龟、铜绿丽金龟、杨黄卷叶螟、杨白潜叶蛾、春尺蠖、舞毒蛾、黄刺蛾、梨网蝽、柳蓝叶甲等；杨树蛀干害虫包括光肩星天牛、星天牛、桑天牛、锈色粒肩天牛等。

泡桐——泡桐大袋蛾、泡桐草履蚧、娇驼跷蝽、泡桐叶甲、中华波缘龟叶甲、泡桐网蝽等。

柳树——柳厚壁叶蜂、光肩星天牛、桑天牛、柳蓝叶甲、柳杉毛虫、柳毒蛾、柳天蛾、柳直角叶蜂、柳瘿蚊、舞毒蛾。

榆树——榆蓝金花虫、榆毒蛾、榆叶蜂。

臭椿——臭椿皮蛾。

刺槐——刺槐尺蠖。

楸树——楸螟。

桃树——桃蚜、桃天蛾、蚱蝉、桃粉蚜、桃小绿叶蝉、红蜘蛛、桃蛀螟、桃潜叶蛾、桃红颈天牛、桑白蚧等。

梨树——梨大食心虫、梨小食心虫、梨卷叶象甲、梨实蜂、梨茎蜂、梨木虱、梨圆蚧、梨网蝽、梨星毛虫等。

苹果——红蜘蛛、梨蚧、苹小卷叶蛾、潜叶蛾、苹毛金兔子、军配虫、桃小食心虫、天牛。

葡萄——二星叶蝉、十星叶甲、红蜘蛛、根瘤蚜。

杏树——杏仁蜂、红蜘蛛、红颈天牛、杏象甲、桃蚜、杏球蚧（球坚介壳虫）、舟形毛虫。

枣树——枣尺蠖、枣瘿蚊、枣黏虫、桃小食心虫。

二、主要树种病害种类

杨树——杨树干部病害包括杨树溃疡病、杨树烂皮病、杨树干腐病、杨树腐烂病等；杨树叶部病害包括杨树褐斑病、杨树花叶病、杨树黑斑病、杨树黄叶病、杨叶锈病等。

泡桐——泡桐丛枝病、泡桐炭疽病、泡桐黑痘病、泡桐腐烂病、泡桐烂皮病、泡桐根结线虫病。

柳树——柳树锈病、柳树黑斑病、柳树根朽病等。

椿树——椿树白粉病。

桃树——桃缩叶病 、桃树黄叶病、桃黑星病、桃穿孔病、桃炭疽病、桃干枯病、桃根癌病。

梨树——梨黑星病、梨锈病、梨轮纹病、梨黑斑病、梨褐斑病、梨白粉病、梨树腐烂病、梨干枯病、梨青霉病、 梨红粉病、 梨炭疽病。

苹果——苹果早期落叶病、苹果炭疽病、苹果腐烂病、苹果干腐病、苹果白绢病。

葡萄——黑痘病、褐斑病、白腐病、霜霉病。

杏树——杏疮痂病、杏黑斑病、杏细菌性穿孔斑点病、杏流胶病。

枣树——枣锈病。

林业篇

三、主要地下病虫害

主要有小地老虎、大地老虎、东方蝼蛄、华北蝼蛄、大黑鳃金龟、铜绿丽金龟、苗木茎腐病、苗木立枯病。

四、主要绿化观赏木本植物病害

主要有牡丹和芍药褐斑病、牡丹根腐病、大叶黄杨白粉病、大叶黄杨叶斑病、女贞锈病、一品红灰霉病、玉兰炭疽病、桂花炭疽病、合欢锈病、合欢流胶病、月季黑斑病、玫瑰锈病、石楠褐斑病、紫薇白粉病等。

第二节　有害生物预测预报

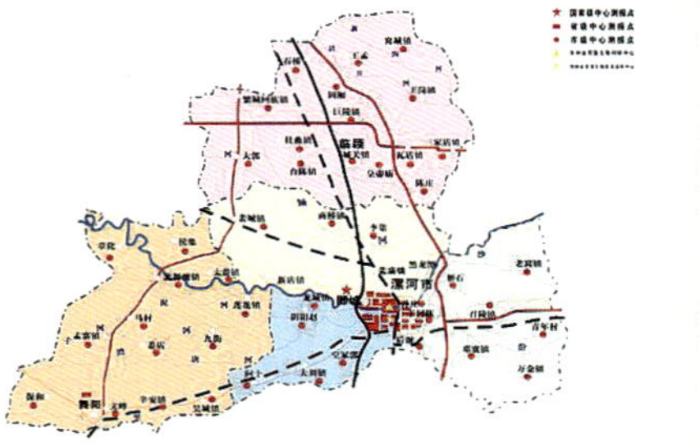
漯河市林业有害生物监测预警网络图

1987年，市林技站建立3个林木病虫害测报点，其中舞阳测报蛀干害虫，郾城测报泡桐大袋蛾，临颍测报泡桐烂皮病。乡（镇）建立1～2个经济林测报点，监测果树病虫害发生情况，并初步建立预测预报档案。1988年，建立测报点5个，对主要虫害泡桐大袋蛾从越冬、化蛹、羽化、产卵等进行详细调查。1991年，市、县两级森防站成立，重点对杨树食叶害虫、杨树蛀干害虫及泡桐大袋蛾进行观测预报。2001年4月9日，郾城区森防站被确定为国家级测报点，2003年舞阳县森防站被确定为省级测报点。市（县、区）森防站采取专业测报与群众测报相结合的方法，提高监测覆盖率和预测准确率。2005年，建立林业有害生物数据库、标本库，新增加林业有害生物测报点19个，全市监控测报点达51个，每个乡（镇）都有测报点。2006年，全市林木病虫害测报点由51个增加到71个，推行测报信息零距离服务，开通“森林短信沙澧行”服务热线，重要的病虫害信息直接发布给各级政府领导和营林大户。2007年，组建以国家级测报点、省级测报点为龙头，市、县两级测报点为主体的四级测报网络体系。市森防站与市农科院合作开展杨舟蛾系统观测，提高监测覆盖率。2008年，市森防站同市气象局、市农科院等开展监测合作，与市农科院植保室、郾城区植保站合作建立两个野外虫情观测站。重新加密布设林业有害生物监测点，完善提高郾城区国家级、舞阳省级测报点的软硬件设施，举办测报培训班3期，监测点加密布设到81个，形成覆盖全市的测报网络。2009年，与市气象局签署合作协议，开展林业有害生物发生趋势会商，发布林木病虫信息。全市森防机构每年进行两次越冬虫情调查，重点调查树种是杨树、泡桐、刺槐。每年根据年初预测结果，制定防治预案，发布趋势预测，确定防控重点，提前做好防治器械、药剂、资金等各项准备工作。

森林病虫害会商会

第三节　有害生物防治

一、防治服务和应急体系建设

1998年6月25日，市林业局转发省林业厅《关于实行森林病虫害限期除治制度的通知》，明确森林病虫害防治的责任主体。2006年6月注册成立“漯河市天地蓝防控林业有害生物服务中心”，拥有大型森防车5辆、测报车5辆、担架式喷雾器10部、背负式喷雾器50部、高压式喷射器10台、振频式杀虫灯20台、测报灯10部、注药机2部。在各县（区）成立分中心。年防治面积达到7万亩，占全市地面防治面积的55%以上。2006年9月6日，市政府办公室印发《漯河市重大林业有害生物灾害应急预案》，将林业有害生物防治预案列入全市应急体系。各县（区）也相继发布应急预案，成立相应组织，开展应急防治演练，基本形成较为完备的防治减灾和应急反应体系。2011年7月14日，漯河市林业有害生物防控体系建设项目获批复。

风筒式打药车

二、防治工作情况

飞机防治

1987年3月25日，市林业局和团市委联合召开全面彻底剪除泡桐丛枝紧急会议。全市开展剪除泡桐丛枝工作，防治树木320万株，占发病株数的80%。1988年，全市泡桐大袋蛾发生200多万株。7月5日，市政府办公室转发《市农委关于急需防治泡桐大袋蛾的报告》，要求各县（区）把泡桐大袋蛾防治工作落到实处。全市出动人力48.31万人次，成立防治专业队955个，队员6000余人，防治泡桐181万株。1989年，市财政局下拨资金2万元，用于各县（区）泡桐大袋蛾防治经费。1990年，防治林果病虫害22万亩，防治率71.4%。1998年夏，天气持续高温，以杨扇舟蛾、杨小舟蛾、杨黄卷叶螟为主的杨树食叶害虫发生9.8万亩，其中舞阳县爆发成灾。7月29日，市绿化委员会下发《关于做好杨树食叶害虫防治的紧急通知》，要求各县（区）抓住时机，积极组织，迅速防治。

2003年7月～2005年7月，在郾城新店、裴城、龙城、商桥、孟庙5个乡（镇），开展杨树病虫害工程治理示范项目，采用仿生药物、物理防治、毒环毒绳、无公害药物等综合防治措施，防治杨树草履蚧、杨树食叶害虫、杨树黑斑病等2.6万亩。2005年9月，受高温高湿天气影响，以杨扇舟蛾、杨小舟蛾、杨直角叶蜂等为主的杨树食叶害虫和以杨树黑斑病等为主的病害危害蔓延趋势加剧。市政府办公室下发《关于进一步加强林业有害生物预防和处治工作的通知》，要求各县（区）紧急行动，做好杨树食叶害虫的防治工作。2006年8月9日，市政府下发明传电报，要求各县（区）加强杨树食叶害虫防治工作。对病虫害严重的通道林全部进行喷药防治，杀虫率达85%，灾情得到控制。2007年2月5日，全省杨树防治项目协作会和全省草履蚧防治现场会在漯召开。

2008年6月，漯河市首次使用S300C型直升机对107国道、京珠高速、许泌路、舞戴路、舞叶路等廊道林和舞阳振乾生态园开展林业有害生物防治，共飞行36架次，飞防面积 3 万亩。2011 年年初，根据监测全市草履蚧发生面积达 3.7 万亩，2 月 9 日，市林业和园林局组成 5 个督导组，督导各县（区）杨树草履蚧防治工作，并在郾城区商桥镇演示推广“拦虫虎阻隔防治法”。6 月 20 日，使用飞机对全市生态廊道林进行重点防治，防治面积 10 万亩。截止 2012 年，已连续 5 年实施“飞防”。

第四节　有害生物检疫

市、县森防部门以《中华人民共和国森林法》和《河南省植物检疫条例实施办法》为执法依据，开展检疫法律法规宣传和苗木产地检疫，林产品及其制品外调检疫，外来苗木、林产品复检工作，依法处理违检行为。2012 年年底，全市共有森防专职检疫员 23 人，兼职检疫员 32 人，年检疫木材及制品 60 万立方米，苗木 500 多万株，办理检疫证 8600 多份。

一、调运检疫

2003 年，全市所有森检部门实现计算机联网，统一使用《森林植物检疫管理信息系统》进行签证，网上数据传输，检疫工作实现信息化、网络化。2004 年 12 月 30 日，市林业园艺局下发《关于进一步加强全市流通环节检疫工作的通知》。2006 年 2 月 10 日，市林业园艺局再次下文，进一步规范调运检疫工作，实行检疫员现场检疫，现场签发《森林植物报检单》，并按程序签发检疫证书。2008 年，市森防站组织全市检疫人员，对新版检疫信息系统使用及维护进行重点培训。对在行政服务中心签证的，要求各县（区）抽调 1 名专职检疫员进驻行政服务中心，专职受理调运检疫申请、签证和检疫数据上传。在《植物检疫证书》的管理上，实行市森防站到省森防站统一领取、统一存放、统一发放和签发后的副本统一管理，全部实施登记造册，专人负责管理。

二、产地检疫

产地检疫

1989 年，市林业局下发文件，加强产地检疫工作，要求各县（区）严格按照检疫操作规程，检疫员必到现场，产地检疫率必须在 65% 以上，并明确泡桐丛枝病、白杨透翅蛾、青杨枝天牛等为检疫对象。1990 年，检疫苗木 2200 万株，林果种子 3.8 吨，建立无检疫对象苗圃 5 个。1999 年 9 月，市林业局组织森检人员对全市苗圃进行产地检疫。2008 年，在临颍县开展林业植物检疫规范试点县活动，对出圃苗木现场检疫，详细检查苗木根系、地茎、主干生长情况以及有无病虫害发生危害情况，试点县产地检疫率达到 100 %。2009 年，实施苗木抽检 50 余批次 14 万余株，实施除害处理带病苗木及花卉 11 批次 1.8 万株。2011 年，实施苗木抽检 30 余批次 19 万余株，实施除害处理带病苗木及花卉 6 批次 0.8 万株。

三、检疫执法

1986 年，市林业局下发《今冬明春森林植物检疫工作的意见》，要求发现带有检疫对象，原地销毁或退回处理；划定疫区和保护区，凡疫区调入保护区的苗木都实行检疫。1991 年，县（区）森防站在火车站、汽车站等交通点派驻专职检疫员，负责调出木材及其制品检疫，调入木材及其制品的检疫证查验及复检，并在各木材检查站派驻专人，对调入调出木材及其制品进行检疫和复检。1991 ～ 1995 年，市林业局规定外地调入苗木不经复检不得用于造林。1993 年，临颍县在检疫中发现部颁检疫对象双钩异翅长蠹，并做除害处理。1995 年 5 月，按照省林业厅《关于统一制作森林植物检疫制服的通知》要求，全市森检人员统一检疫服装。2007 年，建立检疫违法案件举报制度和重大案件逐级上报制度。规范证书领取及管理制度，严格办证程序。2011 年，推行检疫备案制度，对全市主要涉林企业进行统计，并建立检疫信息资料库。

第五节　有害生物专项调查

主要进行七次较大规模的林业有害生物专项调查。

一、森林植物检疫对象普查

1986 年 6 月，市林业局组织林业技术人员对三县一区进行检疫对象普查。调查点设置按苗圃每百亩、片林经济林每两千亩、林网每三万亩、农桐间作每四千亩设置一个，小四旁每乡设置 2 ～ 3 个。历时半个月，初步查清全市林木检疫对象。主要有泡桐丛枝病、青杨枝天牛、紫穗槐豆象、杨树根癌病、枣疯病、白杨透翅蛾等。绘制检疫对象分布图，制定具体的防治措施，划定疫区和保护区。郾城县城关为紫穗槐豆象疫区，舞阳县城关镇为白杨透翅蛾疫区，临颍县台陈乡为枣疯病疫区，漯叶公路舞阳段，源汇区、郾城县东部各乡为杨树根癌病疫区，舞阳县城关、保和、吴城、辛安，临颍县城关，源汇区、郾城县为青杨枝天牛疫区，泡桐丛枝病各县（区）均有发生。

二、林业有害生物普查

2004 年 2 月，市林业园艺局成立林业有害生物普查工作领导小组，组建林业有害生物普查专业队伍，普查内容分六项：一是寄主植物普查；二是普查对象分布地点统计；三是林业有害生物发生、危害面积统计；四是危害林木的有害生物统计；五是外来有害生物来源调查；六是外来有害生物入侵对当地经济、生态和社会影响。其中外来有害生物普查作为此次普查工作的重点。普查结果：查明有害生物 249 种，分属真菌、细菌、病毒、类菌质体四大类病害，3 纲 9 目 60 科的害虫，其中林木病害 79 种，虫害 165 种，有害植物 5 种。杨树是病虫害发生最多的树种，发生面积累计 26 万余亩，主要虫害 23 种，主要病害 9 种。

三、加拿大一枝黄花排查

加拿大一枝黄花被列为河南省补充林业检疫性有害生物后，2005 年 4 月 20 ～ 21 日，市森防站对全市花店、花卉市场和花卉批发地进行突击检查。6 月 3 日上午，全市森防检疫人员统一行动，对辖区内所有的花店、花卉市场和花卉批发地再次进行拉网式突击检查，依法收缴“加拿大一枝黄花”1245 支。

四、杨树黄叶病专项调查

2009 年，市林业园艺局成立杨树黄叶病专项普查领导小组，抽调专业技术人员分三次对全市所有杨树林、杨树育苗苗圃地全面普查。第一次普查（5 月 10 ～ 20 日），发现临颍县三家店镇康庄村村南农田林网 58 株杨树发生病害。第二次普查（6 月 20 ～ 30 日），发现窝城镇沟张村东片林部分杨树、窝城镇新沟河胡里曹段部分杨树、皇帝庙乡李小坡村南片林 191 株杨树发生病害。第三次普查（9 月 10 ～ 20 日），发现前两次发现的临颍县三家店镇康庄村村南农田林网部分杨树、窝城镇沟张村东片林部分杨树、窝城镇新沟河胡里曹段部分杨树已变绿。

五、杨树病虫害调查

2008 年 9 月，对杨树溃疡病、杨树腐烂病、杨树黑斑病、杨树黄叶病、松材线虫病和美国白蛾、苹果蠹蛾、枣实蝇等林业有害生物进行专项调查。调查范围涉及全市辖区内所有寄主林地、木材果品集散地、花卉苗木基地以及交通干线范围内人员活动可能携带危害性害虫的地方周围林木，调查面积 19.6 万亩。

六、美国白蛾普查

2008 年后，每年 5 月、6 月、9 月都开展检疫性有害生物美国白蛾专项普查工作。普查以踏查为主，涉及全市廊道林、林网和片林各林分。踏查面积每年达 30 万亩，调查株数 10 万株。通过对所有样株的调查，截至 2012 年年底未在漯河市发现美国白蛾。

七、漯河市外来林业有害生物入侵情况调查

2010 年，市森防站组织开展此项调查，历时近一年。全市发现外来有害生物 42 种，全年发生面积 1.48 万亩。其中，发生面积较大，危害较为严重的有害生物有：锈色粒肩天牛，主要危害槐树、柳树，分布在市区、县城等地；黄杨尺蠖，主要危害黄杨等，全市均有分布；黄杨绢野螟，主要寄主植物为瓜子黄杨、雀舌黄杨，主要分布在市区内；朝鲜球坚蚧，在全市经济林中广有分布。普查发现，外来有害生物的种类、数量及危害程度在漯河市呈逐年扩大蔓延之势。

森防人员指导防治草履蚧

第六节　生物防治

2008 年 9 月 22 日，国家林业局批复“漯河市豫中南林业有害生物天敌繁育场”为重点科技推广项目，2010 年 11 月 25 日市编委下文批准成立市豫中南林业有害生物天敌繁育场，是河南省首个林业有害生物天敌繁育项目。2010 年 3 月动工建设，场区选址在漯河市龙江路以北、李漯路以西，占地 10 亩。2011 年 12 月竣工，建筑面积 1270 平方米，建设 1 栋 3 层的生产繁育及科研办公用房，7 间配套用房。配置繁蜂设备恒温恒湿培养箱、繁蜂箱、超净工作台、空调机、冰箱、冰柜；实验设备人工气候箱、超声波增湿器、除湿机、高压灭菌锅、电子天平、电子显微镜等。2 间低温冷藏库已建成投入使用，采购厢式冷藏运输车 1 台。2012 年 7 月 30 日，繁育场与河南农业大学植物保护学院签订合作协议，成为“河南农业大学植物保护学院教学实习基地”和“河南农业大学植物保护学院研究生工作站”。2012 年 9 月 15 日市编委下

签字仪式

文更名为“漯河市豫中南林业有害生物天敌繁育研究中心”。2012 年 3 月 6 日，省森防站林晓安书记和黄维正科长来场调研；2012 年 3 月 23 日，省森防站邢铁牛站长一行来场调研；2012 年 4 月 10 日，市政协主席王俊才到繁育场调研指导。

一、繁育及科研实验情况

2012 年 5 月 1 日，在中国林业科学研究院杨忠岐教授团队及相关专家的指导下，利用 3 个寄生有周氏啮小蜂的柞蚕蛹蜂种，进行前期试验。将这 3 个蜂种所出的小蜂分别接种，置于温度均为 25℃湿度分别为 70%、60%、40% 的培养箱内，观察湿度对人工繁育周氏啮小蜂过程中柞蚕蛹腐烂率的影响。2012 年 5 月 14 日开始试生产，选用蜂种来自烟台森保站，柞蚕蛹为东北秋茧。此次试生产，接种 23 箱共 4143 个柞蚕蛹。按照目前技术生产条件，漯河市豫中南林业有害生物天敌繁育研究中心生产周氏啮小蜂能力一周期可达 6 亿头，年生产能力可达 24 亿头。根据省内及国内的生物防治需求，将逐步扩大生产能力，年最高生产能力可达 48 亿头。

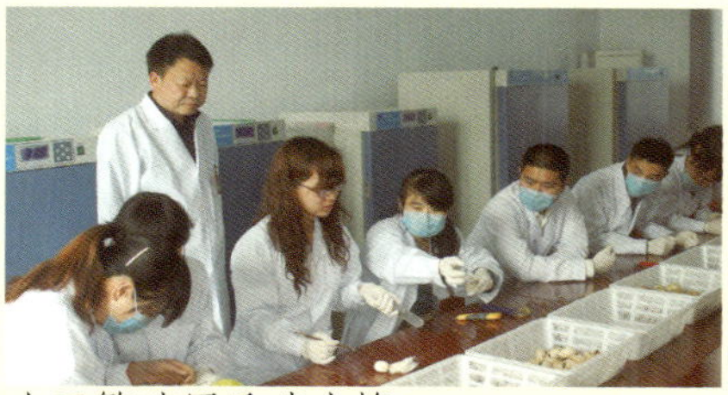

人工繁殖周氏啮小蜂

周氏啮小蜂首次释放仪式

二、放飞防治试验开展情况和效果

从 2012 年 5 月试繁育至 2012 年年底，共繁育周氏啮小蜂 8000 万头。其中试生产繁育周氏啮小蜂 2000 万头，主要用于漯河周边地区试点的释放。批量生产繁育周氏啮小蜂 6000 万头，主要用于濮阳、滑县、内黄等县市的鳞翅目食叶害虫防治工作。2012 年 6 月 12 日，在郾城区商桥镇举行周氏啮小蜂释放仪式。释放数量 2000 万头。在放蜂后 15 天进行的调查中，随机抽查 10% 的蜂茧，通过调查与计算，虫口密度从约 29% 下降到约 0.13%。周氏啮小蜂的成功繁育，填补河南省人工繁育林业有害生物天敌空白。

表 11-1　1986 ～ 2012 年漯河市林业有害生物发生防治检疫统计

单位：万亩、%、次

年份（年）	发生面积	防治面积	防治率	成灾面积	检疫批次	年份（年）	发生面积	防治面积	防治率	成灾面积	检疫批次
1986	6.2	4.1	66.1	0.2	—	1991	8.8	6.7	76	0.1	868
1987	7.4	4.8	64.8	0.5	—	1992	10.4	7.3	70.1	0.2	872
1988	11.5	9.2	80	0.6	—	1993	10.2	7.6	75	0.2	889
1989	7.6	6.1	81	0.3	—	1994	10.2	8.2	80.3	0.2	1742
1990	8.2	6.4	78	0.3	786	1995	11.6	8.4	72.4	0.25	3320
1996	12.4	9.4	73.3	0.21	5310	2005	20	18.3	91.5	0.09	9076
1997	14.6	10.3	70.5	0.27	6062	2006	21	18.4	87.6	0.12	8363
1998	16.2	13.6	83.9	0.22	7321	2007	24	21.8	90.8	0.08	7986
1999	15.3	12.4	81	0.15	8030	2008	28	25.6	91.4	0.09	7375
2000	12.6	10.8	85.7	0.12	8936	2009	28	25.9	92.5	0.06	7653
2001	13	11.3	86.9	0.13	14270	2010	35	31.6	90.3	0.23	8321
2002	16	14.6	91.2	0.12	13380	2011	25	23.1	92.4	0.06	8630
2003	19	17.4	91.5	0.15	13643	2012	24.8	23.24	93.7	0.067	10753
2004	21	18.8	89.5	0.13	12371						

园林篇

概　述

1986 年 1 月建省辖市时，漯河市城市园林绿化基本处于空白状态，除几条道路、一座公园外，绿化单一，市区仅有 7.1 公顷绿地，绿化覆盖率 11%，人均公共绿地面积 0.7 平方米。"晴天一身土，雨天踏泥泞"是当时漯河市区的真实写照。1996 年年初，市委、市政府提出创建省级园林城市。同年 10 月 15 日，黄河路西段顺利通过省建设厅"道路达标"验收。1998 年 5 月 20 日，"一园三路"（人民公园、建设路、嵩山路、湘江东路）顺利通过省级达标验收。1998 年 10 月 29 日，获得省级园林城市称号。1998 年 11 月，市委、市政府提出创建国家级园林城市，以市区沙河、澧河绿化美化为重点，并在市区引进、种植新型草坪 10 多个品种，草坪面积达 150 公顷。1999 年 11 月，建设部授予市园林处"全国城市绿化先进单位"。2001 年 1 月～ 2006 年 12 月，大力实施"森林进城、森林围城"、广植树木、增大绿地、膨胀绿量、先后开展美化亮化工程和桃花、果树进城工程。通过沿河布绿、围河造景、拆墙透绿、借地补绿、见缝插绿等措施，在城市园林绿化建设中，加大园林管理力度，依法护绿、依法治绿，千方百计扩大绿化面积。在城市主要道路两侧绿地、入市口、公园、游园进行高标准规划设计、高质量绿化升级改造。结合新城区开发和旧城改造，开展垂直绿化、屋顶绿化、桥涵绿化等，合理搭配乔、灌、藤、花、草，突出乡土树种，增加乔木量和片状绿化，提高城市森林覆盖率，提高广场、游园、街道、公共绿地、单位庭院和居民小区的绿化水平。2007 年，市委、市政府启动沙澧河开发建设工程，围绕"生态宜居名城"建设目标，坚持高起点规划、高水平设计、高标准建设、高质量管理，着力打造"碧水穿城、林茂花艳、建筑精巧、环境秀美"的城市风貌。

2012 年 12 月，漯河市城区绿地总面积 2020.2 公顷，城市绿化覆盖率 38.62%、城市绿地率 33.67%，人均公共绿地面积 12.67 平方米。漯河市先后荣获"河南省园林城市""全国园林绿化先进城市""国家园林城市""中国人居环境范例奖"等荣誉称号。

沙北路水杉林

会展中心美化

第一章　城市园林植物资源

第一节　城市园林植物资源普查

20 世纪 80 年代，城市绿化品种单一，普遍采用杨树、法桐、大叶女贞、红叶李、柳树、槐树等绿化树木，街道设计单调，“近看远看一个样、条条道路一个样”。经过 20 多年的不断发展，城市园林绿化植物品种日益丰富，逐步实现品种多样化。1986 年先后组织开展园林绿化资源普查 6 次。2007 年 8 月，市林业园艺局委托河南农业大学风景园林规划设计院对漯河市新的行政区：郾城区、源汇区、召陵区开展绿化资源普查工作。2011 年 7 月市林业和园林局再次对全市城市园林绿化植物进行普查，市区共有乔、灌、草、水生植物品种 271 种，其中：乔木 132 种（含变种），灌木、藤本植物 101 种，草本植物 29 种，水生植物 9 种。

表 1-1　漯河市主要乔木植物资源普查

序号	植物品种（含变种）	序号	植物品种	序号	植物品种（含变种）
1	白蜡	31	槐树	60	柿树
2	大叶女贞	32	龙爪槐	61	君迁子
3	雪柳	33	金叶槐	62	七叶树
4	白玉兰（玉兰）	34	皂荚	63	丝绵木
6	紫玉兰（木兰）	35	合欢	64	乌桕
7	广玉兰	36	黄檀	65	油桐
8	望春玉兰	37	粗糠	66	重阳木
9	二乔玉兰	38	杜仲	67	野桐
10	含笑（乐昌含笑）	39	湖北枫杨	68	刺柏
11	鹅掌楸	40	枫杨	69	蜀桧
12	金丝柳	41	核桃	70	侧柏
13	垂柳	42	黑核桃	71	雪松
14	旱柳	43	蒙桑	72	黑松
15	馒头柳	44	桑树	73	油松
16	红柳	45	龙爪桑	74	湿地松
17	河柳	46	构树	75	乔松
18	加杨	47	毛竹	77	黄山松
19	毛白杨	48	淡竹	78	白皮松
20	速生杨（小叶杨、欧 107）	49	刚竹	79	冷杉
21	日本花柏	50	早园竹	80	云杉
22	扁柏	51	黄山栾	81	青杆
23	粉柏	52	栾树	82	落羽杉
24	香柏	53	无患子	83	池杉
25	圆柏	54	木瓜	84	水杉
26	龙柏	55	皱皮木瓜	85	三尖杉
27	香椿	56	复叶槭	86	罗汉松
28	楝树	57	三角枫	87	臭椿
29	刺槐	58	五角枫	88	千头椿
30	香花槐	59	元宝枫	89	榆树

续表

序号	植物品种（含变种）	序号	植物品种	序号	植物品种（含变种）
90	龙爪槐	105	桃树	120	枫香
91	朴树	106	山桃	121	喜树
92	盐肤木	107	杏	122	香樟
93	黄连木	108	李	123	楠木
94	板栗	109	梅	124	柞木
95	茅栗	110	梅花	125	法桐
96	槲栎	111	苹果	126	英桐
97	麻栎	112	西府海棠	127	银杏
98	枣树	113	垂丝海棠	128	梓树
99	龙爪枣	114	海棠花	129	楸树
100	拐枣	115	山荆子	130	棕榈
101	泡桐	116	白梨	131	灯台树
102	日本晚樱	117	枇杷	132	连香树
103	樱花	118	山楂		
104	樱桃	119	梧桐		

表 1-2　漯河市主要灌木、藤本植物资源普查

序号	植物品种	序号	植物品种	序号	植物品种
1	银边大叶黄杨	30	结香	59	郁李
2	金边大叶黄杨	31	花椒	60	紫叶李
3	大叶黄杨	32	枸橘	61	石楠
4	北海道黄杨	33	甜橙	62	椤木石楠
5	扶芳藤	34	海桐	63	棣棠
6	黄杨	35	夹竹桃	64	火棘
7	雀舌黄杨	36	蜡梅	65	麻叶绣线菊
8	锦熟黄杨	37	银芽柳	66	木香
9	金叶女贞	38	木槿	67	水荀子
10	大叶女贞球	39	狭叶十大功劳	68	珍珠梅
11	小叶女贞	40	南天竹	69	贴梗海棠
12	小蜡	41	紫叶小檗	70	月季（含多个品种）
13	桂花	42	石榴	71	野蔷薇
14	黄素馨	43	无花果	72	黄刺玫
15	迎春	44	小叶榕	73	藤本月季
16	迎夏	45	紫薇	74	枸骨
17	对节白蜡	46	紫荆	75	无刺枸骨
18	丁香	47	紫藤	76	侧柏球
19	荚蒾	48	凌霄	77	洒金柏
20	法国冬青	49	山茶	78	鸡爪槭
21	木绣球	50	肉桂	79	红瑞木
22	琼花	51	茶条槭	80	金缕梅
23	金钟花	52	红枫	81	红花 木、红花 木球
24	连翘	53	金银木	82	凤尾兰
25	金银花	54	接骨木	83	栀子
26	千头柏	55	榆叶梅	84	大花栀子
27	金叶千头柏	56	碧桃	85	牡丹
28	铺地柏	57	垂枝桃	86	金丝梅
29	鹿角桧	58	洒红桃	87	金丝桃

续表

序号	植物品种	序号	植物品种	序号	植物品种
88	叶子花	93	葡萄	98	臭牡丹
89	河南杜鹃	94	蒲葵	99	含笑
90	箬竹	95	黄栌	100	六道木
91	中国爬山虎	96	杠柳	101	枳实
92	五叶地锦	97	溲疏		

表 1-3　漯河市主要草本植物资源普查

序号	植物品种	序号	植物品种	序号	植物品种
1	麦冬	11	百日草	21	茑萝
2	玉簪	12	万寿菊	22	牵牛花
3	葱兰	13	菊花	23	商陆
4	美人蕉	14	彩叶草	24	鸢尾
5	红花酢浆草	15	紫茉莉	25	马蔺
6	鸡冠花	16	高羊茅	26	白三叶
7	凤仙花	17	矮生天堂草	27	魔芋
8	一串红	18	早熟禾	28	秋海棠
9	福禄考	19	马尼拉	29	大花马齿苋
10	长春花	20	马蹄金		

表 1-4　漯河市主要水生植物资源普查

序号	植物品种	序号	植物品种	序号	植物品种
1	蒲苇	4	菱角	7	芡实
2	莲藕	5	茭白	8	狗牙根草
3	浮萍	6	水葶	9	狗茅草

第二节　城市园林绿地面积

根据《城市绿地分类标准》（CJJ/T85—2002），城市绿地分为五大类：公园绿地（包括综合公园、社区公园、专类公园、带状公园、街旁公园绿地），生产绿地，防护绿地，附属绿地（包括居住绿地、公共设施绿地、工业绿地、仓储绿地、道路绿地、市政设施绿地、特殊绿地），其他绿地。

公园绿地

1986 ~ 1994 年漯河城市园林绿地面积 69 公顷。1995 ~ 1999 年漯河建成公园、游园、绿地 47 处，总面积 521.09 公顷。其中：全市性公园 2 个，总面积 73.79 公顷；区域性公园 7 个，总面积 98.57 公顷；社区公园 5 处，总面积 17.14 公顷；专类公园 5 个，总面积 67.30 公顷；带状公园 14 个，总面积 206.61 公顷；街旁绿地 14 处，总面积 87.10 公顷。2000 年城区绿地面积 910.10 公顷。2001 年市区绿地面积 956.9 公顷，绿化覆盖率 32.59%，绿地率

27.34%，人均公共绿地面积8.9平方米。2012年12月底市区绿化总面积2316.96公顷，城市绿地面积2020.2公顷，城市绿化覆盖率38.62%，城市绿地率33.67%，人均公共绿地面积12.67平方米。沙澧河公园新增公园、游园、广场绿地10余处210公顷。如：凤凰山、月牙湖、人工沙滩浴场、象棋花园、石滩子、镇河铁牛、梨园春、红枫广场、蚌亭广场、海星广场和部分沙澧河两侧内外滩绿地等。

表1-5　漯河市区主要公园、游园、绿地面积普查

单位：公顷

分类	序号	名称	面积
全市性公园	1	人民公园	7.13
	2	森林公园（金凤凰乐园）	66.66
	小计	2	73.79
区域性公园	3	金沙滩公园	9.67
	4	星光公园	12
	5	老虎滩公园	13.2
	6	银河公园	19.3
	7	汇晶公园	18.6
	8	虹桥公园	12.1
	9	双汇淘气猫乐园	13.7
	小计	7	98.57
社区公园	10	孟南花园	2.5
	11	叠翠园	0.34
	12	复兴花园	9.8
	13	畅园	0.9
	14	烟厂花园	3.6
	小计	5	17.14
专类公园	15	香波乐园	6
	16	体育村绿地	9.3
	17	许慎文化园	10
	18	陈星聚纪念馆	2
	19	香陈湾乐园	40
	小计	5	67.3
带状公园	20	雁归园	3.5
	21	辽河绿地	0.6
	22	沿河绿地（合计）	144.64
	23	嵩山园林路绿地	3
	24	凌波游园	4.9
	25	泽园	4.67
	26	迎春园	5.1
	27	紫薇园	5.3
	28	合欢园	4.5
	29	梅园	4.1
	30	环保游园	3
	31	邮电花园	10
	32	澧河乐园	4.8
	33	滨河安居花园	8.5
	小计	14	206.61
街旁绿地	34	双龙游园（3）	15.01
	35	海河竹园、贸易区竹园	0.75
	36	犇园	1.5

分类	序号	名称	面积
街旁绿地	37	黄河路街头绿地	0.16
	38	金盾花园	0.13
	39	泰山路街头绿地	0.27
	40	嵩山游园	0.5
	41	会堂广场	4.2
	42	双汇广场	9.3
	43	中银广场	3
	44	黄河广场	3.6
	45	四季园（四块街头绿地）	1.54
	46	金山生态林	17.34
	47	郾城游园	0.8
	48	金山路 4 个转角绿地	2
	49	枫林园 4 个转角绿地	27
	小计	16	87.1
沙澧公园	50	10 个公园、游园、广场、河滩绿地	210
市区公园绿地合计			760.51

第二章　城市园林规划与设计

漯河市始终把城市园林规划作为先导，坚持高起点规划。先后聘请河南省勘察规划设计院、清华大学、同济大学、广州园林设计院的专家、学者，通过实地勘测，结合漯河市地理条件、气候特征、风土人情、历史渊源，进行充分研究论证，科学、系统编制各项园林规划。

第一节　城市绿地系统规划

1996 年，市委、市政府针对城市的性质和特点，以创建国家卫生城市为突破口，加快园林城市建设。聘请清华大学、广州园林设计院的专家，高标准、高水平编制城市绿地系统规划。

《漯河市城市绿地系统规划》编制工作主要分两个阶段：

第一阶段：《漯河市城市绿地系统规划（1998 ～ 2010）》。1998 年 9 月 5 日在市建委召开评审会，由市建委、市土地局、市环保局、省沙颍河管理局、市规划院、市园林处等单位领导、专家和工程技术人员共 15 人参加。评委会审核通过该规划。市政府于 1998 年 9 月 21 日批复《漯河市城市绿地系统规划（1998 ～ 2010)》。规划主要指标：

规划评审会

（1）近期 1998 ～ 2000 年，城市规划区规划面积 28.4 平方公里，规划人口 33.6 万人，绿化覆盖率 39.5%，绿地率 31%，人均公共绿地面积 12.9 平方米。

（2）远期 2001 ～ 2010 年，城市规划区规划面积 35 平方公里，规划人口 40 万人，绿化覆盖率 43%，绿地率34%，人均公共绿地面积20.4平方米。

第二阶段：2001年漯河市对城市总体规划进行修编，编制《漯河市城市总体规划（2001～2020）》。此间正值创建国家园林城市，原有的《漯河市城市绿地系统规划1998～2010》已不能适应新的城市发展要求。为此，漯河市成立绿地系统规划编制委员会，委托上海交通大学建筑设计研究院、地景园林规划设计院承担规划的联合编制任务，并抽调市有关部门的规划设计业务骨干配合规划编制工作。2003年编制完成《漯河市城市绿地系统规划（2003～2020）》。2004年3月8日，《漯河市城市绿地系统规划（2003～2020）》评审会在市金都大酒店召开，来自省建设厅、省城乡规划设计研究院、河南农业大学风景园林规划设计院以及漯河市有关部门的领导、专家和技术人员20余人参加。评委会通过该规划。市政府于2004年4月2日批复《漯河市城市绿地系统规划（2003～2020）》。

一、规划的依据、期限、范围和规模

市建委主任马振业介绍漯河市沙澧两河绿化总体规划

（1）规划依据：《中华人民共和国城市规划法》（1990年）《中华人民共和国土地管理法》（1986年颁布，1998年修订）《中华人民共和国森林法》《中华人民共和国环境保护法》（1989年）《中华人民共和国文物保护法》《城市绿化条例》（中华人民共和国国务院令第100号）《国务院关于加强城市绿化建设的通知》《城市绿化规划建设指标的规定》；国家标准《风景名胜区规划规范》《城市居住区规划设计规范》《城市用地分类与规划建设用地标准》（GBJ137—90）；国家行业标准《城市道路绿化规划与设计规范》（CJJ75—97）《城市绿地分类标准》（CJJ/T85—2002）《公园设计规范》（CJJ48—92）；建设部《国家园林城市评选标准》（2000年）《城市古树名木保护管理办法》《城市绿地系统编制纲要（试行）》《关于加强城市生物多样性保护工作的通知》；《漯河市城市总体规划说明书》（2001年）《漯河市城市园林绿地系统规划》（1998～2010年）；城市绿地系统规划编制技术纲要（2002年）。

（2）规划的期限以及人口规模：在规划期限与人口规模上分近、中、远期规划，近期规划2003～2005年，中期规划2006～2010年，远期规划2011～2020年。规划人口规模：现状34.7万人，近期50万人，中期70万人。

二、规划的指导思想

以城市总体规划为指导，以促进城市持续发展为中心，以加强城市生态环境建设、创造良好人居环境为目标。结合自然地理条件和城市布局形式，综合考虑规划的科学性和可行性，适度超前，因地制宜，并借鉴国内外先进经验，高起点、高标准营造分布合理、特点鲜明、植物多样、景观优美的城市绿地系统和符合现代创业和生活要求的人居环境。

三、规划的原则

在规划的原则上，一是贯彻现代园林绿化“四性五结合”原则。“四性”包括——系统性：按照景观生态学等原则，各类型绿地相互联结，形成城市绿地生态网络系统，发挥生态、游憩、环保等功能；前瞻性：既要实事求是，面对现实，又要高瞻远瞩，为远期发展打下基础；参与性：贯彻以人为本的指导思想，方便群众就近休憩、游览、体育锻炼等；均衡性：按功能目标需要，数量结构合理，空间分布均匀。“五结合”即指：功能与景观结合，城镇与郊区结合，近期与远期结合，需要与可能结合，建设与管理结合。二是适应城市总体发展需要的原则。充分考虑城市性质定位，根据《漯河市城市总体规划说明书》，中心城区的城市性质为：国家重要食品工业基地，豫中地区中心城市和交通枢纽，全市政治、经济、文化中心。三是尊重自然的原则。园林绿地的布局充分尊重地形水体的自然形态和生态价值，对城市中的自然景观确立保护、恢复和治理的原则。充分利用自然的山水景观布局绿地，构筑人与自然和谐的城市人居环境。四是多样性的原则。注重生物多样性、景观多样性和城市绿地系统功能多样性的原则。重视生物资源保育，重视绿化植物材料应用、园林植物群落配置的多样化，形成具有景观多样性和乡土文化气息、地带性特征的城市绿地景观。发挥绿地系统的多功能性，包括生态功能、生产经济功能、景观功能、游憩功能、娱乐功能、保健功能、减灾防灾功能等。五是弹性规划的原则。绿地系统规划与城市发展布局、阶段发展目标相结合，根据城市规划中土地、人口等因素的动态变化分别制定相应的指标，并规定在一定时间内达到预期的指标。

四、规划总体目标及分期指标

（1）总体目标。规划总量达标、结构布局合理、综合功能优化，创建具有中原地域风情、滨水景观特色和历史文化底蕴的花园式宜居城市。

（2）分期目标。近期目标及指标（2003 ～ 2005 年）：初步完善绿地系统结构和功能，尤其是公园绿地系统的结构和功能，提高各类绿地的游憩服务水平和生态功能，满足城市居民游憩需要和城市环境可持续发展的基本要求。城市建成区绿地率≥ 40%，绿化覆盖率≥ 45%，人均公共绿地面积≥ 15 平方米；城市中心区人均公共绿地面积≥ 8 平方米；道路绿化普及率 100%；居住区绿地率新区≥ 35%、旧区≥ 30%；全市园林式居住小区占 60% 以上；单位附属绿地达标率 85%；绿化先进单位比例≥ 40%；生产绿地占建成区面积≥ 3.5%，苗木自给率≥ 80%。

中期目标及指标（2006 ～ 2010 年）：按照城市发展的实际情况，进一步完善城市绿地系统，满足城市居民生活需求。城市建成区绿地率≥ 45%，绿化覆盖率≥ 50%，人均公共绿地面积≥ 18 平方米；城市中心区人均公共绿地面积≥ 10 平方米。

远期目标及指标（2011 ～ 2020 年）：创建具有中原地域风情、滨水景观特色和历史文化底蕴的花园式宜居城市。城市建成区绿地率 50% 以上，绿化覆盖率 55% 以上，人均公共绿地 20 平方米。

表 2-1　主要绿化指标分期控制一览

项　目	现状数据	近期规划 2003 ～ 2005 年	中期规划 2006 ～ 2010 年	远期规划 2011 ～ 2020 年
城市规模（平方公里）	35.4	71.4		
城市人口（万人）	34.7	50	70	
人均公共绿地（平方米／人）	10.5	14	16	18
绿地率 (%)	30.86	38	40	45
绿化覆盖率 (%)	35.19	43	45	50

五、市域绿地系统规划

（1）市域绿化目标及规划思路。市域绿化目标是通过加强城郊绿化一体化建设，全面整治市域景观环境，改善市域生态环境质量和城乡景观风貌，加快发展生态旅游业，促进经济社会健康持续发展。根据地形地貌条件分区建设，提出针对性的绿化措施。加强中心城镇绿化，形成分区绿化中心。加强市域主干水系、道路绿化，建设绿色通道。加强区域绿化联系，形成空间连续性和市域整体性。开展森林植被恢复工程与自然保护工程，形成城乡一体、城市与自然协调、人与自然共生的市域大环境绿化格局。

绿地系统规划会议

（2）市域绿地系统结构布局。根据漯河市不同地域的空间区位、自然条件、历史文化、社会经济特点及其在市域生态环境建设中的功能、地位与作用，确立市域绿地结构“一心、二翼、三环、多核、成网”的结构，共同构筑城乡一体化的市域绿地系统。一心：由源汇区和郾城区城区构成中心城区，形成市域内的绿化核心，构筑市域内景观游憩中心、生态防护中心和生物多样性中心等。二翼：以舞阳县和临颍县向西向北形成翼状结构，重点以舞阳县和临颍县城为二翼的中心，结合重点建制镇的绿化建设，通过道路和河流两侧绿化连接，形成两个绿色飞翼。三环：市域生态环、市域防护环和市域景观环。市域生态环：由分布在城市周围广阔的农田防护林、森林公园、水系涵养林和其他经济林地等组成；城市防护环：分水源涵养林、防风林、卫生防护林等，达到涵养水源，防风固沙，污染隔离等目的；城市景观环：沿市域各城镇间快速干道，进行绿化，将各个城镇串联在一起，形成大的城市景观环，各个城镇成为景观环上的绿核。多核：市域范围内各城镇形成绿化的核心，以园林城市绿化指标为参照，建设生态宜居型城镇。同时，绿化和文物古迹相结合，形成历史文化核。成网结构：主要包括河流水源涵养与生态防护林带，道路、铁路绿化生态林带等为框架，以农田林网为基础，市域范围内的快速干道、主干道，包括高速公路、国道、省道、铁路；市域内的主要河流，包括沙河、澧河、颍河等两侧设置不低于 50 米宽的绿化带；市域内的次干道、县管河道两侧设置不低于 30 米宽的绿化带；支路和乡村河道设置不低于 10 米宽的绿化带，在农田林网建设中每隔 500 米设置 50 米宽的林带，经济林树种和防护林树种相结合。

（3）市域绿地结构布局特点。绿地空间结构，强调城镇与自然地形地貌、水系、道路的点线复合，覆盖整个市域，形成市域大环境绿化网络主体框架；绿地功能，着重体现自然生态恢复和重点地域的环境保护，并充分利用自然景观资源和农业、林业资源，形成市域绿化特色，优化市域绿化功能；建设步骤，在城乡一体化规划理念基础上，重视发挥中心城区的辐射影响作用，以城为“心”，通过城市绿化带动市域绿化；建设途径，提倡多部门之间的合作，形成广泛的社会参与。

（4）乡（镇）绿化规划。一是生态镇绿化规划，规划基本指标：“一镇一园，一镇一带，一镇一街，一镇一圃”。一镇一园：每镇建立一个综合性花园，面积 2 ～ 5 公顷，配备一定休闲游憩设施。一镇一带：每镇建立环镇隔离林带，带宽不低于 30 米。一镇一街：每镇建立一条景观街道。一镇一圃：每镇建立一个绿化苗圃。二是农田林网。建设完善农田防护林网和一定面积的果园，形成绿色网络生态区。三是防护林体系。营建铁路、公路、河道防护林带，形成城区与镇、镇与镇、村与村之间的绿色走廊。国道、省道两侧规划不低于 50 米宽的护路林带；市、镇、村公路规划 30 米宽的护路林带，铁路两侧规划不低于 50 米宽的护路林带，河道两侧规划不少于 30 米宽的护岸林带。

第二节　国家森林城市建设总体规划

为贯彻落实市委、市政府创建国家森林城市决定，完善城市生态功能。2008 年 10 月，市委、市政府成立河南省漯河市城市森林建设总体规划编制工作领导小组。顾问：市委书记靳克文；组长：市长祁金立；副组长：副市长库凤霞，市政府秘书长高喜东；成员：市直 19 个单位组成。领导小组办公室设在市林业园艺局，局长宋孟欣兼任办公室主任。市林业园艺局聘请国家林业局中南林业调查规划设计院编制《河南省漯河市国家森林城市建设总体规划》。2008 年 11 月 29 日，由漯河市人民政府主持，组织国家、省有关专家对该规划进行评审，认为该项规划在对现状进行分析的基础上，提出“一城、两极、三网、多点”的城市森林发展总体布局框架，以“绿色、健康、安全”“保护、利用、提高”为理念，对森林基础建设，林业生态体系，林业产业体系和生态文化体系以及城市森林管理进行规划。2008 年 12 月，市政府批复同意该规划。

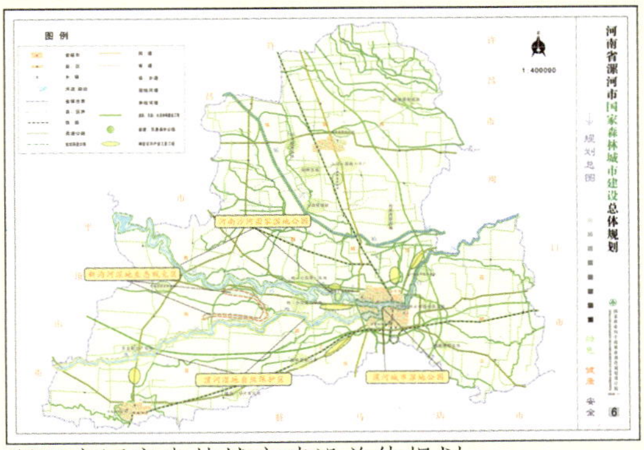

漯河市国家森林城市建设总体规划

一、规划的原则

根据城市自然环境、资源、历史现状特点和发展方向等，确定所需要的森林面积、范围、树种及布局等规划要素。按照可持续发展的原则把城市森林纳入林业发展和经济发展的总体规划。

（1）优化生态，体现以人为本的原则。以优化生态环境为中心，突出森林围城，构成有相当规模的森林生态系统，把净化大气、保护水源、缓解城市热岛效应、维持碳氧平衡、防风防灾、调节城市小气候等生态功能放在首位，以维护城市生态平衡，为市民创造优美的生活和工作环境。

（2）合理布局，强调整体效益的原则。合理布局，较少占地，科学配置城市森林类型。从城市景观形象和现实条件出发，做到水平布局、垂直布局和立体布局相结合，将不同层次的绿化单元有机衔接，做到网络布局合理，点块布局均匀，生态环境优良，景观特色明显，城景关系协调，最大限度地提高城市森林覆盖率，增强绿化观赏度。

（3）突出重点，促进全面发展的原则。充分运用高科技成果，吸收林学、造园学、景观学、树木学、美学等各方面知识，将造林绿化与造园、造景相结合，融城市的生态内涵、形态内涵、情态内涵于一体，形成一个多功能、高效益的城市森林生态系统。

（4）分类经营，突出因地制宜的原则。根据不同地段的自然条件、生态环境质量，确定适宜的森林结构，选择具有主导功能的树种，进行城市森林的合理布局。增加乡土植物的使用，突出本土植被、森林群落模式的特点，优化森林结构，提高森林生态系统的稳定性。绿化植物多样性和地方性相结合，建立一个具有良好生态功能的森林生态体系，组成结构相宜的植物群落，形成稳定的可持续发展的生态功能和生态效益。

二、规划目标

（1）总体目标。打造以城区和城郊绿化为核心的“城区绿岛、城郊林带、城外林网”城市森林景观，以高标准绿色通道为骨架的道路水系防护林带，以新农村绿化美化为亮点的优美生活环境，以农田林网为体系的田园风光，以建设“大组团、高效益”的速生丰产林和优质花果林为支撑的森林产业。

（2）前期目标。在全市形成以4000公顷林业特色产业基地为基础，2500公里绿色通道为主干，1200公里大型防护林带为屏障，林网、水网交错有致，公园、广场、道路、河流、社区、庭院绿化和郊区林带相互交融，乔木、灌木、藤木、花草搭配合理，点、线、面立体绿化协调发展的城市森林生态系统，实现城区园林化、郊区森林化、通道林荫化、农田林网化、乡村林果化的城乡绿化一体化格局，各项指标达到或超过“国家森林城市”的指标要求。

(3) 后期目标。市区森林覆盖率达28.5%以上，人均公共绿地面积15平方米，建成“林水相依、林水相连、依水建林、以林涵水”的滨河森林城市。加强生态保护和建设力度，建立起完整的良性生态系统，确保森林与生态环境的绿色、健康、安全，实现人与自然和谐统一，社会、经济、生态可持续发展。

第三节　园林绿化工程设计成果

漯河市城乡绿化规划设计院承担着全市城乡园林绿化规划设计和涉外绿化工程任务。先后完成市区沙澧沿河部分区段、城区内的大型（公）游园、道路及4个入市口的规划设计工作。同时完成城乡单位庭院、小区绿化等工程项目406项，其中：公园、游园绿化80项，道路绿化100项，小区、庭院绿化66项，涉外工程160项。

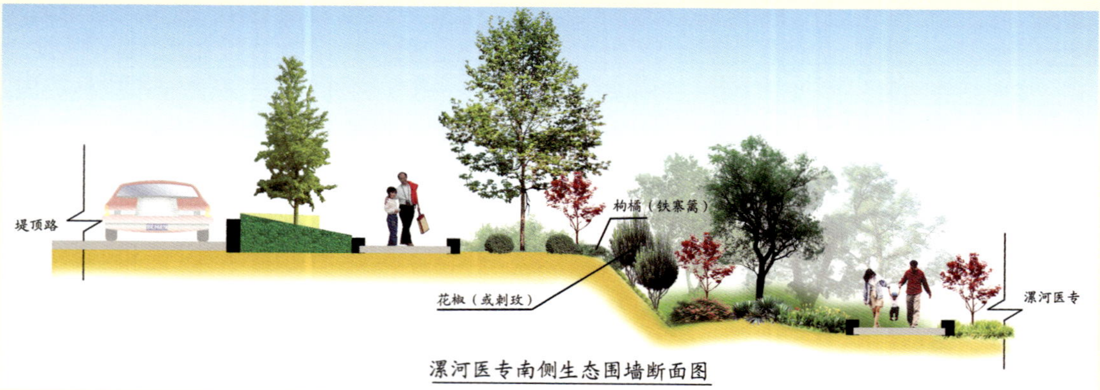

市城乡绿化设计院设计澧河一期北岸规划断面效果图

表 2-2　主要园林工程设计成果

序号	获奖项目名称	获奖类型及等级	获奖时间	颁奖单位
1	星光公园	漯河市城乡建设优秀勘察设计一等奖	1999 年	市建委
2	老虎滩公园	漯河市城乡建设优秀勘察设计一等奖	1999 年	市建委
3	银河公园	漯河市城乡建设优秀勘察设计二等奖	1999 年	市建委
4	林海园	漯河市城乡建设优秀勘察设计一等奖	2004 年	市建委
5	金山路沙河桥头游园	漯河市城乡建设优秀勘察设计一等奖	2004 年	市建委
6	漯河市金山路绿化改造设计	漯河市优秀工程勘察设计项目一等奖	2009 年	市建委
7	漯河市淞江市政广场改造工程	漯河市优秀工程勘察设计项目二等奖	2009 年	市建委
8	京珠高速漯河站引线绿化工程	漯河市优秀工程勘察设计项目三等奖	2009 年	市建委

第四节　城市园林绿化“三率”指标

1986 年城区绿化绿地量极少，除市人民公园外，几乎没有公共绿地。1989 年随着城市建成区面积的不断扩大，道路绿化、街头绿地建设相继开始，但绿化总量与省级绿化标准要求相差甚远。1990 年全市大力开展园林绿化，利用空闲地、河滩荒地进行绿化（如：交通路沙河桥南北两侧 4 块空地、犇园荒地、烟厂花园即“四大坑”垃圾场、沙澧沿河空地等），相继新建成一批游园绿地。1998 年大力开展种草种花布绿，以马蹄筋、白三叶、马尼拉、早熟禾、黑麦草、长青草等为代表的地被植物新品种得到推广应用。经过长期坚持不懈的努力，漯河市的“三率”指标不断提高。至 2012 年，城市绿化总面积比 1986 年增加 155 倍、城市绿化覆盖率比 1986 年提高 27.62 个百分点、人均公共绿地面积比 1986 年提高 17.1 倍。

表 2-3　国家、省园林城市绿化标准与漯河市园林城市绿化标准对比表

内容＼数量＼项目	河南省园林城市标准	国家园林城市标准	漯河市（2012 年年底数据）
城市绿化覆盖率（%）	≥ 35	≥ 36	38.62
建成区绿地率（%）	≥ 30	≥ 31	33.67
人均公共绿地面积（平方米）	≥ 8.5	≥ 9	12.67
城市道路绿化普及率（%）	≥ 90	≥ 95	98

表 2-4　1986 ~ 2012 年城区绿化（地）年度变化对比柱状图

单位：公顷、平方米

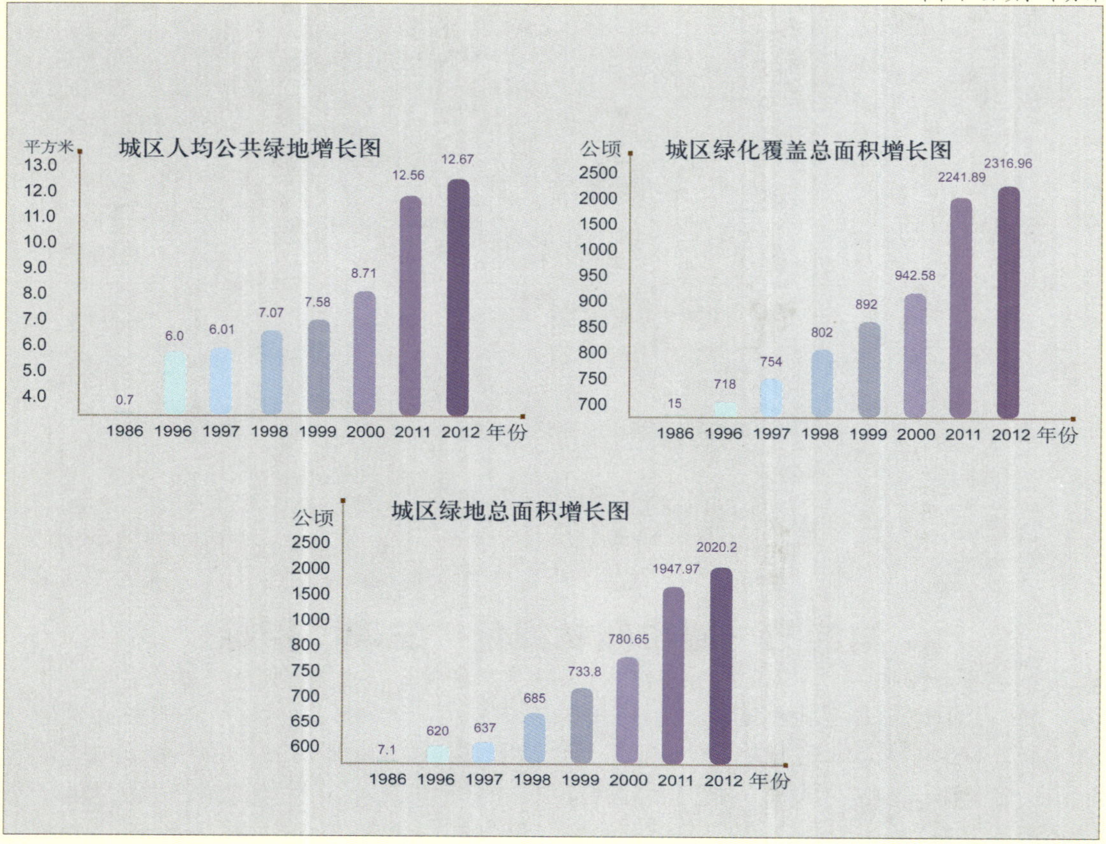

表 2-5　1986 ~ 2012 年漯河市园林城市绿化主要指标

年份（年）	城市绿化覆盖面积（公顷）	城市绿地面积（公顷）	公共绿地面积（公顷）	城市绿地覆盖率（%）	城市绿地率（%）	人均公共绿地（平方米/人）
1986	15.00	7.10	7.10	11.00	4.20	0.70
1987	—	—	—	—	—	—
1988	—	—	—	—	—	—
1989	—	—	—	—	—	—
1990	—	—	—	—	—	—
1991	—	—	—	—	—	—
1992	—	—	—	—	—	—
1993	—	—	—	—	—	—
1994	—	—	—	—	—	—
1995	691.00	453.00	67.60	28.80	18.90	5.10

年份（年）	城市绿化覆盖面积（公顷）	城市绿地面积（公顷）	公共绿地面积（公顷）	城市绿地覆盖率（%）	城市绿地率（%）	人均公共绿地（平方米/人）
1996	718.00	620.00	100.80	30.00	20.60	6.00
1997	754.00	637.00	180.20	31.40	26.54	6.01
1998	802.00	685.00	232	37.3	30.80	7.07
1999	892.00	733.80	251.00	37.35	30.80	7.58
2000	942.58	780.65	266.00	40.98	32.38	8.71
2001	1100.44	956.9	284.80	32.59	27.34	8.90
2002	1203.07	1046.15	297.65	34.38	29.89	9.30
2003	1267.60	1109.96	335.54	35.19	30.86	10.50
2004	1374.48	1195.20	431.18	37.94	33.20	12.60
2005	1731.43	1467.31	506.88	37.08	31.42	11.62
2006	1866.95	1582.16	589.79	37.26	31.58	13.40
2007	1923.08	1629.73	612.93	37.71	31.96	13.54
2008	1996.00	1700.03	637.79	39.02	33.07	13.57
2009	2056.30	1716.40	657.53	41.67	35.32	13.99
2010	2187.54	1878.78	747.21	36.46	31.30	12.45
2011	2241.89	1947.97	816.40	37.36	32.47	12.56
2012	2316.96	2020.20	824.04	38.62	33.67	12.67

第三章　公共绿地

1986年区划后，漯河市相继在市区主要道路人民路中段、五一路、交通路、湘江路、文化路、建设路、街心十字路口等地段新建一些花带、花池、绿岛来增加城市绿地面积。1996年，市委、市政府依据沙澧两河贯穿市区而过的独特地理优势，“围绕两河做文章”，对沙澧河两岸进行园林绿化建设。2000年，市区有银河公园、星光公园、老虎滩公园、汇晶花园、虹桥花园、烟厂花园、双汇广场、黄河广场、中银广场、会展中心广场、体育广场、火车站广场等公园、游园、广场、街头绿地43个。城市公共绿地面积由区划初的7.1万平方米上升到278.75万平方米，增长近40倍。至2012年，市区新建、改建各类公园、游园、广场等57个，基本满足城市居民游憩和休闲娱乐的需要。

主要公园、游园、街头绿地、广场简介：

第一节　公园绿地

一、银河公园

位于泰山路沙河桥东侧北堤滩地，占地面积约232.4亩，二级绿地。1998年，由广州园林设计院和市园林设计室共同规划设计，市园林处承建一期工程。1998年4月动工，9

月基本完成，二期工程于1999年12月底建成。游园采用规则与自然相结合的手法，设计有欧洲式柱廊、下沉喷泉广场、风帆亭等一系列观景点。以植物造景为主，现有白蜡、枫杨、红叶李、百日红、槐树、火棘等乔、灌木3252株；月季、红瑞木等1010平方米，形成乔、灌、草相结合，色彩绚丽多层次复合型植物景观。主景区是蘑菇亭和沿河花坛，游人既可观景又可休息纳凉。2011年5月纳入沙澧河综合开发改造，2012年9月完成改造。

二、星光公园

坐落于沙河北岸滩地，东起沙河铁路桥，西邻交通路沙河大桥，占地面积191亩，1997年7月拆除市劳动局服务公司1座4层临街办公楼和1处小杂院，拆除后作为公园主路口。1998年由市园林处建成，二级绿地。公园为自然式山水园，共由4个景区组成。园内有白蜡、广玉兰、红叶李、紫荆、百日红等乔、灌木3763株，形成乔、灌、草相结合，色彩绚丽，多层次复合型植物景观。公园内人造土山建有现代艺术白柱红顶亭为主景点，长达600余米的临河园路是公园的主要游憩活动区，沿河布置铺装广场、组合亭廊、绿色藤架等景点。公园的绿化以大面积不同季型的草坪为底，翠竹密林，树丛花木，色块拼图。2011年5月纳入沙澧河综合开发改造工程，2012年9月完成改造。

星光公园一角

三、老虎滩公园

位于沙河南岸滩地，东起交通路沙河大桥青春园，西至泰山路沙河桥，占地203亩。1996年年初，由市园林处设计施工。公园建设分两期完成，一期工程即西园于1996年10月动工，1997年6月建成开放。二期工程即东园于1998年2月动工，9月建成。

老虎滩公园一角

老虎滩公园因与沙河河道中间的老虎滩相对而得名。在民间曾有一段传说：过去沙河常发洪水，可每次洪灾，不管水有多大，水涨多高，始终都没淹过老虎滩，传说这里有猛虎镇河，所以水龙王再大发雷霆也未能淹这块风水宝地。为使这一古老传说永久留传下来，在公园西部与老虎滩相对应的地方，通过地形改造，堆一座小山，山上建镇河虎雕，高2.1米，宽3.4米，用青石雕成，使老虎滩名副其实，也成为公园的主景点。公园采用自然式布局形式，共划分为镇河虎雕景区、临河活动区、中心游憩区、垂钓区、水上活动区、大型舞场等景区。主要景点和设施有：镇河虎雕、中心广场、伞亭、蓑衣亭、六角亭、长廊、钓鱼池、游船码头、卵石滩、大草坪、树林等。公园的绿化以疏林草地为主。2011年5月纳入沙澧河综合开发改造工程，2012年9月完成改造。

第二节　游园、街头绿地

一、游　园

（1）犇园。位于牛行街南端澧河堤畔，为无规则式带状绿地，占地14亩，由天津市园林设计院设计，市园林处承建，市磷肥厂出资15万元。1987年，市委、市政府发出号召，提出“全市总动员，每人一方土，不拉五元钱”（要求每个机关、单位、个体商户根据各自人员多少，每个人平均要拉送一立方泥土，或以资代劳，每人出资5元钱）的口号，有钱出钱、有力出力，义务填土3.5万立方米，1988年12月竣工开放。犇园主入口平坦放置一组体现漯河人民精神面貌的“犇牛雕塑”。建筑小品有：假石、花架、三角亭、水池、椭圆形儿童滑梯和另一组“犇牛雕塑”等。种植侧柏、盘槐、槐树、龙柏、雪松、垂柳、月季等乔、灌木26种654株，种植草坪白三叶6000平方米。2011年5月纳入沙澧河综合开发改造工程，2012年9月完成改造。

犇牛雕塑

（2）虹桥花园。位于沙北行政区，东起泰山路大桥，西至嵩山路大桥，南依沙河北堤，北接沙北居住小区，分为虹桥东花园和虹桥西花园两部分。总占地面积119亩，其中东花园占地76亩，西花园占地43亩，由市园林处设计并实施建设，1997年8月建成，二级养护绿地。花园总体布局上采用自然式造园手法，以植物造景为主，力求自然，植物配置以大片疏林草地为主，适当点缀花灌木，做到常绿和落叶相结合，观叶和观花树种相结合。2011年5月纳入沙澧河综合开发改造工程，2012年9月完成改造。

（3）嵩山游园。位于嵩山路沙河桥西侧，南依沙河河堤，北邻沙北路，占地面积16亩，二级养护绿地。游园采用规则式与自然式相结合的造园手法，绿化种植以植物造景为主，采用自然式栽植，力求丰富植物的色彩和空间层次，共种植各类乔木1000余株。游园中心广场内设大型水池喷泉，创造出声、色、形三维艺术景观。2009年1月纳入沙澧河综合开发改造工程，2010年3月完成改造。

（4）河滨游园。位于沙河南堤内侧，交通路桥和铁路桥间，属内滩绿地，总面积约15亩，1986年由市园林部门设计建成并投入使用，是一处开放性的桥头绿地。游园地貌平坦规整，为带状绿地，地面海拔高60米，河防安全水位线61.5米。因其位于两桥之间，水流较慢，规划设计时充分考虑泄洪及堤防安全，采用规则式布局手法，以疏林草地为主，于适当地段点缀花灌木，以丰富色彩景观和季相变化，力求形成简洁、开阔、明快的景观效果。全园共有三个功能分区：主入口活动区、儿童游乐区及次入口活动区。在游园西端的主入口活动区内设置有风帆造型，为全园主景点。2011年5月纳入沙澧河综合开发改造工程，2012年9月完成改造。

1995年8月28日，省建设厅园林规划处处长魏伟一行视察漯河河滨游园。市建委主任魏金良陪同

（5）四季园。位于交通路沙河桥南北两端，东西两侧4个洼地，分桥北游园和桥南游园两大部分，总占地面积约16亩。1987年拆除市园林处5间温室花房与犇园一起回填

土方建园。建有园路、花池和帆船、圆形水帘、热带鱼、双环园门等小品雕塑，1998年建成。其中，桥北游园由天津市园林设计院设计，桥南游园由市园林部门设计，由市园林部门统一承建。在布局上采用规则式设计，植物配置上进行多层次造型，配置色彩丰富的花灌木，并在季相植物选择上各有侧重，以体现“四季园”春、夏、秋、冬四季不同景色。2011年5月纳入沙澧河综合开发工程，2012年9月完成改造。

（6）**雁归园**。位于澧河以东，丁湾桥以南，隔丁湾桥与澧河园相对，游园占地面积10.4亩。游园布局采用自然式手法，以植物造景为主，园内现有各类乔木1000余株，地被以天堂草为主，形成乔、灌、草相结合，多层次复合型植物景观。2011年5月纳入沙澧河综合开发改造工程，2012年9月完成改造。

（7）**环保游园**。地处嵩山路桥南西侧，南靠沙河河堤，北隔沙河与邮电花园相对，占地面积21亩。游园采用规则式与自然式相结合的手法布局，以植物造景为主，种植有柳树、广玉兰、碧桃、桂花、红叶李、火棘球等乔木300余株，形成乔、灌、草相结合，色彩绚丽、多层次复合型植物景观。2009年1月纳入沙澧河综合开发改造工程，2010年3月完成改造。

（8）**林海园**。位于嵩山路沙河桥北岸东侧滩地，占地面积15亩，于2002年建成。游园以规则式手法布局，以植物造景为主，园内有白玉兰、碧桃、柿树、枇杷等乔木300余株，地被以耐阴麦冬为底色，形成乔、灌、草相结合，色彩绚丽多层次复合型植物景观。主景观为沿河长廊和观瞻台，既丰富园林景观又体现现代化艺术特色。2011年5月纳入沙澧河综合开发改造工程，2012年9月完成改造。

（9）**青春园**。位于交通路沙河桥南岸西侧，西与老虎滩公园相连，占地面积3余亩，于1998年建成。游园在布局上采用规则式设计手法，规整的园路把绿地分割成不同的部分，造型新颖的花坛、园凳、小雕塑、景墙等园林小品与造型别致的绿化植物有机组合，为市民提供一个优美、舒适、恬静的游憩空间。2011年5月纳入沙澧河综合开发改造工程，2012年9月完成改造。

（10）**迎春园、紫薇园**。位于金山路沙河桥北岸东、西两侧，占地面积73.7亩，于2002年建成并投入使用，二级养护绿地。游园采用规则式与自然式相结合的手法布局。园入口处分别设置景石，周围以花草为衬托，建有古典式管理房。植物配置上，以植物造景为主。两个游园分别以种植大量迎春和紫薇而得名，园内种植各类乔木3457株，形成色彩绚丽、多层次复合型的植物景观。2011年5月纳入沙澧河综合开发改造工程，2012年9月完成改造。

（11）**梅园、合欢园**。位于金山路沙河桥南岸东、西两侧，隔沙河与紫薇园、迎春园相对，占地面积44.5亩，2002年建成并投入使用，二级养护绿地。游园以大量种植梅花和合欢而得名。游园自然式的植物配置，形成乔、灌、草相结合，色彩绚丽、多层次复合型植物景观，园内建有一处旱冰场。2011年5月纳入沙澧河综合开发改造工程，2012年9月完成改造。

二、街头绿地

（1）**安居花园**。位于市区滨河路西段，北依沙河河堤，西邻泰山路，占地面积约34亩，二级养护绿地。园内采用规则式与自然式相结合的手法布局，以植物造景为主线，有大叶女贞、黄山栾、枇杷、五角枫、白玉兰、红叶李、石楠等乔木2353株，形成乔、灌、草结合，色彩绚丽，多层次复合型植物景观。主景区是以古典与现代相结合的文化长廊，长廊下设座凳，可供游人休憩。2011年5月纳入沙澧河综合开发改造工程，2012年9月完成改造。

烟厂花园

（2）烟厂花园。位于市区解放路与双汇路交叉处，总面积40亩。附近居民人口密集，原为有名的“四大坑”所在地，后随城市发展，居民区增多，“四大坑”被填满垃圾，严重影响周围居民的生活和市容市貌。1996年，针对此地的位置和状况，为弥补铁东区公共绿地不足，解决铁东区市民无休闲游乐活动场所等问题，市委、市政府决定对这块垃圾场进行绿化美化，由市园林处承建。为节约财政开支，市政府采用企业出资的方式筹措资金，市卷烟厂出资30万元取得命名权，将此园建成开放性花园。1997年年底一期工程完工并投入使用。由于该园是垃圾场改建，在园区东南角，用垃圾堆成一假山，遮挡东南角和南边的破旧建筑。绿化种植以适应性强、管理较粗放的乡土树种作基调树种，共栽植乔灌木3000余株。2008年上半年该园进行第三期大规模改造工程，使该园的功能得到进一步完善。

（3）复兴花园。位于嵩山路澧河桥南端东侧，南邻柳江路，占地面积27亩，由市园林处设计施工，1998年6月竣工建成，二级养护绿地。该园采用规则式布局，植物配置以四季常青的观赏草坪为底色，以观花观叶的宿根花卉为主，形成乔、灌、草相结合，色彩斑斓的植物景观。2011年5月纳入沙澧河综合开发改造工程，2012年9月完成改造。

（4）汇晶花园。1988年建成，位于湘江西路，北依澧河河堤，西与复兴园相接，占地面积183亩，为开放性游园。这里原是因建河堤时取土成沟，沟内杂草丛生，周围多住一些“回流户”，房屋都为低矮临时性建筑，无人管理，环境很差。1997年改造，市电厂出资60万元，取得命名权，命名为“汇晶花园”。规划设计运用中国传统园林理论，借鉴现代城市造园设计手法，合理布局各游憩空间，花园分4个功能区：主入口活动区、次入口活动区、安静休息区、疏林草地区。绿化是以大片草坪，丛林花境为主，合理栽植，内设 “母子鹿”造型，在绿树花丛的映衬下，起到了很好的点睛作用。主入口活动区小广场内置有“新星”不锈钢雕塑。大圆球喻意漯河内陆特区，小星喻义为电力集团。2011年5月纳入沙澧河综合开发改造工程，2012年9月完成改造。

汇晶花园雕塑一组

（5）海河竹园。位于海河路中段南侧，占地面积13.5亩，由市园林处设计并承建，1998年5月建成，三级养护绿地。该园小巧玲珑，新颖别致，采用自然式布局手法，园内设有1.5米宽方砖卵石拼花路和圆形、月牙形广场，广场上布置有仿竹凳和塑竹架小品，草地上置一熊猫雕塑，既丰富园内景观又具艺术性。绿化种植以大片竹林为背景，适当点缀雪松、广玉兰、合欢等，形成舒朗大方、美丽宜人的城市街旁绿地。2010年拆除。

（6）竹园绿地。建于原贸易区东京路与北京路西南角，占地面积3亩，园内有园路、草坪、水杉林，建有遮挡隐蔽花墙及荷塘。雕塑有熊猫、大象等雕塑小品。1995年3月建成。

第三节　广场绿地

一、中银广场

位于沙北行政区，南邻市区主干道黄河路，西邻嵩山路，东邻人民会堂，北邻海河路，呈 L 形，占地面积 36 亩，1997 年 4 月，由市园林处设计施工。中国银行漯河分行以 60 万元取得命名权，冠名为“中银广场”。该广场采用抽象式设计手法，在主入口花坛设置景石，书写“中银广场”园名，周围草花作衬托。园内流畅的园路、花坛、景石与绿地结合，具有旋转的韵律感，色彩丰富，对比强烈。2007 年 3 月 23 日进行改造升级，硬化园路面积 8000 多平方米，铺设灌溉水管 1000 多米，安装自动灌溉喷头 400 多个，更换草坪 17000 平方米。现已成为漯河市标志性广场绿地之一。

中银广场

二、双汇广场

位于沙南中心区域，东邻漯河实验高中，西邻文化路，南邻建设路，北邻市体校。1998 年 4 月 2 日，为扩大沙南绿地面积、改善居民工作生活环境，市委、市政府决定将市体育场改建成“建设广场”，4 月 21 日市创建办组织人力物力拆除文化路、建设路沿街门面房 108 间。1999 年 8 月 26 ～ 27 日，市创建办召开双汇广场二期工程拆迁改造定向爆破协调会。28 日，成功实施定向爆破拆除第二造纸厂办公楼和家属楼各 1 栋，扩大广场面积。后由双汇集团出资取得冠名权，改名“双汇广场”。双汇广场前后经历过三次大的改造建设，建设图纸由广州园林设计院和市园林处共同设计规划，地下排水供电由市政管理处负责，供水管道由自来水公司负责。一期工程由市园林处承担建设，建成后由市园林处负责管理养护。1999 年 10 月交由市人民公园接建二期改造工程， 2000 年 3 月建成使用。广场占地 130 亩，其中绿化面积 90 亩，硬化面积 38 亩，水面面积 2 亩，分别占总面积的 69.2%、29.2% 和 1.5%。2007 年 4 月 17 日，市政府召开双汇广场三期改造工程协调会，市政府分管领导以及市建委、市林业园艺局、市人防办、市发改委、市房管局等有关部门负责人、工程技术人员及三家外国设计公司代表参加会议。会议决定由市林业园艺局、市人防办负责，美国纳斯达克投资公司负责改造兴建，改造面积 7 万平方米。8 月 2 日，市园林处开始对双汇广场进行广场喷泉设备及设施的拆除以及各类乔木和灌木移植，移栽地点为金山桥南北两侧的合欢园、梅园、迎春园、紫薇园 4 个游园。8 月底，移植工作全部完成。2010 年 8 月，双汇广场三期改造工程正式开工建设，由市规划局、质监部门和市人防办负责工程质量进度并监管，同时负责对外部有关事宜的协商，资金的拨付。为加快双汇广场建设，2010 年 12 月 20 日，根据《市人民政府关于加快推进双汇广场地面工程建设的会议纪要》精神，双汇广场地面工程整体由漯河市中泰力诚城市投资有限公司投资建设，采取 BT 模式，建成后由政府进行回购，市林业和园林局不再承担绿化建

双汇广场旧址

设任务，做好支持配合、衔接协调等相关工作。2011 年 5 月，双汇广场三期改造正式竣工，改造后的双汇广场分地下和地上两个部分，地下为人防工程，地上为游园、休闲场所，是集群众游玩休憩和人防工程为一体的综合广场。

三、车站广场

漯河火车站占地面积 3.3 公顷。2005 年 3 月 28 日，市政府决定对火车站广场进行改造，土建设施由市工程处负责施工，市园林处负责承建广场绿化工程，工程于 2005 年 6 月 8 日完工。广场绿化工程拆除旧花坛，新建 5 个花坛，安装铁艺栏杆，种植大规格广玉兰、枇杷、瓜子黄杨、红叶小檗等彩色小灌木，增加绿量。将火车站广场周围道路行道树的金丝柳更换为枫杨。通过改造，火车站广场绿化档次和景观面貌得到大幅提升。

四、会展中心广场

会展中心广场绿化工程由市城市建设投资公司投资并进行统一公开招标，漯河碧苑公司中标承建东半部区域，聘请上海园林设计院高标准设计。工程突出三个特点：一是突出一个中心、三条城市景观轴、四个城市节点；二是突出绿化景观品质及丰富的绿色空间；三是突出艺术性、亲民性。会展中心广场于 2008 年 4 月开始施工，10 月底竣工，占地总面积 90 亩。广场采用对应式手法设计，地形起伏，人造景点，园内设有自动式喷灌设备，园路弯绕曲静，主入口两侧设计大规格银杏（胸径 25 厘米）178 棵，园内主要种植乔灌木有银杏、白皮松、美国红枫、桂花、油松、马褂木、重阳木、红梅、樱花、广玉兰、雪松、朴树、木槿等 39 种植物。绿化施工后移交市园林处负责管理。会展中心广场既是漯河大型展会场所，又是周边居民休闲、娱乐活动的重要场所。

第四节　文化园绿地

一、许慎文化园

许慎文化园是依托全国重点文物保护单位——许慎墓规划建设而成的集文物保护、名人凭吊、经典教育、汉字文化、游览观光于一体的国家 AAA 级文化旅游景区。全园占地 150 亩。2009 年 4 月 3 日，漯河绿地集团负责承建许慎文化园区的景观绿化工程。绿化面积近 6 万平方米，栽植松柏、香樟、楸树等大规格名贵树种 1300 多株，栽植花灌木 5 万余株， 2010 年 4 月 30 日正式完工，2010 年 10 月 27 日正式开园。

许慎文化园

二、陈星聚纪念馆

陈星聚纪念馆建设工程是 2009 年市委、市政府确定的十大工程之一。陈星聚纪念馆绿化包括台陈村绿化美化及陈星聚墓园绿化。由临颍县林业园艺局、台陈镇政府、胡桥园林绿化有限公司合力建设，共栽植绿化树 1 万多株，栽植绿篱、铺设草坪 2 万多平方米。台陈村绿化美化主要包括知府路、育才路、知府东路、知府西路、陵园路及路边荒坑的绿化美化。馆区绿化工程整体景观庄严肃穆，进馆道路整修及绿化工程包括从 107 国道至台陈镇政府 3.8 公里道路，两侧路肩加宽、道牙铺设、绿化及墓区道路建设工程，铺设草坪 12700 平方米，栽植绿化树 3000 多株。2009 年 3 月 31 日竣工开园。

表 3-1　漯河市主要公园（游园、花园、广场）日常和节假日客流量

单位：人次

绿地名称	日常客流量（日平均）	节假日客流量（日平均）	功能性质
人民公园	500	5000 ~ 10000	市级综合性公园
森林公园	1000	10000 ~ 15000	收费
双汇广场	2000	5000 ~ 8000	开放性街头绿地
虹桥花园	1000	800	开放性区域花园
银河公园	1200	6000	开放性区域公园
星光公园	1000	5000	开放性区域公园
老虎滩公园	1200	8000	开放性区域公园
澧河乐园	400	1000	开放性带状花园
烟厂花园	1000	6000	开放性社区花园
汇晶花园	500	1500	开放性区域花园
海河竹园	200	300	开放性街头绿地
复兴花园	300	700	开放性社区花园
双龙游园	300	800	开放性带状花园
环保游园	500	5000	开放性带状花园
中银广场	800	6000	开放性街头绿地
香陈湾乐园	300	500	收费
许慎文化园	300	600	收费
陈星聚纪念馆	300	600	收费
沙澧公园（凤凰山）	500	800 ~ 1000	开放性区域公园
沙澧公园（沙滩浴场）	500	1000 ~ 1500	开放性区域公园
沙澧公园（月牙湖）	400	600 ~ 1000	开放性区域公园
沙澧公园（红枫广场）	300	500 ~ 1000	开放性区域公园

第四章　道路绿化

道路用地在城市各项总用地数量中所占比重不是很大，道路绿化面积尤其有限，但它惠及群众最广，其美化城市的作用最为显著，它是城市大园林重要的组成部分之一。1986年区划后，漯河市坚持“一街一树一景”，依路植树，因树造景，达到“条条道路景不同”的绿化效果。在树种选择上，综合考虑气候、环境等自然条件，以槐树、广玉兰、女贞、千头椿、馒头柳等作为街道行道树骨干树种，体现出地方园林绿化特色。市区街道绿化普及率达 98%，市区干道绿化带面积达道路用地面积的 26.8%。

第一节　街道绿化

漯河市区具有代表性的街道绿化有嵩山路、长江路、黄河路、金山路景观大道、淞江路、太行山路等。

一、嵩山路

北起淞江路，南至金江路，全长 5 公里，为三板四带式道路。嵩山路绿化由市园林处设计，并组织施工。根据南北两段具体地形，采用两种不同风格的设计手法。

嵩山路道路绿化

北段（嵩山园林路）位于嵩山路沙河桥北—黄河路段，全长 550 米，红线宽 82 米，主路面（三板）宽 24 米，分车花带宽 2 米 ×2 米，两侧绿地总宽 54 米，其中东侧绿地宽 29 米，西侧绿地宽 25 米，绿地总面积 45 亩。规划布局以自然式为主，在东西两侧绿地上，各有一条 1.5 米宽的人行步道贯穿全绿地，北部与黄河路人行道绿地相接，南与沙北外滩绿地相连。植物采取少品种、巧点缀的形式，在马尼拉草坪底色上，用大叶黄杨和红叶小檗拼成装饰性极强的图案。中间分车花带采用大叶黄杨块和丰花月季间接栽植。两侧采取“疏林草地”形式，根据两侧建筑情况，在两侧路外缘各植一排大叶女贞，在绿地拐角，边缘地段片植、丛植百日红、碧桃、榆叶梅等花灌木，常绿类刺柏球、蜀桧等做点缀，疏密有序，宜障则障，宜透则透，高低错落。以两侧绿地内的自然式园林路替代人行道，实现“园”与“路”的完美结合。

南段位于嵩山路沙河桥南—大学路段，全长 730 米，红线宽 48 米，主路面（三板）宽 24 米，分车花带宽 2 米 ×2 米，两侧人行道宽 10 米 ×2 米。南段设计在继承传统的“一条路、两行树”绿化模式的基础上，力求在人行道绿化上创出特色。靠主路两侧用千头椿做行道树，株距 6 米，枝下高 2.5 米以上，胸径 10 厘米以上，冠形整齐美观。靠红线两侧，加植一行碧桃，株距 4 米，春季桃花盛开，妩媚动人。人行道打破全硬化，改为“硬化、绿化双覆盖”，即在千头椿和碧桃中间硬化 1.5 米宽做人行道，其余全部铺种常青草，使绿地面积大幅度增加。分车花带采用与北段不同的形式，用带长各 20 米的大叶黄杨、红叶小檗和矮化美人蕉相间栽植，既简洁明快又美观大方。2005 年 3 月实施果树进城工程，在分车花带内种植梨树 240 棵，春季怒放的梨花已经成为该路段亮丽的风景线。2009 年 3 月，高标准改造升级，重新建花池，层次分明，成为色块、景石为一体的现代式景观路。

二、长江路

东起嵩山路，西至107国道，全长3.2公里。2005年在原有基础上，重新改造调整部分植物、花卉品种。沿途种植广玉兰、黄山栾、大叶女贞、红叶李、乌克兰大樱桃、棕榈、石楠、碧桃、金边黄杨、红叶小檗、大叶栀子、大叶黄杨等。其中乔木共计4285棵，绿篱色块9753平方米。长江路采取中式自然风格构建而成，是漯河市果树进城工程的重点工程。

长江路人行道绿化

三、建设路

东起交通路，西至泰山路，全长1.2公里，红线宽36米，分车花坛宽6米，为二板三带式道路。建设路绿化由市园林处设计并组织施工。行道树为槐树，株距6米，枝下高2.5米以上，胸径均在20厘米左右，树冠完整，树形美观。人行道采用“硬化、绿化双覆盖”，即靠主路一边，行道树下铺种4米宽的矮天堂草，并于行道树间栽植榆叶梅，其余靠红线一侧3米全部硬化。在分车花坛中轴线上以雪松为风景树，间植黄杨球，花坛内满植马蹄金草，用葱兰镶嵌花坛边缘。道路上的乔、灌、花、草配置得当，无黄土裸露，管理精细，景观效果美观大方。2012年12月，重新对该路段进行改造升级，把原有植物进行更新，新种植瓜子黄杨、红叶小檗、月季2900平方米。

四、泰山路

南起南环，北至淞江路，全长5.5公里。种植树木以柿树、水杉、广玉兰、大叶女贞、槐树、法桐为主，其中柿树344棵、水杉578棵。采取中式自然的设计风格，使用常绿落叶树种绿化。部分地段点缀瓜子黄杨、红叶小檗、黄杨球、麦冬等绿化植物，增加绿地绿量。

五、湘江东路

东起燕山路，西至金山路，全长1.8公里，红线宽51米，三条分车花带总宽度5米，为四板五带式道路。湘江东路绿化由市园林处设计施工，铁东开发区园林处负责管理。行道树为白蜡，株距6米，靠红线处栽植碧桃，株距4米。人行道采用“硬化、绿化双覆盖”，即在白蜡、碧桃之间铺1.5米宽人行道，其余全部植草绿化。中央分车花带采用丰花月季满栽，黄杨球点缀，突出丰花月季花团锦簇的景象。两侧分车花带则采用60米长的大叶黄杨块和35米长的红叶小檗块交替满栽。经济开发区园林处于1994年进行花带拆除，重新绿化改造。

六、金山路

金山路景观大道南起淞江路，北至龙江路，全长1.90公里。两侧绿化带宽均为15米，中间花带近20米，2007年2月22日开工建设，绿化面积5560平方米，于2007年4月15日竣工，是漯河标志性绿化景观道路之一。工程设计由漯河市新世纪园林设计院与上海园林设计院联合完成，由市园林处与市绿化工程处施工建设。该道路设计体现出“景人合一”理念。设计地形为多变的沙滩海浪造型。植物配置按照不同的品种分区设置，既有高大挺拔的水杉林，又有高低起伏的花带，不同的色块造型，组成大气的图案，有效缓解视觉疲

金山路迎宾大道绿化

劳。花带内种植乔木及花灌木 80 余种，栽植水杉、红枫、枸骨球、龙柏造型树、女贞造型树及金叶女贞、红叶小檗等色块植物，设置迎客松、景石。栽植的桃树为精品盆景观赏桃树。在色块植物的修剪上，将水滴造型的色块沿中心线修剪为放射状的多角度立体造型，使得设计主题更为突出。2009 年 3 月被省建设厅授予“2008 年度河南省城市园林绿化优质工程”。2010 年 3 月，金山路南段（金山路大桥向南—湘江路）道路重新升级改造完成，绿化面积 4251 平方米，硬化面积 10882 平方米，在东方大市场门口新建花坛，放置大型景石进行点缀。

七、黄河路

黄河路是漯河市沙北行政区的主干道，为三板式道路，东起中山路，西至郾城东关，全长 7.3 公里，道路设计红线宽度为 60 米。1988 年建成，分车带内四排修剪整齐的绿篱和高达十几米的雪松一起，像一道绿色屏障将快车道与慢车道分隔开。行道树法桐犹如一把巨伞，浓荫遮天，刺柏则好像绿色卫士整齐地排列在人行道外侧。1996 年 4 月该路段升级改造，1996 年 10 月 15 日被省建设厅命名为绿化达标道路。2007 年 3 月 20 日，对黄河路西段（嵩山路—祁山路）花带进行改造，两侧绿化带砌带状花池 1500 米，种植瓜子黄杨、小叶女贞、红叶小檗、金边黄杨、灌木造型等 10 余种。

黄河路绿化景观

八、淞江路

东起中山路，西至 107 国道，全长 9.5 公里。该路段位于市区北端，是最长的交通枢纽之一，道路宽 60 余米，绿化带宽 30 米。行道树为柳树，中层配置大叶女贞、百日红、夹竹桃等花灌木，底层配置小叶女贞、红叶小檗、金叶女贞、瓜子黄杨等绿篱植物。地被植物配置为葱兰、鸢尾、红花酢浆草等。高中低错落有致，常绿植物和落叶植物相搭配，开花植物和常绿植物相搭配，达到四季常绿，三季有花。2007 年 3 月 21 日，对淞江路东段花带两侧绿化进行改造，上土方 3000 立方米，清理垃圾杂草 35 车，种植乔木、灌木、花卉等 10 余种。

九、汉江路

东起嵩山路，西至 107 国道，全长 3.2 公里。2011 年 3 月 3 日，由漯河绿地（集团）公司承建，对道路两侧绿地进行绿化。栽植行道树广玉兰、黄山栾 700 余株，花坛绿地内栽植瓜子黄杨、红叶小檗、金叶女贞等 8 万株。于 2011 年 4 月 12 日竣工。

十、太行山路

南起湘江西路，北至龙江路，全长 6.6 公里。2010 年 5 月，沙澧河上建成 2 座大桥，新扩宽道路 60 米，贯通于沙南原贸易区与沙北郾城区，缓解市中心交通压力。市园林处对该路段进行两次绿化，在部分地段道路两侧建绿化带，种植瓜子黄杨、红叶小檗、金叶女贞等 9200 平方米，人行道补植乔木 69 棵，种竹子 2000 平方米。2012 年 9 月施工结束。

表 4-1 漯河市城区主要（主、次）干道路绿化一览

道路名称	长度（米）	宽度（米）	面积（公顷）	绿地面积（公顷）	绿地率（%）	绿化覆盖面积（公顷）	绿化覆盖率（%）
解放路（滨河路—湘江路）	1500	36	5.4	—	—	2.86	53
金山路（淞江路—新北环）	1900	60	11.4	5.23	45.9	9.23	81
金山路（淞江路—黄河路）	1200	60	7.2	3.43	47.6	4.32	60
金山路（滨河路—湘江路）	1870	40	7.48	0.5	6.68	3.98	53
交通路（南环路—沙河桥）	6000	46	2.7	—	—	8	30
燕山路（人民路—湘江路）	950	46	4.4	0.45	10.2	2.12	48
燕山路（湘江路—赣江路）	650	46	3	0.29	9.7	1.65	53
泰山路（淞江路—海河路）	950	30	2.85	0.7	24.6	1.5	53
泰山路（海河路—泰山桥北）	356	30	1.1	—	—	0.32	29
泰山路（泰山桥南—南环路）	4100	30	12.3	—	—	4.9	40
嵩山路（黄河路—淞江路）	1250	40	4.9	1.5	30.6	3.1	63
嵩山路（黄河路—沙北路）	550	40	2.2	1.5	68.2	1.9	86
嵩山路（沙河桥南—金江路）	2900	40	11.59	2.5	21.6	6.5	56
太行山路（沙河大桥北—龙江路）	3500	40	14	3.5	25	4.1	29
太行山路（沙河大桥南—湘江路）	3100	40	12	3.52	29	4.64	39
淞江路（107 国道—中山路）	9800	60	59	27	46	30.74	52
井冈山路（龙江路—澧河河堤）	3200	30	9.6	—	—	1.83	20
黄河路（铁路桥东—中山路）	4300	60	26	8	31	12.7	48
黄河路（铁路桥西—祁山路）	3500	60	21	8.39	40	10.52	50
人民路（泰山路—解放路）	2200	40	8.8	—	—	3.16	36
人民路（解放路—衡山路）	1900	40	7.6	0.57	7.5	3.46	46
人民路（衡山路—中山路）	3350	40	13.4	0.6	4.47	5.71	43
马路街	1000	20	1.9	—	—	0.4	21
老街	1000	20	1.9	—	—	0.4	21
湘江路（泰山路—解放路）	2200	40	8.8	0.6	6.8	3.79	43
湘江路（解放路—燕山路）	2900	40	11.6	1.69	14.6	6.1	53
金江路（嵩山路—交通路）	1750	40	6.9	2.31	34	3.1	45
南环路（中山路—107 国道）	8700	60	52	18.3	35	21	40
龙江路（新北环）（中山路—107 国道）	9500	50	48	10.9	23	15.9	33
中山路（南环路—龙江路）	6700	50	33.5	9.6	29	10.1	30

续表

道路名称	长度（米）	宽度（米）	面积（公顷）	绿地面积（公顷）	绿地率（%）	绿化覆盖面积（公顷）	绿化覆盖率（%）
淮河路	420	30	1.3	0.4	30	0.8	62
海河路	1360	30	4	0.76	19	2.26	56.5
文化路（人民路—湘江路）	1080	30	3.2	0.53	16	0.87	27
建设路	1200	36	4.32	0.92	21.3	3.6	83
滨河路	3400	30	10.2	—	—	6	59
漯舞路	1600	40	6.4	0.38	6	3.8	59
长江路	3200	60	14.9	4.9	32.8	9.97	67
大学路	2000	30	6	2	33	2.6	43
衡山路	950	40	3.8	0.32	8.4	1.1	29
沙北路	280	25	0.67	0.36	5.35	0.59	88
八一路	920	20	2	—	—	2	100
东京路	700	40	2.8	0.5	18	1.2	43
漓江路	3200	30	7.8	—	—	1.31	18
五一路	2600	30	7.7	—	—	1.97	26
柳江路	2100	30	6.3	—	—	2.7	43
西京路	900	30	2.7	0.85	31.5	1.26	47
双汇路	1100	30	3.3	—	—	1.1	33
天山路	600	30	1.8	0.72	40	1.7	94
黄山路	1700	30	5.1	1.3	26	2.72	53

第二节　街心绿岛绿化

漯河市区最具代表性的街心绿岛（花坛）绿化有黄河路与嵩山路花坛、龙江路与金山路花坛、淞江路与107国道花坛、辽河路与107国道花坛、北京路与西京路花坛、金山路与淞江路花坛、淞江路与邙山路花坛、人民路与五一路花坛、人民路与交通路花坛、枫林园中心花坛街心中心绿岛10个，街心转角绿岛18个。

一、金山路与龙江路交叉口绿岛

始建于1999年，位于漯河市东北入市口，花坛为正圆形，占地12亩，绿化植物以小叶女贞、红花檵木球、黄杨球、百日红、瓜子黄杨、棕榈为主。

二、五一路与人民路交叉口绿岛

始建于20世纪80年代，花坛为正圆形，占地面积约1.5亩，因位于交通枢纽，绿化以低矮灌木和绿篱为主，主要植物有红叶小檗、瓜子黄杨、雀舌黄杨、金叶女贞、紫薇等。1994年随人民路道路扩建改造拆除。

三、交通路与人民路交叉口绿岛

始建于20世纪80年代，花坛正圆形，直径17米，占地面积约1.4亩，中心树立“漯河之春”雕塑，内配置有喷泉，绿化植物有红叶小檗、瓜子黄杨、雀舌黄杨、金叶女贞、紫薇等。1994年随人民路道路扩建改造拆除。

四、淞江路与金山路交叉口绿岛

花坛占地面积3亩，为正圆形，配置植物有瓜子黄杨、迎春、鸢尾、棕榈、常春花、红叶小檗、金叶女贞、百日红、天堂草等。乔木配置棕榈，灌木配置花期较长的百日红，形成错落有致、四季常绿、三季有花的绿化景观。

五、邙山路与淞江路交叉口绿岛

花坛占地面积1.21亩，为正圆形，绿化植物以低矮植物为主，由金叶女贞、红叶小檗、大叶黄杨、构骨球、红花檵木、黄杨球组成色块，中间配置构骨球、黄杨球、红花檵木球等常绿球类植物。

六、黄河路与嵩山路交叉口绿岛

花坛占地面积3亩，为正圆形，花坛图案以高低错落、具有立体感的植物色块为造型图案。主要配置有红叶小檗、金叶女贞、侧柏、黄杨球等，并设计8块季节性草花图案，根据每年季节变化、重大节日、重要活动，园林部门及时更换、调整组摆时令花卉，丰富街景气氛。

黄河路街心花坛

第五章　生产绿地

随着城市园林绿化事业的不断发展，漯河市生产绿地规模不断扩大，坚持“苗木自育与引进”相结合，自产苗木自给率达到83%，圃存盆花基本可满足市区绿化装饰需要。

第一节　园林苗圃

一、区划后苗圃变化情况

漯河市升格为地级市后，随着市区面积扩大，原有的苗圃因为城市建设用地而被征用。为满足城市绿化美化需要，市园林处于1993年3月租赁郾城县井李村土地，建立占地3.5

公顷的井李苗圃，用于培育绿化苗木。后又在源汇区毛寨村租赁1.9公顷土地作为花灌木培育基地（2004年5月归属市绿化工程处）。1996年3月，市园林处在姬崔建苗圃，占地2公顷。1998年2月因城市规划，将姬崔苗圃改造为复兴花园。2002年9月，市绿化工程处租用后谢乡后谢村土地8公顷，作为苗木基地，培育苗木以工程常用树种广玉兰、黄山栾、白蜡、槐树为主，并大面积繁育扦插红叶小檗、大叶黄杨、瓜子黄杨等小苗。后因三个苗圃的土地租用相继到期，苗圃内苗木迁移至淞江植物园，既作为繁育苗木基地，又作为市区公共绿地进行管理。

苗圃基地

表5-1　原有苗圃基本情况

单位：公顷

分类	序号	名称	面积	位置
生产绿地	1	高新技术开发区苗圃	7	高新区
	2	市苗木基地	7	阴阳赵
	3	毛寨苗圃	3.8	毛寨
	4	开源苗圃	5.6	开源新区
	5	后谢苗圃	9.5	后谢
	6	邓店苗圃	8	邓店
	7	其他个体苗圃	43.22	—
合　　计			84.12	

二、苗圃建设与管理现状

2004年3月，市园林处在金山路建设新苗圃，占地面积20亩，后因城市开发建设占用一部分，现占地面积15亩。培育植物主要有：扶芳藤、金边黄杨、白蜡、大叶女贞、黄山栾等18个品种。2006年，市园林处在北环路新建1处苗圃，占地面积15亩，培育品种有：五彩吊钟柳、枫杨、黄山栾、美国红枫等20个品种。2011年，市园林处在半截塔河崖李村租地60亩作为新的苗木培育基地。培育的苗木以城市绿化常用植物品种为主，主要品种有：红花檵木、南天竹、海桐、法青、金娃娃萱草、火炬花、麻叶绣球、丁香、假龙头等40多个品种。

表5-2　现有苗圃基本情况

单位：亩

苗圃名称	成立时间	占地面积	植物品种
金山路苗圃	2004年	20	扶芳藤、法桐、刺柏、金边黄杨、白蜡、合欢、大叶黄杨、枫香、广玉兰、红叶小檗、碧桃、枇杷、连翘、红叶李、百日红、南天竹、红花酢浆草、北海道黄杨、剑麻、木槿、大叶女贞、黄杨、黄山栾
北环路苗圃	2006年	15	小叶女贞、七叶树、红叶李、樱花、大叶女贞、五彩吊钟柳、枫杨、黄山栾、美国红枫、柿树、法青、木槿、南天竹、百日红、千屈草、黄菖蒲、柳树、雪松、金边黄杨、大叶黄杨、石榴、石楠、桂花、牡丹、苦丁茶、银杏、垂丝海棠、棕榈、碧桃、紫荆、芦苇、二月兰
淞江植物园	2006年	800	大叶女贞、黄山栾、红叶李、百日红、棕榈、碧桃、法桐、枫杨、广玉兰、重阳木、枇杷等大乔木为主
河涯李苗圃	2011年	60	红花檵木、南天竹、海桐、法青、瓜子黄杨、连翘、金丝梅、丛生福禄考、玉簪、溪荪鸢尾、假龙头、荷兰菊、地被菊、松果菊、八宝景天、肥皂草、牡丹、龟甲冬青、大叶栀子、麦冬、桂花、丁香、麻叶绣球、金丝槐、红枫、樱花、小叶女贞、大叶女贞、黄山栾、红叶李、百日红、棕榈、碧桃、紫荆、石榴、白玉兰、黄菖蒲、金娃娃萱草、重阳木、枇杷、火棘、千屈菜、月季、火炬花

第二节　花 圃

一、基 地

早在20世纪70年代，市园林处就建立花圃（花卉）基地，位于市区金盆赵村东1公里路北（当时为泥土道路，现为湘江路），面积50余亩，是集花卉、苗木培育及金鱼繁殖为一体的混合型花圃。当时没有任何机械，管理比较粗放。内设一座7间面积约210平方米的花房。随着苗木及花卉需求量逐年增加，1982年新建设自动控温室8间，每年可出温室花卉30多个品种10万株，基本满足当时市区花卉更换和市场需要。1994年，随着城市建设框架拉大，将原有花圃占用，后迁植到107国道新建成花圃，占地面积20亩，内设温室大棚6幢，年培育各类花卉灌木30万株。2004年5月，市林业园艺局将花圃归属市绿地公司（市绿化工程处）。

温室花卉

2006年3月～2008年12月，市园林处先后在107国道租用5个塑料大棚，在淞江路西段南侧租地40亩新建12个塑料大棚，培育各类花卉20个品种，年培育花卉50万盆，用于美化城市及大型会议、节日庆典布景等。2010年8月解除租地合同。

二、花卉经营

1996年，花卉个体经营市场开始兴起，并逐渐出现个体联合经营模式，在文化路南段与湘江路口形成较早的花卉市场，经过多年发展，形成金三角花卉市场和开源花卉工艺品市场2个规模较大的花卉市场。

（一）金三角花卉市场

金三角花卉市场是由干河陈乡姬崔村投资兴建的大型综合市场。市场位于市区西南部柳江路，毗邻107国道，始建于1997年，共投资480万元，占地面积24亩，建筑面积12000平方米，其中温室花卉5000平方米，可容商户40多家。是一个经营花卉、书画、陶瓷、根雕、水族等艺术品、装饰品的综合市场。2001年10月，举办“漯河市金三角花卉市场首届民间花卉盆景展”。市场以良好的服务与管理，吸引来自广东、福建等地的经营户60余家。金三角花卉市场主要经营品种有各种奇特花木、盆景、假山、奇石、木雕、根艺等，品种达200多种，逐步形成集交易、批发、观赏、游览、展示、仓储为一体的花卉市场。2012年10月，为扩大花卉市场规模，在原有基础上拆旧建新，现为二层大型综合花卉市场。

金三角花卉市场

（二）开源花卉工艺品市场

由干河陈乡干河陈村投资建设，是泰山南路中国名吃休闲街的配套项目，主要经营花草、花木、盆景、仿真花、插花、绢花、工艺品、雕刻山水、陶瓷鱼鸟宠物等。整体工程用地4.5万平方米，建筑面积3.5万平方米，项目总投资1100万元。2009年6月，因城市规划建设需要，占用此地并拆迁。

花卉检疫

第六章　立体绿化

立体绿化是城市绿化的重要组成部分。1988年，漯河市绿化委员会正式提出并开展城市立体绿化，把市区沙北黄山小区16栋居民楼作为首批试点，以爬山虎（爬墙虎）为主要绿化植物对居民楼山墙墙体进行立体绿化。随后，又在绿化试点单位——市税务局、市科委、市园林处办公楼山墙旁种植爬山虎3000多棵。1990年，开始对市区主要街道和黄山小区进行垂直绿化，取得初步成效。1999年，分别在市区嵩山路沙河桥、嵩山路澧河桥、泰山路沙河桥引道两侧护坡以及湘江路铁路立交桥东西引道、黄河路铁路立交桥东西引道等处种植爬山虎1688株、常春藤1731株。12月对市总工会、市环保局、漯河大学、漯河卫校、漯河师范、漯河三中、漯河五中、市实验中学、市人民银行、市工商银行、漯河卷烟厂、豪顿花园酒店、沙北饮料厂、市老年公寓等处的庭院进行垂直绿化改造。2000年，在市区沙河桥引道两侧护坡、澧河桥引道两侧护坡、湘江路铁路立交桥东西引道、黄河路铁路立交桥东西引道、黄山小区、泰山小区等处种植攀爬植物1.8万株。

虹桥花园长廊绿化

庭园垂直绿化

一、游园垂直绿化

游园垂直绿化主要采用爬山虎、紫藤、凌霄、迎春等植物品种，不需要支架和牵引材料，绿化高度可达五、六层楼房以上。截止2012年年底，垂直绿化在市区各大游园已广泛普及，其中：澧河东园垂直绿化面积1010平方米，丁湾桥两侧游园垂直绿化面积400平方米，复兴花园垂直绿化面积913平方米。

二、庭院、小区垂直绿化

庭院和小区垂直绿化通常栽植葡萄、紫藤、爬山虎、月季等具有缠绕性和蔓性藤本植物，在略加牵引扶持下，可以攀爬在园林花架、简易棚架及与墙面保持一定距离的垂直支架上，或者栽植牵牛、丝瓜、扁豆、观赏南瓜、葫芦、连翘等草本蔓生植物，增加小区、庭院的垂直绿化面积。至 2012 年，漯河市 70% 以上的小区或单位庭院都开展了垂直绿化。

三、护坡绿化

护坡绿化是对有一定落差坡面起到保护作用的一种绿化形式。如市园林处在 2011 年沙河二期绿化改造工程中，采用水岸绿化模式建成护坡绿化面积 50 多万平方米，绿化改造面积 8 万平方米，栽植各类乔灌木 1 万余株，绿篱色带 80 余万株，铺种草皮 30 余万平方米。沙澧河两旁水岸绿化率达 80%。

四、屋顶绿化

1990 年 2 月，市园林处成立屋顶绿化小组，选择地点进行屋顶绿化改造。在市政府办公楼、市园林处八一路原办公楼、市师范学校、沙北烟草公司、市实验幼儿园、市老年公寓、市血站等，通过稍微改变屋顶结构，用预制板、排水板进行屋顶垫底，并引入自来水进行浇灌。选择爬山虎、紫藤等爬藤类植物，以及小盆栽花卉植物进行绿化，并加入小乔木、灌木进行搭配以提高屋顶绿化效果。

五、桥涵绿化

常用扶芳藤、爬山虎等生命力较强的植物来进行混栽，以提升桥涵绿化效果。在交通路大桥采用常青藤、爬山虎对大桥两侧进行桥侧立面绿化美化，桥涵绿化面积 2639.5 平方米。泰山路沙河大桥东侧用喜好干爽的常青藤进行绿化美化，北面两侧采用扶芳藤、爬山虎混合栽种，桥涵绿化面积 1585.2 平方米。嵩山路澧河大桥种植爬山虎绿化面积 585.3 平方米。交通路沙河大桥种植爬山虎绿化面积 460 平方米。2005 年 4 月，市园林处在人民路立交桥、湘江路立交桥和滨河路立交桥两侧进行盆栽式整体绿化，更换各类草花植物 9200 株；在黄河路立交桥、淞江路立交桥两侧采用迎春种植槽进行绿化，绿化面积 760 平方米。

表 6-1　漯河市藤本绿化植物

单位：平方米

<table>
<tr><th colspan="3">2006 年以前</th><th colspan="3">2012 年</th></tr>
<tr><th>区域</th><th>品种</th><th>面积</th><th>区域</th><th>品种</th><th>面积</th></tr>
<tr><td rowspan="6">郾城区</td><td>爬山虎</td><td>4884.5</td><td rowspan="5">郾城区</td><td>爬山虎</td><td>15938.9</td></tr>
<tr><td rowspan="2">紫藤</td><td rowspan="2">654</td><td>紫藤</td><td>1670.5</td></tr>
<tr><td>常春藤</td><td>26953.85</td></tr>
<tr><td>迎春</td><td>545.7</td><td>迎春</td><td>987.6</td></tr>
<tr><td>凌霄</td><td>54</td><td>凌霄</td><td>10167.5</td></tr>
<tr><td>连翘</td><td>130</td><td>召陵区</td><td>常春藤</td><td>20892.56</td></tr>
<tr><td rowspan="2">源汇区</td><td rowspan="2">爬山虎</td><td rowspan="2">1752</td><td rowspan="2">源汇区</td><td>爬山虎</td><td>11152.32</td></tr>
<tr><td>常春藤</td><td>3565.48</td></tr>
<tr><td rowspan="2">经济技术开发区</td><td rowspan="2">爬山虎</td><td rowspan="2">680</td><td rowspan="2">经济技术开发区</td><td>爬山虎</td><td>1600</td></tr>
<tr><td>紫藤</td><td>500</td></tr>
<tr><td>合计</td><td>—</td><td>8700.2</td><td>合计</td><td>—</td><td>93428.71</td></tr>
</table>

第七章　居住区及单位庭院绿化

居住区绿地和单位办公附属绿地是城市绿化的细胞。1990 年漯河市广泛开展创建“花园式单位”和“庭院绿化先进单位”创建评比活动，大力倡导居住区和单位庭院广植树木，对新建单位和居住区留足相应绿地，对原有办公庭院、单位开辟一定绿化空间，进行垂直绿化、阳台绿化、屋顶绿化。如达到绿化标准，按照《漯河市庭院居住小区绿化达标标准》进行验收，将此项工作纳入“文明单位”考核目标之一。

第一节　居住区绿化

居住区绿化

漯河市新旧居住区绿化面貌差异较大，新近开发建设的居住区绿化指标控制较好，绿地率普遍较高。旧区绿化较差，可细分为三类：一是居住区规模小、公共绿地少、缺乏大型绿地；二是景观普遍单调、没有特色；三是缺乏休闲、健身等公共服务设施。部分居住小区还存在建筑密度偏大、日照间距小、绿化空间不足等问题。随着生活水平和生态意识的逐步提高，广大市民对居住区绿化日益重视，居住区绿化水平逐步提高，新建居住小区绿化普及率达到 100%。

第二节　单位庭院绿化

单位附属绿地在城市绿地系统中占有重要地位。漯河市对单位办公附属绿地绿化工作十分重视，将此项工作纳入文明单位创建的重要内容和指标进行考核，调动各单位开展单位庭院附属绿地绿化的积极性。1989 ～ 2012 年，居住区及办公区附属绿地按照市绿化办规定标准，是单位申报“花园式单位”和“庭院绿化先进单位”一项重要指标，市区各单位（企业、部门）根据单位自身办公条件，预留相应绿地进行绿化。漯河市的单位附属绿地平均绿地率 38.56%，绿地率在 40% 以上的占 26.5%，30% 和 40% 之间的占 64.7%，30% 以下的占 8.8%。

表 7-1　漯河市主要居住区绿地汇总

单位：公顷、%

序号	居住小区名称	用地面积	绿地面积	绿化覆盖面积	绿地率	绿化覆盖率
1	华东世纪城	2.86	1.04	1.11	36.4	39
2	金建小区	3.05	1.08	1.19	35.4	39
3	文化路小区	3.07	0.8	1.07	26.1	35
4	泰山路小区	2.87	1.17	1.39	40.8	48
5	黄山路小区	4.34	1.74	2.08	40.2	48
6	东方恒星园	2	0.67	0.7	33.5	35
7	双龙电业小区	4.54	1.67	1.81	36.8	40

续表

序号	居住小区名称	用地面积	绿地面积	绿化覆盖面积	绿地率	绿化覆盖率
8	黄山电业小区	1.87	0.65	0.73	34.8	39
9	永冠都市文苑	2.87	1.04	1.15	36.2	40
10	柳江小区	15.01	5.66	6.75	37.7	45
11	柳江东苑	3.6	1.4	1.58	38.9	44
12	文萃江南	7.27	2.68	2.86	36.9	39
13	康平小区	2.21	0.78	0.86	35.3	39
14	公路局小区	2.87	1.11	1.23	38.7	43
15	淞江小区	7.2	2.55	2.81	35.4	39
16	双汇小区	8.05	2.01	2.25	25	28
17	爱特小区	7.42	1.87	2.01	25.2	27
18	舒漫小区	2.07	0.72	0.81	34.8	39
19	区法院小区	2.8	0.4	0.6	14.3	21
20	清华园	2.2	0.68	0.78	31	35
21	东京花园	1.8	0.64	0.72	35.6	40
22	金山小区	1.4	0.47	0.53	33.6	38
23	沙田宜居	2.07	0.71	0.77	34.3	37
24	金地翠园	1.67	0.57	0.63	34.1	38
25	市人民医院小区	9.2	1.3	2	14.1	22
26	公安局住宅小区	1.3	0.2	0.3	15.4	23
27	电业小区	1.86	0.8	1.4	43	75
28	烟厂家属院小区	1.86	0.8	1.41	43	76
29	移动公司住宅花园小区	1.67	0.66	1.05	39.5	63
30	烟厂湘江路生活区	1.37	0.48	0.47	35	34
31	建设路小区	2.8	1	0.31	35.7	11
合　　计		115.17	37.35	43.86	—	—

表 7-2　漯河市主要单位办公附属绿地指标汇总

单位：公顷、%

序号	单位名称	用地面积	绿地面积	绿化覆盖面积	绿地率	绿化覆盖率
1	市委	1.35	0.48	0.56	35.6	42
2	市政协	0.8	0.48	0.52	60	65
3	市公安局	1.11	0.41	0.44	36.9	40
4	市环保局	2.11	1.13	1.27	53.6	60
5	市国税局	0.76	0.26	0.29	34.2	38
6	市广电局	0.8	0.28	0.32	35	40
7	市外经贸局	1.12	0.42	0.48	37.5	43
8	市气象局	0.46	0.16	0.19	34.8	41
9	市人民广播电台	0.12	0.04	0.04	33.3	33
10	市老干部活动中心	1.14	0.4	0.47	35.1	41
11	市双龙建设管理委员会	2	0.6	0.7	30	35
12	市委党校	1.2	0.42	0.48	35	40
13	市电视台	2.4	1.4	0.6	58.3	25
14	市移动公司	2.71	0.97	1.09	35.8	40
15	市农业银行	0.8	0.28	0.32	35	40
16	市建设银行	0.16	0.06	0.07	37.5	44
17	漯河职业技术学院	33.35	14.41	16.2	43.2	49
18	市技工学校	0.4	0.16	0.17	40	43
19	市高中	7.7	2.78	3.16	36.1	41
20	市自来水公司	0.96	0.35	0.41	36.5	43
21	市石油公司油库	5.34	1.41	1.68	26.4	42

续表

序号	单位名称	用地面积	绿地面积	绿化覆盖面积	绿地率	绿化覆盖率
22	市宏达电子公司	3.3	1.16	1.19	35.2	36
23	市自来水一厂	1.67	0.61	0.68	36.5	41
24	上海大众汽车服务公司	0.87	0.33	0.45	37.9	52
25	蓝天宾馆	5.64	2.31	2.74	41	49
26	三鑫稀土有限公司	0.66	0.15	0.18	22.7	27
27	凯利农公司	1.67	0.34	0.42	20.4	25
28	开源集团	0.36	0.13	0.15	36.1	42
29	丰源集团	1.12	0.23	0.28	20.5	25
30	市自来水三厂	0.53	0.3	0.33	56.6	62
31	漯河市电缆厂	6	1.79	2.21	29.8	37
32	市人大	0.51	0.11	0.19	21.6	37
合　　计		93.21	35.52	39.64	—	—

第八章　市树市花

1987年9月8日，市人大一届六次常委会议通过漯河市树为兄弟树：槐树、雪松；市花为姊妹花：月季、广玉兰。

第一节　市树（槐树、雪松）

槐树：别名豆槐，在植物学分类上属于豆科槐树属，中性树种，喜阳光，深根性，适应性广，喜向阳、湿润、肥沃、深厚之地。繁殖采用播种方法，简便易行，便于成活，园林绿化多用大苗，以及时达到绿化目的。其木材稍硬而富弹性，可供建筑、车辆、家具及雕刻用材。树皮、枝叶、花、种子都可药用，主治内出血、痢疾、目赤肿痛。花蕾采收放在灶上烘过，等发酵变褐色，放于冷水中煮开即为黄色染料"槐米花"，可祛火消炎，在夏秋槐花开花期间，又是优良的蜜源植物。常见变种有盘槐、倒栽槐，枝条屈曲下垂，另一种为紫花槐，槐花常带紫色，是本种花期最晚的变种。

雪松

雪松：属松科，常绿大乔木，是中国和世界著名的观赏树种。全国各省份、城市广泛栽培。雪松为阳性树，有一定耐阴能力，深根性，生长中速，寿命长，性喜凉爽湿润气候，喜土层深厚、排水良好的土壤，怕低洼积水，怕炎热干燥、怕烟尘。常用扦插、播种繁殖。

槐树、雪松在市区广为种植，且表现良好。

第二节　市花（月季、广玉兰）

月季：在植物分类学上属于蔷薇科蔷薇属，为常绿或落叶小灌木，性喜温暖和阳光，对环境有较强的适应性，耐寒、耐旱，不择土壤，尤以疏松肥沃、微带酸性、排水良好的土壤最为适宜；月季花在生长阶段，尤其是进入开花期需水量很大，土壤应经常保持湿润，但需注意防止长时间土壤泥泞，以免烂根。月季花五色缤纷，清露凝香，品种多，适应广，是园林中布置大型花坛、花境的重要材料。

广玉兰：别名荷花玉兰，木兰科、木兰属。常绿乔木，树冠阔圆锥形。性喜光，也耐半阴，耐夏季高温，但不耐寒。喜温暖湿润气候，以及肥沃、湿润、排水良好的沙质土壤。在干燥、积水或碱土上生长不良。抗烟尘，不耐修剪。根系大，能抗风。

月季、广玉兰在漯河市区栽植广泛，适应性强，表现良好。

月季

第九章　创建工作

第一节　“硬化绿化美化年”创建

1997年年底，市委、市政府将1998年确定为城市“硬化绿化美化年”，简称“三化年”。1998年2月19日，市委、市政府印发《关于开展硬化、绿化、美化活动的意见》。重点实施以下三项工程：①硬化工程：一是主次干道人行道的硬化工作；二是居民小区及小街小巷的硬化工作；三是道路建设和硬化工作；四是城乡结合部及市区村庄的硬化工作；五是沙澧河河堤堤顶的硬化工作。②绿化工程：一是沿河布绿，围桥造景，充分发挥沙澧两河和京广铁路的自然优势和区位优势；二是依路造园，沿市区主次干道种植和更新改造花带绿篱；三是设景造园，广辟绿洲，对城区可布局空间进行绿化，营造居民生活环境；四是围城植树，营造绿带，开展义务植树活动；五是美化庭院，点缀城市，按照国家园林城市标准，深入开展单位庭院和居民小区绿化美化达标活动。③美化改造工

市长陈全国视察游园、道路硬化绿化美化改造工程

与会代表参观老虎滩公园草坪种植情况

程：一是对城市村庄进行改造；二是对旧城进行改造；三是对沿街装饰进行美化改造。通过“三化年”活动的开展，市区新增公共绿地 1300 亩。

1998 年 5 月 14 ～ 15 日，全省草坪种植管理现场会在漯河市电力宾馆召开。会议由省建设厅绿化处处长杨生年主持，省建设厅厅长蒋书铭，省园林学会主任委员魏伟，《中国花卉报》总编辑冯德珍，副市长雷建民，市建委党组书记、副主任马振业（主持工作）出席会议并讲话，全省 29 个城市的 127 名园林绿化工作者和专家、学者参加会议。在草坪种植管理现场会上，集中观看反映漯河市城市园林绿化成果的《碧水蓝天新绿城》录像片，市园林处主任谢江华向省建设厅、省园林学会以及兄弟地市介绍漯河市的草坪建设和管理经验。总结起来，漯河市草坪种植大致经历四个阶段：一是尝试种植阶段。二是转变认识阶段。三是推广应用阶段。四是丰富提高阶段。全市应用草坪 10 余个品种，总种植面积 150 多万平方米。14 日下午，与会代表实地参观老虎滩公园、银河公园、星光公园、犇园草坪种植管理情况。15 日上午，草坪专家给与会人员授课，会议由省园林学会主任委员魏伟主持。《中国花卉报》总编辑冯德珍讲解有关花卉及草坪植物的发展历史、种植现状。草坪专家、高级工程师张宗岩就草坪种植、管理向与会人员做详细授课。

第二节 “城市道路、公园达标”创建

市人民公园达标奖牌

省建设厅于 1989 年颁布《河南省城市绿化达标实施方案》，1997 年对达标标准进行修订完善。1995 年漯河市对黄河西路进行高标准绿化美化，种植高 1.5 米刺柏绿篱，作为主干道分车带绿化，人行道种植法桐。1996 年 9 月由省建设厅和各地市园林部门组成的专家评审组对黄河路西段进行评审验收。1996 年 10 月 25 日黄河路西段顺利通过达标验收。1998 年 5 月 4 日，市建委下发《关于做好市人民公园及三条道路达标验收的通知》，对市人民公园、建设路、嵩山中路、湘江东路进行高起点设计、高标准绿化建设、高水平管理，通过自验，认为“一园三路”已达到省厅规定标准。1998 年 5 月 16 日省建设厅、省园林学会主任委员魏伟和来自全省的园林专家、教授，按照省级园林城市标准对“一园三路”进行实地考核验收，12 月 25 日省建设厅下文批准“一园三路”绿化达标。

第三节 省级园林城市创建

成立市创建园林城市指挥办公室

1992 年，建设部在全国范围内开展创建“国家园林城市活动”，省建设厅根据《国家园林城市标准》和《评选办法》，制定《河南省园林城市标准》和《河南省园林城市评选方法》。1996 年 12 月，市政府制定《漯河市创建园林城市实施方案》。1998 年 9 月 25 日，漯河市创建省级园林城市工作汇报会在蓝天宾馆召开。出席会议的有省建设厅绿化处处长杨生年、科长孙冬梅，河南农业大学园林系教授

李惠道、新乡市园林处高级工程师陈奋励等14位专家教授。市委副书记鲁献启、市人大副主任李文光、市政协副主席李俊明、市政府秘书长李国成以及市创建办、市建委、市文指委等单位领导参加会议。会议由市委常委、宣传部长杨云主持。与会专家观看漯河市园林绿化风貌录像片《碧水蓝天新绿城》，详细查阅《漯河市绿地系统规划》《漯河市沙澧河风景区规划》和市创建省级园林城市有关资料。26日上午，专家组一致认为漯河市各项指标已达到并超过省级园林城市标准，同意向省政府申报命名漯河为省级园林城市。漯河市在创建期间新建公共绿地164.4公顷，新绿化道路56条，城市园林绿地总面积达739公顷，城市园林绿化覆盖面积达896公顷，城市绿化覆盖率和城市绿地率分别达37.3%和30.8%，人均公共绿地面积7.4平方米。1998年12月29日被省建设厅命名为"省级园林城市"。

第四节 国家园林城市创建

漯河市1998年开始创建国家园林城市工作，1999年3月5日，成立漯河市创建国家园林城市指挥部办公室。2000年3月14日，全市召开创建园林城市动员大会，市四大班子领导参加，大会由市政府秘书长、市创建国家园林城市指挥部办公室主任李国成主持，市长史宁安发表重要讲话。会议提出围绕创建国家园林城市，必须突出抓好七项工作：①因地制宜，科学规划，突出特色，精心设计，坚持"高起点规划，现代化设计，高标准建设"的指导思想，使漯河市朝着"河南第一流、全国不落后"的目标迈进。②大力开展"绿化、净化、硬化、亮化"活动，全面提升城市品位，突出抓好绿化、净化、硬化、美化四大工程。③完善城市基础设施建设，健全城市服务功能。④强化城市管理，促进城市健康有序发展。⑤深入开展群众性精神文明创建活动。⑥深化城镇投资体制改革，走社会共建的路子。⑦高标准做好各项工作，迎接国家园林城市检查验收。2001年7月上旬，国家园林城市验收专家组对漯河的园林城市创建工作进行验收，并给予充分肯定。2002年，市局先后聘请河南省勘察规划设计院、清华大学、同济大学、广州园林设计院的专家、学者来漯河实地勘测，编制《漯河市城市园林绿地系统规划（2003～2020）》和《沙澧河风景区开发建设总体规划》，针对绿化基础薄弱，绿化景点不足，结构失衡，空白点多等问题，按照全面发展，力求实效的原则，对城市进行广泛绿化。按照跨世纪、高起点、创一流、出精品的要求，以开发建设沙澧河风景区为先导，实施沿河布绿，围桥造景，依路建园，围城植树，美化庭院等创建措施，使城市绿化工作一年一个新台阶。强化园林绿化管养工作，制定《园林生产管理细则》，定岗、定员、定职责，使管理工作由粗放型向科学型转变。广泛进行宣传发动，先后在国家、省、市级媒体进行宣传报道。其中：1999年在新华通讯社《农村大世界》第10期刊发《形象就是生产力》；2000年2月29日在新华社通稿中刊发《漯河市高品位创建国家园林城市》；2000年8月1日《河南工人报》刊发《爱绿意识强烈 不怕洪水施虐——漯河市二十多万市民抢救游园绿地》；2000年8月6日在《人民日报》刊发《漯河创建全方位群体活动空间》；2000年8月22日《中原建设报》刊发《广造健身活动场所，提升居民生活品味》；2000年《河南经济》

漯河市创建国家园林城市汇报会

第一期刊发《巨笔绘绿图》等宣传文章。2002年10月27日，国家园林城市复查考核组来漯检查、指导城市园林绿化工作。2002年12月16日，建设部授予漯河市“国家园林城市”称号。

摘录：

巨笔绘绿图

——河南省漯河市高品位创建国家园林城市纪实

在最近召开的全国城市建设工作会议上，一个年轻的城市——河南省漯河市被命名为全国园林绿化先进城市。

漯河市是于1986年经国务院批准，由县级市升级为地级市的，区划调整之初，城市基础差、底子薄，设施不完善，功能不健全，环境脏乱差，市区公共绿地只有7.1万平方米，绿化覆盖率仅为11%，人均公共绿地也只有0.7平方米。落后的城市设施，制约了经济的发展和人民生活水平的提高。

为了为经济发展增添后劲，漯河市委、市政府领导深入居民中间明察暗访，召开不同层次的座谈会、讨论会，反复研究，形成共识：创建国家园林城市。

在创建国家园林城市的过程中，漯河市着力解决园林绿化中的一般化和雷同化问题，把园林绿化的重点定位在横贯市区的沙河、澧河的开发利用上，确定并实施了沿河布绿、围桥造景的开发方针。改造荒滩，利用两河内外滩地大面积布绿，使之成为碧水绿草相映衬的开放式公共游园；利用市区横跨沙澧河的交通路大桥、泰山路大桥、嵩山路大桥等主要桥梁四周的空间，建设桥头景点，把重点交通要道建成集观景、游乐于一体的风景点。通过几年的努力，共沿河开发布绿63万平方米，建设桥头景点20个。昔日荒芜的河滩变成了绿草连片、景点连缀的风景区，大大增加了城市的亮点，提高了城市的品位。

为改变全市绿化基础薄弱的状况，漯河市坚持全面发展，增加总量，均衡布局，力求实效的原则，对城市进行广泛绿化。

重视大环境绿化。面向公路、面向铁路、面向城市边缘，改造低产林，发展丰产林和经济林，在公路、铁路和城市外围主要道路沿线植树种草。经过努力，现在，毗邻市区的郾城县及其近郊已实现了灭荒达标，获得了“平原绿化达标县”称号。

突出公共绿地建设。相继建成了中银广场、汇晶花园等绿色广场43个，使公共绿地面积迅速发展到234.9万平方米，比1986年增加30多倍。随着绿化总量的提高，城市公共绿地布局日趋合理，以自然景观为主的沙澧河风景游览区与市区不同类型的休憩公园和遍布街头的游园绿地相呼应，构成了城市中心区域完整的绿地系统，基本满足了现阶段城市居民游览和休闲娱乐的需要。

深入开展庭院和居民区绿化。漯河市坚持在全市广泛开展创建“花园式单位”和“庭院绿化先进单位”的评比活动，从源头抓起。在房屋开发审批上，实行特事特办，对规划绿地率达不到30%以上的，一律不予审批。把好竣工验收关，做到楼房建成，绿化完工，否则不予验收。目前，全市已建成花园式单位86个，绿化先进单位 123 个，绿化达标小区占 80% 以上。

在城市建成区广泛布绿，一个最现实的问题就是用地问题。漯河市在这方面进行了大胆的探索和实践。首先是腾地造绿。根据不同的地理位置，选择和确定合适的地点，不论该地当时作何用途，都必须无条件地腾出。漯河市第二造纸厂的办公楼和宿舍楼占据双汇广场南侧，经过协调，该厂无条件地予以拆迁。其次是借地布绿。充分利用可利用的空闲地，建设游园绿地。在两河开发上，或以租借，或以联合开发的形式，建成 18 个公共游园。再次是拆墙透绿。主要街道的所有沿街单位，都必须无条件拆除实体围墙和沿街一层建筑，或设置透空栅栏，或全方位开放，使院内绿化与街道绿化融为一体。另外是见缝插绿。凡可能绿化的地方，都尽可能的栽草种花，以减少脏源，提高城市品位。近年来，全市共腾地造绿 18.7 万平方米，拆除实体围墙 4394 平方米，拆除沿街建筑 80 万平方米，见缝插绿 140 多处，有效地扩大了绿地总量。

为解决绿化工程的资金需求，漯河市推行了多元化的投资体系。以 1998 年为例，漯河市原计划当年新建 38 个绿地、游园，对 21 条道路绿化改造，加上城市大环境绿化，需用资金 5 亿元，而市财政预算内和预算外仅能安排 4000 万元。巨大的资金缺口怎么处理？建立多元化投资体系！捐资建设：凡投资进行绿化和游园建设的单位，可拥有一定的广告使用权和游园、绿地冠名权。投资 60 万元建成的烟厂花园和投资 60 万元建成的汇晶花园都是采取这种方式建设的。无偿承建：把创建作为一种社会义务，对市直属单位压死任务，主要街道划分区段，游园绿化和绿地建设均指定一个或多个部门出资建设。利用这种方式，漯河市相继建成了投资 60 万元的邮电花园等。合作建设：如老虎滩公园，由所辖区顺河街办事处无偿提供土地，市建委布绿，建成 10 年后交给顺河街办事处管理。属地建设：三个开发区和源汇区、郾城县管辖区域内的建设项目，由市政府统一规划、设计，各开发区按照标准要求出资建设。

1998 年是漯河市实现省级园林城市目标的关键年，漯河市专门成立了由市四大班子领导组成的创建指挥部，下设创建办公室，创建办公室内设硬化、绿化、美化、城管、综合、燃气、组宣 7 个处，分解任务，划分职责，分头推进。市政府秘书长李国成亲任创建办主任，城建、公安、卫生和有关县（区）负责人担任创建办副主任。工作人员由从市直部门抽调的 30 多名副处级干部和 40 多名优秀青年干部组成。这些干部脱离原工作岗位，集中精力搞创建。

市创建指挥部强力运作，加大工作力度，以目标责任书的形式，把创建任务下达给市直各单位和源汇区及郾城县，将任务完成情况纳入全市年终考核目标。凡是完不成创建任务的，一票否决。在具体操作中，凡是涉及协调解决的问题，都由市委、市政府召开专门协调会议。

以宣传开路，创造全民关注创建的浓厚氛围。他们在市电台、电视台、报纸上设置专题、专栏、专版；在市区内所有出租车和公交车上张贴创建标语；在主要路段和显著位置设置大幅创建公益广告。通过多种形式的宣传，使创建工作无处不在，无人不晓。

创建办公室全体人员不分级别、不分处室，不管是滴水成冰的严冬，还是烈日炎炎的酷暑，常年奋战在创建国家园林城市第一线，跑断了腿，磨破了嘴，流尽了汗。他们舍小家，顾大家，不为名，不图利，经过几年努力，终于使市容市貌焕然一新。

城市绿化，三分建，七分管。漯河市强化绿地管理，努力维护创建成果。

实行分类管理，由园林管理部门实行专业管护；城建监察部门负责毁绿等事件的查处。在专业管理上，制定了《园林生产管理细则》，定岗、定位、定职责。实行百分制考核，奖罚兑现，使管理工作实现了由粗放型向科学化的转变。

在监察管理方面，成立了护绿小分队，定期不定期地对市区公共绿地、游园和道路绿化带进行巡查，发现问题一查到底。

公开拍卖一批绿地、游园的管理权，由中标人按既定标准进行管理，园林部门监督执行，较好地解决了管理人员不足的问题，明显降低了管理费用。

强化教育，提高市民护绿意识。创办了文明市民学校，开设园林管理课程，叫响了“绿化美化靠大家”的口号。

创建几年来，漯河市区公共绿地面积达到234.9万平方米，新绿化道路56条。目前，城市绿化覆盖率达35.68%，城市绿地率达29.35%，人均公共绿地7.58平方米，均达到或超过国家级园林城市标准。漯河市也相继获得省级园林城市、省级卫生城市和全国园林绿化先进城市、全国精神文明建设先进城市、全国城市环境综合治理优胜城市称号，形成了道路绿化网络化，游园绿地遍市区，三季有花，四季常青，花草相映，以绿促美的城市园林绿化格局。

良好的城市形象，为漯河市的经济发展创造了良好的基础条件。海外投资逐年增加，连续三年全市外贸实际到位额在1.4亿美元以上。国民生产总值连年刷新纪录。

如今的漯河市，城在树中建，人在花中行。道路纵横，宽阔整洁；沿河两岸，绿草如茵。天更蓝了，水更清了，地更绿了。漯河，百业兴旺，充满生机！

《河南经济》2000年第一期

第五节　申报“中国人居环境范例奖”

2002年，市委、市政府把创建生态宜居城市作为重点。实施5项重点工程：①实施城市扩建工程；②实施城市园林绿化工程；③实施城市净化工程；④实施旧城和城市农村改造工程；⑤实施城市管理工程。经过不懈努力，漯河居住环境得到很大改善。截至2002年年底，全市城市园林绿地总面积1046.15公顷，城市园林绿化覆盖面积1203.07公顷，城市绿化覆盖率、绿地率、人均公共绿地面积分别达到34.38%、29.89%和9.3平方米。2003年2月28日，在建设部组织开展的2002年度中国人居环境奖颁奖大会上，漯河市荣获“中国人居环境范例奖”，这也是漯河市继荣获国家园林城市之后，在改善城市人居环境中获得的又一殊荣。

第六节　全国绿化模范城市创建

漯河市全国绿化模范城市复查工作反馈会

2003 年 9 月 16 日市委、市政府印发《关于创建全国绿化模范城市的决定》。9 月 18 日市政府印发《漯河市人民政府关于成立创建全国绿化模范城市指挥部的通知》，成立由市委书记任政委，市长任指挥长，市四大班子有关领导任副指挥长，市文明办、市建委、市工商局、市环保局、市林业园艺局、市卫生局、源汇区政府、郾城县政府等为成员单位的创建指挥部。市委、市政府高度重视，将造林绿化工作列为市委、市政府的重点工作，重点实施了林业重点生态工程，沙澧河风景游览区工程，森林进城、森林围城工程，入市口绿化美化改造工程，旧城区绿化改造工程，森林公园建设工程等六大工程，推进城乡绿化一体化，构筑完整的城市生态系统。2003 年 10 月“全国模范城市”验收组来漯实地考察。经验收，全市农田控制率达到 95%，路沟河渠绿化率达到 98%，森林覆盖率达到 21%。城市绿地布局合理，乔、灌、花草配置科学得当，城市郊区森林覆盖率达到 40.97%，乡（镇）所在地和村屯绿化覆盖率分别达到 38.9% 和 44.8%。市区道路绿化普及率 100%，城区单位、居住区庭院绿化率达 99%，有 209 个单位被命名为园林式单位，7 个居住小区被命名为花园式小区。2004 年 3 月 22 日，全国绿化委员会授予漯河市“全国绿化模范城市（区）”荣誉称号。2009 年又通过全国绿化委员会的复查验收。

争创全国绿化模范城市

前不久，我市成为全省惟一的“全国绿化模范城市”备选城市。本月 12 日，国家绿化委员会将来漯检查验收，靳克文市长在迎检动员会上要求

全力冲刺全国绿化模范城

本报讯　（记者 吴书清 苏东凯）2 月 5 日，市政府组织召开了迎接全国绿化模范城市检查工作动员会，市长靳克文，副市长薛豫宛、祁成山出席会议。

靳克文作迎检动员讲话，要求全市各级各部门全面动员，共同努力，全力冲刺全国绿化模范城。要统一思想，提高认识，增强创建全国绿化模范城市的信心。此次检查验收规格高、要求严、时间紧、任务重，各级各部门要站在全市发展的高度和大局，明确任务，强化责任，不折不扣地完成迎检任务。

为进一步推进我市生态宜居城市创建工作，美化城市环境，提高人民生活质量，近几年，我市瞄准创建全国绿化模范城市的目标，充分调动全市各方面力量投入城乡绿化建设的积极性，通过强化城市基础设施建设，完善城市功能，丰富城市内涵，提高城市建设和管理水平，全面提升漯河的城市品位和综合竞争力；通过大力实施森林进城森林围城、沙澧河风景游览区、入市口综合改造、旧城区改造、森林公园建设和全市重点林业生态工程建设，相继获得了国家园林城市、全省造林绿化最佳城市等荣誉称号和全国人居环境范例奖。全市城乡生态环境得到了很大改变，绿色已成为漯河的一个品牌。我市因此进入全国绿化模范城市的备选城市行列。

市政府要求各级各部门及驻漯各单位要加强对迎接全国绿化模范城市验收工作的领导，单位一把手为主要负责人，要抓好工作落实。此次创建是一项全民性活动，要加大宣传力度，营造浓厚氛围，凝聚人心，鼓舞士气，动员和引导全市人民广泛关注，积极参与，全面推进全国绿化模范城市工作。部门之间要积极配合，相互支持，协同作战，确保各项迎检措施落到实处，通过这次验收工作，带动我市各项工作再上一个新台阶。

摘录：《漯河内陆特区报》（2004 年 2 月 6 日 A1 版）

第七节　国家森林城市创建

创森动员会

2007 年 7 月 30 日，市委、市政府成立创建国家森林城市工作领导小组，市委书记靳克文任组长，市长祁金立任第一副组长，市委副书记张社魁任常务副组长。同时成立漯河市创建国家森林城市指挥部，下设办公室，根据职能设立宣传处、规划处、督导处，并抽调 15 名人员集中办公，明确任务、责任到人。2007 年 8 月 9 日，市委、市政府召开全市“五城同创”动员大会。即“全国文明城市”“中国优秀旅游城市”“国

家卫生城市”“国家环保模范城市”和“国家森林城市”。2007年8月16日，市政府下发《关于开展“五城同创”活动的实施意见》，2007年10月25日，市委办公室、市政府办公室印发《漯河市创建国家森林城市工作实施方案》。2007年11月21日，召开全市“创建国家森林城市”工作会议，动员部署森林城市创建工作。市委、市政府决定以打造生态宜居名城为目标，利用3年的时间，举全市之力深入开展创建“国家森林城市”活动。2007年11月30日，市局召开创森工作经验交流会，2个林业生态县（区）、11个生态林业示范乡（镇）和9个生态林业小康村代表在会上作经验交流。

2008年11月，市委、市政府召开全市创建国家森林城市决战动员大会，下发《漯河市创建国家森林城市2009年度重点工作目标任务》，市政府分别与各县（区）及市直有关创建单位签订创建国家森林城市目标责任书，将各项目标任务分解落实到各个单位。市委、市政府专门成立联合督导组，强化对市直及县（区）造林绿化的督导，坚持每周定期通报制度，定期召开创建国家森林城市工作部门联席会，研究解决创建工作中的问题。2008年3月，市政府聘请国家林业局中南调查规划设计院编制《河南省漯河市城市森林建设总体规划》，10月通过专家评审，12月市政府批复《漯河市城市森林建设总体规划》，并纳入《漯河市城市建设总体规划》。

2009年2月，市政府出台《漯河市国家森林城市和林业生态市建设奖惩办法》，制定优惠政策和激励措施，调动社会各界参与国家森林城市和林业生态市建设的积极性，确保全市国家森林城市和林业生态市建设目标的顺利实现。2009年7月，市委、市政府调整创建国家森林城市指挥部办公室负责人及职责分工，市委副书记张社魁任办公室主任，市委常委、宣传部长谢安顺，市委常委、副市长邵成山，市委常委、市委秘书长杨国志，副市长库凤霞任办公室副主任。办公室内设综合协调处、宣传处、环境整治处、迎检接待处、文秘处、资金保障处6个工作处。全市两县三区和经济开发区也成立“创森”领导小组，为全市“创森”工作的全面开展提供强有力的保障。

第七届中国城市森林论坛授予漯河市森林城市称号

创森实施的八项重点工程：①实施森林生态廊道建设工程。②实施森林围城建设工程。重点在市区主要出入口、新北环路、沙澧河生态防护林、城郊森林、城市主要景观道路、县城主要景观道路和环城市周围建立了围城防护林带，工程总面积826.7公顷。③实施村镇绿化工程，努力构建新农村森林景观和森林生态体系。围绕新农村建设，按照“村庄园林化、庭院花果化、道路林荫化、农田林网化”的总体要求，以国家和省、市级重点生态工程为载体，采取生态景观型、生态园林型、生态经济型等多种模式，“一路一景”“一路一品”，强力推进村镇绿化工程。全市完成村镇绿化614个，植树1391万株，建成市级生态林业小康村36个。④实施园林式单位、园林式小区建设工程。坚持以人为本，体现亲民理念，在森林城市建设过程中，以满足群众“看到绿、闻到香、享受荫”为原则，森林城市项目建设与走进市民，服务市民，方便老百姓日常锻炼、休闲、娱乐相结合，全面实施规划建绿、腾地造绿、拆墙透绿、见缝插绿等“细胞”工程，积极组织开展园林式单位、园林式小区、绿化模范单位创建活动。⑤实施森林观光旅游工程。在城市郊区建设开源森林公园、香陈湾游乐园、许慎陵园森林公园、舞阳西城森林公园、临颍县南街村植物园、振乾生态园等6处森林公园，分布在全市两县三区，基本满足市民日常休闲游憩需求。⑥实施森林生态文化工程。结合地域特点，分别在市人民公园、开源森林公园、临颍南街村植物园建立3处生态科普知识教育基地，建立2处生态文化展览，加强生态文化设施建设，为人们了解森林、认识生态、探索自然提供场所和条件。2009年3月市文联、市林业园艺局联合举办“关注森林，秀漯河沙澧”摄影、书法、绘画作品展征集活动，共征集摄影、绘画、书法作品868幅，660个单位和个人参与作品征集活动，入选参展作品200余幅，从书法、绘画、摄影不同角度反映漯河市森林城市建设成效。⑦实施森林保护工程。按照《中华人民共和国森林法》《河南省林地保护管理条例》《植物检疫条例》《征占用林地审核审批制度》等法律法规，结合漯河实际，制定出台《漯河市城市绿化实施细则》《漯河市全民义务植树实施办法》《漯河市古树名木保护管理办法》《漯河市重大林业有害生物灾害应急预案》《漯河市人民政府关于做好城市规划区内绿化资源保护工作的通知》《漯河市森林防火应急预案》等一系列森林保护方面的规范性文件。⑧建立科技支撑体系工程。调动广大林业科技人员和科研单位的积极性，促进林业科技成果转化，提高林业科技贡献率。重点建设了天翼、胡桥园林、绿天地公司、振乾生态园区等4个林业科技示范园区，将其建设成林业科技创新基地，积极组织开展各项林业基础研究。

2009年9月12日，以国家林业局宣传办公室副主任、关注森林活动组委会副秘书长叶智为组长的国家森林城市综合考察组莅临漯河，对漯河市创建国家森林城市工作进行为期3天的综合考察。经考核各项指标均已达到或超过《国家森林城市评价指标》标准。2010年4月，全国绿化委员会、国家林业局共同授予漯河市“国家森林城市”荣誉称号。

市委书记靳克文为市林业和园林局颁发集体二等功

2010年6月21日，市林业和园林局召开创森工作总结表彰会，局党组书记、局长宋孟欣指出：艰辛的创森历程铸造“团结协作、敬业奉献、创新争先、敢于胜利”的创森精神，是林业园林人克难制胜的法宝。

创建国家森林城市成功后，多家国家级新闻媒体从不同侧面、不同角度对创森的主要做法、取得的成效、典型经验进行大量宣传报道。

《人民日报》先后刊发《漯河——绿色环保的森林宜居城市》《用创新推进森林漯河建设》和市委书记靳克文、市长祁金立的署名文章，称赞漯河实践探索一条平原地区创建森林城市的新路子；《经济日报》刊发《漯河市：绿色环保林水相依》，称赞漯河在森林城市建设中，注重生态效益与经济效益并重，努力将环境优势转化为经济优势，带动商贸流通、房地产、文化旅游等产业的快速发展，城市的知名度、美誉度和竞争力明显提升；《科技日报》刊发《用创新推进城市森林建设——河南省漯河市发展城市森林巡礼》，称赞漯河市塑造“碧水穿城、林茂花艳、建筑精巧、环境优美”城市风貌；《文汇报》在题为《漯河——中原腹地满城春色》的报道中，称赞漯河不但以培育出亚洲最大的肉类加工企业双汇集团、驰名中外的南街村集团而荣膺首座中国食品名城，更以“一城春色半城水”的绿色魅力吸引着世人的目光；《中国绿色时报》在报道中以《创森演绎漯河城市森林建设精彩大戏》为题，对创森过程中创新性的理念、举措和机制进行详细解读。

用创新推进森林漯河建设

沙澧映碧，渔舟唱晚，林茂花艳，香风拂面……“一城春色半城水”的青春漯河，以其卓尔不群的绿色魅力吸引着世人的目光。

创新理念建设生态城市

近年来，漯河市委、市政府把营造人与自然和谐相处的森林家园提升到城市品牌战略层面来考量，以世界眼光和前卫理念来规划设计城市的绿色未来。“抓绿化就是抓发展”，已经成为漯河生态建设的重要理念。在发展城市森林中，漯河市通过发展理念的大创新，实现了城乡绿化面积的大拓展、绿化质量的大跨越和林木管养水平的大提升。

漯河市把发展城市森林作为改善生态环境、拉动城市经济、建设宜居城市的重要工程来抓。在制定规划时，充分考虑漯河食品产业特点，融入“绿色、健康、安全”理念；在发展城市森林过程中，注重生态效益与经济效益并重，努力将环境优势转化为经济优势，城市的知名度、美誉度和竞争力得到显著提升。

在城市森林建设中，漯河市始终坚持以人为本、亲民绿化，广泛开展园林式单位、庭院（小区）、道路、游园等达标评比活动，直接在百姓身边增绿。通过实施规划建绿、腾地造绿、拆墙透绿、见缝插绿等细胞工程，让广大市民“看到绿色、闻到花香、听到鸟鸣”，让漯河的天更蓝、水更清、空气更清新，真正把生态建设的成果惠及广大人民群众。

漯河市因地制宜，走本地化的建设之路，确立了“突出滨河城市特色、培育绿色文化景观、统筹城乡一体绿化、建设生态宜居名城”的城市发展定位。城市森林建设凸显“水”和“绿”两个主题，用遍布全城的绿来美化水，以穿城而过的水来提升绿，彰显了林水相依、林水相连、依水建林、以林涵水的“漯河特色”。

创新机制推动城市发展

漯河市将农村造林绿化和城市园林绿化管理职能合并，组建了漯河市林业和园林局，构建了市县乡村四级管理体系，强化城乡一体绿化建设职能。从体制上彻底改变了过去城乡绿化规划不协调、建管分离、职能交叉的现象，为发展城市森林提供了可靠的体制保障。

在不断加大城市森林建设投资力度的同时，漯河市大胆进行投资体制改革，打破了过去城乡分割的二元结构，把城乡森林建设投资纳入市财政统一考虑。在投资方式上，采取政府财政预算安排、土地权属单位独资、市民捐资、拍卖游园绿地冠名权等多种途径筹措建设资金。近五年来，全市投入城乡绿化建设资金36.2亿元。

漯河市在全省率先提出“不栽无主树，不造无主林”的理念，在惠农均利的前提下，鼓励社会各界参与造林绿化，以承包造林、合作造林、公司造林为主要模式的造林新机制带动了绿化事业的健康发展。近几年，漯河市共吸引社会资金16亿元用于农村造林绿化，实现了造林数量和质量的双增长。

2002年漯河市成立了森林公安分局和园林执法监察大队，加强对森林资源的保护和管理。市政府印发了一系列森林管护规定，大大加强了城乡绿化行政执法力度，严厉打击了各种破坏森林资源的违法犯罪行为。同时，加强了对古树名木的分级命名和挂牌保护，强化了护林防火、林业有害生物防控及野生动物保护等工作，保护和巩固城市森林建设成果。

优化布局建设城市森林

近年来，漯河市优化战略布局，坚持点、线、面、体发展城市森林。

以沙澧河生态景观带建设为主线，大力推进沿河开发建设，相继建成了24座开放式主题公园、40处观景台、200万平方米绿地，绵延数十里的沿河景观带，彰显了河流、森林、花园、精品建筑交相辉映的城市风貌。

漯河市以城市森林公园、近郊生态果园和远郊绿色田园"三园"建设为重点，丰富城市森林文化休闲内涵。建设了开源、香陈湾、舞阳西城等6处森林公园，建立了临颍南街村生态植物园等3处生态科普知识教育基地，规划新建了许慎、小商桥、贾湖遗址3个森林文化园。建成了郾城区龙城镇万亩优质桃、召陵区万亩优质梨、开发区后谢乡万亩优质葡萄等3大万亩休闲采摘生态果园示范区。在远郊乡村，建成了一批集种植、养殖、休闲、观赏为一体的绿色田园观光区。

以道路林网、水系林网和农田防护林网"三网"绿化为基本面，精心编织城乡绿网。坚持沿路造林，在主干道路两侧建设了全长630公里、宽20～30米的绿色廊道；在连接城乡的道路上，高标准建设了近2000公里的防护林和风景林带。在17条主要河渠两侧建设了不低于20米宽、540公里长的防护林带。在240万亩农田建立了高标准防护林网。

以"森林进城、森林围城"为主体，致力构建城市生态屏障。让森林走进城市、走进村庄、走进学校、走进千家万户，城市森林总面积达到2.4万亩。市区形成了三季有花、四季常青、春华秋实、一路一景的生态景观。

（本文来源：2010年4月23日《人民日报》）

第八节　园林式单位和园林式小区创建

一、创建历程

1989年3月，漯河市启动"庭院绿化先进单位""花园式单位""绿化居住小区"的评选。1990年12月，漯河市绿化委员会首次命名一批"花园式单位"和"绿化先进单位"10个。1991年12月26日，漯河市绿化委员会、漯河市三文明指挥部联合下发《漯河市城市"花园式单位"和"庭院绿化先进单位"建设管理办法》。市文明办还明确规定：凡达不到庭院绿化先进的单位，无权申报"市级文明单位"的资格。1996年创建省级园林城市时，市区单位庭院、小区绿化建设列入每年的创建工作台账。由市创建办、市绿化办联合下文开展评选达标活动，要求市区各部门、各单位把此项工作列入单位的重点工作来抓，利用1～2年的时间开展绿化创建达标工作。1998年为提高城乡绿化一体化建设，相继将县（区）各部门、各单位庭院绿化、小区绿化列入考核达标范围。由市绿化办和市文明办联合组织对申报单位进行验收，合格单位由市政府命名表彰。

2002年9月27日，市政府下发《关于开展争创“园林县城、园林乡（镇）、园林式单位（庭院）、园林式居住小区”活动的通知》。2003年，市绿化办开展市级“园林式单位”“园林式小区”创建评选活动。2006年2月28日，市政府办公室下发《关于印发漯河市园林式单位、园林式小区评选办法的通知》，进一步规范创建活动。2008年2月25日，市绿化委员办公室下发《关于申报市级园林式单位、园林式小区的通知》。2009年3月23日，市绿化委员办公室下发《关于申报市级园林式单位、园林式小区的通知》。2009年7月24日，市绿化委员会办公室转发省绿化委员会《关于做好河南省绿化模范城市及河南省绿化奖章等评选推荐工作的通知》。2009年12月30日，市政府下发《关于开展创建园林式乡（镇）和绿化示范村活动的意见》，并制定《漯河市园林式乡（镇）评选标准》。

二、评选标准

（一）园林式单位评选标准

一是领导重视，组织健全。单位要把绿化工作列入重要议事日程，有专职领导和专、兼职绿化队伍或人员，有切实可行的管理措施。二是有专业部门设计的绿化平面图，并能严格按设计要求逐年实施，已形成较好的效果。三是对园林绿化面积的要求，要求新建单位应占总用地面积的30%以上，其他单位应占25%以上，同时，绿化覆盖率达到40%以上（包括垂直绿化的覆盖面积）。四是要求地面多以草皮和花木覆盖，无黄土裸露现象。五是要求绿化布局合理，乔、灌、花、草配置得当，有景观建筑点缀（泉、石、雕塑、仿古建筑及小品等），植物生长旺盛，无病虫害，花草丰富，整体效果好。六是要求单位主要出入口及重要部位有花草造型或花木摆放，室内有盆花，装饰水平低的墙面及阳台有垂直绿化覆盖。七是要求有正规花房或一定面积的花圃，一般花卉应达到自给自足。八是要求完成义务植树任务，积极参加花事活动。九是要求不发生乱砍滥伐树木及侵占绿地的事件。

（二）园林式小区评选标准

园林式小区

一是小区要把绿化工作纳入重要日程，制定有工作制度、计划，有安排实施，有宣传发动的相关资料和记录。小区居民的“植绿、爱绿、护绿、兴绿”意识要强。小区积极参与社会绿化事业，能按规定完成全民义务植树任务。门前“五包”责任要落实完成。二是能严格按照具有园林设计资质单位所做的小区绿化规划进行实施。三是在园林绿化面积上要求新建住宅区绿地率不低于35%，其中人均公共绿地面积要达到居住小区人均不低于1平方米，居住区人均不低于1.5平方米。旧城改造住宅区的改建绿地率不低于30%，人均公共绿地按不低于新建住宅区标准的70%执行。四是在管理制度上要求有专职或兼职的管理队伍，经费落实，责任明确，绿化养护管理资料档案齐全。五是在绿化景观上，要求以植物造型为主，配置合理，具有良好的园林景观。能充分发挥乔木生态效益好、绿量足的优势，在小区内房前屋后、运动场地、道路两侧栽植相当数量的乔木。草坪面积控制在绿化面积的40%以内。要求小区绿化面积3000平方米以下，植物种类不少于40种，3000～10000平方米的不少于50种，10000～20000平方米的不少于70种，20000平方米以上的不少于80种。要求合理均匀的栽植相当数量的花灌木、宿根花卉、多年生花卉，达到四季有花的效果。要求地被植物应用广泛、品种多样、效果良好，无裸露地面。要求植物设置标牌，标牌准确、清晰、美观。要求能有效利用空间增加绿量，大力发展垂直绿化，窗、阳台绿化和屋顶绿化。要求在住宅小区门前摆放一定数量的盆花，造型要美观。要求在绿地内要精心设置雕塑、景石、亭廊等园林小品和儿童游乐健身器材，并且无损坏。六是在养护管理上要求小区的绿化管理有专项经费，能严格按照《漯河市社会庭院、住宅小区绿化养护管理标准》的要求对小区进行绿化养护管理。

（三）管理办法

市级园林式单位（小区）每年命名一次。全市范围内的单位（小区），均可向属地绿化委员会办公室提出书面申请。其中市区申报单位（小区）直接报送市绿化办，县（区）申报单位（小区）由属地县（区）绿化办审核后集中上报市绿化办。由市绿化办组织人员进行实地考核验收，达到创建标准的，由市绿化办提交市政府复审并命名表彰。市级园林式单位（小区）创建命名后，可加大绿化建设、管护力度，逐级申报省级、国家级绿化荣誉称号。

对已命名的园林式单位、园林式小区实行动态管理，每两年复查一次。经复查达不到《漯河市园林式单位、园林式小区评选标准》的，或者已取得园林式单位、园林式小区的单位合并、迁址、改变名称或隶属关系，没有及时向市绿化办提出申请重新审核验收的，由市绿化办提出拟取消“园林式单位”“园林式小区”名单，报市政府审定后，取消其“园林式单位”或“园林式小区”称号。

2006年2月14日，市林业园艺局转发《河南省建设厅转发建设部关于开展创建国家园林县城活动的通知》。经过几年来的努力创建，截止2012年年底，全市已经有全国绿化模范县1个、全国绿化模范单位2个、全国绿化先进集体1个、省级绿化模范县1个、省级绿化模范单位7个、省级绿化模范乡（镇）21个、省级园林式单位12个、市级园林式单位50个、市级园林式小区6个、市级园林式乡（镇）29个。

表9-1　1990～1999年漯河市庭院绿化达标单位

年份（年）	花园式单位	绿化先进单位
1990	市第一人民医院	市委、市政府、市罐头食品总厂、市车辆厂、市一水厂、市师范学校、市实验幼儿园、中国人民解放军第3515厂、市肉联厂
1991	市政府、市委、漯河师范、市实验幼儿园、市自来水公司	市潜水泵厂、市实验小学、市林业机械厂、蓝天宾馆、市财政局、市化工厂
1992	市武警支队、市潜水泵厂	市规划勘测设计院、市第二面粉厂、市直幼儿园、漯河艺术师范
1993	市实验小学、蓝天宾馆、漯河艺术师范、市财政局	市建委、沙北饮料厂、金港大酒店
1994	市税务局、市公安局、市政协、市石油公司油库	市一中、市五中、漯河电务段、市烟草局、市毛巾厂、大华艺校、市铝型材厂、市人民银行
1995	市卷烟厂、市罐头总厂、市火电厂、市交通局、市建委、大华艺校、市棉纺厂、金港大酒店、市人行、汇华彩印、市直幼儿园、贸易区管委会、市工行	市商检局、市电业局、市民政局、市公路总段、孙庄国税所、市制药厂、市公路工程处、铁东开发区管委会、铁东国税局、铁东地税局、铁东信用联社、铁东中行、孙庄地税所

续表

年份（年）	花园式单位	绿化先进单位
1996	铁东农行、铁东管委会、铁东国税局、铁东地税局、铁东中行、双汇食品城、漯师附小、市铝型材厂、贸易区农行、市农行区联社、市教委	市人大、军分区、市农机局、市科委、市环保局、市劳动局、市铸造厂、亚细亚商厦、市石化集团、市气象局、2004仓库、双龙管委会、源汇区供销社、铁东加油站、罗丽莎鞋业、鑫华针织有限公司
1997	市环保局、市电业局、武警漯河市消防支队、市审计局、市塑料厂、市特种泵厂、中国农业发展银行漯河市分行、铁东开发区农村信用联合社、源汇区供销合作社、中国人民解放军第3515厂、市毛巾厂	市畜牧局、市建设银行、市技工学校、漯河农业科学研究所、源汇区人民法院、市腾龙泵业有限公司、市技术监督局、源汇区人民政府、市育才学校、市殡仪馆、市卫生局、市雅源香精香料有限责任公司、中国建设银行漯河市铁东开发区支行、上海大众汽车漯河特约维修站、河南华侨电子学校、漯河宏达变压器有限责任公司、市电视台、市房产管理局
1998	市卫生职业中等专业学校、市双龙区管委会、漯河大学、漯河大学（北院电大）、市中医院、漯河市地方税务局、市雅源香精香料有限公司、市实验小学	市委党校、市自来水公司第三水厂、市自来水公司第四水厂、市中心血站、漯河银鸽制浆造纸股份有限公司、源汇区检察院、市第二中学、市第三人民医院、市总工会、漯河人民广播电台、漯河市第三中学、市林业局、市农业局、汇通肉食品有限公司、汇新超硬材料有限公司、市检察院
1999	市气象局、市人民公园、市自来水公司第四水厂、市交警支队第二大队、市园林管理处、市物价局、市交警第三支队、市电力器材厂、市畜牧局、农业银行沙北支行	河南省乡（镇）企业成人中等专业学校、市经济发展投资总公司、市粮食局、市物资局、市粮食局粮油贸易公司、市政工程处、市老年公寓、济南军区驻漯55170部队、源汇区人民东路小学、市水利局、市广播电视局、市第十一中学、市工行铁东开发区支行

表 9-2　绿化模范单位

序号	年份（年）	单位名称	国家级	省级
1	2004	漯河市	全国绿化模范城市	—
2	2005	临颍县大郭乡	—	省绿化模范乡（镇）
3	2006	舞阳县	全国绿化模范县	—
4	2006	漯河移动公司	全国绿化模范单位	—
5	2007	漯河市人民政府	—	省绿化模范单位
6	2007	临颍县	—	省绿化模范县
7	2007	郾城区商桥镇	—	省绿化模范乡（镇）
8	2007	舞阳县辛安镇	—	省绿化模范乡（镇）
9	2008	漯河职业技术学院	全国绿化模范单位	—
10	2008	开源管委会	—	省绿化模范单位
11	2008	临颍县杜曲镇	—	省绿化模范乡（镇）
12	2008	源汇区阴阳赵乡	—	省绿化模范乡（镇）
13	2008	召陵区青年村乡	—	省绿化模范乡（镇）
14	2009	舞阳县莲花镇	—	省绿化模范乡（镇）
15	2009	临颍县三家店镇	—	省绿化模范乡（镇）
16	2009	郾城区新店镇	—	省绿化模范乡（镇）
17	2009	源汇区大刘镇	—	省绿化模范乡（镇）
18	2009	召陵区老窝镇	—	省绿化模范乡（镇）
19	2009	沙澧产业集聚区管委会	—	省绿化模范单位

续表

序号	年份（年）	单位名称	国家级	省级
20	2010	临颍县台陈镇	—	省绿化模范乡（镇）
21	2010	舞阳县辛安镇	—	省绿化模范乡（镇）
22	2010	郾城区龙城镇	—	省绿化模范乡（镇）
23	2010	召陵区邓襄镇	—	省绿化模范乡（镇）
24	2010	源汇区干河陈乡	—	省绿化模范乡（镇）
25	2010	市人民公园	—	省绿化模范单位
26	2010	际华3515皮革有限公司	—	省绿化模范单位
27	2011	漯河市林业和园林局	全国绿化先进集体	—
28	2011	临颍县瓦店镇	—	省绿化模范乡（镇）
29	2011	舞阳县孟寨镇	—	省绿化模范乡（镇）
30	2011	郾城区李集镇	—	省绿化模范乡（镇）
31	2011	召陵区姬石镇	—	省绿化模范乡（镇）
32	2012	市中级人民法院	—	省绿化模范单位
33	2012	市沙澧河建设管理委员会	—	省绿化模范单位
34	2012	舞阳县北舞渡镇	—	省绿化模范乡（镇）

表 9-3　省级园林式单位

单位	年份（年）	单位	年份（年）
市实验中学	2004	市农科院	2005
市林业园艺局	2004	市五高	2005
市电视台	2004	市中级法院	2005
漯河移动公司	2004	市政协机关	2006
郾城电业局	2004	市建委	2006
漯河职业技术学院	2005	市实验小学	2006

表 9-4　市级园林式单位

单位	年份（年）	单位	年份（年）
市农业局	2003	市教育局	2006
市交通局	2003	市审计局	2006
市林业园艺局	2004	市水利局	2006
漯河卷烟厂	2004	漯河武警支队	2006
市公安局	2004	市工商局	2006
市中级人民法院	2004	市人防办	2006
市农科院	2004	市社会福利院	2006
舞阳县供电公司	2004	漯河小学	2006
舞阳县财政局	2004	市第十一中学	2006
市财政局	2004	市规划管理局	2008
市移动公司	2004	市科教文化艺术中心	2008
漯河职业技术学院	2004	市食品职业学院	2008
漯河小学	2004	市高级中学	2009

续表

单位	年份（年）	单位	年份（年）
市建委	2004	市机关事务管理局	2009
市教育局	2004	市劳动和社会保障局	2009
市工商局	2004	市高级中学	2011
市实验小学	2004	市实验幼儿园	2011
市实验高中	2004	河南中烟工业有限责任公司 漯河卷烟厂	2011
市电视台	2004	舞阳县财政局	2011
市老干部活动中心	2004	舞阳县审计局	2011
市国税局	2004	舞阳县人民检察院	2011
市武警支队	2004	舞阳县供电有限责任公司	2011
市政协	2004	市人民检察院	2012
市公安局	2006	漯河医学高等专科学校	2012
市财政局	2006	河南省电力器材公司	2012

表 9–5 市级园林式小区

小区	年份（年）	小区	年份（年）
漯河卷烟分厂湘江路小区	2004	双汇国际花园	2006
市电业局龙江路住宅小区	2004	双汇 · 欧洲故事	2008
移动公司小区	2006	开源森林庄园	2008

表 9–6 园林式乡（镇）绿化示范村

单位	年份及命名	单位	年份及命名
临颍县台陈镇	2010 年市级园林式乡（镇）	召陵区召陵镇常村	2011 年市级绿化示范村
临颍县城关镇南街村	2010 年市级绿化示范村	召陵区召陵镇归西村	2011 年市级绿化示范村
舞阳县保和乡冯河村	2010 年市级绿化示范村	经济开发区后谢乡辛庄村	2011 年市级绿化示范村
郾城区商桥镇靳庄村	2010 年市级绿化示范村	临颍县杜曲镇	2012 年市级园林式乡（镇）
源汇区大刘镇南王村	2010 年市级绿化示范村	临颍县杜曲镇龙堂村	2012 年市级绿化示范村
召陵区万金镇大姜村	2010 年市级绿化示范村	舞阳县吴城镇北高村	2012 年市级绿化示范村
经济开发区后谢乡铁炉村	2010 年市级绿化示范村	舞阳县吴城镇汪庄村	2012 年市级绿化示范村
舞阳县孟寨镇	2011 年市级园林式乡（镇）	郾城区黑龙潭乡黄赵村	2012 年市级绿化示范村
源汇区大刘镇	2011 年市级园林式乡（镇）	郾城区商桥镇胡庄村	2012 年市级绿化示范村
临颍县王岗镇周湾村	2011 年市级绿化示范村	源汇区阴阳赵镇湾赵村	2012 年市级绿化示范村
舞阳县北舞渡镇鹿庄村	2011 年市级绿化示范村	源汇区大刘镇大刘村	2012 年市级绿化示范村
郾城区裴城镇铁炉村	2011 年市级绿化示范村	召陵区青年乡井庄村	2012 年市级绿化示范村
郾城区商桥镇申明铺村	2011 年市级绿化示范村	经济开发区后谢乡方庄村	2012 年市级绿化示范村
源汇区问十乡曹店村	2011 年市级绿化示范村	经济开发区后谢乡白坡村	2012 年市级绿化示范村
源汇区阴阳赵镇湾赵村	2011 年市级绿化示范村		

第十章　园林科学技术研究及技能培训

早在 1986 年，市园林处成立科研小组，对园林绿化乔木、灌木、花卉在本地的生活习性和生长过程进行研究。引进部分树木、花卉进行驯化、培养、繁育，如香樟、黄山栾、千头椿、馒头柳、红叶小檗、红叶石楠、马蹄金、白三叶等引进驯化和大树移植等科研工作。园林科研学术工作一直坚持，始终不断。

第一节　科研机构

2010 年，市园林处成立园林科学技术研究综合部和园林科学技术研究示范基地。园林科学技术研究综合部负责漯河市园林学术委员会和园林花卉协会日常工作；负责科研项目的立项、成果申报和学术交流等工作；组织开展园林绿化新成果、新技术的推广与应用；收集、编辑技术资料，交流科研成果；负责苗木繁育基地育苗技术标准的制定、生产计划的编制和生产任务的下达，并做好技术指导；园林科学技术研究示范基地则负责园林植物新品种的引种、驯化、繁育、试验和推广；组织开展园林新技术的推广应用。

第二节　科研成果

科技成果鉴定会

1986 ～ 2009 年，市园林处、市人民公园每年参加省建设厅组织的园林学术交流会，拿出各自科研课题、论文在会上交流，取长补短，为今后城市园林绿化发展打下良好的基础。为加强新优品种引进、实验和推广工作，市园林处先后引进香樟、金叶扶芳藤、红叶石楠等名贵绿化树种 11 种、3.6 万株。2010 年，市园林处成立科技创新团队，确立《宿根花卉在漯河地区城市园林景观中的应用技术研究》《漯河市沙澧河市区段生态环境保护和植物营造技术研究》等科研项目。《宿根花卉在漯河地区城市园林景观中的应用技术研究》项目获得市政府科学技术进步奖特等奖。《漯河市沙澧河市区段生态环境保护和植物营造技术研究》项目获得省科学技术进步奖三等奖。

第三节　技能培训

1986 ～ 1995 年，市园林处始终坚持业务技能培训，为提高园林职工技能水平，采取“走出去、请进来”的办法，每年定期或不定期对新上岗人员和部分园林职工进行业务技能培训。1996 年 8 月和 1997 年 7 月组织开展 2 次园林职工技术比武活动。2004 年 9 月 2 日，市林业园艺局组织开展园林职工技能竞赛。2005 年，市园林处新修订完善《漯河市园林管理职工培训教材》《园林植物修剪造型技术基础知识》等读本在职工中普及，聘请市内外专家举办讲座，培训技术人才 138 人。组织园林职工开展职业技能竞赛。为打造一支高素质的园林干部职工队伍，创新干部职工学习教育形式，以“人人受教育，技术上水平，能力得发展”为目标，每年组织园林管理专业技术及一线管理人员，到绿化先进地市观摩学习，更新观念，学习先进技术。开展绿化养护技能大比武活动，从养护理论知识、草坪栽植、树木移植、植物品种识别、病虫害识别、插花艺术等方面进行综合考评。通过专家授课、观摩讲评、结对帮扶等形式，不断提高园林管理人员的专业知识和实际操作技能，培养专业技术人才。2012 年年底，市园林处普通技术工人等级：技师 15 人，高级绿化工 48 人，中级绿化工 62 人，初级绿化工 42 人；市人民公园普通技术工人等级：技师 9 人，高级绿化工 45 人、中级绿化工 29 人，初级绿化工 14 人。

员工知识讲座

2006 年 10 月 12 ～ 13 日，省建设厅、省人事厅、省总工会联合在郑州市举办花卉工职业技能竞赛活动，市园林处有 3 人荣获省级“建设技术能手”荣誉称号。

2011 年 7 月，为提高园林队伍整体素质，推动学习型行业建设，根据市劳动竞赛委员会、市人才工作领导小组办公室、市总工会、市人力资源和社会保障局组织开展“银鸽杯”职工技术运动会的精神，市林业和园林局承办漯河市第三届“银鸽杯”职工技术运动会园林技能大赛。来自全市各园林绿化管理单位、园林绿化企业的 92 名选手进入决赛，最后产生组织奖单位 4 个（市园林处、市人民公园、市绿化工程处、源汇区建设和环境保护局）；理论测试、绿化工、花卉工实际操作、综合技能四个单项奖分别产生一等奖 4 人、二等奖 9 人、三等奖 15 人，绿化工单项最佳选手奖 5 人。2011 年 12 月，市园林处制定《技术结对帮扶活动实施方案》，通过互帮互带的形式，提高职工业务技能。在全市绿化技能大赛中，因成绩突出，市园林处 1 名同志被市总工会授予“漯河市五一劳动奖章”，4 名同志被市总工会授予“技术能手”。2012 年 3 月 12 日，市园林处首次开展“岗位之星”评选活动。在 2012 年度河南省首届“中原杯”插花比赛中，市园林处 1 人获得优秀奖。在市总工会组织的 4 项绿化技能竞赛中，市园林处职工荣获 3 个单项一等奖、6 个二等奖、7 个三等奖。

表 10-1　1986 ～ 2012 年园林系统历年专业技术人员统计

单位：人

年份（年）	正（副）高级工程师	工程师	助理及技术员	其他系列	年份（年）	正（副）高级工程师	工程师	助理及技术员	其他系列
1986	—	1	3	—	2000	—	9	25	4
1987	—	1	4	1	2001	—	9	26	5
1988	—	3	4	2	2002	1	10	31	3
1989	—	2	6	—	2003	2	16	32	4
1990	—	4	8	1	2004	1	18	50	8
1991	—	4	10	—	2005	2	17	59	7
1992	—	4	15	—	2006	4	20	62	6
1993	—	5	16	3	2007	6	22	67	8
1994	—	5	18	4	2008	7	23	69	8
1995	—	7	20	2	2009	9	21	69	6
1996	—	7	25	11	2010	10	31	75	9
1997	—	8	28	13	2011	9	30	81	9
1998	—	8	30	14	2012	10	32	92	11
1999	—	9	32	3					

表 10-2 1986～2012 年园林系统历年干部职工人员数统计

单位：人

年份（年）	市园林处	市人民公园	市园林监察大队	市绿化工程处	城乡绿化设计院	临颍县园林处	舞阳县园林处	郾城区园林处	召陵区园林处	源汇区园林处	开发区园林处	合计
1986	47	41	—	—	—	—	—	—	—	—	—	88
1987	62	77	—	—	—	—	—	—	—	—	—	139
1988	81	105	—	—	3	—	—	—	—	—	—	186
1989	120	103	—	—	5	—	—	—	—	—	—	228
1990	135	97	—	—	7	—	—	—	—	—	—	239
1991	210	92	3	—	8	11	—	—	—	—	—	324
1992	287	89	3	—	8	24	—	—	—	—	—	411
1993	346	86	3	—	9	30	8	—	—	—	—	482
1994	398	88	3	—	9	42	10	—	—	—	5	555
1995	573	82	5	—	9	46	11	6	—	—	5	737
1996	618	81	5	—	10	58	11	6	—	—	5	794
1997	700	87	5	—	10	69	12	6	—	—	6	895
1998	717	108	5	—	10	77	13	7	—	—	6	943
1999	783	109	7	—	10	65	13	7	—	—	7	1001
2000	964	110	7	—	13	65	14	7	—	—	7	1187
2001	987	137	7	—	13	72	13	7	—	—	9	1245
2002	1132	155	7	—	13	67	14	8	—	—	9	1392
2003	1157	123	6	27	17	50	13	9	—	—	8	1410
2004	1390	113	6	37	17	50	14	10	—	—	8	1645
2005	1437	129	6	67	17	50	15	10	8	—	9	1758
2006	1513	130	11	67	18	50	16	10	9	10	12	1846
2007	1540	133	21	65	18	58	16	12	15	10	15	1903
2008	1659	135	76	65	18	57	16	13	20	10	15	2084
2009	1684	138	77	65	20	56	16	13	26	10	15	2120
2010	1620	145	77	64	20	56	19	15	35	10	15	2076
2011	1600	150	78	62	20	56	19	15	36	12	15	2063
2012	1623	182	80	62	20	56	19	15	36	12	15	2120

第十一章　园林绿化建设

第一节　施工建设部门及承建园林绿化项目

一、施工部门简介

（一）漯河市绿化工程处（漯河绿地集团发展有限公司）

1994 年 11 月，市园林处经过筹备成立漯河市绿地发展有限责任公司，2002 年通过河南省建设厅审批，升级为城市园林施工二级资质，是漯河市首个拥有园林工程施工二级资质的企业。2003 年 3 月 2 日，在漯河绿地发展有限责任公司基础上组建市绿化工程处。2005 年 3 月 29 日，以漯河绿地（集团）发展有限公司为母公司，组建集团公司。2007 年 6 月通过建设部审批取得国家城市园林绿化一级资质，是一家集园林设计、绿化施工、工程养护、假山盆景造型、园林苗木生产经营和技术咨询服务于一体的企业集团。集团公司下设 5 个部门，即办公室、财务部、技术部、质检部、项目部，2 个子公司即漯河市园林养护公司、漯河市园林花木公司。在郑州、西安、东莞、成都、常州等地分别设立分公司。业务遍布全国各地。公司拥有雄厚的园林设计、工程施工、绿化养护的技术力量和先进的施工队伍，拥有各类专业技术人员 100 多人，其中高级工程师 8 人、中级职称 67 人、初级职称 23 人、会计系列 3 人，占职工总人数的 65%。

1995 年公司成立以后，先后承建园林绿化工程 200 多项，绿化面积达 460 万平方米。承揽的长江路绿化改造、淞江路绿化改造、金山大道景观绿化等工程获得“省级优质工程”。承揽的澧河景观园林绿化 LH–3 标段工程，先后被中国风景园林协会、河南省建设厅评为“优秀园林绿化工程银奖”“河南省市政（园林）工程金杯奖”。

2007 ～ 2012 年先后承揽漯河市澧河一期绿化工程、漯河市沙澧河开发建设安置小区景观绿化工程、漯河市沙河二期景观绿化工程、沙河三期、澧河二期景观工程等数十项景观绿化工程，为漯河市沙澧河开发建设和创建国家森林城市以及创建生态宜居名城作出积极贡献。

（二）漯河市碧苑绿化工程有限责任公司

漯河市碧苑绿化工程有限责任公司前身是市园林处下设的工程部。2003 年市园林处内部职工筹资成立股份有限公司，2003 年 10 月注册。2003 年 12 月公司申报园林绿化二级资质企业，2007 年 6 月被省建设厅评定为城市园林绿化二级资质企业。2009 年 6 月 27 日，该公司成为省风景林学会会员单位。经过多年发展壮大，公司逐渐成为一家集园林工程施工、监理咨询、绿地养护、花木经营及物业管理于一体的园林绿化企业。公司设有工程部、技术部、物业部、督察部、综合办公室 5 个部门。拥有各类专业技术人员 90 人，其中，中初级职称 31 人，普通园林技术工人 59 人，占职工总人数的 65% 以上。

公司注重科技新成果的应用，工程技术优势明显，注重掌握和利用国内外领先的园林绿化施工技术与先进设备。注重科技创新，攻克大树栽植、反季节栽植等技术难题，组织开展宿根花卉在城市园林景观中应用技术研究，全面掌握水生植物造景、高边坡垂直绿化等技术。

公司成立后，承建各类园林景观绿化工程近百个，完成各类绿化施工总面积 350 万平方米，完成工程总造价 1 亿多元。承建的园林景观绿化工程，在施工质量和景观效果方面深受好评，其中，中银广场绿化工程、长江路花带绿化工程、人民东路绿化工程被省建设厅评为“河南省优质工程”。

2009 ～ 2012 年，先后承接漯河市沙澧公园（包括澧河一期工程、沙河一期工程、沙河二期工程）物业管理项目，管理人员素质高，园林机械设备齐全，物业管理规范，是漯河市首家开展景区五星级综合物业管理的绿化企业之一。

（三）其他园林绿化施工企业

林业、园林部门的三级资质企业有：市人民公园（绿地建设中心）、市苗圃场（金世纪绿化工程有限公司）、郾城区建设局园林管理处（市绿洲园林绿化工程有限公司）、漯河经济开发区园林处（高新区红黄兰绿化有限公司）。另有三级资质私营企业 11 家，二级资质私营企业 4 家。

二、主要工程项目统计

表 11-1　市绿化工程处（漯河绿地集团）承建主要园林绿化工程统计

单位：平方米、万元

项目名称	面积	造价	开工日期	竣工日期	质量评定结果
银河公园	120000	862	2002 年 4 月 1 日	2003 年 3 月 31 日	优良
星光公园	70000	284	2002 年 5 月 10 日	2003 年 7 月 31 日	优良
林海园建设工程	33266	270.9	2003 年 3 月 10 日	2003 年 6 月 23 日	优良
东北入市口绿化工程	835200	2760	2003 年 11 月 20 日	2004 年 6 月 15 日	省级优良
东入市口绿化工程	324000	1455	2003 年 12 月 10 日	2004 年 5 月 31 日	优良
金沙滩公园建设工程	13200	126.95	2004 年 8 月 30 日	2004 年 12 月 30 日	合格
淞江路植物园建设工程	54000	496.42	2004 年 9 月 26 日	2005 年 5 月 10 日	优良
火车站广场改造绿化工程	3730	28.2	2005 年 3 月 28 日	2005 年 6 月 8 日	合格
黄河路游园建设工程	5500	47.9	2005 年 8 月 20 日	2005 年 11 月 10 日	优良
西北入市口绿化工程	95000	470	2005 年 9 月 1 日	2006 年 4 月 20 日	优良
西南入市口绿化美化改造工程	98000	864.9	2005 年 9 月 1 日	2006 年 4 月 20 日	优良
长江路(107 国道—乐山路）人行道及花带绿化工程	14243	79.4	2005 年 9 月 10 日	2005 年 11 月 20 日	省级优良
长江路（乐山路—嵩山路）	30000	94.7	2005 年 9 月 12 日	2005 年 11 月 20 日	省级优良
金山路两侧游园建设工程	11000	97.52	2005 年 9 月 12 日	2006 年 1 月 30 日	合格
市区道路沿街整治改造绿化工程	72400	917	2005 年 9 月 12 日	2006 年 4 月 22 日	省级优良
西南入市口绿化工程	120000	605.83	2005 年 11 月 23 日	2006 年 10 月 27 日	合格
2006 年桃花进城Ⅰ、Ⅱ、Ⅲ标	400000	243.9	2006 年 2 月 23 日	2006 年 4 月 10 日	优良
果树进城工程	31300	153.47	2006 年 2 月 26 日	2006 年 4 月 10 日	合格

续表

项目名称	面积	造价	开工日期	竣工日期	质量评定结果
南环绿化工程Ⅰ、Ⅱ、Ⅲ标	91000	226.4	2006年3月10日	2006年4月10日	优良
南环路绿化改造工程	43000	126.14	2006年3月12日	2006年4月22日	合格
湘江西路绿化改造工程	6300	150	2006年4月12日	2006年6月22日	合格
金山路花带、人行道绿化工程	41000	730	2007年2月22日	2007年4月15日	省级优良
2007年春季桃树进城工程	315000	185.94	2007年3月7日	2007年3月27日	优良
淞江路东段绿化改造工程	12600	149.13	2007年3月20日	2007年4月14日	优良
金山路花带人行道绿化工程	52000	785.8	2007年3月22日	2007年4月20日	优良
郑州熊儿河等绿化工程（涉外工程）	22846	286	2007年10月1日	2009年4月27日	优良
澧河段景观绿化工程LH-3标段景观绿化工程	110000	2710	2008年1月12日	2009年4月30日	省级优良
人民东路绿化工程	48100	278	2008年1月12日	2008年4月30日	合格
沙澧河一期Ⅲ标段绿化工程	60000	708.44	2008年1月15日	2009年12月31日	银奖
拆迁安置房小区绿化工程	30000	190.6	2008年3月10日	2008年5月20日	优良
人民东路绿化改造工程	400000	596.8	2008年3月28日	2008年4月26日	优良
沙澧河开发建设安置小区Ⅲ标段绿化工程	39000	310	2008年5月15日	2009年3月6日	合格
许慎文化园绿化工程	60000	570	2009年4月3日	2010年4月30日	合格
第二届中国绿化博览会河南园区景观绿化工程	32000	2400	2010年4月10日	2010年9月26日	合格
第二届中国绿化博览会漯河园区景观绿化工程	2500	160	2010年4月15日	2010年9月20日	合格
汉江路祁山路黄山支路绿化改造工程	21500	135	2011年3月3日	2011年4月15日	合格
沙河二期金山路桥、香樟大道景观绿化工程	27000	450	2011年3月10日	2011年10月30日	合格
沙河三期二标段景观绿化工程	230000	3200	2012年4月29日	2012年10月30日	合格
沙河三期六标段景观绿化工程	140000	1500	2012年5月30日	2012年10月30日	合格
漯河市开元名都大酒店景观绿化	13000	275	2012年3月6日	2012年12月27日	合格
漯河市沙河三期、澧河二期滨水绿地综合养护工程	21000	84.29	2012年9月22日	2015年9月22日	三年五星级养护

表 11-2 市园林处（漯河碧苑公司）承建主要园林绿化工程统计

单位：万元

工程地点	造价	开工日期	竣工日期	评定结果
泰山路、辽河路、金山路、解放路、交通路、黄河路	178	2005 年 3 月 2 日	2005 年 6 月 1 日	合格
新区入口处两侧	35	2005 年 5 月 26 日	2005 年 6 月 30 日	合格
黄河路（青山路－金山路）京广铁路桥南北两侧绿地	59	2005 年 8 月 25 日	2005 年 10 月 30 日	合格
舟山路、崂山路、淞江路立交桥	83	2005 年 8 月 25 日	2005 年 10 月 25 日	合格
长江路（嵩山路－107 国道）	97	2005 年 8 月 26 日	2005 年 10 月 30 日	优质
金山路（人民路－湘江路）及金山路沙河桥南东西河堤	57	2005 年 8 月 27 日	2005 年 11 月 30 日	合格
人民路（金山路－黑河）及银鸽游园、燕山游园	38	2005 年 8 月 28 日	2005 年 11 月 30 日	合格
沿 107 国道（漯舞路－马沟）段	433	2005 年 9 月 1 日	2006 年 2 月 27 日	合格
嵩山路（沙河桥－淞江路）	72	2005 年 10 月 5 日	2005 年 11 月 30 日	合格
金山路（金山路沙河桥－淞江路）	46	2005 年 10 月 6 日	2005 年 11 月 30 日	合格
湘江路（解放路－金山路）、（泰山路－五一路）	14	2005 年 10 月 10 日	2005 年 11 月 10 日	合格
人民路与东环路交叉口	28	2005 年 10 月 15 日	2005 年 11 月 30 日	优质
嵩山路（林业园艺局－辽河路）路西	73	2005 年 10 月 20 日	2005 年 11 月 30 日	合格
黄河路与嵩山路交叉口	15	2005 年 10 月 20 日	2005 年 11 月 30 日	合格
景观路线、泰山路、河堤、枫林园	63	2005 年 11 月 8 日	2005 年 11 月 20 日	合格
东北入市口、高速口－金山北段－金山桥北	93	2005 年 11 月 8 日	2005 年 11 月 16 日	合格
市区绿地道路及游园园路	47	2005 年 12 月 6 日	2005 年 12 月 30 日	合格
全市各游园、道路	865	2006 年 1 月 1 日	2006 年 12 月 31 日	合格
西南入市口	575	2006 年 1 月 11 日	2006 年 5 月 25 日	合格
市区各游园	97	2006 年 2 月 25 日	2006 年 4 月 10 日	合格
黄河路与金山路东南角	25	2006 年 8 月 30 日	2006 年 9 月 27 日	合格
海河路等五条道路	86	2006 年 9 月 28 日	2006 年 11 月 18 日	合格
人民东路、湘江路、泰山路等九条道路	231	2006 年 10 月 20 日	2006 年 11 月 30 日	合格
银鸽大道等十条路	95	2006 年 11 月 10 日	2006 年 12 月 25 日	合格
淞江新区各支路	40	2007 年 2 月 1 日	2007 年 3 月 20 日	合格
淞江新区北入口	45	2007 年 2 月 1 日	2007 年 3 月 21 日	合格
市区各游园	320	2007 年 3 月 5 日	2007 年 4 月 9 日	合格
行政服务大厅门前	41	2007 年 3 月 12 日	2007 年 6 月 30 日	合格
市区各游园入口处、会展中心	78	2007 年 4 月 5 日	2007 年 4 月 15 日	合格
文景路 4 号	39	2007 年 5 月 26 日	2007 年 6 月 15 日	合格
文化路双汇广场	80	2007 年 8 月 2 日	2007 年 10 月 15 日	合格
长江路绿化工程	92	2008 年 2 月 5 日	2008 年 4 月 15 日	省优
中银广场绿化工程	200	2008 年 3 月 12 日	2008 年 5 月 20 日	省优

续表

工程地点	造价	开工日期	竣工日期	评定结果
人民东路南侧及东环转角绿化工程	895	2008 年 3 月 15 日	2008 年 7 月 21 日	省优
淞江新区	750	2008 年 4 月 6 日	2008 年 10 月 18 日	合格
驻马店铜山大道（涉外工程）	174	2008 年 9 月 16 日	2008 年 12 月 15 日	合格
人民东路（中山路交叉口西侧 – 京珠高速入口）	97	2008 年 9 月 23 日	2008 年 10 月 16 日	合格
嵩山路（淞江路 – 漯舞路）	320	2009 年 10 月 25 日	2010 年 4 月 8 日	合格
金山路（金山路沙河桥—湘江路）	605	2010 年 2 月 25 日	2010 年 3 月 31 日	合格
淞江新区西支路与纬三路	99	2010 年 5 月 6 日	2010 年 5 月 15 日	合格
淞江新区东支路	49	2010 年 5 月 10 日	2010 年 5 月 15 日	合格
沙河（金山路大桥—董庄桥段）河内滩地及堤外	4700	2010 年 8 月 31 日	2011 年 4 月 30 日	合格
太行山路两侧	90	2010 年 10 月 20 日	2010 年 11 月 5 日	合格
紫薇花园及香樟大道	346	2011 年 4 月 20 日	2011 年 10 月 30 日	合格
沙河一期枕流岛	35	2012 年 3 月 9 日	2012 年 4 月 26 日	合格
太行山路（淞江路—湘江路）	131	2012 年 4 月 1 日	2012 年 4 月 20 日	合格
澧河一期南岸月牙湖	46	2012 年 5 月 22 日	2012 年 7 月 10 日	合格

第二节　园林建筑小品、雕塑

1986 年市人民公园有山石假山、六角亭、文化长廊、花架、石桥、天女散花等建筑小品。1987 ～ 1998 年，城市园林雕塑有沙澧母子情、青春少女、犇牛、虎雕、母子鹿。1990 年相继新建双龙戏珠、鱼水情、晨读等园林雕塑。1996 年，随着城市经济建设的发展变化，人们的思想境界和城市文化内涵不断提高，一批新型现代雕塑和装饰性园林雕塑精品不断涌现，园林雕塑——标志着一个新漯河的腾飞。

天女散花

腾飞

鱼水情

星星

表 11-3　漯河市城市园林主要建筑小品、雕塑

名称	位置	修建时间	名称	位置	修建时间
六角亭	市人民公园	1979 年 1 月	蘑菇亭一组	银河公园	1999 年 2 月
石桥	市人民公园	1980 年 1 月	欧式亭	银河公园	1999 年 2 月
天女散花雕塑	市人民公园	1986 年 1 月	仿古楼阁	金沙滩公园	2000 年 2 月
沙澧母子情雕塑	安居花园（西园）	1986 年 3 月	双龙戏珠雕塑	双龙园	2000 年 4 月
沙河儿女雕塑	桥头游园	1986 年 3 月	六角亭	森林公园（金凤凰乐园）	2004 年 5 月
假石	汇晶花园（犇园）	1988 年 4 月	将军石	澧河一期二标段入口处	2007 年 12 月
新星雕塑	汇晶花园（犇园）	1988 年 4 月	木质亭子	沙河一期南岸环保花园	2009 年 2 月
母子鹿雕塑	汇晶花园（犇园）	1988 年 4 月	木质廊架	沙河一期南岸环保花园	2009 年 2 月
仿古树皮亭	老虎滩公园	1988 年 4 月	棋子小品	沙河一期南岸象棋花园	2009 年 2 月
观景亭	老虎滩公园	1988 年 4 月	祈福钟	沙河二期南岸凤凰山	2011 年 3 月
伞形亭一组	老虎滩公园	1988 年 4 月	木质亭子	沙河二期南岸凤凰山	2011 年 3 月
仿古六角亭	老虎滩公园	1988 年 4 月	蚌亭小品	沙河二期南岸蚌亭广场	2011 年 3 月
小鹿雕塑	老虎滩公园	1988 年 4 月	瓢虫小品	沙河二期南岸黄河桥北	2011 年 3 月
千里马雕塑	老虎滩公园	1988 年 4 月	海星小品	沙河二期南岸海星广场	2011 年 3 月
双象雕塑	竹园（东京路）	1992 年 5 月	枫叶小品	沙河二期南岸入口广场 II	2012 年 9 月
星星雕塑	北京路	1992 年 5 月	马褂木小品	沙河二期南岸入口广场 II	2012 年 9 月
青石虎雕	老虎滩公园	1998 年 4 月	银杏小品	沙河二期南岸入口广场 II	2012 年 9 月
山石雕塑	中银广场	1997 年 4 月	木质廊架	沙河二期南岸黄河桥北	2012 年 9 月
四角双亭	虹桥花园	1997 年 8 月	垂钓老人小品	沙河二期南岸黄河桥北	2012 年 9 月
大理石入口园标	烟厂花园	1998 年 5 月	鳄鱼小品	沙河二期南岸石滩子	2012 年 9 月
七彩方亭	星光公园	1998 年 4 月	女巫小品	沙河二期南岸石滩子	2012 年 9 月
长廊亭	星光公园	1998 年 4 月	仿古石塔	金凤凰乐园	2012 年 12 月

第三节　重点绿化工程

一、入市口绿化改造工程

2003 年 2 月 28 日，市委、市政府把“提升漯河入市口形象，改善入市口环境”列入重点工程来抓，2003 年 12 月 5 日组建 4 个入市口改造指挥部。市局承担着全市园林绿化建设施工任务。从 2003 年起，重点对市区 4 个入市口进行高起点规划、高标准设计、高质量建设、高标准绿化、高效能管理，经过几年的努力，打造良好的入市口形象。

东北入市口绿化

（1）东北入市口（从京珠高速漯河站至龙江路口）：全长 5.5 公里，两侧绿地宽度控制在 50 米，局部地段宽度控制在 100 米。2003 年 12 月 20 日，由市绿化工程处负责土建基础设置施工，两侧绿地造型起伏，部分地段设有分车带花带。2004 年 3 月，市园林处负责该段园林绿化建设任务，绿化面积 12 万平方米，种植雪松、榆叶梅、红叶碧桃、棕榈、栀子、桂花、矮化美人蕉等为代表的名贵植物，共种植乔木 7000 余棵，各类花灌木 30 余万株，栽植地被草坪 9.2 万平方米，植物品种 50 余种。6 月 15 日，该绿化工程结束。2012 年 10 月，市园林处对该段部分地段进行园林绿化升级改造，打造精品工程。

（2）东入市口（东起京珠高速漯河南站至中山路）：全长 3.1 公里，两侧绿地各控制在 20 ~ 40 米宽，部分地段绿地造型起伏，有立体感。2003 年 10 月 16 日，由市绿化工程处负责土地施工，2003 年 12 月由市园林处负责园林绿化种植，植物品种达 30 余种，2004 年 5 月该工程全部结束。2008 年 3 月 20 日对该路段两侧进行改造升级，同时，对人民路与中山路交叉口 4 块绿地进行高标准设计，绿化面积 48000 平方米，种植樱花、芍药、金娃娃、美人蕉、十大功劳、火炬等为代表的名贵植物，各类乔木、灌木共 11.9 万株，常绿地被植物 5000 平方米，共 20 余个品种。

（3）西南入市口：2003 年 2 月 23 日拆迁开工建设，该段工程分为 2 段，一段为以 107 国道、漯舞路交叉口为起点向西至漯舞路铁路道口，长 2.2 公里。道路两侧绿地各控制在 20 ~ 30 米。由市工程处、市苗圃场负责园林绿化施工建设，种植各类乔木、小灌木 10 余品种。二段为宁洛高速漯河西站至漯舞路口，全长 1.5 公里。道路两侧绿地各控制在 20 ~ 40 米，中间设有分车带花带 800 米。2005 年 11 月 23 日，由市园林处负责园林绿化施工建设，种植各类乔木、小灌木、绿篱、草坪等 15 余品种。西南入市口拆迁面积 36.2 万平方米，土方工程 6.6 万立方米，清理建筑生活垃圾、工业废料（渣）5.2 万立方米，栽植乔灌木 47.2 万株，铺设草坪 7.5 万平方米，新增绿化面积 21.3 万平方米。2006 年 4 月 20 日工程结束。

（4）西北入市口（淞江路向西至 107 国道 500 米）：2003 年 12 月 16 日，对淞江路两侧绿地各控制在 15 ~ 20 米，由市园林处负责土建和园林绿化种植，种植乔木、灌木、地被植物 10 余品种，2004 年 5 月 1 日结束。2007 年 10 月对淞江路道路机动车分车带进行重新绿化升级改造，种植黄杨球、红叶小檗、麦冬、瓜子黄杨、红花檵木、构骨、棕榈、草花等 10 余品种。

二、第二届绿化博览会河南园区景观绿化工程

第二届中国绿化博览会·郑州绿博园河南园区由省林业厅委托漯河市林业和园林局承建，2010 年 4 月 10 日举行开工仪式。河南园区绿化面积 32000 平方米，设计单位为河南农大风景园林设计院，监理单位为河南建基监理有限公司，施工单位为漯河绿地（集团）发展有限公司。

此项工程施工内容包括：土方工程、绿化工程、园林景观工程、水电安装工程。河南园区主要景观有：具有河南特色的黄河人家窑洞式住宅、彩绘豫华门、河南 18 个地市的铜制大脚板、楚河汉界、雕刻有姓氏的石质坐凳、桐花飘香广场、焦裕禄雕塑、瞭望塔、象征滚滚黄河的水系、豫华亭等。绿化工程设计以绿为主，栽植高档树木及花卉，如胸径 55 厘米的皂角树，胸径 30 厘米的银杏树、朴树、木瓜、柿树，胸径 35 厘米的三角枫树等。共计栽植乔木 3000 余株，花灌木 13000 株，地被及草坪 2.1 万平方米。

河南园入口

三、第二届绿化博览会漯河市意象园景观绿化工程

郑州绿博园漯河市意象园与欧洲园相邻，与上海松江区展园隔路相望，展园占地 1920 平方米，呈三角形。设计构思以“城市意象”为主题，融合漯河地域文化特色，突出“宜居城市”的设计理念。2010 年 4 月，郑州绿博园漯河市意象园与河南园区同时开工建设，设计采用自然式布局手法，运用地形、旱溪、景亭、景墙小品、植物等造园要素构筑丰富的园林空间。展园自然地形东北高、西南低，依山就势，设计贯穿园区的两股溪流，寓意贯穿漯河的沙澧二河，突出漯河北方水城的景观特点，充分展示漯河的地貌特征。展园主入口为螺影花海景观区，为一处开放式小空间，入口广场南侧布置一处纯石景墙，作为漯河园区的形象展示墙，雕刻文字“漯河赋”，讴歌图画般美丽的漯河，文字下方雕刻两河交汇图案，体现漯河地域特色。一个大的白色海螺（漯河的象征）既将景墙一分为二，又与景墙融为一体。景墙左侧采用大的篆体雕刻“漯河意象”，突出园区主题。园区中心为桃花胜境景观区，旱溪南侧，微地形起伏，种植漯河应用先进技术培育的观赏超延期开花桃树，使游客在此感受鸟语花香的意境，充分展现漯河林业、园林新成就，展示绿博会的办会宗旨。

漯河园

四、澧河一期、沙河二期园林绿化工程

（1）澧河一期绿化工程。位于澧河南岸（太行山大桥—107 国道），由上海同济景观设计院设计。由市绿化工程处于 2008 年 1 月 12 日开工建设，河南四方建设管理有限公司监理。工程土方量 95000 立方米，种植柿树、广玉兰、大叶女贞、樱花、雪松、合欢、槐树等乔木 5600 余棵；瓜子黄杨、金叶女贞、红花檵木、海桐、南天竹等灌木 10 万余株；麦冬、萱草、天堂草等地被植物 93000 平方米；园路 4300 平方米。该工程于 2008 年 10 月 30 日竣工。2011 年 10 月被中国风景园林学会评为“优秀园林绿化工程奖”银奖。

（2）沙河二期绿化建设工程。位于沙河南岸从金山路大桥向东至董庄大桥，全长6.8公里。市园林处碧苑绿化工程有限责任公司于2011年7月中标，2011年8月31日开工建设。按照施工设计方案整地造型，上土方80万立方米，铺设广场、园路48510平方米，种植广玉兰、香樟、银杏、女贞、红枫等乔木19671棵，并在凤凰岛景区成功移植树龄200多年、高9米的黑松；种植桂花、百日红、樱花、黄杨球等灌木2550株；地被植物20多个品种，共91060平方米；种植矮天堂草305090平方米。该工程于2012年9月竣工。

五、三大工程

（1）桃花进城工程。2004年4月，市区种植各类花卉2万平方米，种植景观造型树1万余棵。2006年2月，开展桃花进城工程，当年在市区游园绿地引进观赏桃8000余株。2007年3月，在东北入市口、枫林园、金山路大道、淞江路、市政广场、嵩山路、中银广场等地栽植碧桃、满天红、黄金美丽桃等观花桃树10000余株。在沙澧河沿岸绿地、西南入市口、黄河路、大学路等现有广场绿地、道路转角等处大量种植桃树新品种，共计52000株，主要是观花为主的碧桃、黄金美丽桃、满天红桃等。

桃花工程

（2）果树进城工程。果树进城工程2003年启动，2004年3月3日，首先在星光公园、银河公园、老虎滩公园试点种植。2005年后相继在市区长江路、大学路、嵩山路、祁山路、淞江路、黄河路等12条主要道路两侧和星光公园、银河公园、林海园、双龙园、环保园等10个公园，游园内大面积种植果树7000余棵。

绿化果树以观花观果的乡土树种为主，采取成行栽植、片植、穿插等办法，形成点、线、面相结合的果树布局。在嵩山路、大学路、嵩山园林路、长江路等道路上穿插栽种，在星光公园、银河公园、老虎滩公园等沿河主要游园绿地内成片种植。种植枇杷、石榴、柿树、梨树、桃树、杏树等20多个品种5万余株，营造城市园林新景观。2005年下半年，在中银广场、林海园东侧、嵩山路沙河澧河桥头游园、新北环与金山路交叉口4个转角绿地等处栽植果树，植物品种以桃树、柿树、石榴、木瓜、杏树为主，营造具有滨河特色、花果飘香、春华秋实的城市景观。

嵩山路梨花盛开

表11-4 果树进城种类及数量统计

单位：厘米、棵

序号	品 种	规格	数 量	序号	品 种	规格	数 量
1	梨树	10～15	896	8	乌克兰樱桃	6～8	582
2	桃树	8～10	2597	9	柿树	6～8	1247
3	杏树	6～8	522	10	枇杷	8～10	1946
4	核桃	6～8	490	11	石榴	6～8	1130
5	木瓜	8～10	380	12	山楂	8～10	100
6	李子	6～8	2865	13	枣	8～10	100
7	苹果	6～8	460	14	无花果	4～6	86

（3）大树移植工程。1987 年 12 月，市园林处已有成功移植大树的经验。1998 年漯河市被命名为省级园林城市，但距国家级园林城市标准还有一定差距，主要表现在大树少、树荫少、彩化不足。1999 年针对漯河市城市绿化草坪多、空间绿量不足的突出问题，为缩短树木成型周期，促其快速成荫，市创建国家园林城市指挥部办公室绿化处会同市园林部门，严格按照《大树移植规范》，组织人员多方寻找规格较大树源，筛选树冠大，造型好的优良树种，选购胸径 20 厘米以上的广玉兰、五角枫、千头椿、梨树、合欢、香樟、柳树、苦楝、山楂树、法桐、黄山栾等树种 1300 余株，同时，从南方引进黄花槐 1 万株，金丝柳 1000 棵，分别植入双汇广场、车站广场、银河公园、星光公园、虹桥游园、复兴花园、植物园、部分主要街道等，增加城市绿量，丰富园林城市内涵，提高绿化效果。

六、沙澧河开发建设工程（沙澧公园）

漯河地处中原腹地，沙、澧两河在此交汇，东流入淮河，形成得天独厚的自然优势。2006 年 2 月市四届人大八次会议通过《加快市区段沙澧河开发，建设滨河生态宜居城市的议案》。2007 年 6 月，沙澧河开发建设正式拉开帷幕。沙澧河开发建设共分三期实施：一期范围是沙河从 107 国道沙河桥至淞江路沙河桥，澧河从 107 国道澧河桥至两河交汇处，总长 31.14 公里，总面积为 19.1 平方公里，其水域面积为 2.2 平方公里；二期范围是从 107 国道沙河桥至高速客运专线，淞江路沙河桥至北环路。总长 19 公里，总面积 16.8 平方公里，可开发建设用地 12 平方公里；三期范围是从高速客运专线至新 107 国道西 100 米，京广高速公路沙河桥至北环路。总长 5.8 公里，总面积 50 平方公里，可开发建设用地 43 平方公里。

月牙湖景点

凤凰山景点

2007 年年初，沙澧河滨水区景观设计工作面向世界开展咨询，从国内外 54 家参选单位中选出 4 家单位进行咨询方案设计。8 月经专家评审，最终确定由北京北林地景规划设计院承担沙澧河滨水区域绿线以内的景观设计。9 月市政府聘请国内 5 名著名城市建设专家为市政府顾问。11 月市委、市政府委托上海同济大学城市规划设计研究院编制沙澧河沿岸 36 公里城市设计导则。委托上海宝名国际集团为沙澧河两岸的产业布局、功能分区、空间布局及建设时序等进行策划。2008 年 8 月 6 日，邀请国内园林、水利、建筑等方面多名专家组成专家委员会，对设计单位的方案进行评审，专家们一致通过该方案。同时委托中央美院、上海现代建筑设计公司、北京光大集团等几家实力雄厚的知名企业针对沙澧河沿岸的雕塑、建筑景观、生态水城、水上旅游、两河交汇处水景等项目进行设计，为全面推进沙澧河开发建设提供科学依据。

2007 年 7 月 16 日，漯河市启动一期第一批拆迁补偿安置工作。短短两个月时间，完成涉及 3 个区 7 个乡（镇、办事处）18 个村 5699 户居民，120 家企事业单位，长达 31.16 公里，总面积约 136 万平方米的拆迁任务。

经过 2007 ～ 2012 年沙澧河开发建设，沙澧河沿岸景区建成并正式开园，澧河段一期工程，即沙澧公园澧河景区，东至嵩山路澧河桥，西至107国道澧河桥，南北两岸全长4.6公里，面积约为66公顷。2009年年底两桥工程全部顺利完工，沙河节制闸也开始拦河蓄水，蓄水后两河水位整体提升5.75米，在漯河市区形成两条带状湖泊。2010年3月沙河一期工程全面竣工。2011年年底，完成东起淞江路，西至107国道沙澧河36公里沿岸景观工程建设任务。

沙河三期、澧河二期景观工程位于市区核心区段，工程于2011年5月分标段开工建设，2012年10月全面建成开园，12月完成竣工验收。景区设计面积189.6公顷，两岸岸线总长15.1公里。其中，沙河三期西起嵩山路沙河桥，东至金山路沙河桥，岸线长约9.8公里，景区面积144.2公顷；澧河二期西起嵩山路澧河桥，北至两河交汇处，岸线长5.3公里，景区面积45.4公顷，由北京北林地景园林规划设计院设计。两河堤顶内外两侧绿地总面积180公顷，广场、园路、健身活动场所各硬化面积96000平方米。工程沿河两岸园林绿化植物品种78个，其中：乔木类34.85万株，灌木类44.9万株，草坪类1405425.2平方米，季节草花更换5000平方米。共设计9个大型主题公园和若干个街头小游园，内容和题材涵盖老漯河历史、漯河航运文化、戏剧文化、美食文化、文字文化、孝道文化等多个方面。主要景点有：金沙滩人工浴场、月牙湖、凤凰山、梨园春广场、红枫广场等沿河景点。

沙澧公园两河沿岸市区段，于2007年11月开工建设，2012年9月完成建设工程，10月1日投入使用。沙河两岸全长21.8公里，澧河两岸全长9.34公里，新增绿地面积近210公顷，扩大水域面积60公顷。两河沿岸具有代表性的公园和主要景点有银河公园、老虎滩公园、金沙滩人工浴场、月牙湖、凤凰山等31处公园、游园，梨园春广场、红枫广场等8处广场，并设有40余处景观及亲水平台。成为独具特色的生活长廊、文化长廊、休闲长廊，满足城市居民游览和休闲娱乐的需求。

金沙滩人工浴场

第四节　古建园林建设与管护

1994年经省建设厅批准成立漯河市古建园林工程公司，为古建（建筑）三级资质公司，隶属于市绿地发展有限责任公司，是市园林处下属的经济实体单位。公司设5个施工队，1个水电安装队，具有高层公用民用建筑设计建造资格。当时成立古建园林工程公司的目的是配合绿地公司承担公园、游园内的园林建筑小品和市内的仿古建筑工程。公司先后承建多项民用仿古建筑工程。主要有：河南省华侨电子学校的宿舍楼、餐厅，河南省鸣鸡蚊香厂喷泉工程，玉龙大厦过街门楼，市人民会堂室外道路广场，虹桥花园土建和绿化工程，金沙滩公园总体规划设计及部分园林工程，黄山路的双层双环亭、海河路社区内的双层四角亭等。2003年该公司合并于市碧苑绿化工程有限公司。

澧河东园仿古亭

第十二章　园林绿化管理

第一节　公共绿化养护与管理

一、城市绿化（地）管理

2010年9月，市林业和园林局成立绿化资源综合管理办公室，办公室设在园林绿化建设管理科。具体负责城市绿化资源综合管理的组织、协调、督查工作；落实市城管办下达的各项目标任务。2011年4月18日，市林业和园林局制定《园林绿化精细化管理考评办法》和《园林绿化管理检查评分细则》。

二、城市绿化（地）保护

2010年1月27日，市林业和园林局下发《关于进一步明确和规范城市绿化资源管理工作的通知》。2010年9月26日市林业和园林局下发《关于进一步加强城市绿化资源综合管理工作的通知》，对全市城市绿化资源进行界定，明确城市绿化行政管理、行政审批事项管理、专业管理、行政执法管理等4个方面的职责范围、工作程序，实行城市绿化资源管理工作过错责任追究办法，要求城市绿化专业管理单位、行政执法单位按照各自的管理权限开展工作，规范管理程序。

三、园林绿化企业资质审查、认定、报批

根据《河南省城市园林绿化企业资质管理实施细则》和《河南省城市园林绿化企业资质等级标准》要求，为做好漯河市城市园林绿化一、二级资质企业申报及动态考核、初审上报和三级资质的审核及动态考核工作。2004年8月19日，市局下发《漯河市城市园林绿化企业资质管理实施细则（试行）》。2012年12月全市共有园林绿化资质企业21家，其中一级资质1家、二级资质5家、三级资质15家。

四、园林绿化招投标和质量监督管理

2007年11月19日，市林业园艺局制定《漯河市城市园林绿化工程招标投标及工程质量监督管理暂行办法》。该办法依据《中华人民共和国招标投标法》《河南省实施〈中华人民共和国招标投标法〉办法》《国务院城市绿化条例》《河南省城市绿化实施办法》《河南省城市园林工程质量监督管理规定》等法律、行政法规。结合本市情况，详细制定5章62条内容，规范漯河市城市园林绿化工程招标投标活动，维护招标投标当事人的合法权益，提高投资效益，强化工程质量监督管理。

五、园林绿化养护管理的技术标准和操作规范

市园林处1986年制定相关园林绿化技术规范。随着城市园林绿化迅速发展，原有技术规范不能适应要求，1990年以后相继制定并修订完善《漯河市城市园林绿化精细化管理方案》《漯河市园林安全生产操作规程》《漯河市园林植物整形修剪技术操作规程》《漯河市园林植物病虫害防治技术操作规程》等一系列规章制度和管理规范。市园林绿化管理工作逐步纳入规范化、科学化轨道。

六、园林绿化养护管理

（1）网格化覆盖。结合漯河市城市框架结构和行政区域划分现状，市园林处把城市绿地划分为沙南、沙北、郾城区、召陵区、源汇区、双汇广场等6个大的单元格，设置6个管理站和园林病虫害防治站、园林绿化修剪队2个站队，在大的单元格内，分别设置35个专业养护管理小组，4个病虫害防治小组，150个病虫害测报点，10个修剪小组。

（2）精细化管理。一是规范工作流程。对城市绿地资源进行界定，明确城市绿化行政管理、行政审批事项管理、专业管理、行政执法管理等四个方面的职责范围和工作程序，实行城市绿化资源管理工作过错责任追究办法，加强部门之间的分工与协调，规范工作流程。二是分级分类管理。制定《漯河市城市园林绿化精细化管理方案》，根据绿地的重要程度、植物的种类及所占的比例等，将绿地划分为一级绿地、二级绿地。一级绿地管养规范又细化为乔木、灌木、绿篱色块、花坛等10项内容，二级绿地管养规范细化为9项内容。同时，以量化的指标将一、二级绿地日常管理、植物养护、病虫害防治、绿化修剪等进行明确。三是责任目标管理。依据绿地等级标准和劳动强度大小，逐地块、逐小班将全市所有绿地管理任务分解落实到每个管理人员，做到“定人、定岗、定责、定管理标准”。

（3）专业化养护。一是实行分工分类作业，提高专业养护水平。根据园林管理人员的专业特长，将管理人员分为保洁、养护、修剪、防治等不同的工种，分别从事不同的岗位工作。根据园林植物的生物学特性和季节性管理特点，适时、适树、适季做好施肥与土壤改良、抗旱浇水、中耕除草、防寒防冻、病虫害防治、整型修剪等专业化养护工作。二是实施科技创新，加大成果转化。成立专门的科研综合部和科研示范基地，推进科技创新，加快成果转化。加强新技术、新品种、新项目的引进、试验、示范和推广。已成功引进、繁育火炬花、金娃娃、二月兰等新优植物30多个品种，丰富植物品种，提升城市绿化档次。三是引入企业化管理理念，进行有益尝试。在实现精细化、专业化和网格化管理的基础上，市碧苑绿化工程有限责任公司按照企业化管理标准，率先在沙澧河景区推行“五星级”管理模式。除日常养护管理外，设立保安、设施维修等管理部门，专门为游客提供开水、针线包、婴儿车、轮椅、雨伞、急救箱、手机充电、监督电话等便民设施，受到社会各界的好评。

草坪修剪

七、认养冠名活动

2000年漯河市组织开展绿地、游园（树木）认养冠名活动。2009年市绿化办依照《漯河市全民义务植树实施办法》，继续完善绿地、游园（树木）认养冠名活动。以自愿为原则，党政机关、企事业单位、社会团体和个人均可参加，鼓励集体、企业认养冠名游园绿地。市民可根据自己的需要，选择适合的绿地树种认养冠名，由市绿化办统一制作以名称、寄语为主的认养冠名标牌。认养冠名活动采取单位或个人出资认养，实行协议管理，由认养单位或个人与

认建认养活动

园林绿化管理部门签订协议和认养冠名期限。2009 年 4 月市绿化办与漯河医专联合组织师生开展果树认养活动。

八、绿化管护权拍卖

市园林处 1998 年 4 月提出园林绿化管护权拍卖。8 月 8 日，下文面向社会公开拍卖“五路一园”（黄河路、淮河路、海河路、天山路、黄山路、海河路竹园）的绿化管护权。通过资格审查，最后审定 18 人为竞标候选人。8 月 11 日在市建委二楼会议室举行公开拍卖仪式，有 9 人获得中标资格，由市园林处与中标人签订管护协议书，市公证处进行现场公证。“五路一园”拍卖取得成功之后，又相继对三个试点小区、广场和苗圃的绿化管护权进行拍卖。拍卖试行一年后，又由市园林处收回管理权。

九、突发事件的应急处理

1999 年 7 月，漯河市干旱少雨，土壤失水严重，对花草、树木的生长构成危害。为确保创建成果，8 月 10 日市创建办绿化处召集园林等部门召开紧急会议，研究方案、制定措施，开展抗旱保绿工作。一是对全市绿地分片划段，实行门前五包责任制。二是实行单位明白卡制度，由绿地属地单位出面签订责任书，限期保质保量完成任务。三是市创建办绿化处与市园林处、市电视台等单位加强宣传督查，深入各个街道区域，督促有关责任单位迅速行动，浇水抗旱。

2000 年 7 月，暴雨连续袭击漯河市，沙澧河出现 25 年来罕见特大洪水，市区洪水流量高达 3200 立方米／秒，且 72 小时居高不下，河堤内淤泥沉积严重，深处 50 厘米，浅处 20 厘米。当时气温较高，如果不及时清理，园内淤泥表面结成壳，花草树木就会枯死，市创建成果将会毁于一旦。面对面目全非的河滩游园，往日在游园内休闲娱乐的市民心急如焚。7 月 8 日下午，个别地势高的游园洪水稍退，市创建办、市园林处、漯河武警支队组织 1000 多名突击队员，昼夜不停地清淤除垢。7 月 10 日上午，市政府召开紧急会议，安排部署沙澧河游园绿地清淤、排水任务，当日下午，由市直、区直 100 多个单位的 5000 多人组成突击队，对沙澧河游园绿地内的淤泥、污水进行清理。但 7 月 13 日又连降 3 天特大暴雨，河水持续暴涨，河滩游园又一次被洪水吞噬。市委、市政府提出“洪水退一尺，淤泥清十寸”口号，组织安排更大规模的第三次清淤救园任务。经过 10 多天的连续奋战，全市清淤救园共出动 24 万人次，洒水车、消防车、抽水机 3868 台次，清淤 480 万立方米，喷洒药物 138 吨，防止花草、树木病虫害的发生。

2007 年 8 月，临颍县遭遇特大暴风雨袭击。局部地区最大降水量达 373 毫米，瞬间风力达到 11 级，致使临颍县部分乡（镇）林木遭受毁灭性灾害。多个乡（镇）交通、电力、供水中断，房屋倒塌，灾情十分严重。市林业园艺局迅速启动应急预案，指派市园林处组织抢险突击队。派出抢险人员 80 人，车辆 12 台，油锯 30 台等抢险设备，投入清障抢险工作。疏通电力树障 15 余公里，清理倒伏树木 10 万余株，保障灾区人民生命线的安全、畅通。

园林工人洪灾清淤排水

2009 年 11 月，漯河市遭遇雨雪冰冻灾害，市区各游园、广场及道路树木、花灌木出现倒伏、断枝、断头等现象，黄河路、长江路、大学路、海河路、嵩山路、淞江路、湘江路、交通路、天山路等多条道路交通受阻，公园、游园乔木断枝，灌木受压十分严重，造成植物损毁98%以上。市林业园艺局积极采取应对措施，市园林处启动应急预案，迅速开展抢险救灾工作，加强对主干道路的巡查，连夜对倒伏折断树木及时扶正、清理。经过7天7夜的连续奋战，清理、修剪断枝乔木近10万棵，清理树木枝叶、杂物、垃圾2380台／次。

园林工人雪灾抢险

第二节　园林绿化检查与考核

市园林处园林绿化检查考核从1986年开始，1991年走入正规，由处办公室、生产科与原监察中队联合进行综合生产检查，每月一次，对检查结果采取上榜公布的方式，评出好中差（前三名和后三名），好的班组插红旗，差的班组插黑旗。考核结果作为年终评先的依据，以达到鞭策后进的目的。2000年以后园林绿化管理进一步规范，检查考核更科学、完善、全面。

业务技能评比

（1）考核方式。市园林处综合考核原则上每月组织一次，由督查科牵头，从8个基层站队中随机抽出4名副站长或助理工程师以上资格的专业技术人员，与3名督查科工作人员共同组成考核组。基层考核组成员不参与本站队考核评定。

（2）考核组成员纪律。严格遵守各项规章制度，遵守职业道德，不迟到、不无故缺席，各站队无特殊原因检查过程中不能无故换人。要求各考核组成员服从考核组安排，自觉接受监督，并严格按照《漯河市绿地日常管理评分办法》的内容实事求是、客观公正、实名独立打分，严禁舞弊做假，杜绝打人情分、关系分。

（3）评分标准。每月综合考核总分中综合检查平均得分占70%、日常督查得分占10%、生产台账检查得分占10%、人员上岗考勤得分占10%。因特殊原因没有进行综合考评的月份，该月日常督查、台账检查和人员上岗考勤所扣分数顺延至下个综合评比，按比例扣除。各管理站（队）受到上级部门或新闻媒体表扬或批评的，将在当月综合考评中酌情增减1～2分，当月没进行综合考核的，顺延至下月增减。

（4）奖惩制度。根据《漯河市园林管理奖惩办法》规定，每次综合考评中排名第一且得分90分以上的单位奖励现金500元，每次考评中得分低于85分的单位，对正职罚款50元，副职罚款20元；对病虫害防治站和修剪队综合考评中排名第一且得分90分以上的班（组）分别奖励现金200元，得分低于85分的班组，对班（组）长罚款20元。对全年综合考核排在前2位且得分90分以上的单位，第一名奖励现金5000元，第二名奖励现金3000元；对全年综合考核排名倒数第一且得分85分以下的单位，对该站正职罚款500元，副职罚款200元。对病虫害防治站和修剪队在全年综合考评中排名第一且得分90分以上的班（组）分别奖励现金2000元；对在全年综合考评中排名倒数第一且得分85分以下的班（组），对班组长罚款200元。

每次考评原始记录由处督查科备案存档，各站队如对考核结果有异议，需逐级上报分管领导反馈核查。

第三节　古树名木养护与管理

沙澧河交汇处南堤600年槐树

1996年9月，市绿化办成立古树名木保护领导小组。10月，市绿化办组织各县（区）对辖区内古树名木进行全面普查，对古树名木统一编号，建立档案。2001年8月，市绿化办和市林业局联合下文，开展古树名木普查建档工作，对照上次普查结果，进行完善补充，建立规范档案。2003年7月，各县（区）绿化办为每株古树名木统一制作保护标牌，实行挂牌保护。2006年9月7日，市局向市政府申请古树名木保护专项经费，对全市所有古树名木进行养护，加固防护设施，保证古树名木的正常生长。2007年8月21日，市绿化委员会下发《关于进一步开展全市古树名木普查建档及加强古树名木保护工作》的通知。9～10月，市绿化办组织各县（区）林业、园林部门对古树名木进行第三次普查，在前两次普查的基础上，进行复核和查漏补缺，建立电子档案和数据库。同年，市林业园艺局对沙澧河开发范围内的古树名木进行专项调查登记，并制定相应的保护措施。

2009年4月6日，市政府出台《漯河市古树名木管理保护办法》，规定：古树名木实行分级保护管理，树龄500年以上的古树实行一级保护，树龄300年以上500年以下的古树实行二级保护，树龄100年以上300年以下的古树实行三级保护；古树名木保护实行专业保护与社会公众保护相结合，定期养护和日常养护相结合；古树名木的日常管护费用，由管护责任人承担，确有困难的，可以向市、县绿化行政管理部门申请补助。市、县政府应当设立保护专项经费，用于抢救、复壮和保护设施的建设维修。严禁砍伐和迁移古树名木，确需迁移的应当经市以上林业部门同意后，报省林业厅批准。6月，市绿化办对全市古树名木进行登记、编号、建档，明确古树名木管护责任单位和责任人，签订《古树名木管护责任书》，落实管护措施。

古树名木挂牌

2011年7月18日，市绿化委员会、市林业和园林局联合下发《保护大树在行动实施方案》及工作台账，在全市范围内开展保护大树行动。本次活动保护的范围是：具有一定观赏价值、承载本地历史文化内涵、对本地自然生态发挥重要作用、树龄50年以上或者胸径60厘米以上的乔木和古树名木。活动分宣传发动、大树普查建档、挂牌保护管理、采取复壮措施、开展

古树普查登记

大树后备资源培育、动员社会力量保护大树、依法开展保护大树专项治理活动等阶段。各县（区）林业部门组织技术人员对本县（区）的大树及古树名木进行普查和复查，实行建档挂牌保护，并用 GPS 定位。

2011 年，对全市古树名木建立健康档案，开展古树名木健康体检活动。当年全市建档古树名木 1110 株。漯河市区古树登记在册的、树龄在百年以上的有 5 株，其中有生长在沙澧河交汇处、沙河南岸的槐树，树龄约 550 年，是全市树龄最长的槐树，树高 10 米，胸围 3.6 米，冠幅 15 米，一级保护，长势良好；生长在沙河南岸、铁路桥以东约 100 米处的椿树，距今约 300 年，2005 年 10 月自然死亡；生长在原漯河市第一人民医院内，后因沙澧河绿化改造建设成为老虎滩公园的 3 株三角枫，距今约 150 年，树高在 15 米，冠幅平均 14 米。除古椿树外，其余 4 株古树长势良好。

市区范围内有古树 26 株，其中 500 年以上的一级保护古树 7 株，200 ～ 500 年的二级保护古树 14 株，100 ～ 200 年的三级保护古树 5 株。从树种分类上银杏 6 株，古柏树 8 株，槐树 5 株，其他 7 株。

第四节　城市园林植物病虫害防治

一、园林病虫害管理部门及职责

1986 年 1 月，市园林处内设绿化队，负责园林植物栽植、修剪、病虫害防治、日常养护。1988 年 4 月市园林处在济南园林机械厂购置 1 台浇水打药两用车。病害的防治以保护性防治为主，虫害以蚜虫和尺蠖为主，药物防治一般用石硫合剂、波尔多液、乐果和敌百虫等药物。

1995 年 3 月，市园林处在绿化队的基础上成立沙北游园管理站和沙南游园管理站，园林植物病虫害的预测预报及防治职责由管理站承担。沙北游园管理站和沙南游园管理站各增加 1 台浇水打药两用车。虫害以蛀干害虫、刺吸式害虫、咀嚼式害虫为主，病害以白粉病、锈病为主，防治方法是以化学防治为主。

2001 年 11 月，市园林处升格为副县级单位后，内设园林病虫害防治与技术推广站，为副科级单位，防治员和测报员 60 多人，药车 5 辆，设置主要病虫害测报点 50 个，园林病虫害防治以综合防治为主。

2003 年 7 月，园林病虫害防治与技术推广站实行分片包段、责任到人的办法，制定预测预报制度，将发生范围、发生面积、危害程度、虫龄、种类、百叶虫口密度等情况登记造册，每年 3 月底前预测有害生物发生的趋势，制定防控措施。

植物病虫害防治

2010 年年初，园林病虫害防治与技术推广站将精品线路作为重点，实行每日调查制度，进一步精确掌握害虫发生期虫口密度与分布情况。

二、常见病虫害及防治方法

人工配药防治

漯河市园林有害生物主要分病害、虫害。病害有锈病、白粉病、叶斑病、病毒病等。害虫有食叶害虫，刺吸汁液害虫，蛀干害虫，地下害虫。食叶害虫主要有槐树尺蠖、柳毒蛾、刺蛾、杨扇舟蛾、天幕毛虫等；刺吸汁液害虫主要有蚜虫、蚧壳虫、法翅网蝽、叶蝉、螨类等；蛀干害虫有天牛、吉丁虫、小蠹虫等；地下害虫主要有蛴螬、金针虫、蝼蛄等；螨类主要采取化学防治、物理防治和生物防治三种防治方法。

一月份：结合修剪队冬季树木整形修剪，将修剪的乔灌木病枝、虫枝，集中清理销毁，消灭病虫源。清除草坪、乔灌木附近的砖堆渣土，抹除附近建筑物上的缝隙，消灭越冬害虫。

二月份：草履蚧上树危害高峰期，草履蚧是多食性害虫，寄主比较广泛，常危害杨树、法桐、红叶李、樱花等乔木。在这些常受危害的植物树干缠上 20 厘米宽的胶带，在树木和胶带的缝隙处抹上毒环（用 1 份氧化乐果、1 份敌敌畏掺 2 份水和碎土搅拌而成）阻滞草履蚧上树危害。

三月份：上旬病害和蚜虫未发生之前，喷洒石硫合剂防治病害和蚜虫。下旬：在蚧壳虫还未分泌蜡质时喷施杀虫剂进行防治，一般用 70% 的氧化乐果乳油稀释 3500 ～ 4000 倍喷洒树木枝干。

四月份：上旬蚜虫开始危害月季、木槿、碧桃、黄山栾等多种植物，前期喷洒清水冲洗，后期严重危害时喷洒氧化乐果、吡虫啉等内吸杀虫剂喷洒植物的表面。中旬：红蜘蛛开始危害樱花、碧桃、红花酢浆草等植物，前期喷洒清水进行冲洗，后期危害严重时喷洒甲维盐在植物表面。下旬：小绿叶蝉开始危害樱花、碧桃等，把 40% 氧化乐果乳油稀释 2000 ～ 3000 倍液喷洒植物的表面。

五月份：上旬紫薇绒蚧、柿树白毡蚧、龟蜡蚧等蚧壳虫继续危害寄主植物。可用杀扑磷和噻嗪酮合剂防治蚧壳虫的继续发生。中旬：椿树斑衣蜡蝉、法桐方翅网蝽、海棠梨树梨网蝽、麻皮蝽开始大面积危害椿树、法桐、海棠、梨树等寄主，用氧化乐果、吡虫啉喷洒植物的表面。中下旬：吉丁虫、天牛等蛀干害虫开始危害合欢、杨树等寄主植物，用毒签插孔、氧化乐果和敌敌畏合剂注射杀死害虫。下旬：蛴螬、金针虫、蝼蛄等地下害虫开始危害草坪，用氧化乐果和敌敌畏合剂灌根。

六月份：上旬用辛硫磷和氧化乐果稀释灌根的方法杀死草履蚧。中下旬：卷叶螟、尺蠖、杨柳毒蛾、刺蛾开始大面积危害黄杨、槐树、杨树、柳树等植物，用 45% 的高效氯氰聚酯乳油稀释液，也可用 5% 的甲维盐水分散粒剂稀释喷洒植物的表面。下旬：叶斑病、黑斑病、白粉病、锈病开始大面积侵害黄杨、月季、合欢等植物，用 50% 多菌灵可湿性粉剂或 75% 的百菌清可湿性粉剂防治叶斑病、黑斑病，用 25% 粉锈宁可湿性粉剂或 70% 甲基托布津可湿性粉剂防治白粉病和锈病。

七月份：①红蜘蛛对红花酢浆草的危害，用 70% 炔螨特和 5% 唑螨酯交替使用，相隔 15 ～ 20 天连续交替使用两次，可把幼螨、成螨、卵都杀死。②食叶类害虫中的黄杨卷叶螟和尺蠖，用 5% 甲维盐和 25% 灭幼脲交替使用，相隔 15 ～ 20 天交换使用，可把幼虫、成虫、卵全部杀死。③刺吸类害虫的法翅网蝽和合欢木虱，用 5% 啶虫脒和 40% 氧化乐果交替使用防治法翅网蝽。

八月份：防治重点是植物的病害，防治方法和六月份大致相同，打药的次数多 1 ～ 2 次。

九月份：病虫害防治的方法与四月份防治方法相同。

十月份：病虫害防治的方法与四月份防治方法相同。

十一月份：防治重点是给树木涂白防治越冬害虫下树产卵，用石硫合剂、盐、生石灰涂在树木的胸径以下直到树木的根部；采摘小乔木及花灌木上的卵块虫包；深翻树林的土壤，利用冬季的低温冻死在土壤里的越冬害虫。

十二月份：防治的重点是人工防治紫薇、柿树、白蜡、红叶李等寄主上的蚧壳虫或在蚧壳虫的寄主上涂抹机油乳剂；防治桃树、合欢流胶病，用刀刮除患处直到韧皮部，把福美胂搅拌成糊状涂到患处；给植物喷洒石硫合剂杀死越冬孢子。

表 12-1　漯河市园林植物主要刺吸类害虫种类及主要寄主

种	科	拉丁学名	主要寄主
桑白盾蚧	盾蚧科	*Pseudaulacaspis pentagona*	桃树、杏树、红叶李
朝鲜球坚蚧	蚧科	*Didesmococcus koreanus*	月季、桃树、杏树
紫薇绒蚧	绒蚧科	*Eriococcus legerstroemiae*	紫薇、石榴
日本龟蜡蚧	蚧科	*Ceroplastes japonicas*	梨树、大叶黄杨、法桐
草履蚧	硕蚧科	*Drosicha contrahens*	杨树、法桐、广玉兰、红叶李
吹绵蚧	硕蚧科	*Icerya purchasi*	蔷薇、桂花、海棠
柿绒蚧	粉蚧科	*Acanthococcus kaki*	柿树
瘤坚大球蚧	蚧科	*Eulecanium gigantean*	黄山栾
红蜡蚧	蜡蚧科	*Ceroplastes rubens*	构骨
绣线菊蚜	蚜科	*Aphis citricola*	菊类、海棠、石榴、栀子
黄山栾蚜虫	毛蚜科	*Periphyllus koelreuteria*	黄山栾
桃粉蚜	蚜科	*Hyalopterus arundimis*	桃树
月季长管蚜	蚜科	*Macrosiphum rosirvorum*	月季
紫薇长斑蚜	斑蚜科	*Tinocallis kahawaluokalami*	紫薇
石楠盘粉虱	粉虱科	*Aleurndicus photiniana*	红叶石楠、石楠
合欢木虱	木虱科	*Chermidae* sp.	合欢
青桐木虱	木虱科	*Thysanogyna limbata*	青桐
法桐方翅网蝽	网蝽科	*Corythucha ciliata*	法桐
梨网蝽	网蝽科	*Stephanitis nashi*	柳树、海棠
茶翅蝽	蝽科	*Halyomorpha picus*	柳树、梨树

续表

种	科	拉丁学名	主要寄主
小绿叶蝉	叶蝉科	*Empoasca flavescens*	枫杨、樱花
斑衣腊蝉	蜡蝉科	*Lycorma delicatula*	千头椿、楝树
黑蚱蝉	蝉科	*Cryptotympana atrata*	樱花、槐树、榆树、桑树、白蜡
大青叶蝉	蝉科	*Cicadella viridis*	桃、梨、苹果、柳树、杨树、樱花、槐树、榆树、桑树、白蜡
红蜘蛛	叶螨科	*Tetranychus cinnbarinus*	酢浆草、碧桃、柳树、山楂、桂花、香樟、红叶李、海棠

第五节　园林监察执法

漯河市不断强化城市园林绿化监察职能作用，加大依法护绿、依法治绿力度。市园林监察大队具体负责，按行政区域设置5个中队，对城市园林绿化（绿地）进行网格化管理。

一、队伍建设

1991年8月18日，成立园林监察中队，队员3人，中队长1人，隶属市园林管理处，正股级事业单位。1998年10月10日，园林监察队员增至11人，园林监察中队升格为园林监察大队。2003年5月，市园林监察大队隶属市林业园艺局，正科级规格，事业单位。2006年，领导职数为1正3副。2007年9月市园林监察大队机构重新设置，下设1室2科、2个园林监察中队和2个园林规划监察中队，干部职工20名。2008年，经与市劳动部门协商，市园林监察大队聘用53名“4050”人员作为协管员，聘期三年。2009年12月，市园林监察大队行政执法人员编制23名，配执法车辆5辆及摄像器材、勘验器材。2011年，聘用第二批“4050”协管人员49人。2012年下设1室3科、4个园林监察中队和2个园林规划监察中队。

二、法规依据

(1) 依据《国务院城市绿化条例》《河南省城市绿化实施办法》《城市绿线管理办法》和《漯河市城市绿化实施细则》实施城市规划区内损坏城市园林绿化方面的监察。

(2) 依据《中华人民共和国城乡规划法》实施城市绿化规划方面的监察。

(3) 依据有关法律法规实施城市园林其他方面的监察。

三、法规宣传和专项整治

1991年8月，市园林监察中队加强执法宣传，向沿街门店发放宣传单，并与店主签订“门前三包”（包卫生、包绿化、包秩序）责任书。1998年11月，市园林监察大队加大园林监察法律法规宣传。1999年7月，市政府召开城市综合治理工作会议，研究部署“百日护绿”行动。7月23日，漯河市创建国家园林城市指挥部办公室印发《关于开展百日爱绿护绿活动的实施

百日护绿宣传

办法》。7～10月下旬，市园林监察大队利用100天时间，集中开展“百日护绿”活动，分广泛宣传，严管重罚，规范管理三个阶段，共出动宣传车百余台次，纠正在绿地游园内摆摊设点、自行车、摩托车乱停乱放等不文明行为2000余起，制止毁竹事件1起，攀折树枝事件50余起。

法规宣传

2000年5月，市园林监察大队结合“四五”“五五”普法工作，通过版面展示、发放宣传页、出动宣传车辆等形式，重点宣传《中华人民共和国城市规划法》《城市绿化条例》和《河南省城市绿化实施办法》，并通过电视、报纸、网络等新闻媒体对集中整治活动进行宣传报道。2006年3月，《河南省城市绿线管理规定》印发。2008年1月，《城市规划法》修改为《城乡规划法》。市园林监察大队对两部法规进行重点宣传。

2006年9月28日，市林业园艺局下发《市容环境综合整治百日行动方案》，重点整治公园、游园、道路、绿地，严禁车辆在绿地内乱停乱放，人为毁坏绿地、侵占绿地、乱砍滥伐、折枝、摘花、摘果行为。2009年3月13日，市园林监察大队在市区开展“春蕾护花保果”专项行动。2010年10月，市园林监察大队走进小区、走进街道、走进门店，采取设立咨询台、摆放宣传版面、发放宣传页、利用车载广播等形式，向市民征求意见。定期开展“春蕾护花保果”“百日护绿”“三夏”“三秋”护绿防火、重大节假日护绿宣传、“12·9法制宣传日”集中宣传等专项宣传和治理活动。1999～2012年，市园林监察大队共发放宣传页8万多份，展出版面3000多块（次），车载广播宣传12500多分钟，征求市民意见调查问卷8200多份。

2003～2012年，市园林监察大队共纠正违章不文明行为5万多起，立案查处各类涉绿案件45起，行政处罚违法单位31个、违法个人14人，监督赔偿18起，责令补办手续12件，整改拆除违章建筑（围墙）350余米、违规广告牌3个。其中：2006年办理涉绿行政案件3起，2007年办理涉绿行政案件2起，2008年办理涉绿行政案件5起，2009年办理涉绿行政案件5起，2010年办理涉绿行政案件6起，2011年办理涉绿行政案件24起，2012年办理涉绿行政案件24起。

第六节　园林机械

1986～1994年，市园林处除有解放牌货车1辆、小型双排货车1辆、浇水车1辆外，基本没有园林机械设备。园林工人的生产工具以铁锨、小锄、小铲、镰刀、扫帚为主。1995年起市园林处陆续购置一些园林机械设备，草坪修剪机4台，多功能浇水起吊机1辆。1996～2011年各类园林机械设备逐步更新。2012年，市园林处园林机械设备有：绿篱修剪机24台、草坪修剪机35台、自走式推草机1台、草坪割灌机40台、

园林机械设备仓库一角

草坪修剪车1辆、打孔机1台、播种机3台、抽水泵5台、施肥机2台、高枝油锯8台、

高枝大力剪 49 把、高枝剪 29 把、短杆绿篱机 3 台、短杆油锯 13 台，电锯、油锯 8 台，大力剪 96 把、大平剪 160 把、喷药车 6 辆、绿化浇水车 4 辆、中型货车 8 辆、大型货车 2 辆、树木切片机 1 台、树枝粉碎颗粒机 1 台。

第十三章　公园建设

第一节　市人民公园

一、基本情况

人民公园一景

市人民公园位于交通路中段东侧，于 1970 年筹建，1975 年 10 月 25 日建成开放，占地 7.1 公顷。其中，陆地面积 95.2 亩，占全园总面积的 89%；水域面积 11.8 亩，占总面积的 11%；园路面积 12.3 亩，占总面积的 11.5%；园林建筑面积 0.6 亩，占总面积的 0.56%，是漯河市第一个集植物观赏、动物饲养、繁育、花卉培育、大型展览活动为一体的综合性公园。1998 年 12 月 25 日，被省建设厅命名为达标公园。园内建有假山、人工湖、假山喷泉、曲桥、雕塑、花架、长廊、猴山等游览景点。辟有月季园、银杏园、桂花园、牡丹园、盆景园等绿化景点。观赏动物有非洲狮、黑熊、棕熊、梅花鹿、猴、座山雕、孔雀等 20 余种 200 余头（只）。20 余种儿童娱乐设施和游船等供游人观赏、娱乐。先后举办过“灯展”“邮票展”“书画、摄影展”“插花展”“菊花展”“月季展”“盆景展”等活动 40 余届（次），参观游人超过 200 万人次。2005 年 5 月 10 日，市人民公园成立园林绿化三级资质企业。

二、园内绿化

1986 ～ 1988 年，公园每年对园内植物品种进行合理布局和搭配。园内绿地由专人管护，分片包干，定期修剪、施肥、打药、浇水、除草、松土保墒，植物补植更新，引进新品种，装点园内景点。并按照公园生产管理规范进行定期检查、考核打分，奖惩兑现。1989 ～ 1996 年种植补植月季 24000 株、草坪 4300 平方米、灌木 31220 株，分栽垂柳苗 7000 株，补植梅花、蜡梅 200 棵。1997 ～ 2002 年种植补植乔木 145 棵、灌木 29616 棵、绿篱 500 平方米、草坪 21000 平方米、竹子 410 株、月季 5650 棵、美人蕉 600 棵、草花 7500 平方米。2003 年在国庆节布置大型植物造型、小型盆景 100 组、绿化精品工程 10 余组。2004 年对木本绣球、杜鹃等进行扦插实验。2005 ～ 2009 年硬化园内路面 900 平方米，补植竹子 20 平方米、草坪 597 平方米，购置苗木红叶李、杨树 20640 棵。2010 ～ 2011 年漯河市遭遇冻雨，植物毁坏严重，公园内先后补种百日红 110 棵、柿子树 2 棵，种植黄山栾 36 棵、芍药 560 株、月季 180 株、美人蕉 800 株、侧柏 2000 棵，补种草坪 400 平方米。2012 年园内共栽植迎春、樱花、棕榈、红叶李等各类乔灌木 1635 棵，补植草坪 750 平方米，繁育培养矮牵牛、一串红、万寿菊、孔雀草、羽衣甘蓝等花卉 2 万余盆，满足公园节日活动组摆。

三、动物繁殖饲养

1986年，市人民公园动物区管理由员工自行饲养，主要动物有猴子、熊、梅花鹿、鹦鹉等18个品种100余只，饲养员6人，兽医1人。饲养管护采取定人、定舍，早晚各打扫卫生1次。结合动物生活习性和爱好，采取营养食物合理搭配、定时定量喂养方式。1994～1997年，新增醉猴、广西猴、野猪、狮子等7个品种209只。1998年4月，市人民公园进行饲养管理体制改革，将动物园承包给个人，签订承包合同，市人民公园在行政上进行业务管理、检查、督导考核。1998～2000年，新增动物有黇鹿、座山雕、朝鲜豹、南极熊、非洲鸵鸟、海豹等动物13种。2000年11月，修建动物园笼舍5间。2001年3月1日，增加海豹1只、珍珠鸡4只。2002年扩建笼舍700平方米，新建孔雀园1座、鸵鸟园1座、蛇宫1座，引进黑色美洲虎1只、金钱豹2只、美国红羊3只、鸸鹋4只。2003年新增兔狲、豹猫、五脚牛、野猪、蛇5种动物，救治省级重点保护动物白鹭、灰鹭、猫头鹰、雕、野鸡等9只。2003年2月1日，春节期间，市人民公园与陕西省野生动物抢救饲养研究中心商定租借大熊猫1只来公园展出，租借日期为三个月，填补漯河无国宝级动物展示的空白。2011年春节期间动物园新增白狐、小熊猫各1只。2012年年底园内动物达23种。

饲养员喂养鸵鸟

市人民公园在园内举办“爱鸟周”“保护野生动物宣传”活动。2005年4月29日漯河市野生动物救护中心成立，挂靠市人民公园。10月1日，市人民公园加入河南省野生动物保护协会，先后救护国家二级保护动物金雕1只，省级重点保护动物草鹭1只。2008年6月10日救护10种动物。2009年救护孔雀、白天鹅等38只。2010年救治放生孔雀、白天鹅、朱雀、刺猬等54只（头）。2011年救治动物4只，放生野生青蛙1000只。2012年救护野生动物9只，其中省级保护动物5只。

四、花卉培育

1986年8月，市人民公园有花卉温室5间160平方米，内设花卉管理组。1989年新建塑料花棚3个，2005年投资新建智能化温室1个，占地面积673平方米，PC阳光板温室1个，占地面积982平方米，遮阴棚面积756平方米，建立高档植物生产和科研基地，提高花卉培育新技术。1986年1月，园内主要有福建茶、六月雪、榔榆、青檀、五针松、白皮松、地柏、榕树、铁树等盆景10余种。1986～1995年培育繁殖各类花卉41000盆。1996～1999年培育繁殖各类花卉11800盆。2000～2005年培育繁殖各类花卉152000盆。2001年3月改造花房暖房。2005年成立花木公司，全年培育草花55000盆。2009年撤销花木公司，改为花卉管理科。2010年培育繁殖各类花卉63个品种23650盆。2011年培育繁殖各类花卉19000盆。2012年培育繁殖各类花卉20000盆，盆景发展到30多个品种，近100余盆。

五、游乐设施

1986年，先后购置游船11只，电瓶小汽车6辆，微型火车游艺机1部。同年，由北京军区空军司令部赠公园退役初教六型飞机1架。1987年1月19日购置大型电动儿童游艺机1台、小汽艇1艘、电动火车1列，电动小汽车15辆。11月15日中国人民解放军37753部队赠送人民公园退役歼五型战斗机1架。1989年维修影剧场。1991年3月通过招商引资等方式，建成电动花轿、海洋球、海陆空、碰碰车、单轨高架观览车、双人飞天、逍遥桥、脚踏游船等10余种游乐设施。1992年4月引进外资新增碰碰船、空战机、气枪三项大中型游乐设施。1993年8月通过招商引资，添加登月火箭、猴拉车、跑道赛车、跳跳床、万马奔腾等游乐设施。1994年11月新增高空观览车、恐怖城、疯狂米老鼠、水上飞龙等游乐设施。

部队赠送市人民公园飞机

1998年建旱冰场1座。2001年3月新建老年人健身活动区。2009年新增美人鱼游乐设施。2010年新增激战海盗、森林狩猎2项游乐设施。2012年公园共有各类游乐设施项目22项。

第二节　开源森林公园（金凤凰乐园）

金凤凰乐园隶属开源集团，是AAA级旅游景区，漯河市著名风景园林区。2001年6月16日开工建设，2003年10月竣工并对外开放。园内规划设计由上海同济大学和河南大学联手设计完成，总占地面积1000多亩，前身为开源森林公园，后改名为金凤凰乐园。园内植物品种近百余种，种植各类树木10万余棵，水体面积120亩，绿化面积350亩。园内分节日庆典区、市民广场区、运动健身区、儿童娱乐区、生态密林区、岛屿观光区、生态湿地区、度假木屋区、法国古典园林区9个景区52个景点。鸟语林、仙鹤园、鹦鹉长廊、喜鹊迎宾广场等项目已建成对游客开放，鸣鸟长廊、猴岛、人鸟交流广场等项目正在建设中。

森林公园

至2012年，景区拥有鸟类100多个品种，8000多只。景区聘请专业工程师，努力实现饲料科学化，卫生标准化，防疫程序化，动物孵化安全化。

金凤凰乐园景区设有专门的菊花培育中心，连续承办9届漯河市菊花展。在栽培管理上，按照高档菊花种植技术规范认真操作，从苗床管理、育苗移栽、施肥浇水、病虫害防治等关键环节严格把关，投入大量人力、物力，培育菊花106个品种，包括陪衬草花共计32万盆。2012年菊花展，增加10个品种，10万余盆。新增大型菊花及五色草造型20余个，其中艺术菊花有塔松、迎客松、凤凰展翅等；五色草造型有艺菊屏风、天上麒麟、玉兔贺金菊、欢乐世博、世纪中华柱、主体蝴蝶、孔雀开屏等。

景区设有牡丹观赏区，自2004年始，品种不断增多。有百园争彩、大叶蝴蝶、荷花绿、火炼碧绿、绿幕、桃花遇霜、玉翠蓝等10多个品种。景区牡丹采用洛阳、菏泽等地的优良品种和先进的种植技术，通过改良土壤和牡丹品种在牡丹种植方面取得较大的成功，2011年、2012年连续两年举办漯河市牡丹花会。

第三节　沙河国家湿地公园

沙河国家湿地公园位于漯河市舞阳县境内。2010年，漯河市将湿地保护与恢复工作纳入重要议程，在沙河城市上游着手建设湿地公园，市政府委托国家林业局调查规划设计院编制《漯河市沙河国家湿地公园总体规划》。2011年9月28日，市林业和园林局将沙河国家湿地公园总体规划建设情况报告给省林业厅和市委、市政府。2011年12月，国家林业局正式批准漯河市沙河国家湿地公园建设试点项目。2012年4月6日，在全国范围内发布招标公告，并选取3家单位进行方案设计。6月30日，邀请国内有关湿地、规划、水文、园林设计等方面的专家对设计方案进行评选，选出中标单位。8月31日，组织开展沙河国家湿地公园方案设计第一次评审。10月14日，组织开展沙河国家湿地公园方案设计第二次评审。项目分为湿地生态保护恢复、科普宣教、科研监测、合理利用、区域协调与社区、保护管理基础能力建设、基础工程、防御灾害和管理等9个具体建设内容，建设工期为2012～2017年。

一、规划地点及范围

漯河市沙河国家湿地公园主体位于漯河市舞阳县境内。规划范围包括舞阳县、郾城区和源汇区境内沙河主河道，泥河洼滞洪区的导流河及周边区域。规划区西起舞阳县北舞渡镇军张村，东至源汇区阴阳赵镇的大张庄，北到郾城区沙河河道北岸，南至舞阳县莲花镇导流河南岸、老泥河。东西跨度12.79公里，南北跨度5.47公里，其中沙河河道长16.97公里。

二、湿地分类

漯河市沙河国家湿地公园规划区位于淮河支流沙河河道和蓄洪区内，规划区的湿地包括自然湿地和人工湿地两大类，按照第二次全国湿地资源调查的湿地分类标准，湿地公园规划区内的湿地可分为河流湿地和人工湿地两大类，又分为永久性河流、洪泛平原、输水河和水产养殖场四个类型。

三、湿地面积

漯河市沙河国家湿地公园规划区面积651.33公顷，其中湿地面积449.90公顷，湿地率69.07%。规划区湿地内，河流湿地386.78公顷，占湿地面积的86.00%；人工湿地63.12公顷，占湿地面积的14.00%。

四、湿地分布

永久性河流湿地是指常年有河水径流的河流，仅包括河床部分。沙河国家湿地公园规划区内的永久性河流湿地分布在沙河主河道内，常年有河水径流。沙河国家湿地公园规划区内的洪泛平原湿地位于沙河主河道两侧，沙河堤以内，受洪水影响的季节性显著，通常在每年的7、8月份被水淹没，其他月份较干燥，目前种植有冬小麦、油菜等作物。沙河国家湿地公园规划区内的运河、输水河湿地分布在导流河，湿地公园规划区南部分叉内，主要为泄洪修建的人工输水河。

五、湿地生物

规划区内湿地中生长有蒲苇、莲藕、芡实、茭白、菱角、浮萍、水荸等群落，常见湿地植物17科28属33种。规划区人工植被为农作物及农田林网、经济林。农作物主要有小麦、玉米、油菜、大豆、花生等；经济林主要是桃、李、枣、苹果等；防护林、用材林、农田林网主要以杨树、柳树为主。

沙河湿地

规划区内共有鸟类10目13科60种，如鹳形目鹭科的大白鹭（*Egretta alba modesta*）、雁形目雁科的大天鹅（*Cygnos cygnus*）、佛法僧目翠鸟科的冠鱼狗（*Ceryle lugubris guttulata*），其中有国家二级保护鸟类大天鹅（*Cygnus cygnus*）、小天鹅（*Cygnus columbianus*）等两栖类1目3科5种，爬行类2目3科7种，兽类5目6科13种，鱼类4目7科33种。此外，由于近些年沙河水质提升，在河流中发现刺胞动物门水螅纲的桃花水母（*Craspedacusta sowerbyi*）。丰富的湿地资源为湿地动物提供良好的栖息环境及充足的食物供给。

六、规划目标

通过漯河市沙河国家湿地公园的规划和建设，保护和恢复沙河湿地生态系统，有效发挥沙河湿地地表水传输、调蓄洪水、净化水质、调节区域气候和保护生物多样性等生态效益。同时充分利用规划区现有湿地生态资源和旅游资源，开展湿地科普宣教和休闲游憩活动。最终实现规划区内湿地生态系统健全完整、景观资源丰富、自然环境优美、科普宣教设施完善和休闲娱乐条件优越目标。根据规划建设面积约651.334公顷（9770亩），共划分生态保育区、科普宣教区、合理利用区、管理服务区等四个功能分区。其中，建设生态保育区面积4201.33亩，科普宣教区541.32亩，合理利用区4900.76亩，管理服务区126.60亩。

表13-1　河南省漯河市沙河国家湿地公园湿地类型统计

单位：公顷

代码	湿地类	代码	湿地型	面积
Ⅱ	河流湿地	Ⅱ 1	永久性河流	258.89
		Ⅱ 3	洪泛平原湿地	127.89
Ⅴ	人工湿地	Ⅴ 2	运河、输水河	21.86
		Ⅴ 3	水产养殖场	41.26

第四节　公园活动

1986年"五一"期间在市人民公园举办月季展览。1987年春节期间，举办漯河首届美术、书法、摄影、花卉、盆景为一体的大型展览。1987年11月7日～12月7日，在市人民公园举办首届菊花展。1988年春节期间，在市人民公园举办盆景、花卉展览，参展菊花近5000盆，有"天女散花""二龙戏珠"200个品种，游客量达15万人次。

河南省第四届月季花展在漯揭幕

【本报讯】在全市人民欢庆"五一"国际劳动节的日子里，河南省第四届月季展览在我市隆重揭幕。

市领导李长铎、刘希正、杨金山、李广仁、胡洪亮、鲁文忠、高聪训等参加了开幕式。副市长李广仁、省建设厅副厅长吾书铭为本届月季展览剪了彩。

这届花展共展出月季花300多种80000多盆，全省十二个地市参加了展览，不论是从规模、水平、效果上都高于往届。花展期间，将举办我市三年成就展览，举行项目洽谈、豫南七地市协作会、商品展销会、看样订货会和人才交流等经济技术交流活动，还将举行插花艺术展览及插花艺术比赛。

……人民群众的文化生活，提高我市的知名度，以花为媒，促进横向经济联合有着重要的作用。吾书铭对我市的城市建设表示赞赏，对我市为此届花展所做的支持和努力表示感谢。

此届花展将进行到5月15日。（本报记者　张喜明）

河南省第四届月季展在漯河市揭幕

1989年5月1～5日，省建设厅、市政府联合组织举办"河南省第四届暨漯河市第三届月季展"，来自全省12个地市的园林部门带着自己的作品参赛。市园林处、人民公园和市区各企事业单位、机关、学校等37个单位参加此次展览。展出月季300多种8万多盆。河南电视台"河南新闻"栏目现场报道。花展期间，举办漯河市三年成就展览，举行项目洽谈、豫南7地市协作会、商品展销会、看样订货会和人才交流等经济技术交流活动，还举行插花艺术展览及插花艺术比赛。

1990年市人民公园举办第四届菊花展。1991年4月，在人民公园举办漯河市第五届月季展。1994年2月，在人民公园举办漯河市少年儿童书法展。1994年国庆节期间举办书法展。2001年3月，再次举办少年儿童书法展。

2004年"五一"期间，漯河市盆景艺术协会举办"经投杯"首届盆景展，全市120多个盆景爱好者的近200件盆景参加展览。

2011年3月，市林业和园林局、市林学会联合举办"生态家园·魅力漯河"生态建设与保护摄影大赛活动，以生态建设与保护为主题，收到全市林业园林系统干部职工摄影作品229幅。5月，经市摄影家协会专家和大赛组委会评审，评出一等奖1名，二等奖2名，三等奖3名，入围奖70名，优秀组织奖3名。

2011年10月在开源森林公园举办漯河市第一届盆景艺术展，时间为10月26日～11月2日，由市林业和园林局主办。市花卉盆景协会和市开源森林公园承办，展出各类盆景艺术作品400余件。展出期间，市花卉盆景协会邀请10名省内外知名盆景园艺师组成评审委员会，评出"古松图"等金奖作品10件、"红果飘香"等银奖作品19件、"孔雀东南飞"等铜奖作品50件。

第九届菊花暨盆景展

2012年5月4日，漯河市第二届盆景艺术展在开源森林公园开幕。此届盆景艺术展以贺"两会"、迎"食博"，展盆景艺术、扬生态文明为主题，展期自5月1日开始，为期一个月。本届展览共选出盆景作品500余件，作品类型涉及树桩盆景、山水盆景、水旱盆景、树石盆景、竹草盆景和微型组合盆景等。展会期间，安排专家介绍盆景管护知识，对参展盆景评奖，开展插花艺术比赛。

2012年5月27日，市林业和园林局在开源森林公园举办漯河市插花艺术大赛。

职工插花技能比赛

林业园林法规建设

第一章　林业法规建设

第一节　林业法规

1982 年 2 月 27 日，由国务院颁布实施《全民义务植树运动实施办法》。1984 年 9 月 20 日，第六届全国人民代表大会常务委员会第七次会议通过《中华人民共和国森林法》，1998 年 4 月 29 日进行修改。1989 年 11 月 17 日，国务院令第 46 号发布《森林病虫害防治条例》。1992 年，国务院修改《植物检疫条例》。1998 年 1 月 16 日国务院发布《森林防火条例》。2000 年 1 月 29 日，国务院令第 278 号发布《中华人民共和国森林法实施条例》。2000 年 7 月 8 日第九届全国人民代表大会常务委员会第十六次会议审议通过《中华人民共和国种子法》， 2004 年 8 月 28 日进行修改。2003 年 1 月 20 日，国务院下发《退耕还林条例》。1988 年 11 月 8 日，第七届全国人民代表大会常务委员会第四次会议通过《中华人民共和国野生动物保护法》，2004 年 8 月 28 日进行修改。1999 年 5 月 30 日，河南省第九届人民代表大会常务委员会第九次会议审议通过《河南省林地保护管理条例》，2005 年 1 月 14 日进行修改。

第二节　地方性规定

森林公安民警法规学习

1998 年，市政府下发《关于加强林木资源管理工作的通知》。1999 年 3 月 16 日，市绿化委员会下发《漯河市农村义务植树管理暂行办法》。2002 年 5 月 8 日，市政府下发《关于实行造林绿化责任追究制》。2003 年 5 月 13 日，市护林防火指挥部下发《关于加强“三秋”期间森林防火的通知》。2004 年 10 月 19 日，市政府下发《关于加快林业产业发展的意见》。2006 年 6 月 9 日，市政府办公室下发《漯河市重大林业有害生物灾害应急预案》。2008 年 2 月 23 日，市政府下发《关于深化集体林权制度改革的意见》。2011 年 4 月 12 日，市政府下发《漯河市规范木材生产经营加工秩序的通告》。

2002 年 3 月 29 日，市局下发《关于加强全市森防体系标准化建设的意见》。2003 年 6 月 6 日，市局下发《关于规范林木采伐管理工作的通知》，开展严厉打击破坏森林资源违法犯罪专项行动。2005 年 12 月 30 日，市局下发《关于界定部分林业园林管理权限的通知》。通过一系列规章制度的建立健全，使林木管理、行政执法、依法治林、维护林权制度改革持续、健康发展。

第二章　园林法规建设

1982 年 12 月，城乡建设环境保护部颁发《城市园林绿化管理暂行条例》，对城市园林绿地包括的内容、范围、规划、建设和管理的政策标准以及管理机构的设置、权限等作出详细规定。

第一节　园林法规

1989 年 12 月 26 日，第七届全国人民代表大会常务委员会第十一次会议通过《中华人民共和国城市规划法》。1992 年 8 月 1 日，国务院《城市绿化条例》发布实施。1993 年建设部发布《城市园林规划建设指标的规定》。2002 年 9 月 13 日，建设部发布《城市绿线管理办法》。省政府 1998 年 3 月 20 日颁布《河南省城市绿化实施办法》。省建设厅 2006 年 3 月 27 日印发《河南省城市绿线管理规定》。

第二节　地方性法规

1991 年 12 月 20 日，市政府印发《漯河市城市园林绿化管理暂行办法》。2001 年 11 月 20 日，市绿化委员会下发《漯河市古树名木保护管理规定》。2002 年 9 月 27 日，市政府印发《漯河市城市绿化实施细则》。2003 年 4 月 4 日，市政府下发《关于加强林业和园林绿化资源保护管理工作的通知》。2006 年 3 月 1 日，市政府印发《漯河市城市绿线管理办法》。2007 年 9 月 25 日，市政府下发《关于做好城市规划区内绿化资源保护工作的通知》。2009 年 3 月 3 日，市政府印发《漯河市全民义务植树实施办法》。2009 年 4 月 6 日，市政府印发《漯河市古树名木保护管理办法》。2009 年 6 月 4 日，市政府修正印发《漯河市城市绿化实施细则》。

2006 年市林业园艺局组织编印《林业园林行政执法手册》，综合收录国家、省、市有关林业园林工作法律、法规、规范性文件和司法解释 76 篇。2008 年编写出台有关林业园林政策性法规、规范性文件 10 余项。

局领导做客《政风行风热线》直播室

执法人员培训

林业园林宣传

第一节　林业、园林宣传的组织领导

1989 年 10 月 6 日，市林业局下发《关于进一步加强信息和宣传工作的决定》，成立信息宣传领导小组，各县（区）林业部门明确 1 名副局长主抓信息宣传工作，固定 1 ~ 2 名信息宣传员，在省、市级报纸杂志刊登 1 篇宣传文章给予 30 ~ 80 元奖励。1998 年 3 月 6 日，市林业局下发《关于加强林业宣传工作的意见》，要求各级林业部门围绕城乡生态建设、经济林结构调整、资源保护、林业产业化等方面，进行宣传报道。2002 年 12 月 2 日，市林业园艺局下发《关于加强林业和园林绿化宣传工作的意见》，要求各县（区）林业局和市局各单位加强领导，确定 1 ~ 2 名信息宣传员；加大投入金额，配备办公设备；建立奖惩机制，对完不成任务的部门取消评先资格，完成任务好的给予奖励。2005 年 7 月 6 日，市林业园艺局建成“漯河绿化网站”。2007 年 8 月 2 日，市林业园艺局印发《漯河市林业园艺系统信息宣传工作计分办法》，对各县(区)、科室、单位信息宣传工作进行量化考核。2008 年，为配合创建国家森林城市和林业生态省建设，市林业园艺局制定宣传方案，在造林关键季度，通过报纸、电视、广播、网络等多种渠道，广泛宣传报道。2009 年，加大创森宣传力度，市林业园艺局与漯河日报社、市电视台结合，制定宣传工作方案和工作台账，报社和电视台分别确定 1 名记者专门负责创森和林业生态省建设报道，并在《漯河日报》开设“县（区）委书记、县（区）长谈创森”专栏，在电视台开辟创森报道专题，发挥舆论宣传和监督作用，对先进典型及时宣传报道，通报表扬。对工作不力、进展迟缓的给予公开曝光。2010 年 5 月，“漯河绿化网站”升级改版。继续加强同报社、电视台的沟通合作，通过开辟专栏、制作宣传片、开展征文活动等多种形式，对国土绿化、植树造林、城市园林绿化建设等工作进行多方位、多角度宣传。2011 年 2 月 25 日，“2011 年漯河市城乡绿化宣传工作座谈会”在漯河日报社召开。市委宣传部、漯河日报社有关领导，各县（区）宣传部副部长、新闻科长，各县（区）林业局、园林处分管宣传工作副职、宣传员参加会议。会议印发《开展“共建绿色漯河”绿化好新闻征文活动方案》，以“国际森林年”、全民义务植树运动 30 周年等活动为载体，大力宣传城乡绿化一体化工作的经验、举措和成果，宣传林业、园林系统先进人物的典型事迹，在全社会营造关注城乡绿化建设、共享城乡绿化成果的良好氛围。

信息宣传员培训班

城乡绿化宣传工作座谈会

2011 年度省林业厅下达信息宣传任务分值为 17.7 分，市级完成分值 60 分，是目标任务的 3.4 倍。2012 年度省林业厅下达信息宣传任务分值为 26.55 分，实际完成分值 48.7 分，是目标任务的 1.8 倍。

第二节　林业、园林宣传文章

1998 年以后，全市林业园林系统在各级各类新闻媒体上发表大量宣传文章，现将在省级以上媒体发表的宣传稿件统计于后。

表 1–1　省级以上发表文章

媒体名称	文章标题	作者	发表时间	所在版面
中国花卉报	托起城市的绿——广州、深圳、珠海、中山绿化考察记	黄宝锋、张玉霞、谢江华、师军杰	1998 年 4 月 2 日	第 2 版
中国花卉报	论插花艺术的魅力	胡连真	2001 年 6 月 5 日	第 2 版
中国花卉报	繁华闹市中的绿洲——漯河市双汇广场规划设计浅析	胡连真、谢江华、师军杰	2002 年 10 月 8 日	第 2 版
中国花卉报	园林树木的整形修剪	胡连真、谢江华、师军杰	2003 年 1 月 11 日	第 1 版
中国花卉报	9 项措施做好农民工的管理	师军杰	2006 年 5 月 18 日	第 1 版
中国绿色时报	漯河全面“修补”受损花木	陈伟	2010 年 4 月 6 日	第 1 版
中国绿色时报	漯河为食品名城设计绿色未来	李向阳	2010 年 5 月 11 日	第 3 版
中国绿色时报	漯河启动“百日护绿”行动	张合成、赵果	2010 年 7 月 13 日	第 3 版
中国绿色时报	漯河开展“园林绿化技能”大比武	陈伟	2010 年 8 月 31 日	第 1 版
中国绿色时报	漯河积极组织开展抗旱保绿	翟耀东、秦志霄	2010 年 12 月 1 日	第 3 版
中国绿色时报	漯河启动百日护绿行动	张合成、赵果	2011 年 1 月 31 日	第 3 版
中国绿色时报	漯河六项措施统筹城乡绿化发展	陈伟	2011 年 2 月 22 日	第 B3 版
中国绿色时报	漯河林业产值连续五年增长 18 %	陈伟	2011 年 2 月 24 日	第 B3 版
中国绿色时报	漯河相约栽植小记者林	翟耀东、秦志霄	2011 年 3 月 23 日	第 2 版
中国绿色时报	绿化列入漯河民生工程	翟耀东、秦志霄、董德培	2011 年 4 月 12 日	第 B3 版
中国绿色时报	漯河花卉专家坐诊家庭养花	陈伟	2011 年 4 月 19 日	第 B4 版
中国绿色时报	漯河下大力气保护古树名木	翟耀东、秦志霄、李向阳	2011 年 5 月 3 日	第 B3 版
中国绿色时报	漯河休闲林业与旅游深度联姻	翟耀东、秦志霄、李向阳	2011 年 5 月 12 日	第 B3 版
中国绿色时报	漯河“林旅”联姻促农增收	翟耀东、秦志霄、李向阳	2011 年 5 月 19 日	第 B3 版
中国绿色时报	漯河加大力度保护城内果树	翟耀东、秦志霄	2011 年 5 月 26 日	第 2 版
中国绿色时报	漯河打造专业林业园林队伍	翟耀东、秦志霄、杨晓静	2011 年 6 月 1 日	第 2 版
中国绿色时报	漯河加大果树进城绿化保护	翟耀东、秦志霄	2011 年 6 月 2 日	第 2 版
中国绿色时报	漯河开展绿在庭院活动	翟耀东	2011 年 6 月 20 日	第 3 版
中国绿色时报	漯河观赏桃延期开花获成功	翟耀东、秦志霄、王薇	2011 年 6 月 21 日	第 B2 版

续表

媒体名称	文章标题	作者	发表时间	所在版面
中国绿色时报	漯河开展绿在庭院美在家园活动	翟耀东、秦志霄、李向阳	2011年6月21日	第B3版
中国绿色时报	漯河飞防10万亩生态廊道	翟耀东、秦志霄、黄慧芳	2011年7月6日	第2版
中国绿色时报	漯河木材经纪人实名登记	翟耀东、秦志霄、董秋彪	2011年7月7日	第B2版
中国绿色时报	漯河森林公安开展护蛙行动	张晓强	2011年7月20日	第2版
中国绿色时报	漯河为园林植物打“预防针”	翟耀东、秦志霄、黄慧芳	2011年7月20日	第3版
中国绿色时报	河南漯河放生两万余只青蛙	翟耀东、秦志霄、黄慧芳	2011年7月28日	第2版
中国绿色时报	漯河防治杨树烂皮病	翟耀东、秦志霄、黄慧芳	2011年8月2日	第2版
中国绿色时报	漯河开展保护大树行动	秦志霄、龚伟峰、李楠	2011年8月2日	第3版
中国绿色时报	漯河启动绿化资源普查工作	秦志霄、龚伟峰、师军杰	2011年8月4日	第2版
中国绿色时报	漯河双管齐下管护绿化植物	秦志霄、龚伟峰、王薇	2011年8月9日	第3版
中国绿色时报	漯河发展林下魔芋	秦志霄、龚伟峰、李向阳	2011年8月17日	第2版
中国绿色时报	漯河专家坐诊古树名木	秦志霄、龚伟峰、李向阳	2011年8月17日	第3版
中国绿色时报	漯河2300只飞鸟重返自然	秦志霄、龚伟峰、李向阳	2011年8月19日	第3版
中国绿色时报	漯河亮剑行动遏制林地破坏	秦志霄、龚伟峰、李向阳	2011年8月22日	第3版
中国绿色时报	漯河2000余只麻雀斑鸠重返自然	秦志霄、龚伟峰、李向阳	2011年9月1日	第2版
中国绿色时报	漯河绿化扮靓沙滩音乐节	龚伟峰、秦志霄、黄慧芳	2011年9月16日	第3版
中国绿色时报	漯河儿童福利院水果飘香	秦志霄、龚伟峰、李向阳	2011年9月23日	第2版
中国绿色时报	漯河林草牧产业模式助林农增收	秦志霄、龚伟峰、王薇	2011年9月27日	第3版
中国绿色时报	漯河实施全市范围野外禁火	龚伟峰、秦志霄、黄慧芳	2011年10月14日	第2版
中国绿色时报	漯河科技杠杆撬动城市绿化发展	龚伟峰、秦志霄、张言稳	2011年11月11日	第3版
中国绿色时报	漯河打造生态魅力宜居名城	秦志霄、龚伟峰、李楠	2011年11月15日	第B3版
中国绿色时报	漯河送科技解果农难题	秦志霄、龚伟峰、李向阳	2011年12月2日	第3版
河南日报·农村版	漯河循环模式带动林农增收	秦志霄	2011年12月7日	第2版
中国绿色时报	绿色，让今日漯河美景如画	范五洲、翟耀东	2011年12月14日	第1版
河南日报·农村版	省林业厅与漯河市签署合作框架协议	秦志霄	2011年12月16日	第1版
中国绿色时报	漯河提升城市管理水平	秦志霄、龚伟峰、李向阳	2011年12月20日	第B3版
中国绿色时报	漯河“绿剑”行动严查涉林犯罪	秦志霄、李向阳、苏婷	2011年12月23日	第3版
中国绿色时报	漯河建城乡绿化一体化示范市	秦志霄、龚伟峰、李向阳	2011年12月27日	第B3版
河南日报·农村版	漯河沙河国家湿地公园项目跻身“国字号”	秦志霄	2012年1月4日	第1版

续表

媒体名称	文章标题	作者	发表时间	所在版面
中国绿色时报	漯河“整、细、管”加强绿化管理	秦志霄、龚伟峰、李向阳	2012年1月6日	第1版
中国绿色时报	漯河蘑菇林下提质、增效	秦志霄、董德培、王薇	2012年1月19日	第B3版
中国绿色时报	漯河着手编纂林业园林家谱	秦志霄、李向阳、王薇	2012年1月30日	第1版
中国绿色时报	漯河提前谋划义务植树	秦志霄、师军杰、王薇	2012年1月31日	第B3版
中国绿色时报	漯河植树拜年促全民义务植树	秦志霄、师军杰、王薇	2012年2月7日	第3版
中国绿色时报	漯河900余只鸟重返自然	秦志霄	2012年2月9日	第2版
中国绿色时报	漯河：技术到家保丰产	秦志霄、董德培、黄慧芳	2012年2月9日	第B3版
中国绿色时报	漯河市节后加强园林绿化植物管护	秦志霄、张言稳、李向阳	2012年2月13日	第3版
河南日报·农村版	漯河市林果专家田间送科技	龚伟峰	2012年2月21日	第2版
中国绿色时报	舞阳完善森林资源保护措施	秦志霄、赵基元	2012年2月24日	第2版
河南日报·农村版	漯河市林业总产值突破29亿元	龚伟峰	2012年3月6日	第2版
河南日报·农村版	漯河林业技术下乡助果农致富	龚伟峰、李向阳	2012年4月5日	第2版
中国绿色时报	漯河为草坪打孔输氧补水	龚伟峰	2012年4月9日	第2版
河南日报·农村版	我省建成首家有害生物天敌繁育场	龚伟峰	2012年4月13日	第1版
中国绿色时报	漯河为被毁绿化树做“手术”	李向阳、李秋菊秦志霄	2012年6月6日	第3版
河南日报·农村版	漯河：飞机防治林业有害生物	龚伟峰	2012年6月25日	第2版
河南日报·农村版	漯河3亿头周氏啮小蜂围剿美国白蛾	龚伟峰	2012年7月4日	第2版
中国绿色时报	漯河果树挂“爱心牌”倡导绿色文明	龚伟峰	2012年7月10日	第B3版
中国绿色时报	暴雨来袭 漯河全力抢救绿化树木	龚伟峰	2012年7月13日	第2版
中国绿色时报	漯河为绿化果树“保果护绿”	李秋菊、秦志霄、袁丹丹	2012年7月18日	第3版
中国绿色时报	漯河绿化更换5万余株草花	秦志霄、杨佳、刘慧青	2012年8月7日	第B3版
中国绿色时报	漯河校场合作谋求双赢发展	龚伟峰	2012年8月8日	第3版
中国绿色时报	漯河“四突破”加强绿化管理	秦志霄、杨佳、刘慧青	2012年8月10日	第3版
中国绿色时报	漯河园林工人给植物“加餐”	杨佳、秦志霄、刘慧青	2012年8月13日	第2版
中国绿色时报	漯河请专家为林果业发展支招	龚伟峰	2012年8月15日	第2版
河南日报	坚持不懈做大做强生态林业 积极发挥碳汇间接减排作用	宋孟欣	2012年8月29日	第4版
河南日报·农村版	漯河林技人员集体“充电”	龚伟峰、崔丹	2012年8月31日	第2版
中国企业报	漯河建设高品位“中国绿城”	局纪检监察室	2012年9月25日	第23版
中国建设报	漯河，中原大地的水韵绿城	范五洲、翟耀东	2012年12月2日	第3版

第三节　林业、园林科技论文

表 1-2　1992 ~ 2012 年林业、园林科技论文
（收录省级以上发表的各类科技论文）

论文名称	刊物	日期	作者
泡桐病害－溃疡病原菌的研究	河南农业大学学报	1992 年	杨根全、靳国富、韦河民
介绍两种防治蚜虫的有效方法	河南林业	1994 年 1 月	董道林
漯河市黄河路美化改造设计构思	河南省园林绿化学术优秀论文	1996 年	谢江华、张玉霞、田爱芳、黄宝锋
当今城市绿化潮流草坪＋色块＋疏林	河南省园林绿化学术优秀论文	1997 年	黄宝锋、谢江华、张玉霞师军杰
漯河市烟厂花园浅析	河南省园林绿化学术优秀论文	1997 年	田爱芳、张爱英、师军杰
对园林工程造价管理问题的一些浅见	河南省建筑学会园林绿化学术委员会	1997 年 1 月	朱振江、张爱英、黄宝锋
漯河市人民公园部分景区植物景观改造规划	河南省建筑学会园林绿化学术委员会	1998 年 1 月	朱振江、周艳玲
产权制度改革是平原林业发展必有之路	河南林业	1999 年 2 月	陈秀德
平原农区生态林果村的特点和效益探讨	中国改革先锋	2000 年	董道林
桃树当年定植当年成花技术	河南林业	2000 年 1 月	李淑芳
培植绿色珍珠趟出富民之路	河南林业	2000 年 1 月	李淑芳
日光温室葡萄栽培要点	河南林业	2001 年	董道林
大棚油桃促早栽培丰产技术研究	河南职业技术师范学院学报	2001 年	董道林、李安启
平原农区特色林果业关键技术发展战略探讨	中国当代社科研究丛书	2001 年	董道林
试论入世后我省林果业发展对策	河南林业科技	2001 年	谢文贵　董道林
漯河市设施果树发展战略初探	河南林业科技	2001 年	董道林、李淑芳
马蹄金草坪的建植与管护	河南林业科技	2001 年	谢江华、胡连真、黄素萍、王志安
香樟引种试验初控	河南林业科技	2001 年	胡连真、谢江华、黄素萍、王绍鲜
浅析现代园林发展的方向	河南林业科技	2001 年	胡连真
论园林绿化树木的种植与设计	河南林业科技	2001 年 5 月	胡连真
河滩绿地与防洪抗灾措施探讨	中国园林	2001 年 6 月	黄宝锋、田爱芳、张玉霞
提倡屋顶绿化促进城市建设	河南林业科技	2001 年 6 月	胡连真
晚红葡萄早期丰产栽培研究	河南林业科技	2001 年 12 月	李安启
矿区废弃地栓皮栎生长规律研究	河南科学	2002 年	杨红旗、段群迷、黄桂平、张勇富、李广宇、陈志林
平原农区特色林果业的特点及发展策略	河南林业科技	2002 年	董道林
京秀葡萄的生长结果表现及栽培技术要点	落叶果树	2002 年	郭振业、董道林
森林公园客流量的灰色预测	河南科学	2002 年 2 月	郭占胜、张勇富、黄桂萍、王秋霞、李广宇、何海杰、臧建立
中华寿桃优质生产综合栽培技术	河南林业科技	2002 年 3 月	李淑芳等

续表

论文名称	刊物	日期	作者
矿区废弃地刺槐人工林生长规律研究	河南林业科技	2002 年 4 月	杨红旗、李广宇、郭占胜、吴东晓、陈广辉
光肩星天牛对馒头柳的危害与防治技术	河南省风景园林学术交流论文集	2002 年 9 月	胡连真
漯河地区草坪主要有害生物及综合治理	河南林业科技	2003 年 1 月	胡连真
漯河地区冷季型草坪的养护与管理	河南省风景园林学术交流论文集	2003 年 11 月	胡连真
漯河市入市口道路绿化现状浅析	河南省风景学术年会优秀论文	2004 年	师军杰、吕云峰、林艳平、王振君
漯河市建设生态宜居城市的对策及措施	河南林业科技	2004 年 2 月	胡连真、赵自申、师军杰、龚伟峰
平原农区特色林果业关键技术与发展战略探讨	中国当代社科研究丛书	2004 年 8 月	朱振江
外源 ABA 对女贞光合及蒸腾速率的影响	河南农业大学学报	2005 年	何威、武应霞、冯建灿、李继东、王念、毕会涛、郭建设、司长征
美国三角叶杨速生丰产栽培技术	河南林业科技	2005 年	司长征、朱振江、谢昀丽、顾蜜娥
晚秋黄梨无公害栽培	果农之友	2005 年	司长征、林金生、崔丹、顾蜜娥、王富海
水杉嫩枝扦插育苗技术	河南林业科技	2005 年 1 月	田爱芳、张俊芳、胡连真
漯河市果树生产中存在的问题及对策	河南职业技术师范学院学报	2005 年 1 月	郭彩鸽
谈入市口绿化设计	河南林业科技	2005 年 2 月	田爱芳
漯河市入市口综合绿化美化设计	河南职业技术师范学院学报	2005 年 2 月	田爱芳、郭彩鸽、张心灵
老虎滩公园规划设计	河南职业技术师范学院学报	2005 年 2 月	田爱芳、郭彩鸽、张心灵
石榴管理技术要点	山西农业	2005 年 5 月	王月姝
河南林业有害生物防治技术	黄河水利出版社	2005 年 9 月	郭振业
漯河市园林绿化发展现状、问题及对策	河南林业科技	2006 年 2 月	胡连真
立足优势 扶持引导 大力培育林业产业	中国林业	2006 年 2 月	韦河民
调整农田林网树种结构的新探索	河南林业科技	2006 年 3 月	韦河民、程海欣、郭进才、吕保平
石榴树生长发育的田间诊断与栽培	河南林业科技	2007 年 1 月	李忠喜、钟显、林金生郭俊强、丁鑫
搞好乡村园林绿化，加快新农村建设	河南林业科技	2007 年 1 月	胡连真
突尼斯软籽石榴丰产抗冻栽培技术	河南林业科技	2007 年 2 月	钟显、林金生、郭俊强、李忠喜
漯河市湿地水生植物利用现状与对策	河南林业生态工程建设探索与实践	2008 年	郭彩鸽、田爱芳、王维娜、李凌
园林绿化在平原新农村建设中应用及对策	河南林业生态工程建设探索与实践	2008 年	胡连真、刘全山、郭彩鸽、周丽娜、陈晓丽
临颍县林业产业现状调研及发展对策	河南林业生态工程建设探索与实践	2008 年	潘彦民、郭进才、程海欣
世行贷款造林项目整体管理中的沟通协调与机制创新探索	河南林业生态工程建设探索与实践	2008 年	韦河民、郭进才
喀斯特森林随降水流动的主要元素动态研究	水土保持学报	2008 年	李广宇
京秀葡萄的生长结果表现及栽培技术要点	中国果菜	2008 年 4 月	郭振业
阳台绿化技术研讨	河北林业科技	2008 年 5 月	闫华锋、王月姝、关世明

续表

论文名称	刊物	日期	作者
豫中南地区中华寿桃优质综合栽培技术	中国果菜	2008 年 5 月	郭振业
葡萄主要病虫害防治技术	中国果菜	2008 年 6 月	尚俊平、李娜
郾城区林业现状问题及建议	河南林业生态工程建设探索与实践	2008 年 12 月	谭瑞琼、李广宇、李克芹
草莓露地地膜覆盖栽培技术	山西农业	2008 年 12 月	闫华锋、宋艳瑞、王月姝
黄金梨高产栽培技术	河南农业	2008 年 12 月	尚俊平、李娜
平原农区高效生态林网的诠释与发展战略初探	河南林业生态工程建设探索与实践	2009 年	董道林等
城郊高效生态林业建设模式与发展对策	河南林业生态工程建设探索与实践	2009 年	李淑芳等
漯河市湿地水生植物利用现状与对策	河南林业生态工程建设探索与实践	2009 年	郭彩鸽等
漯河市特色林果业的特点及发展对策	河南林业生态工程建设探索与实践	2009 年	董道林等
漯河市种苗产业发展战略探讨	河南林业生态工程建设探索与实践	2009 年	郭俊强等
郾城区林业产业现状存在问题与建议	河南林业生态工程建设探索与实践	2009 年	谭瑞琼等
试论林业在生态文明建设中的重要作用	河南林业生态工程建设探索与实践	2009 年	赵鹏华
舞阳县林业生态建设现状存在问题及发展构思	河南林业生态工程建设探索与实践	2009 年	赵鹏华
速生杨树栽培管理技术的研究与应用	河南林业生态工程建设探索与实践	2009 年	赵鹏华
杏树栽培管理技术	河南林业生态工程建设探索与实践	2009 年	赵鹏华
搞好村镇绿化改善人居环境	中国林业	2009 年	程海欣、韦河民、郭进才
红提葡萄栽培技术	河南农业	2009 年	闫守忠、谭瑞琼
李树主要病害防治技术	现代农业科技	2009 年	李广宇、王坤宇、李梅
平原特色林果业生产类型及栽培模式探讨	中国果菜	2009 年 2 月	刘全山
园林病虫害防治误区及对策	山西林业	2009 年 2 月	刘全山
郾城区林业产业现状存在问题及建议	河南林业生态工程建设探索与实践	2009 年 2 月	李广宇
杨树草履蚧综合防控技术研究与推广	河南林业科技	2009 年 3 月	林艳平
平原地区草履蚧生物习性及综合防控技术研究	中国果菜	2009 年 3 月	刘全山
杨小舟蛾特性及周年防治技术初探	河南林业科技	2009 年 6 月	郭振业、林艳平、郭小伟
漯河市直升机防治廊道林杨树食叶害虫效果调查	河南林业科技	2009 年 6 月	郭振业
浅谈漯河市林业有害生物防治社会化服务	河南林业科技	2009 年 6 月	郭振业、林艳平、刘全山
晚秋黄梨栽培技术	中国果菜	2009 年 6 月	谭瑞琼、闫守忠
提高石榴商品性栽培技术问答	金盾出版社	2009 年 8 月	冯玉增、夏孔建、李广宇
香樟的移植技术	河南农业	2009 年 12 月	谭瑞琼、李克芹、师二帅
杏树设施技术研究	现代农业科技	2009 年 12 月	李广宇、王坤宇、黄志刚
牡丹吊兰的栽培管理	中国园艺花卉	2010 年	程海欣

续表

论文名称	刊物	日期	作者
延长美国夏蜡梅花期措施	中国园艺花卉	2010 年	程海欣、郭进才
加强森林抚育与碳汇浅析	世界林业研究	2010 年	宋孟欣、侯贡献、师军杰、司长征、王奇
果树在城市建设中的应用	城市建设	2010 年 1 月	程海欣、韦河民、郭进才
露地花卉扦插系列技术	山西农业	2010 年 2 月	王月妹、闫华锋、张向阳
试论反季节树木移植技术	山西科技	2010 年 2 月	闫华锋、王月妹、张向阳
几种药剂防治杨扇舟蛾实验研究	河南林业科技	2010 年 3 月	芮旭耀、袁淑华、沈海龙、刘迪、唐爱荣、石秀珍
杨黄叶病综合防治技术研究初探	河南林业科技	2010 年 3 月	石秀珍、刘团会、师旭艳、刘继红、芮旭耀
草莓日光温室栽培技术	中国果菜	2010 年 5 月	张向阳、闫华锋、王月妹
河南古树名木	河南科技出版社	2010 年 8 月	宋孟欣（副主编）、师军杰
加强森林抚育，促进森林经营可持续发展	河南省林学会	2011 年	师军杰、李楠、王奇、王薇
对漯河建设平原滨河城市特色高品位“中国绿城”的思考	河南林业科技	2011 年	师军杰、林艳平、周丽娜
园林植物的造型修剪	河南林业科技	2011 年	师军杰、林艳萍、周丽娜
梨主要病虫害防治技术	中国果菜	2011 年 1 月	左叶蕾、尚俊平、李娜
庭院果树栽培技术	山西农业	2011 年 2 月	王月妹
杨小舟蛾的生物学特性研究	河南林业科技	2011 年 2 月	陈琦、李国强、范志业、梁彦桢
漯河市林业产业发展现状存在的问题及建议	河南林业科技	2011 年 4 月	胡连真
漯河市杨扁角叶蜂生物学特性与防治	河南林业科技	2011 年 4 月	林艳平
晚秋黄梨高产高效栽培技术	中国果菜	2011 年 5 月	尚俊平、李娜、左叶蕾
石榴裂果的防止措施	乡村科技	2011 年 5 月	李桂芹
漯河市悬铃木方翅网蝽生物学特性及防治技术研究	中国果菜	2011 年 6 月	李国强
石榴无公害丰产栽培技术	中国果菜	2011 年 7 月	李国强
桑园冬季管理措施	乡村科技	2011 年 7 月	李桂芹
草莓立体栽培	中国果菜	2011 年 9 月	袁淑华、谢方、李克芹、芮旭耀
石榴无公害丰产栽培技术	现代农业科技	2011 年 10 月	林艳平
加强森林抚育与碳增汇浅析	世界林业研究	2012 年	师军杰
警惕暖冬更要严防寒冬对果树的危害	中国果菜	2012 年	郭俊强
不同修剪程度对紫薇新梢生长的影响	安徽农业技术	2012 年	郭俊强、郭迎春、宋建伟、刘俊年
观赏桃超延期开花技术研究	中国科技成果	2012 年 8 月	蔡联军、董道林、董德培、周彩云
晚秋黄梨栽培稳产高产技术	中国果菜	2012 年 9 月	何崇瑞

县区林业园林篇

第一章　临颍县

第一节　林　业

一、临颍县林业园艺局

（一）机构沿革

1986～1992年为临颍县林业局。1992年3月24日成立临颍县林果业开发服务中心，同时保留临颍县林业局名称。1996年4月更名为临颍县林业技术推广总站。2004年12月更名为临颍县林业园艺局，县政府直属正科级事业单位，设5个职能股室：办公室（挂计划财务股牌子）、人事股、营林股、林政股、项目管理办公室，事业编制18名，局长1名，副局长2名。

人员变动情况：

张发义　1986年1月～1987年2月任林业局党支部书记、局长；张陶温　1987年2月～1989年1月任林业局党支部书记、局长；刘新迎　1989年2月～1992年6月任林业局党支部书记、局长；王梅亭　1992年7月～1996年3月任林业局党支部书记、局长，1996年4月～2001年10月任林业技术推广站党支部书记、站长；杨国辉　2001年10月～2003年3月任林业技术推广站党组书记、站长，2003年3月～2011年4月任林业园艺局党组书记，2003年3月～2012年12月任林业园艺局局长；葛国亭　2011年4月至今任林业园艺局党组书记；张培营　2012年12月至今任林业园艺局局长。

（二）工作职能

贯彻落实党和国家关于林业的方针、政策；制定全县林业生态环境建设、森林资源保护和国土绿化的政策规定，指导全县林业经济体制改革。编制全县林业、国土绿化、中长期发展规划和年度计划。组织开展造林绿化、全民义务植树、经济林发展和林业基地的建设；组织、指导全县用材林、经济林、生态公益林和防护林、风景林的培育；指导国有苗圃、基层林业工作机构的建设、指导林木良种的培育、检疫、检验工作。组织、指导全县森林资源的管理；组织全县森林资源调查、动态监测及统计；审批森林采伐限额，木材凭证采伐与运输；负责全县林地、林权管理和征用、占用林地审核；主管林地补偿费征收和林地开发利用工作及林地调查、定级、评估工作。指导全县林业公安工作和林业公安队伍建设，指导、协调、监督对破坏森林资源和野生动植物资源重大案件的查处；组织、协调、指导、监督全县林木病虫害防治、检疫工作。组织、指导陆生野生动植物资源的保护和合理开发利用；组织、协调全县湿地保护工作；指导全县珍稀、濒危野生动物救护、繁殖、驯养工作；指导、监督全县古树名木的保护和管理。组织、指导以植树、种草等生物措施防治水土流失工作。组织、指导全县林业科技宣传、培训工作；指导全县林业队伍建设。承办县政府交办的其他事项。

二、发展概况

1986年后，临颍县植树造林工作大致划分六个阶段：一是平原绿化初级达标造林阶段。从1986年开始，通过大抓林业育苗，大搞农田林网建设和农林间作，全县农田林网控制率和林木覆盖率大幅提高。1990年春季，县委、县政府提出背水一战实现平原绿化县的号召，全县掀起植树造林热潮，当年，共植树510万株，新植林带总长296公里；完成成片造林0.5万亩，工程造林1000亩。经自查和省市核查，全县林网保存面积70.6万亩，占耕地面积90.5%；林木覆盖率达到12.1%，初步实现田成方、林成网，1990年3月，获林业部颁发的“全国平原绿化先进单位”称号。二是经济林发展阶段。1990年12月，制定《临颍县林业科技开发方案》，开发的任务与目标是通过林果村建设带动经济林发展。1992年3月，县林业局改名为临颍县林果业开发服务总公司，工作职能转化为林果开发和技术服务。总结巨陵、石桥林果村建设的试点经验，在全县推广。1995年发展林果面积3.1万亩，加上保存面积2万亩，全县经济林面积达到5万亩，是临颍县史上经济林面积最大时期。三是平原绿化高级达标造林阶段。1997年，全县新建林网8.8万亩，完善林网31.4万亩，新开林带227条，绿化路沟渠881公里，植树总株数150.7万株。当年作为林业部抽验河南省平原绿化巩固情况的两个定点县之一，验收结果：林网保存率89.9%，河沟渠绿化率96.6%，森林覆盖率13.2%，村庄覆盖率36%，四项指标均超部颁标准。2003年10月，临颍县成立决战平原绿化达标领导小组，对空档部位进行补植补造。11月，省林业厅验收组，在全县抽取30个样方进行检查，各项指标符合平原绿化高级达标标准，2004年4月，省政府确认临颍县为“平原绿化高级达标县”。四是速生丰产林建设阶段。2003年11月24日，县政府印发《关于加快发展非公有制林业的意见》，鼓励各界人士通过承包、竞标拍卖等形式，获得宜林地使用权，参加林业建设，对100亩以上连片造林大户，每亩补助50元种苗款。2003年12月～2005年3月，三个造林季节共营造杨树速生林3.5万亩。五是林业生态县建设阶段。2006年7月，省政府确定临颍县为全省首批9个林业生态县创建县之一。11月1日，县委、县政府成立创建林业生态县指挥部，县政府印发《关于创建林业生态县实施意见》，全县各级各部门开展“半月会战”，重点对城区、乡（镇）政府所在地进行绿化，对农田林网进行补植，对道路、沟、渠进行整修。12月上旬，省政府林业生态县验收组到临颍县检查验收，验收结果：各项指标均达到林业生态县标准，成为全省首批合格县之一。六是林业生态省建设阶段。2007年12月16日，县政府印发《临颍县林业生态建设规划》，2008年，按照生态省建设规划，全县累计营造林面积12.77万亩，其中，新造林8.81万亩，中幼林抚育3.96万亩。在城区绿化方面，高标准完成产业集聚区道路绿化任务，新建3个花园绿地广场，完成绿化面积240公顷。村镇绿化方面，15个乡（镇）政府所在地的主要街道及50个林业生态小康村街道绿化基本完成。农田防护林体系建设方面，新植路沟林547条，补植路沟林625条，新建农田林网面积10.8万亩，完善农田林网20.6万亩。速生丰产林基地建设方面，利用全县窑坑、高速起土坑、村庄荒地、低洼易涝地，实行土地流转，大户承包造林，新发展成片造林1.8万亩。

1990年5月，成立临颍县绿化委员会，负责组织领导全县的义务植树工作。1992年12月13日，县政府下发《关于义务植树实行绿化卡制度管理办法的通知》，植树单位包括国家机关、企业、个体户、居委会，要求县绿化委办公室每年根据单位适龄人数在绿化卡上填制分配任务，植树单位填制任务完成情况，双方共同填制复核情况。对未完成义务植树的单位和无故不履行植树义务的单位实行以资代劳收取绿化费。1991年，县乡领导办绿化点84个，面积2.3万亩，建义务植树基地280多个，面积5.1万亩，适龄公民尽责率每年都在85%以上。1996年10月，组织专业技术人员对全县的古树名木进行全面普查，建立档案。2003 年 7 月，为每株古树名木统一制作保护标牌，实行挂牌保护。2010 年 8 月，对全县古树名木进行第二次普查和复查，对原有的进行重新调查记载，对新发现的进行建档挂牌保护，并用 GPS 定位。

1997 年 2 月，县政府印发《临颍县林业产权制度改革实施意见》，1999 年 12 月，县政府首次为杜曲镇大于庄等村 10 户林木承包者发放林权证。至 2010 年 12 月，全县 364 个行政村，除南街、北徐、龙堂 3 个村由村集体经营外，其余 361 个行政村的林改主体工作全部完成，全县参加林改面积 10.38 万亩，确权面积 10.38 万亩，确权率达到 100%，颁发林权证 18500 多份，办证率 98.9%。2011 年 10 月，通过省林业厅检查验收。通过完善土地流转、林木流转等一系列配套措施，激发社会投资林业热情。全县投资林业的社会资金累计达到 3.4 亿元，完成社会造林 14.6 万亩，造林面积在 50 亩的林果业大户达到 348 户。

2005 年开始，加快城区绿化和村屯绿化。一是高标准建设南街村花园、电信花园、颍川广场、梅园等公共绿地，对颍北产业集聚区进行全面绿化美化，对人民路、新城路、颍川路等城区道路进行高标准绿化。二是所有行政事业单位都按照园林式单位进行绿化美化，对于新建成的居民小区，绿化覆盖率达到 35% 以上。三是对全县 15 个乡（镇）政府所在地进行绿化规划，改善乡（镇）政府所在地环境。四是开展林业生态小康村建设，重点培育出南街村景观型新村，北徐、龙堂、胡桥美化型新村，驼铺、白坡、坡高、康庄等绿化型林果型新村。37 个行政村达到林业生态村标准。

全县林木资源总量的不断增加，带动林业产业快速发展，逐渐形成木业加工、苗木花卉、林业特色旅游等三大产业。一是培育壮大木业小区，实施规模经营。1999 年，县委、县政府在杜曲镇传统木材加工基础较好的南部扶持创立杜南木业加工小区，2011 年木业加工区面积已发展到 1000 多亩，进驻企业 300 多家，产品从创办之初的木材粗加工，到现在的系列化精深加工，产品远销全国各地，部分产品已打入国际市场，加工区现有从业人员 5 万多人，年加工产品 80 万立方米，年产值 10 亿元，实现利税 5100 万元。二是调整产业结构，培育花卉种苗基地。2000 年以来，依托胡桥工贸公司、天翼公司和繁城镇大杨村，分别在大郭乡胡桥村、巨陵镇娄庄村、繁城镇大杨村建设珍稀绿化苗木、经济林苗木和优质速生用材林苗木基地。2011 年全县种苗基地面积已发展到 1.2 万亩，年产苗量 3000 万株以上，除满足本县造林需要外，还销往全省各地。三是发展特色林业生态旅游。红色亿元村——南街村先后建设迎宾绿地广场、古树名木园、热带植物园、村民休闲游园，占地面积 500 多亩，栽植各种绿化树木 150 多种，46 万株，种植草坪 100 多亩，以南街村热带植物园为代表的园林景区已成为南街村红色旅游不可或缺的组成部分，吸引大批省内外游客。林业已成为临颍县经济发展的四大支柱产业之一，2012 年全县林业总产值 11.1 亿元。

林业资源的管护也随着时代的变迁而改变。80 年代后期至 90 年代初，建立县乡村三级林木管护网络，通过设立护林员，成立护林队，制定村规民约，强化林木管护；1994 年成立临颍县森林公安派出所，购置和配备比较完善的交通、通讯办案设备，定期开展涉林违法专项整治活动。1999 年 4 月 13 日，县政府下发《关于加强林业资源保护管理的意见》，意见对农田林网内的林木采伐严格控制，确需采伐更新的，县政府审核并报市林业主管部门批准后，方可采伐。采伐后限定一年内更新造林。按照文件要求，1999 ～ 2001 年基本处于禁伐状态，除特别情况外，一律不得采伐。2002 年 10 月，县林业局发文对林木采伐审批工作重新规定：采伐林木在上级下达的限额之内，实行全额控制，分类管理，凭证采伐的管理制度。其中乡（镇）未完成上年度采伐后更新任务者，不予办证。申请采伐单位（个人）除缴纳育林金外，还须缴纳采伐地段规划植树株数每株 4 元押金，在采伐后的第一个造林季节，完成采伐迹地更新造林，经验收，成保率达 85% 以上者退还押金。2002 年，林木采伐的审批办法和规费征收办法一直按此规定执行。

20 世纪 80 年代把泡桐病虫害作为防控重点，90 年代把果树病虫害作为防控重点，90 年代后期至今把杨树病虫害作为防控重点。2007 年 4 月，县政府印发《临颍县重大林业有害生物应急预案》，并列入全县 37 个应急体系中，为应对林木病虫害暴发提供制度保障。病虫害成灾率控制在 5‰以下，森林火灾率控制在 0.08‰以下。

林业科技推广体系不断完善，林业科技队伍不断壮大。成立县林业技术推广站和森林病虫害防治检疫站，专业技术人员增加到 26 人；科技下乡活动扎实开展，科技服务的覆盖面不断拓展，服务形式不断创新，经常组织技术人员巡回各乡（镇）、村举办林业技术讲座、开展技术咨询，解答农民技术问题；林木优良品种、新技术的引进和推广取得实效，引进推广一批林木新品种新技术，全县累计推广面积 30 多万亩，取得经济效益 10 亿元以上；林业科学技术研究成果丰硕，1985 年 4 月～ 1986 年 12 月，对泡桐幼树剪梢接干技术进行推广研究，1986 年 12 月通过漯河市林业局鉴定， 1987 年 11 月获得省政府科技成果二等奖。1988 年与河南省农业大学及省林技站合作，对泡桐烂皮病进行研究，1992 年获得漯河市政府科技进步二等奖。1998 ～ 1999 年，对临颍县社会林业工程进行研究和实施，1998 年获国家林业局科技司特等奖，1999 年获得中国林业科学研究院二等奖。与市林业局合作，通过对欧美杨栽培的实践，总结出在黄淮海农区丰产林栽培的模式及技术要点，2005 年 10 月，被河南省技术监督局发布为河南省地方技术标准。《临颍县林业生态建设规划（2008 ～ 2012 年）》，2008 年获得河南省林业工程建设协会林业工程优秀咨询成果三等奖。参与制定地方技术标准 4 项。

2007 年森林资源清查结果显示，临颍县林地面积 7017.65 公顷，四旁树木折合面积 4044.75 公顷。活立木总蓄积量 1275079 立方米。2012 年全县完成植树造林面积 2.1736 万亩，植树 130 万株，集体林权新造林发证 160 份，1 ～ 11 月份受理各类涉林案件 72 起，有效保护森林资源的安全。先后荣获 “河南省平原绿化初级达标县”“河南省林业育苗先进县”“河南省平原绿化高级达标县”“河南省绿化模范县”“河南省林业生态县”等称号。

第二节　园　林

一、临颍县建设局园林管理处

（一）机构沿革

临颍县园林管理处成立于 1991 年 7 月，隶属县建设局二级机构。2004 年 3 月升格为副科级事业单位，设办公室、养护队、绿化科、财务室、计生科、设计室、监察队 7 个科室。

人员变动情况：刘木信 1991 年 7 月～ 1996 年 5 月任主任；王临伟 1996 年 5 月～ 1997 年 5 月任主任；杨素珍 1997 年 5 月～ 2007 年 4 月任主任；王孟全 2007 年 5 月任主任至今。

（二）工作职能

贯彻落实国家、省、市有关城市绿化管理工作的方针、政策和法规；制定县城园林绿化管理的政策规定，经批准后组织实施，并依法监督检查，指导城区园林绿化工作；组织编制城市园林绿化发展战略、中长期发展规划并组织实施；组织审定公园、广场、游园规划方案及其调查方案，审查城市建设项目设计方案中的园林绿化比例和布局，指导城区的绿地系统规划；组织指导开展城市园林绿化工作，指导和规范城区绿化市场，组织实施园林绿化工程的质量标准、定额标准。按照园林绿化质量标准和定额标准，对城区园林绿化工程质量进行监督；制定园林绿化养护的质量等级标准并组织实施，负责对城区园林绿化的养护管理工作。对园林苗木适时修剪、浇水及施肥，负责苗木的病虫害防治工作；负责对城区园林绿化的检查工作。

二、发展概况

1992年，铁东路拓宽改造，建设宽2.5米，长570米的双向道路绿化隔离带，种植雪松、美人蕉、月季等，道路两侧种植行道树。1994年，拓宽改造新城路、颍青路，建设宽3.5米，长4公里的双向道路绿化隔离带，种植雪松、黄杨球、紫荆、木棉等，种植行道树300株，两侧铺设草坪1260平方米。1997年，绿化改造颍松路，建设宽2米、长2公里的双向道路绿化带，又相继绿化颍新路，种植白三叶草坪1628平方米。1998年，建设电信花园，占地15亩，园设凉亭、假山、水池、喷泉彩灯。2002年建设金税广场，占地10亩；建设颍松绿地广场，占地105亩。2002年，拓宽改造迎宾路，建设长3公里的双向道路绿化带，种植美人蕉、月季、红叶碧桃等，种植草坪12500平方米，行道树2840棵。2004年，绿化新城路北段绿化带，种植瓜子黄杨5万株，红叶小檗4万株，金叶女贞4万株。2006年对颍腾路、黄龙路进行绿化，2007年绿化颍川大道、东支路、西支路。2008年对高速干线两侧进行绿化。完成经三路绿化带的建设任务。2009年对建设路、文化路、新城路北段、纬一路、纬二路、铁西新瑞路等进行绿化。启动建设梅苑，占地120亩；建设颍川公园，占地35亩。2010 ～ 2011年，对经四路、经一路进行道路绿化，建设荷园湖，占地30亩。截至2012年年底，城区绿地率达25%，绿化覆盖率达30%。城区内主要植物品种有：柳树、槐树、桐树、黄山栾、广玉兰、楸树、桃树、雪松、大叶女贞、小叶女贞、紫荆、紫薇等。

第二章　舞阳县

第一节　林　业

一、舞阳县林业园艺局

（一）机构沿革

1986 ～ 1992年为舞阳县林业局。1992年3月成立舞阳县林果业开发服务中心，同时保留舞阳县林业局名称。1994年更名为舞阳县林业技术推广总站，成立舞阳县林业技术推广总站党总支，隶属县农林局党委。2004年12月更名为舞阳县林业园艺局，内设办公室、计划财务股、林业技术推广站、林政资源管理站、森林病虫害防治检疫站。2008年1月组建县林业园艺局。2010年4月更名为县林业技术推广总站。

人员变动情况：

王向东 1984年5月～1994年5月任局长、党总支书记；赵天照 1994年6月～1996年3月任总站站长、党总支书记；谢铁棍 1996年3月～2004年11月任局长，2004年12月～2007年12月任总站站长，2008年1月～2010年4月任局长（县林业园艺局）；陈远东 2008年1月～2010年4月任党组书记；张幸福 2010年4月至今任总站站长、党总支书记。

（二）工作职能

贯彻执行国家、省、市有关林业方面的法律法规和方针政策，拟定全县林业生态环境建设、资源保护和陆生野生动植物、资源保护与管理、国土绿化等方面的规章和政策；拟定全县林业发展战略、中长期发展规划和年度计划并组织实施；监督全县林业资金的管理和使用；指导全县林业财务、计划和统计工作；组织开展植树造林工作；指导苗圃、基层林业工作机构的建设与管理。指导商品林、生态公益林及林木花卉的发展与培育；负责林木种子、苗木的凭证生产与经营。指导林木种子调剂、质量监测、良种繁育与推广工作；组织、实施、监督全民义务植树、部门绿化和城乡绿化工作；组织、指导全县森林资源调查、动态监测和统计；监督植树造林的检查验收；组织编制森林采伐限额并监督执行；负责林木的凭证采伐、林木经营加工及运输管理；组织指导林权、林地管理；负责全县陆生野生动植物资源的保护管理与合理开发利用；组织协调、指导监督全县森林防火工作；协调监督和直接查处全县破坏森林和野生动植物资源的刑事、治安和林业行政案件及省重点保护野生动植物重大案件；组织、指导全县森林病虫害防治、检疫和预测预报；研究提出林业发展的经济调节意见及林业生产发展的有关政策建议；指导林业产业发展，审核申报重点林业建设项目；组织拟订全县经济林发展中长期规划、年度计划并监督执行；负责全县林木新品种、新技术的推广、引进工作；指导林木无公害技术生产和技术指导工作；承办县委、县政府和上级主管部门交办的其他工作。

二、发展概况

1986年，全县活立木保存株数850万株，林网面积26.312万亩，农桐间作3.25万亩，毛白杨片林0.74万亩。果树面积0.42万亩，年产量650万公斤。20世纪80年代后期和90年代初开展平原绿化初级达标活动，新建和完善农田林网近30万亩，营造农桐、农杨间作4万多亩，1990年通过省政府平原绿化初级达标验收。其中辛安、吴城、姜店达到高级标准并被省政府命名为“平原绿化高级标准乡（镇）”。

1997年，积极探索以明晰所有权、放活经营权、落实处置权、确保收益权为主要内容的林权制度改革，完善土地流转、林木流转等一系列配套政策，激发全社会投资林业热情。

1997年2月，县政府印发《舞阳县集体林权制度改革实施意见》，对乡村道路、宜林荒沟、荒坑、荒滩、荒片的使用权以及活立木所有权进行拍卖，明晰产权，确权发证，促进林业发展。1999年12月县政府首次为姜店乡大王庄村8户林木承包者发放林权证。2001年为漯舞路、许泌路沿线24个行政村1245户农户通道林发放林权证。2004年，全县形成林改热潮，全年办理林权证1450份，确权林木面积近万亩。2008年3月，启动深化集体林权制度改革工作。成立以县、乡、村三级书记为组长的各级深化集体林权制度改革领导小组，设立县、乡两级林改办公室，制定下发规范林改的操作流程样本，林权改革工作在全县全面铺开。2010

年年底全县 397 个行政村的林改主体工作已全部完成，全县参加林改面积 10.38 万亩，确权面积 10.38 万亩，确权率达到 100%，颁发林权证 18500 多份，办证率 98.9%。2011 年 10 月，顺利通过省林业厅的检查验收。全县投资林业社会资金累计达到 1.6 亿元，完成社会造林 4.6 万亩，造林面积在 50 亩以上的大户达到 168 户。

2002 年 8 月，县委、县政府针对全县平原绿化滑坡形势，实施林业决战年活动。确定"一年大发展、两年补充完善、三年做强做大"的林业发展思路，提出用三年时间达到全省先进水平目标。召开林业决战年誓师大会，全县村级以上干部约 800 人参会，县委书记杨国志主持会议并讲话、县长蒋志安就决战年工作做具体安排和部署。县四大班子领导全部到会。县政府与各乡（镇）、县直及驻舞各单位签订目标责任书。期间先后在文峰乡康堡、保和乡漯舞路、太尉镇许泌路、舞泉镇西环路两侧开展较大规模的以挖果树坑、挖造林隔离带、植树为主要内容的全民义务植树活动，参加人员包括县直及驻舞各单位及各乡（镇）、各重点企业在内约 15600 人。着力实施农田林网、道路绿化、速生片林、园林基地、围城林、经济林基地等 6 大基地建设工程。通过林业决战年活动，全县活立木存量达到 2400 万株，森林覆盖率增加到 24.8%。特别是速生片林相对集中且规模面积大，主要分布于以许泌路北舞渡段、漯舞路吴城段，连片面积达到 500 亩以上的约有 10 多处。该项活动是舞阳林业工作的一项重大活动，推动舞阳林业实现跨越发展，县林业局首次受到县政府通令嘉奖。2003 年全面恢复平原绿化初级标准，2004 年 4 月被省政府授予"全省平原绿化高级达标先进县"，2004 年 5 月被省绿委会授予"全省造林绿化先进县"，2006 年通过省政府平原绿化高级达标验收，2006 年 3 月被全国绿化委员会授予"全国绿化模范县"荣誉称号。

2007 年 3 月，加快城区和村镇绿化。一是高标准建设西城森林公园、电信花园、车站公园、沙澧风帆广场、贾湖广场等公共绿地，对舞北新区和产业集聚区进行全面绿化美化，对人民路、青岛路、迎宾大道等城区主干道路进行高标准绿化。二是所有行政事业单位按照园林式单位标准进行绿化美化，对新建居民小区，绿化覆盖率要求在 35% 以上。三是对全县 14 个乡（镇）政府所在地进行绿化，通过道路整修、庭院绿化，改善乡（镇）政府所在地环境。四是结合新农村建设，开展林业生态小康村和林业生态示范村建设，重点培育出北舞渡镇鹿庄、姜店乡大刘村、保和乡二郎村等一批绿化模范村。全县达到林业生态村标准的行政村达 123 个。

2008 年《河南林业生态省建设五年规划》（2008 ～ 2012 年）发布实施，全县新造林面积 4.6 万亩。2011 年，全县林木总株数达到 3260 万株，林木蓄积量达到 171.2 万立方米，林地总面积 19.55 万亩，县乡领导办绿化点 84 个，面积 2.3 万亩，建义务植树基地 280 多个，面积 5.1 万亩，适龄公民尽责率每年都在 85% 以上。林木覆盖率从 1986 年的 6.2% 提高到现在的 26.2%，其中城区绿化覆盖率达到 36.5%，村庄绿化覆盖率达到 48.3%，农田林网控制率 96.2%。

全县林木资源总量的不断增加，带动林业产业快速发展，逐渐形成木业加工、园林苗木花卉、林下种养等三大林业产业。一是培育壮大木业小区，实施规模经营。2010 年，县林业局在太尉镇创立"A"字形木材加工产业集聚区，面积 2200 亩，进驻企业 58 家，以远程木业为主，主要产品为模板、弯曲木、家具，远销全国各地，部分产品已打入国际市场。加工区现有从业人员 1.2 万人，年加工产品 5.8 万立方米，年产值 3.2 亿元，实现利税 1200 万元。2011 年，继太尉镇之后，县林业局又分别在北舞渡镇、孟寨镇、九街乡创立三个木材加工产业集聚区。全县木材加工企业全部进驻集聚区，数量达到168家。二是园林绿化苗木基地建设取得发展。2002年，县人大引进上海万春园林在文峰乡齐礼村北许泌路两侧发展园林花卉1500亩，东侧新建紫薇园1000亩。2011年，辛安镇塘河滩地新发展园林花卉300亩。2012年，全县园林绿化苗木基地面积1.5万亩。三是林下经济有所发展。2002年林业决战年，林农针对前期树小、投入大问题，尝试林粮、林菜、林菌、林药等林下种养模式。马村乡发展林下套种尖椒1500亩，文峰乡李斌庄村在林下种植食用菌蘑菇300亩，舞泉镇城区西部发展林下地参种植80亩，侯集乡集中发展林下养鸡500亩。辛安镇新建林下养羊基地（绿源养殖公司）150亩。林业已成为全县经济发展的主导产业之一。

20世纪80年代后期至90年代初，建立县乡村三级林木管护网络，通过设立护林员，成立护林队，制定村规民约，强化林木管护；2000年成立舞阳县林业公安派出所，定期开展涉林违法专项整治活动；加强森林病虫害测报防治和森林防火管理，指导林木所有者或承包经营者防治林业有害生物累计68万多亩，病虫害成灾率控制在4‰以下，火灾控制率在0.08‰以下；依法建立古树名木保护机制，全县18处18株古树名木均建档挂牌保护。

成立县林业技术推广站和森林病虫害防治检疫站，专业技术人员增加到31人；科技下乡活动扎实开展，科技服务的覆盖面不断拓展，服务形式不断创新，经常组织技术人员巡回各乡（镇）、村举办林业技术讲座、技术咨询，解答技术问题；林木优良品种、新技术的引进和推广取得实效，引进推广一批林木新品种新技术，全县累计推广面积32.4万亩；林业科学技术研究取得显著成绩，10多项科研成果，先后被上级表彰，发表科技论文20多篇，参与制定地方技术标准4项，通过科技研究攻关，培育一批专家队伍。

2007年森林资源清查结果显示，舞阳县林地面积8832.13公顷，有林地面积8309.33公顷，四旁树木折合面积3974.13公顷，活立木总蓄积量1090296立方米。

2012年完成莲花、北舞渡、马村、姜店4个乡（镇）16万亩农田林网建设，全年完成植树180万株，造林1.5万亩，创建绿化示范村30个，园林式示范乡（镇）2个，园林式小区4个，园林式单位6个，培育绿化苗木示范基地4个。全县共颁发林权证1.34万份，组建林业专业合作社22家，其中3家被评为省级农民林业专业合作社示范社。全县木材加工企业发展到168家，形成木材加工园区4个。新发展林下种植4万亩，林下养殖达到300万只。先后荣获“河南省林业生态县”“河南省林政资源管理先进县”“河南省平原绿化高级达标先进县”“河南省造林绿化先进县”“全国绿化模范县”等称号。

第二节　园　林

一、舞阳县建设局园林绿化管理处

（一）机构沿革

舞阳县园林绿化管理处成立于1992年8月，隶属县建设局二级机构。

人员变动情况：

卫云峰1992年8月～1994年10月任主任；陈西增1994年10月～1998年4月任主任；卫云峰1998年4～12月任主任；张民生1998年12月～2000年2月任主任；吴爱莲2000年2～12月任主任；马俊杰2000年12月～2001年10月任主任；张民生2001年10

月～2003年7月任主任；柴建堂2003年7月～2004年5月任主任；王革伟2004年5月任主任至今。

（二）工作职能

贯彻落实国家、省、市在有关城市绿化管理工作的方针、政策和法规；制定舞阳县城市园林绿化管理的政策规定，经批准后组织实施，并依法监督检查，指导城区园林绿化工作；组织编制城市园林绿化发展战略、中长期发展规划并组织实施；组织审定公园、广场、游园规划方案，审查城市建设项目设计方案中的园林绿化比例和布局，指导城区的绿地系统规划。按园林绿化质量标准和定额标准，对城区园林绿化工程质量进行监督；制定园林绿化养护的质量等级标准并组织实施，负责城区园林绿化的养护管理工作。对园林苗木适时修剪、浇水、施肥，负责苗木的病虫害防治工作；负责对城区园林绿化的检查工作。

二、发展概况

舞阳县园林处成立后，主要职能是城区的绿化管理工作。刚成立时，负责东南西北4条道路的补植养护，员工8人。2012年管理道路20条，人员20人。对城区人民路花坛种植草花5.4万株，完成深圳路、珠海路、人民路等路段绿化工作，做好五只羊、西城公园等游园及道路绿化养护管理。主要游园有：

西城文化广场，始建于2002年12月，占地300多亩，包括广场戏楼、西湖、西城森林公园，依托远古城墙，贯穿樊侯亭、三丰祠、西湖景坑、城隍庙等各景点，其中，森林公园种植有香樟、杜仲、桂花、蜡梅1万余株。

五只羊游园，建于1997年8月，占地5000多平方米，地处老东街，南邻汽车站。

沙澧风帆园，建于2004年9月，占地60000多平方米，位于城东2.5公里，紧邻辛安镇第一高级中学。

2012年重点对人民路花坛栽植草花5.4万株，完成深圳路、珠海路、人民路等路段的绿化工作，植树9500棵，积极做好新植树木的后期管理工作。

第三章　郾城区

第一节　林　业

一、郾城区林业局

（一）机构沿革

1986年林业局内设营林股、经济林股、办公室、林业技术推广站、木材检查站、林业派出所、县林场、县苗圃场、林产品公司、林工商服务部。1989年郾城县成立16个乡级林站，由县林业局和乡政府共同管理。1991年5月，木材检查站与林业派出所合并为林业派出所。1992年，组建林果生产资料公司、林果技术开发公司。1996年林业局撤销，组建林业技术推广站，为正科级事业单位。1997年收回16个乡级林业站，由县林技站管理。2001年11月成立林业公安分局。

2004 年 9 月 23 日，省政府下发《关于调整漯河部分区域的通知》，将郾城县撤销，设立郾城区。2005 年 1 月局内部调整后，设办公室、业务股、森防站、林政股、检查站、林政稽查大队、监察室、林业公安分局、8 个乡（镇）林业工作站；同年 12 月 9 日，8 个乡（镇）林业工作站归各乡（镇）管理。

2010 年区林业局调整后内设机构有：办公室、财务股、业务股、林政股、森防站、稽查队、检查站、行政审批股、工会、老干部办、综治信访安全办、纪检监察室、产业办、人事档案室、苗圃场、3 个林业工作中心站。现有职工 82 人。

人员变动情况：

孙全安 1986 ～ 1990 年任局长；陈遂成 1990 ～ 1995 年任局长；陈秀德 1995 年 11 月～ 2005 年 2 月任局长；林世民 2005 年 3 月～ 2010 年 4 月任站长；张文峰 2010 年 4 月至今任党组书记、局长。

（二）工作职能

研究制定郾城区生态林业发展规划，经区政府批准后组织实施并依法监督检查；组织指导造林绿化，积极开展全民义务植树活动和各类林业基地及工程项目建设、林木良种的引进、培育推广，对国有苗圃、乡（镇）林业工作站进行业务管理；组织指导森林资源调查、规划、动态监测及管理工作，严格执行林木采伐限额制度，指导并监督木材凭证采伐、运输等林政管理工作；依法组织指导辖区内林地、林权管理，负责征用、占用林地的审核，负责森林资源有偿使用并监督林地开发利用；组织对《中华人民共和国森林法》《中华人民共和国野生动物保护法》等有关法律、法规的宣传和贯彻落实，主管林业公安工作，加强林业公安队伍建设；指导、协调、监督、查处破坏森林资源和野生动植物资源的重大案件；打击违犯《中华人民共和国森林法》《中华人民共和国野生动物保护法》的违法犯罪分子；指导、监督、检查林业有害生物的预测预报、防治、防疫工作；对木材生产、果品生产及林产品加工、林木花卉等林业产业实行宏观管理，指导林产品市场建设；按照有关规定，负责林业基本建设资金的筹集和管理；监管林业有偿和无偿资金的使用；配合有关部门，积极参与生态环境保护、水土保持及农业综合开发项目建设；组织指导林业科技宣传、培训工作；制定林业科技发展规划；组织林业科研项目攻关和科技成果的推广应用，指导林业系统精神文明建设；承办区委区政府交办的其他事项。

二、发展概况

建区后主要制定 4 个中长期规划：一是“十五”规划，新增有林地面积 4165 公顷；活立木蓄积量增加到 140 万平方米；林网控制率达到 90% 以上，全县完成平原绿化高级达标；铁路和干线公路绿化率达到 90% 以上；经济林总面积达到 6.5 万亩，总产量 1.3 亿公斤，全县农民纯收入中林果及其加工业收入占 13% 以上。二是“十一五”规划，提出发展林业生态、产业、科技三大支撑体系。三是“十二五”规划，提出实施“12345”工程，即突出一个主线、打造两个龙头、建设三个基地、培育四个园区、推进五大工程。四是林业生态建设总体规划，2007 年 11 月制定，明确 2008 ～ 2012 年 5 年间郾城林业的总体目标和具体目标。规划总任务 10.57 万亩，其中省级重点工程 8.79 万亩，包括农田防护林改扩建工程 1.39 万亩，生态廊道 0.77 万亩，城市林业生态建设工程 1.01 万亩，村镇绿化工程 2.25 万亩，森林抚育和改造工程 3.37 万亩；省级林业产业工程 1.78 万亩，包括用材林及工业原料林工程 0.68 万亩，经济林工程 0.3 万亩，园林绿化花卉建设工程 0.8 万亩。

重点实施六大林业工程：一是实施农田林网工程。按照生态林业区建设标准要求，实施水田林路综合治理，林网网格严格控制在300亩以内，全区路沟河渠绿化率达到99.7%，林网控制率96.3%，实现路相通、沟相连、树成行、林成网的建设目标。二是实施城乡绿化一体化工程。在城镇绿化方面，以城区为中心，以通道绿化为纽带，大力开展沿路植绿、沿河布绿、拆墙透绿、见缝插绿，城区道路形成四季常绿、三季有花，乔灌花草立体配置的绿化格局，城镇绿化覆盖率达到39.6%。在农村绿化方面，以林业生态村建设为载体，以房前屋后、村庄周围和四荒四旁绿化为重点，因地制宜，突出特色，打造亮点，多点布局，形成园林式、花果式生态林业示范村建设模式，村庄林木覆盖率达52.4%。三是实施通道绿化工程。依托境内四通八达的交通优势，突出两河地方特色，以公路铁路为主体骨架，以河流沟渠为绿化重点，在通道两侧3公里范围内建设高标准农田林网，单侧绿化30～50米。共完成通道绿化462公里，通道绿化率达到99%。四是实施速生丰产林工程。充分利用四荒四旁、高岗低洼废弃耕地、低产田， 规模栽植107杨、美国三角叶杨、2001杨、中林46杨等速生杨树品种，推广应用“四大一深”（大坑、大苗、大水、大肥、深栽）栽培技术，选择宽窄行栽培模式，发展杨树速生丰产林6.2万余亩，四荒绿化率近100%。同时，建立一户一档一卡（造林档案、便民服务卡）制度，对各造林大户跟踪服务，大力推广林间高效立体复合经营模式，最大限度的提高林地生产能力。五是实施林业产业工程。按照“扶持壮大老企业、引进创办新企业”的产业发展思路，相继建成漯河装饰材料公司、天木木业公司、漯河伊人黑玫瑰公司、郾城三丁木材市场等产业基地。2010年，省林业厅公布首批省级林业产业化龙头企业名单，漯河四家企业入选，郾城区漯河装饰材料公司和漯河伊人黑玫瑰公司名列其中。2012年12月，经济林面积达6940亩，主要分布孟庙、黑龙潭、龙城、新店、裴城、李集、商桥等乡（镇）。种苗花卉种植面积2935亩，每年可向社会提供鲜切花400万枝，种苗90.2万余株。林下经济面积19720亩，经营模式主要为林－禽（畜）模式及林下魔芋种植。全区有单板加工、胶合板生产、家具制造、木材经营等企业40个，年加工木材6.5万立方米。林业生态旅游形成沙河生态景观带、香陈湾游乐园、龙城桃、兴国寺等多点成线的观光长廊。林业产值递增幅度连续5年超过18%。六是实施科技兴林工程，积极推广应用新品种、新技术，缩短效益周期。用材林有丹红杨、巨霸杨、中华红叶杨、107杨等杨树优良品种。经济林有晚秋黄梨、猕猴桃、红提葡萄、核桃、斤柿等10多个新品种，发展面积达3000多亩。推广子苗嫁接、容器育苗、大苗储存培育、ABT生根粉蘸根等新技术10余项。同时，积极开展送科技下乡活动。建区以来累计组织举办各类林业技术培训班60期以上，发放技术资料20万余份，培训林农10万多人次。2003～2008年，开展“晚秋黄梨矮冠丰产高效栽培技术研究”“套袋对晚秋黄梨果品质量影响的试验研究”，2009年《晚秋黄梨矮冠丰产高效栽培技术研究》项目获得市政府科技成果二等奖。

20世纪80年代后期至90年代中期，建立健全林木管护队伍。1986年，严格执行凭证采伐制度。凡采伐林木必须依法申请办理林木采伐许可证，按许可证的规定进行采伐（农村居民采伐自留地和房前屋后个人所有的林木除外），对各个采伐地块（小班）均要核发林木采伐许可证。2006～2011年，共采伐林木45833.07立方米，年采伐量均未突破采伐限额。严格执行林地用途管制制度，实行严格审批，依法审核征占用林地的申请。2008年石武铁路客运专线河南段项目部临时占用郾城区各类林业用地0.5893公顷（有林地0.5893公顷），依法办理征占用林地手续，收缴林地占用费。2005 年 12 月 19 日根据《河南省人民政府关于漯河市和商丘市木材检查站布局调整的批复》，设立郾城区三丁木材检查站，站址设在郾城区裴城镇三丁村， 2006 ~ 2011 年共查处违法运输 37 起，处理违法运输木材 1022 立方米。1995 年，组建郾城森林公安分局和林政稽查大队，依托乡（镇）林站、村级护林员、林木承包者，建立起县（区）、乡（镇）、村、户四位一体的管护网络。同时设立固定报警点和报警电话，强化防范，加大打击力度，从严、从快、从重打击各种毁坏林木的不法分子。2008 年，查处林业案件 275 起，涉案人员 350 人；刑事拘留 10 人。

主要发布 5 项林业地方规章，分别是：2002 年发布《郾城县人民政府关于开展全民义务植树活动的实施办法》《郾城县人民政府关于印发郾城县林地保护管理办法的通知》和《郾城县人民政府关于加强农村义务植树和林木管护的通告》，2005 年发布《漯河市郾城区古树名木保护管理规定》和《漯河市郾城区古树名木养护管理办法》。

2006 ~ 2011 年，积极探索林权制度改革路子，全面推进并实施集体林权制度改革。林改涉及面积 6.13 万亩，涉及农村人口 33.63 万人，人均集体林地面积 0.182 亩，无出现纠纷。林改后均分到户 4.18 万亩，大户承包 1.74 万亩，签订合同 4767 份。完成林权登记 4767 宗，办理林权证 4141 本，平均宗地面积 12.42 亩。均分到户率 70.6%，纠纷调处率 100%，勘界准确率 98.2%，合同签订率 100%，登记合格率 98.7%，林权证发放率 98.9%，群众满意率 98.9%，档案得分 98.5 分。2011 年 9 月通过省政府检查验收。

2001 年郾城国家级森林病虫害中心测报点成立，主要监测杨树蛀干害虫、杨树草履蚧。建区后，全区林业有害生物累计发生面积 33.25 万亩，其中草履蚧累计发生面积 14.37 万亩，杨树蛀干害虫累计发生面积 3.27 万亩，杨树食叶害虫累计发生面积 15.61 万亩。推广低毒、低残留的无公害药剂，开展器械化防治，累计防治面积 29.98 万亩，无公害防治率达 92%。2009 年，先后制定《湿地保护与管理制度》《占用湿地审核审批制度》《监测员工作制度》《监测站疫情应急处置程序》《野生动物重大疫源疫病应急预案》等多项制度，开展毁湿开垦清查工作，未发现随意毁湿开垦和乱侵乱占湿地等破坏湿地资源违法行为。

2007 年森林资源清查结果显示，郾城区林地面积 5440.45 公顷，林木总株数 1528 余万株，活立木总蓄积 110.8 万立方米，有林地面积 4842.98 公顷。现有古树 13 棵，分属 4 科 4 属，其中一级保护古树有 6 棵，二级保护古树有 1 棵，三级保护古树 8 棵。2012 年林木采伐量 12898.87 立方米，综合开发林业名优绿化苗木（红叶石楠）示范基地 500 亩，完成营造林 19199 亩，其中造林面积 11124 亩，森林抚育工程 8075 亩。6 月 17 日成功对全区京珠高速、107 国道等通道林进行飞防工作。先后荣获“全国乡（镇）林站建设示范县（区）”“河南省平原绿化高级达标县（区）”“河南省造林绿化十佳县（区）”“河南省生态林业建设示范县（区）”等称号。

第二节　园　林

一、郾城区建设局园林绿化管理处

（一）机构沿革

1989 年郾城县环卫市容管理所成立，城区园林绿化管理由环卫市容管理所代管。1991 年环卫、市政、园林合并成立郾城县环卫市政园林管理处。1993 年，更名为郾城县环卫园林管理处。1995 年 5 月，郾城县园林绿化管理处成立，内设办公室、监察队、修剪队、管护队、苗圃场，职工 6 人。2003 年增设工程队、病虫害防治队、黄河广场办公室、钟楼广场办公室，该处于 2011 年 10 月 10 日成立漯河市绿洲园林工程有限公司，为园林绿化三级资质企业。现有职工 65 人。

人员变动情况：

李国庆 1989 ～ 1991 年 3 月任主任；李耀伟 1991 年 3 月～ 1993 年 5 月任主任；朱群业 1993 年 5 月～ 1997 年 3 月任主任；李爱香 1997 年 4 月～ 2001 年 4 月任主任；春发喜 2001 年 4 月～ 2002 年 4 月任主任；李红健 2002 年 4 月～ 2003 年 7 月任主任；许天昌 2003 年 7 月任主任至今。

（二）工作职能

宣传、贯彻和执行有关城市绿化的法律、法规、规章、方针、政策；参与编制城市绿化规划和计划，合理安排城市各类绿地，并纳入城市总体规划；负责城市绿化的行业管理，对城市绿化工程设计施工单位实行资格审查，杜绝无资质单位进行绿化设计、施工；组织实施和指导城市绿化建设和管理。组织实施城市公共绿地、防护绿地、生产绿地和风景林地等绿地的建设，参与工程建设项目附属绿化方案的审查，督促、指导、检查居住区绿地以及单位附属绿地、建制镇的绿化。切实加强城市公园、广场、游园、路段绿地的养护管理；查处城市绿化违法案件。严禁任何单位和个人擅自占用城市绿化用地，损坏城市花草树木，砍伐或迁移古树古木；依据国务院《城市绿化条例》等法规，对城市绿化方面的违法违章行为进行监察；完成园林绿化主管部门及领导交办的其他工作。

二、发展概况

1986 年以前，城区绿化面积很少，1988 年后，城区和道路绿化面积虽然增大，但道路绿化只局限于行道树和绿化隔离带。1992 年后通过对老城改造和新区建设，新建道路实施绿化，在祁山路、辽河路、太行山路路段栽植绿篱 8000 多米。1997 年，道路绿化突出观瞻效果，改过去“一街两行树”的单一绿化模式为“一街一树一景”。在树种选择上，行道树以黄山栾、法桐、大叶女贞、千头椿、槐树等为主。1998 年后，县政府对海河路实施高标准拆墙透绿改造工程，拆除围墙 4600 米、违章建筑 1.30 万平方米，绿化庭院 73 个，新建绿色广场、合作花园、三环岛等游园绿地花坛 4 个。通过添景增绿，因路配绿，城区形成以单位绿化为点，道路绿化为线，游园、广场绿化为面的绿化格局。至 2000 年年底，城区建成街心花园 3 处，交通环岛 4 个，绿色广场 1 处，庭院绿化单位达 90 多个，单位绿化达标在 90% 以上，城区绿化面积 40.75 万平方米。

2000 年 12 月，城区绿化以建亮点、上品位、创精品为重点，实施大树名树进城工程，先后对淞江小区、辽河路西段、海河路东段、祁山路实施绿化改造。至 2011 年年底，城区绿化道路 20 条，园林绿化管理面积逐年增加，按照《城市绿化条例》，实行精细化管理。对城区道路绿化适时进行升级改造，如：黄河广场、钟楼广场、祁山路等。2011 年城区主要景观道路有太行山北路、祁山北路等。

主要游园有：

黄河广场：1997 年 7 月竣工。位于市区黄河路西端，南北长 191 米，东西宽 135 米，占地 39 亩。规划设计硬化广场、雕塑、十二生肖小品、喷泉、灯光、欧式亭架等设施。

广场中心矗立着紫铜劲牛大型雕塑，铜牛雕塑长 5.10 米，高 2.70 米，是当时全省最大的铜牛。时任省委书记李长春题词“开拓”，象征着漯河人民踏实肯干，拓荒牛般的“开拓”精神。广场四周有 12 生肖雕塑。广场绿化面积 1.47 万平方米，占总面积的 60%，绿化植物除本地树种外，植有香樟、广玉兰、楠竹等常青植物和银杏、合欢、棕榈、桂花、火棘、石楠、紫薇等名贵花木。

钟楼广场：2004 年 11 月竣工，占地 1.52 万平方米，绿化面积 6000 平方米，种植草坪 840 平方米，栽植大叶女贞、黄山栾、石楠等树种。钟楼广场以“钟楼”为核心，3 个“古钟楼”象征“三阳开泰”。广场中央秋月湖，围湖依地镌刻中国 32 个省、市地图，象征“国泰民安”。“秋月湖”四周耸立着 18 根灯柱，广场北面矗立着 3 根盘龙柱，龙头对着喷泉，代表“三皇”。外围是 5 道景观门，代表“五帝”。景观门墙面采用石刻、浮雕，其上雕刻有许慎像、岳飞像。

2012 年 12 月完成汾河路行道树种植 92 棵；纬八路绿化工程绿地面积 9720 平方米，种植各类苗木 310500 棵；纬二路绿化改造工程，绿地面积 6642 平方米，种植各类苗木 14670 棵；钟楼广场东南角小广场建设工程，工程面积 1989.5 平方米，栽植大规格乔木 33 棵；107 国道苗木移植工程，移植各类苗木 8 万多棵，移植麦冬 1.3 万平方米等。12 月 14 日，完成区域内园林绿地普查任务。

第四章　源汇区

第一节　林　业

一、源汇区农委（林业局）

（一）机构沿革

源汇区林业管理站隶属于源汇区农村工作委员会，1986 ～ 1995 年，为源汇区农委内设科室，负责全区林业工作。1996 年，成立源汇区林业管理站，规格为正股级全供事业单位。2010 年 3 月，漯河市源汇区农村工作委员会更名为漯河市源汇区农林局。

人员变动情况：

应尚林 1996 年 1 月～ 1997 年 12 月任农委主任；杨志勇 1996 年 1 月～ 2000 年 12 月任农委副主任（分管林业工作）；杜自立 1998 年 1 月～ 2002 年 12 月任农委主任；王长生 2001 年 1 月～ 2005 年 10 月任农委副主任（分管林业工作）；彭惠民 2003 年 1 月任农委主任至今；孙要顺 2005 年 10 月任农委副主任（分管林业工作）至今。

（二）工作职能

宣传和贯彻执行党和国家的林业方针、政策及法律、法规。加强林政资源管理，规范木材市场，实施凭证采伐、运输制度，核发木材经营（加工）许可证，做好各项规费的征收工作；严厉打击毁坏林木及野生动植物违法犯罪行为；负责制定全区特色林果业生产年度计划，组织编制全区特色林果业生产建设中长期发展规划；指导林业科技成果和林果业技术的推广工作；科学编制全区林业生产中长期及年度发展规划并组织实施；组织实施全区全民义务植树工作；指导、监督集体林权制度改革方针政策的落实，组织实施全区集体林权制度改革工作；组织、指导全区森林病虫害的监测、预报、防治、检疫工作，做好森林防火和林产品检疫工作；承办并落实区农委交办的其他工作。

二、发展概况

1998年，先后制定并实施三个造林规划。一是《源汇区林业发展十五规划》，到2005年，全区森林生态工程面积发展到2万亩(后谢乡1.3万亩，干河陈乡0.4万亩，孙庄乡0.2万亩，翟庄乡0.1万亩)，林木总株数达到100万株；其中通道林及农田林网（带）面积发展到0.1万亩；经济林基地发展到1万亩；种苗、花卉基地发展到0.1万亩；围城防护林及围村林发展到0.5万亩。二是《源汇区林业发展十一五规划》，“十一五”期间，全区新造林1.8万亩，打造以阴阳赵乡S241两侧为基础的各类园林花木标准化基地；利用天翼公司龙头带动作用，带动周边7个行政村林果种植；澧河、沙河南岸、河堤近熟林、过熟林统一规划，用五年时间逐步进行林木更新，淘汰69、72杨，栽植速生丰产杨；对塘河、马沟被污染的河堤、河滩，进行生态改造；病虫害防治率达到90%以上；继续大力推行城乡绿化一体化建设，以城带乡、以乡促城、城乡互动协调发展的良好势头，将全区林木覆盖率提高到22.6%左右。三是《源汇区林业生态建设总体规划》（2008～2012年），经过五年时间，全区新增有林地1.42万亩，达到3.81万亩；森林覆盖率增长5.1个百分点，林业年产值达到1.1676亿元，所有乡（镇）实现林业生态示范乡（镇）。

2003～2005年，实施三项造林绿化重点工程。一是环城防护林工程，2003年，东环、南环全长18公里的环线绿化带建设，在内50米，外100米绿化带的基础上，向外延伸300米作为控制区，发展近郊观光、休憩果园、森林5000亩。二是速生丰产林基地建设，在孙庄乡的董庄、前周、王方庄等村沙河堤两侧，按照2米×3米株行距，完成1100亩的植树任务，栽植树种以中林46杨、107杨、108杨为主。三是万亩经济林基地建设，以后谢乡为中心发展黄金梨为主的小杂果10000亩。对翟庄乡梨园周、大何、王裴等村栽植的老化葡萄品种进行更新，栽植黄金梨等优良品种。

2003年开展第五次森林资源连续清查，全区设固定样地4个。清查结果：全区林地面积415公顷，四旁树株数13.20万株，活立木蓄积量10525立方米。

2003～2007年，利用世界银行贷款完成造林831.35公顷，涉及全区4个乡（镇）86个行政村。2006～2007年，实施长江流域防护林体系工程，涉及全区5个乡（镇）40个行政村，新造林0.4万亩。2008～2011年，完成林业生态省建设工程1.2781万亩，其中2008年完成生态廊道0.1426万亩，村镇绿化0.1118万亩，涉及5个乡（镇）72个行政村；2009年完成生态廊道0.1486万亩，农田防护林0.3741万亩，涉及5个乡（镇）62个行政村；2010年完成农田防护林0.2042万亩，涉及5个乡（镇）51个行政村；2011年完成生态廊道0.0571万亩，农田防护林0.0477万亩，村镇绿化0.1423万亩，更新造林0.434万亩，涉及5个乡（镇）42个行政村。

按照“突出特色、分类指导”原则，做好村镇绿化。对干河陈乡干河陈村进行规划，发挥区位优势，建成集旅游、观光、休闲于一体的生态林业小康村，2005年被市政府正式授予生态林业小康村。2006年，对问十乡问十村、曹店村和空冢郭镇邵堂村进行建设规划。问十村经过创建基本实现农田林网化、庭院花果化、道路林荫化、产业基地化。邵堂村确立沿南洛高速两侧发展小杂果300亩的发展目标。曹店村立足村情，确立以速生丰产林为主的创建重点。邵堂村、问十乡曹店村分别于2006年、2007年被市政府授予“生态林业小康村”称号。

1986年，严格执行林木采伐及采伐限额管理规定，实行凭证采伐，限额管理。在采伐证办理程序上，先由集体或个人写出申请，林站现场查验，符合条件的申请人缴纳育林金，林站签署意见、发给采伐证。历年来采伐量均未突破省、市下达采伐限额。

认真做好集体林权制度改革工作。2011年6月，全区1.55万亩涉及集体林改林地面积全部勘界确权，确权率100%，完成集体林改发证面积1.4885万亩，发放林权证1130份，发证率96%。9月，通过省政府检查验收。

林业科技人员结合生产实际，开展科技推广活动。1986年由区林业管理站主持完成的“滕稔葡萄大棚栽培技术研究”获市政府科技成果一等奖。2008年由区林业管理站主持完成的“中华寿桃引种与无公害高效栽培技术研究”获市政府科技成果二等奖。2011年由区林业管理站主持完成的“绿洲一号石榴矮密早丰栽培技术研究” 获市政府科技成果二等奖。2010年3月，在源汇区晚秋黄梨种植基地大刘镇白寺村举办晚秋黄梨栽培技术培训班。2010年9月，组织全区109个行政村的村级森防员，开展技术培训。

1988年全区经济林150亩，年产量95.5吨。1994年，经济林发展到2300亩，年产量800吨。2007年后，新发展经济林2700亩，主要有晚秋黄梨、杏树、石榴、核桃等品种。全区经济林主要分布：阴阳赵大吴庄、程庄主要品种有晚秋黄梨、杏树、石榴、核桃；大刘镇大刘村、南王村及空冢郭镇前朱村等，以晚秋黄梨为主。积极发展林下养殖和种植业。其中问十乡宁庄林场、董庄林场发展林下种植、养殖，阴阳赵镇杨庄发展林下经营，西河村林下种植，沙郭村林下养殖，阴西阴东林下种植，干河陈乡林下养殖。特色生态旅游主要有两个：一是天翼公司草莓节。二是开源森林公园菊花展。

2005年，按照林业有害生物的发生状况和林业资源分布情况，对全区测报点进行重新设置，设立测报点9个，其中杨树病虫害测报点7个，草履蚧测报点2个，分布在全区5个乡（镇）9个村庄的通道林和农田林网上。每年6～8月份，对杨树食叶害虫实行周报、半月报、月报制度，确定107国道、漯舞路、S241、坡大路、皇十路为全区的重点监测区域。从2004年，组建由造林大户为基础的群防群治体系，每年病虫高发时期，组织发动造林大户，开展社会化防治服务。开展苗木复检工作，所有苗木“两证一签”持有率达到100%。

2007年森林资源清查结果显示，源汇区林地面积1344.91公顷，四旁占地1800.47公顷，活立木蓄积23.00万立方米。全区古树名木8株，其中一级保护1株，二级保护1株，三级保护6株。2012年完成生态省建设工程0.3388万亩，占目标任务0.33万亩的102%。3月10日，与区文明办、妇联、共青团在问十乡共同组织开展“关爱自然、义务植树”志愿者服务活动，栽植广玉兰、枇杷、百日红、含笑1000余株。5月17日，在大刘镇举办晚秋黄梨栽培管理班，在阴阳赵镇举办露地花卉管理培训班，培训林农500余人，共发放科技资料800余份。先后获得1988年林业部“平原绿化高级标准先进区”“河南省国土绿化模范区”“省级林业生态区”等称号。

第二节 园 林

一、源汇区建设环保局园林绿化管理股

（一）机构沿革

2006 年源汇区城乡建设和环境保护局成立园林绿化管理股，2010 年园林绿化管理股与市政管理股合并成立市政园林绿化管理股，科室人员 8 名。

人员变动情况：

李永胜 2006 ～ 2010 年任股长；吴晓泉 2010 年至今任股长。

（二）工作职能

配合市建委做好源汇区辖区内市政道路绿化工程建设协调工作；配合源汇新区、工贸园区、新区政府绿化建设工作；配合做好与市林业和园林局的工作；负责辖区内园林绿化工作；负责辖区内园林绿化树木砍伐、移栽、修剪许可；负责绿化规划、绿化用地的使用性质许可和城市建设项目配套绿化用地审批许可；负责采集辖区内园林绿化建设的有关数据并进行整理、分析；建立辖区园林绿化项目库和数据库，拟定阶段性园林绿化建设计划和年度建设计划。

二、发展概况

1986 年后，源汇区即为市区，城区园林绿化由市园林部门负责建设管理。2006 年源汇区建设局园林绿化管理股与市园林部门配合协作。2012 年对沙澧产业聚集区 11 条道路 2 个游园进行全部绿化升级。柳江西路总长 3109 米，绿化 24872 平方米；桂江西路总长 3664 米，绿化 32976 平方米；湘江西路总长 2170 米，绿化 21700 平方米；经一路总长 1003 米，绿化 6018 平方米；经二路总长 973 米，绿化 5838 平方米；经三路总长 968 米，绿化 11616 平方米；创业路总长 1161 米，绿化 10449 平方米；经五路总长 443 米，绿化 2658 平方米；经六路总长 622 米，绿化 3732 平方米；经七路总长 595 米，绿化 3570 平方米；经八路总长 590 米，绿化 3540 平方米；游园 2 个绿化面积约 3000 平方米。

第五章 召陵区

第一节 林 业

一、召陵区农林局

（一）机构沿革

2004 年 9 月 23 日，省政府下发《关于调整漯河市部分行政区域的通知》，设立召陵区。2005 年 3 月，召陵区农村工作委员会成立，同时区编委下文批准成立召陵区林业技术推广站，为事业单位，规格相当于股级，核定编制 15 名。隶属于区农村工作委员会管理，对外挂漯河市召陵区林业局牌子。2012 年 3 月 20 日，召陵区农委工作委员会更名为召陵区农林局。

人员变动情况 ：

彭桂琴2005年2月～2007年3月任农委主任；芮春正2007年3月～2009年10月任副书记、主任；刘军领2009年10月～2012年3月任书记、主任；孙荣香2012年3月任农林局党委书记、局长至今；陈海波2012年3月任农林局党委副书记、副局长至今，分管林业工作。

（二）工作职能

贯彻执行党和政府关于林业工作的方针政策，宣传贯彻林业有关法律法规；科学编制全区林业生产中长期及年度发展规划并组织实施，建立健全林业生态体系和产业体系；加强对乡（镇）林站及所属林场的管理；实施科技兴林，提升林业科技含量；负责全区林业新技术和名优特新品种的引进、实验、示范、推广及林业技术培训工作，加快林业科技成果的推广应用；加强林政资源管理，规范木材市场，实施凭证采伐、运输制度，核发木材经营（加工）许可证，做好各项规费的征收工作；严厉打击毁坏林木及野生动植物违法犯罪行为；负责全区森林病虫害预测预报及防治，做好森林防火和林产品检疫工作；承办并落实区农委交办的其他工作。

二、发展概况

2005年3月7日，组织召开春季植树造林动员会，区政府与各乡（镇）签订年度生态林业建设目标责任书，出台《召陵区2005年度生态林业建设实施方案》。当年对辖区内所有路沟进行整修，植树89万株，完成通道绿化76公里，新建完善农田林网4.8万亩，发展经济林5000亩，完成林业育苗1100亩，幼树成保率达到95%。2006年，完成造林0.9万亩，新建和完善农田林网8.69万亩，林业育苗0.1万亩。

2007年，先后编制完成《漯河市召陵区林业生态建设规划》（2008～2012年）《漯河市召陵区特色经济林产业发展规划》《漯河市召陵区平原绿化三期工程规划方案》。2007年11月10日召开动员会，开展林业生态区创建工作。2009年8月4日，为迎接国家森林城市检查验收，区委召开动员会，区委主要领导安排部署，开展“创森”决战活动。2011年1月7日区政府下发《召陵区2011年林业生态建设实施方案》。1月21日上午，召开区委林业工作会议。2011年10月25日召陵区荣获全省“林业生态县（区）”称号。

建区后主要实施以下重点工程：2005年世界银行贷款林业持续发展项目，面积165.7公顷；2006年退耕还林荒地造林工程，面积4000亩；2007年世界银行贷款林业持续发展项目，面积200公顷；2008年村镇绿化工程完成5000亩，退耕还林工程荒地造林项目10000亩，生态廊道网络建设工程1700亩，低质低效林改造1000亩，森林抚育2200亩；2009年完成工程造林面积23228亩；2010年完成工程造林面积4759亩；2011年完成工程造林面积8001亩。青年村乡、老窝镇、万金镇、邓襄镇先后获市级“生态林业乡（镇）”称号，翟庄乡梨园周村、万金镇大姜村、召陵镇常村、归西村获市级“生态小康村”称号。

2005年，共采伐林木 33169.7立方米，没有出现超额采伐现象。累计办理盗伐、滥伐林木案件39起，依法查处126人，查处5起贩卖大树资源的重大案件。2007年，林业所有办证工作全部纳入行政服务中心农委窗口办理。2011年对全区木竹加工企业进行全面清理整顿，登记造册木材加工企业83家，主要集中在青年、老窝、万金等乡（镇）。

2008年，编制印发《召陵区集体林权制度改革流程》和《召陵区集体林权制度改革操作规程》，建立资料档案库。全区林改勘界确权面积5.43万亩，发放林权证8485本，无出现纠纷情况。

加快林业产业发展，重点培育“名、特、优、新”经济林基地，初步形成邓襄镇庙李村、召陵镇李村、谢庄葡萄，老窝镇桃树、召陵镇沟李村、老窝镇河庄和辛集村的晚秋黄梨，翟庄街道办的黄金梨等一批规模化发展的名优特林果基地。全区经济林面积1.8万亩，果品年产量3.2万吨。现有木材加工企业主要产品有建筑模板、高密度板、装饰板材、胶合板、人造板、板材加工等，主要销往广东、福建、山东、河北等地。初步形成召陵镇、老窝镇和青年村乡木业加工区。银鸽纸业有限公司的木浆造纸，年产值达2.2亿元。依托沙河丰富的森林生态资源和许慎文化园等森林生态旅游景区，丰富生态文化内涵。

召陵区现有国有林场1个，建于1959年，地处青年村乡境内，前身是郾城县桑杈场，面积300亩，1994年不再生产桑杈，改为育苗和种植粮食作物。2004年区划调整归召陵区林业局管理，林场现有职工41人，其中正式人员21人，临时人员8人，退休人员12人。为解决职工养老问题，2012年12月区政府为林场职工办理养老保险，解决林场职工的后顾之忧。

建区后，全区完成工程造林6.83万亩，其中长淮林0.4万亩，退耕还林1.4万亩，世界银行0.8万亩，林业生态省建设工程4.23万亩。建成召陵沟李、翟庄梨园周、老窝下堤刘、邓襄铁炉4个名优特新经济林标准化示范园区。通过实施生态廊道绿化、村镇绿化、农田防护林、更新造林、环城防护林、林业产业、森林抚育和低产林改造等林业生态省重点工程建设，形成以农田林网为主体，以村镇植树、路沟河渠绿化、经济林园区建设协调发展的多林种、多树种、多模式的林业生态体系，同时建立森林病虫害预测预报和防治体系，加强护林防火，确保生态安全。2006年国家林业局授予“全国先进林业工作站”称号，青年村乡、老窝镇、邓襄镇先后荣获“河南省绿化模范乡（镇）”荣誉称号。

2007年森林资源清查结果显示，召陵区林地面积3629.64公顷，林木总株数2140余万株，活立木总蓄积70.4318万立方米。一级、二级保护古树各1棵。

第二节　园　林

一、召陵区建设环保局园林绿化管理处

（一）机构沿革

2005年1月1日，成立漯河市召陵区建设局园林绿化管理处，2009年1月区建设局绿化管理处接管行政新区园林绿化管理工作，设置园林处。

人员变动情况：

佟立伟2005年1月1日～2012年3月任主任；李绘红2012年3月至今任主任。

（二）工作职能

负责辖区内园林绿化工作；负责辖区内园林绿化树木砍伐、移栽、修剪许可；负责绿化规划、绿化用地的使用性质许可和城市建设项目配套绿化用地审批许可；负责采集辖区内园林绿化建设的有关数据并进行整理、分析，建立辖区园林绿化项目库和数据库，拟定阶段性园林绿化建设计划和年度建设计划；负责开展辖区园林绿化建设项目的前期调研、策划、论证并按照基本建设程序，组织对园林绿化建设项目的报批和招标，加强建设管理，确保质量进度；负责辖区绿地的管理和养护，组织培训园林绿化工作人员，加强适用绿化园林技术的推广应用；参与村镇园林绿化规划的编制，指导全区小城镇和新农村的园林绿化建设工作；负责辖区园林绿化突发公共事件的应急管理工作。

二、发展概况

2005年区划后，召陵区园林绿化事业进入快速发展阶段，2007年新增绿化面积266912平方米；2008年新增绿化面积12900平方米（淞江路）；2009年新增绿化面积97306平方米（道路包括：韶山路、汾河路、滦山路、颍河路）；2010年新增绿化面积4000平方米（道路包括：淞江路、祥云路、复兴路、中山路、桐柏山路。绿地包括：政府楼前后广场及各道路两侧绿地）。截止2011年年底，绿化道路8条，河堤绿化1条，完成区政府广场绿化。辖区主要植物品种乔木类：法桐、大叶女贞、合欢树（现为白蜡）、黄山栾、红枫、樱花、重阳木、青桐、紫玉兰、广玉兰、桂花、红叶李、龙爪槐、垂柳、常青树；灌木类：紫荆、百日红、石榴、蜡梅、海棠、海桐、小叶女贞、金叶女贞、红叶小檗、瓜子黄杨；造型球：洒金柏球，大叶黄杨球；花草类：葱兰、红花酢浆草、天堂草、麦冬、长青草等。

主要绿化工程有：

（1）韶山路（淞江路至汾河路共计长800米）。行道树栽植法国梧桐237棵、大叶女贞248棵；西侧草坪（葱兰）绿化面积4256平方米，种植洒金柏球100棵，大叶黄杨球5棵。

（2）汾河路（桐柏山路至庐山路共计长1260米）。行道树栽植黄山栾342棵、大叶女贞342株，两侧草坪绿化（中山路至韶山路），红花酢浆草5220平方米，葱兰820平方米；种植紫荆450棵，小叶女贞球4380棵，大叶黄杨球24棵。

（3）滦山路两侧。行道树栽植合欢树341棵（现为白蜡二行）、大叶女贞359棵。两侧种植天堂草30000平方米、麦冬3400平方米，种植红枫、樱花等。

（4）颍河路（桐柏山路至庐山路共计长1100米）。行道树栽植重阳木400棵，绿化面积1850平方米。

（5）富兴路（颍河路至滦山路共计200米）。行道树栽植青桐68棵、大叶女贞68棵、紫玉兰68棵、百日红130棵；两侧草坪（红花酢浆草、葱兰）6600平方米。

（6）祥云路（滦河路至汾河路共计300米）。栽植黄山栾26棵，大叶女贞26棵（间植）；草坪绿化（葱兰、长青草）共计2410平方米。

（7）淞江路（中山路至庐山路共计长750米）。绿化总面积12939平方米，其中分车道绿化面积4606平方米，6个交通岛共计2040平方米；行道树栽植广玉兰249棵，百日红1970棵，大叶黄杨球78个，瓜子黄杨球156个，海桐球152个，百日红1970株，葱兰面积8129平方米。

（8）桐柏山路（黄河路至淞江路）。行道树栽植大叶女贞210棵（东110棵，西100棵）、黄山栾310棵。

（9）汾河河堤绿化（中山路至韶山路）。栽植垂柳95棵、白蜡90棵。

（10）区政府广场绿化。楼前大花池6个，中花池10个，小花池4个以及楼梯两侧共4741平方米；楼后至滦山路18129平方米。共计22870平方米。

（11）区图书馆绿地。栽植黄山栾、大叶女贞、桂花、瓜子黄杨，绿化面积105565平方米。

2012年，完成8条主干道行道树补植，补植白蜡、枇杷、银杏等乔木500多棵，灌木2400株。修剪各类绿篱苗木1.4万平方米，修剪草坪2万平方米。查处各类毁绿事件5起。

第六章　经济技术开发区

第一节　林　业

一、经济技术开发区农委（林业局）

（一）机构沿革

2004年11月，成立经济开发区农委。1992年5月，漯河高新技术产业开发区的前身——铁东开发区成立。1994年3月，漯河高新区被省政府批准为省级高新区。2007年4月，漯河高新技术产业开发区正式更名为河南漯河经济开发区。2010年11月23日，省政府将漯河经济技术开发区升格为国家级经济技术开发区。

人员变动情况：

田杰2005～2006年任主任；武运舞2007～2011年任主任；吕伟阳2011年至今任主任。

（二）工作职能

负责贯彻落实林业工作的方针政策，宣传林业有关法律法规；负责全区林业新技术和名优特新品种的引进、推广及林业技术培训工作，加快林业科技成果的推广应用；加强林政资源管理，实施凭证采伐，严厉打击毁坏林木及野生动植物违法犯罪行为；负责全区森林病虫害预测预报及防治，做好森林防火工作。

二、发展概况

成立后，以“主攻主干道工程，开发河流滩地，提高城区绿化率，壮大林果基地”为造林重点，基本形成较为完善的生态防护体系。后谢乡2003年成为省级平原绿化高级达标乡（镇），2006～2010年度连续被评为林业生态建设先进乡（镇）。

在造林资金管理上，开发区林业资金由区、乡财政承担。后谢乡村庄绿化由村先行垫付，经验收合格后，再由后谢乡财政按照村庄绿化总款的50%给予补贴。截至2012年年底，全区林木总株数245万株，主要树种有杨树、法国梧桐、柳树等，其中杨树占60%。林地面积1500公顷，林木覆盖率达36%，农田林网控制率98%以上。全区适龄人口义务植树尽责率都在90%以上。建区后没有重大病虫害和森林火灾发生。

辖区各路段按照城市道路标准绿化。其中，韶山南路绿化长度2000米，两侧绿化面积达120亩；经一路绿化程度2500米，两侧绿化面积187亩；漯上路绿化长度7000米，绿化面积200亩；漯上路西段（开发区工业园段）绿化长度2000米，两侧绿化面积150亩。开展辖区单位、庭院和住宅小区绿化，创建东方红社区、尚达装备公司、协鑫公司3个园林式单位。白坡、邓店和河东王为绿化示范村，村主要道路种植风景树，荒地、庭院、房前、房后栽种果树或花卉。

2008年，区管委会成立林业产权制度改革工作领导小组，印发致林农公开信8000余份。全区参与林权改革共7个村委会、35个村民小组，按照林改工作程序，于2011年完成全区林改工作，确权林地面积1000.19亩。2012年全区共完成植树面积2479.4亩，占目标任务124%，创园林式乡（镇）1个、花园式单位3个、绿色小康村8个，高标准绿化3条街道。

林业产业主要有经济林和林下经济。经济林面积6000余亩，主要是无公害葡萄、黄金梨、金太阳杏、山东枣等。无公害葡萄主要分布在以铁炉村为中心的各行政村，黄金梨、金太阳杏、山东枣主要分布在河西张村。林下经济主要发展林禽、林药、林菜模式。林禽模式主要分布在河东王村，养鸡8000只以上；林药模式主要分布在伊庄，种植魔芋；林菜（瓜果）模式在全区都有分布，种植青菜、蒜苗、菠菜、洋葱、冬瓜、甜瓜、花生、土豆等作物。

先后获得全市“生态林业示范乡(镇)建设先进单位”和“创建国家森林城市工作先进单位”。

第二节　园　林

一、经济技术开发区园林处

（一）机构沿革

1994年3月成立园林管理处，设立办公室、计财科、业务技术科、后勤保障科、绿化管护科、花卉中心等科室单位。2003年开发区机构改革，园林管理处实行企业化运作，改称园林公司，2004年9月26日成立漯河市高新区红黄兰绿化有限公司，为三级园林绿化资质企业。

人员变动情况：

赵丹1994年3月～1998年10月任处长；卢俊阁1998年10～12月任处长；丁卫军1998年12月～2002年3月任处长；雷伟民2002年3月～2003年3月任处长；晁跃成2003年3月～2007年3月任经理；刘占东2007年3月任经理至今。

（二）工作职能

开发区范围内公共绿地的管理、养护，以及对辖区内企事业单位庭院绿化工作的指导；贯彻执行有关城市绿化的法律、法规、规章、方针、政策；参与编制城市绿化规划和计划，合理安排城市各类绿地，并纳入城市总体规划；组织实施和指导城市绿化建设和管理。组织实施城市公共绿地、防护绿地、生产绿地和风景林地等绿地的建设，参与工程建设项目附属绿化工程的督促、指导、检查。加强城市公园、广场、游园、路段绿地的养护管理；查处城市绿化违法案件。严禁任何单位和个人擅自占用城市绿化用地，损坏城市花草树木，砍伐或移植古树古木。

二、发展概况

1994年绿化湘江路（金山路－燕山路）、金山路（湘江路－赣江路）、珠江路（金山路－韶山路）、香山路（漓江路－珠江路）；1998年绿化衡山路（人民路－南环路）、韶山路（漓江路－珠江路）、赣江路（衡山路－金山路）；1999年绿化漓江路（衡山路－韶山路）；2003年绿化燕山路（人民路－南环路）；2008年绿化衡山路（漯上路－东方红路）；2010年绿化漯上路（金山路－经三路）；2011年绿化中山路（人民路－南环路）、东方红路（衡山路－韶山路）、燕山路（南环路－东方红路）、纬一路（燕山路－衡山路）。2012年完成工业园4条道路绿化景观建设及中山路与南环转角处游园绿化景观建设，新增绿化面积80万平方米，新植各类苗木45万株，新建一座260平方米温室大棚，培育各类花卉30种2.8万盆，草坪基地30亩，满足对外绿化施工及租摆业务的需求。

2012年园林绿地总面积1230公顷，绿化覆盖率35%、绿地率31.9%、人均公共绿地面积8平方米。公园、游园2个，其中，燕山路生态游园建于2009年4月，面积20000平方米；衡山路游园建设于2000年4月，面积10000多平方米。辖区主要植物品种有大叶女贞、银杏、法桐等，品种50多种。现有苗圃4处，其中国有苗圃1处，个体私营苗圃3处，面积500亩，拥有各类花灌木50种，苗木30万株。其中开发区园林公司苗圃占地面积240亩，拥有各类花灌木30余种，培育大叶女贞2万余棵、柳苗3万余株。

人物篇

收录市、县（区）、乡（镇）从事林业园林工作，荣获全国、省“五一劳动奖章”“三八红旗手”“绿化奖章”“劲松奖”荣誉者；享受国家、省、市级特殊津贴者；具有副高以上专业技术人员者；市技术拔尖人才、市“十佳”市民及市级以上其他特殊荣誉获得者。共收录58名。

（按姓氏笔画排序）

王九龙，男，汉族，1961年10月出生，河南省上蔡县人，中共党员，大学文化，市林业和园林局党组成员、调研员。2007年荣获“河南省绿化奖章”。

王月姝，女，汉族，1975年9月出生，河南省舞阳县人，本科学历，源汇区林业管理站副站长，高级工程师。完成的《漯河市外来林业有害生物防控技术研究》等5个科研项目获市政府科技成果二等奖。市第七批专业技术拔尖人才。

王志安，男，汉族，1970年3月出生，河南省郾城县人，中共党员，大学文化，市园林管理处副主任，高级工程师。获市科技成果二等奖4项，完成的《漯河市宿根花卉在城市园林景观中的应用技术研究》获市科技成果特等奖。荣获市第九届“青年科技奖”。

王建中，男，汉族，1961年6月出生，河南省郾城县人，中共党员，本科学历，市林业和园林局党组成员、市森林公安局局长。2003年8月被省公安厅授予“全省优秀人民警察”荣誉；2005年被国家林业局森林公安局授予个人二等功1次。

王保林，男，汉族，1952年7月出生，河南省长葛市人，中共党员，本科学历，原市苗圃场场长，高级工程师。主持完成国家、省、市攻关项目7项，获林业部科技成果三等奖1项、省科技成果三等奖1项、市科技成果一等奖4项、二等奖1项。出版科技一书，发表论文6篇。

王梅亭，男，汉族，1948年1月出生，河南省临颍县人，中共党员，中专文化，原临颍县林业局局长。1995年荣获“全国绿化奖章”。

亓春华，男，汉族，1961年3月出生，河南省遂平县人，中共党员，大专文化，审计师，市林业和园林局党组成员、纪检组长。2010年荣获“河南省绿化奖章”。

韦河民，男，汉族，1964年6月出生，河南省临颍县人，中共党员，大专文化，原临颍县林业局副局长，高级工程师。编制河南省专业技术标准2项。获市科技成果二等奖2项。1993年荣获河南省“绿化先进工作者”“河南省绿化奖章”，2009年荣获中国林学会“劲松奖”。

田爱芳，女，汉族，1970年5月出生，河南省鄢陵县人，中共党员，本科学历，市城乡绿化设计院院长，高级工程师。2007年荣获市“三八红旗手”，2008年荣获市“新长征突击手”，第八届“青年科技奖”，2008年入选市“第二层次科技创新带头人”，2011年享受市政府特殊津贴。

司长征，男，汉族，1966年5月出生，河南省长葛市人，中共党员，本科学历，市林业技术推广站副站长，高级工程师。2004年被省质量技术监督局聘为河南省农业标准化教师。2006年荣获市第七届“青年科技奖”，2011年7月入选市“第二层次科技创新带头人”。

邢进军，男，汉族，1963年8月出生，河南省郏县人，中共党员，本科学历。2001年11月～2004年6月任市林业园艺局副书记、副局长。2004年荣获“河南省绿化奖章”。

师军杰，女，汉族，1974 年 5 月出生，河南省漯河市人，中共党员，本科学历，局植树造林科科长，高级工程师。2005 年和 2012 年分别荣获市“三八红旗手”、市“第十届青年科技奖”、市“优秀青年科技专家”，2010 年荣获“河南省绿化奖章”。

吕云峰，男，汉族，1969 年 12 月出生，河南省西平县人，中共党员，本科学历，局计划财务科科长，高级工程师。参与多项林业技术、苗木培育、园林科技项目试验，发表论文多篇。2009 年荣获河南省“第八届盆景展先进个人”。

朱振江，男，汉族，1964 年 8 月出生，河南省漯河市人，中共党员，本科学历，局总工程师，豫中南林业有害生物天敌繁育研究中心主任、党支部书记，高级工程师。获国家级科技奖 1 次，制定省级农林标准 2 项、市级农林标准 1 项。荣获“河南省城市园林绿化先进个人”。市科技创新带头人、专业技术拔尖人才。

朱清洲，男，汉族，1952 年 8 月出生，河南省漯河市人，中共党员，大专学历，2001 年 11 月～ 2011 年 2 月任市林业园艺局党组成员、副调研员（2011 年 3 月享受正县级工资待遇），1999 年荣获建设部“全国优秀城建局长”。

刘全山，男，汉族，1970 年 10 月出生，河南省漯河市人，中共党员，本科学历，市森林病虫害防治检疫站高级工程师。承担省课题项目 5 项，推广项目 10 余项，发表论文 8 篇。获市科技成果二等奖 3 项、三等奖 1 项。荣获市第九届“青年科技奖”。

刘浩洪，女，汉族，1975 年 6 月出生，河南省内乡县人，中共党员，大学文化，高级工程师。2009 年 12 月任市园林处党总支书记。2006 年荣获市“三八红旗手”“新长征突击手”。

闫志轩，男，汉族，1969年7月出生，河南省漯河市人，中共党员，中专文化，召陵区农林局营林造林股股长，工程师。2003年荣获省林业厅“国家森林资源连续清查”工作先进个人；2008年获得“河南省实施世行贷款造林项目先进个人”。2011年荣获“河南省绿化奖章”。

安鹏，男，汉族，1977年10月出生，河南省临颍县人，中共党员，大专文化，郾城区林业局林业工作中心站站长。2012年荣获“河南省绿化奖章”。

杨国辉，男，汉族，1959年2月出生，河南省临颍县人，中共党员，大专文化。原临颍县林业园艺局局长。2008年荣获“河南省绿化奖章”。

杨根全，男，汉族，1939年7月出生，河南省临颍县人，本科学历，原临颍县林业局副局长，高级工程师。获林业部科技成果三等奖1项，省科技成果二等奖1项。

李广宇，男，汉族，1973年4月出生，河南省郾城县人，中共党员，本科学历，郾城区林业局党组成员、纪检组长，高级工程师。荣获省政府“森林资源连续清查工作先进个人”、省林业厅“实施世行贷款造林项目先进个人”“河南省绿化奖章”。2010年12月被评为郾城区专业技术拔尖人才。

李军学，男，汉族，1962年3月出生，河南省郾城县人，中共党员，大学文化，工程师，市林业和园林局党组成员、调研员。2002年荣获“河南省绿化奖章”。2003年荣获“全国绿化奖章”。2012年9月，获河南省科技成果奖“二等奖”。

李学陆，男，汉族，1942年8月出生，河南省郾城县人，中共党员，本科学历，1990年4月～1994年5月历任副局长、副总经理，高级工程师。获林业部科技进步三等奖1项，省科技进步二等奖1项、三等奖1项，黄淮海农业综合开发三等奖1项，市科技进步三等奖2项。1992年荣获“河南省绿化奖章”。1993年享受国务院特殊津贴。

李淑芳，女，汉族，1956年11月出生，河南省驻马店市人，中共党员，大专文化，市林技站副站长，高级工程师。推广林果新品种53个、新成果新技术28项，完成省、市科研项目12项，获省科研成果三等奖1项，市科技成果一等奖2项、二等奖3项、三等奖1项。2001年荣获省林业厅“先进工作者”，2003年荣获市“巾帼建功标兵”“三八红旗手”。

吴玉培，男，汉族，1970年1月出生，河南省临颍县人，中共党员，本科学历，2004年10月～2007年6月任市林业园艺局党组成员、副局长。2007年被市委、市政府授予沙澧河开发建设个人三等功。

张文峰，男，汉族，1965年10月出生，河南省漯河市人，中共党员，大专文化，郾城区林业局书记、局长。2011年荣获“河南省绿化奖章”。

张玉霞，女，汉族，1966年2月出生，河南省郾城县人，中共党员，本科学历，局规划设计管理科主任科员，工程师。获省城乡建设优秀勘察设计项目4项，市科技成果二等奖1项。1998年荣获市第三届“劳动模范”。

张金良，男，汉族，1954年10月出生，河南省漯河市人，中共党员，大专文化，源汇区农委高级工程师。获省政府科技成果三等奖3项，省林业厅科研成果二等奖1项，市科技成果二等奖1项。

张素华，女，汉族，1977 年 2 月出生，河南省叶县人，中共党员，本科学历，豫中南林业有害生物天敌繁育研究中心副主任，工程师。2009 年 12 月份市“十佳市民”。

陈祥安，男，汉族，1954 年 10 月出生，河南省漯河市人，中共党员，大学文化。1997 年 12 月至 2000 年 12 月历任市林业技术推广总站站长、市林业局局长。1999 年荣获“全国绿化奖章”。

邵卫军，男，汉族，1977 年 1 月出生，河南省郾城县人，中共党员，市森林公安局刑侦队长，本科学历。2006 年被国家林业局森林公安局授予个人二等功 1 次。2007 年 6 月份市“十佳市民”。

范五洲，男，汉族，1968 年 11 月出生，河南省临颍县人，中共党员，本科学历。局办公室主任。2011 年荣获“河南省绿化奖章”，2011 年荣立市级个人三等功 1 次。

林金生，男，汉族，1964 年 9 月出生，河南省郾城县人，中共党员，本科学历，市林技站高级工程师。完成 12 项重大科研推广项目，其中 2 项省级林业地方标准被河南省质量技术监督局审定颁布使用，1 项成果获市政府科技进步成果二等奖。2006 年被评为漯河市科技创新带头人，2008 年荣获“河南省绿化奖章”。

周红菊，女，汉族，1966 年出生，河南省渑池县人，中国民主建国会会员，大学文化，教授级高级工程师，漯河市第五届政协委员、第六届政协常委。2009 年 12 月任市园林处主任。先后荣获“全国森林资源清查先进工作者”“河南省绿化奖章”“河南省科技创新先进个人”等荣誉，2009 年荣获“全国绿化奖章”。

周艳玲，女，汉族，1966年12月出生，河南省漯河市人，中共党员，本科学历，市绿化工程处主任、漯河绿地（集团）公司总经理，高级工程师。完成多项城市园林绿化重点工程建设和技术成果研究。2001年荣获市“三八红旗手”等荣誉。

赵果，女，汉族，1982年12月出生，河南省南阳市人，中共党员，大学文化，市园林监察大队法制科科长。2009年5月份漯河市“十佳市民”。

赵自申，男，汉族，1961年9月出生，河南省上蔡县人，中共党员，大学文化，工程师，市林业和园林局党组成员、副局长。2000年4月，被国家林业局授予“全国营造林工作先进个人”，2002年荣获“河南省绿化奖章”，2006年3月被省建设厅评为“全省城市园林绿化先进个人”。

赵淑霞，女，汉族，1975年9月出生，河南省漯河市人，中共党员，中专文化，召陵区农林局营林股副股长，工程师。2012年荣获“河南省绿化奖章”。

胡连真，女，汉族，1954年10月出生，河南省郾城县人，中共党员，大学文化，市园林处高级工程师。获省科技成果三等奖1项，市科技成果二等奖5项，市自然科学成果一等奖3项、二等奖3项、三等奖2项。2003年享受市政府特殊津贴，2007年被省政府任命为重点建设项目评标专家。

侯贡献，男，汉族，1957年4月出生，河南省襄城县人，中共党员，大专文化，工程师，2001年11月～2012年5月任市林业和园林局党组成员、副调研员。2012年6月享受正县级待遇，先后在国家、省级林业科技杂志上发表论文6篇，2009年荣获“河南省绿化奖章”。

桂运言，男，汉族，1945年11月出生，湖北省黄陂区人，中共党员，大学文化，市森林病虫害防治检疫站高级工程师。市专业技术拔尖人才。荣获中国林学会“劲松奖”。2001年享受市政府特殊津贴。

郭长德，男，汉族，1940年10月出生，河南省舞阳县人，中共党员，本科学历，市林业局高级工程师。1986～1996年历任市林业局局长、市林果处处长、市林业总公司总经理、市林业技术推广总站站长。1991年获中国林学会“劲松奖”，1993年荣获“河南省绿化奖章”。

郭俊强，男，汉族，1973年8月出生，河南省舞阳县人，中共党员，本科学历，市苗圃场场长，高级工程师。在省级刊物发表学术论文10多篇。2005年11月份市“十佳市民”。

郭振业，男，汉族，1965年8月出生，河南省舞阳县人，中共党员，本科学历，市森林病虫害防治检疫站站长，教授级高级工程师。1999年被市政府批准为“161人才培养规划入选人员”，荣获市第三、四届“青年科技奖”，第二、三届“科技创新带头人”。2007年享受市政府特殊津贴，2008年12月份市“十佳市民”。

郭彩鸽，女，汉族，1972年9月出生，河南省襄县人，中国民主建国会会员，本科学历，市城乡绿化规划设计院副院长，高级工程师。主持完成多项城市园林绿化规划设计。《临颍县林业生态建设规划2008～2012年》获省林业（园林）工程优秀咨询成果三等奖。

黄素萍，女，汉族，1967年6月出生，河南省郾城县人，中共党员，本科学历，局规划设计管理科科长，高级工程师。获市科技成果二等奖3项。市第三届人大代表，市第三层次科技创新带头人。

梁晓红，女，汉族，1965年10月出生，河南省郾城县人，中共党员，大学文化，市园林管理处副书记，高级工程师。《杨树天牛综合控制新技术推广》等6个项目获市政府科技进步特等奖、二、三等奖。市科技创新带头人。

彭惠民，男，汉族，1958年1月出生，河南省漯河市人，中共党员，本科学历，源汇区农林局党委书记、局长。2011年荣获“河南省绿化奖章”。

董秋彪，男，汉族，1970年11月出生，河南省郾城县人，中共党员，大学文化，局资源法规与野生动物保护科科长。2009年荣获“河南省绿化奖章”。

董道林，男，汉族，1945年7月出生，河南省漯河市人，中共党员，中专文化，市林技站高级工程师。独著与合著专业书籍6本，出版发行7万册。主持课题科研7项，分获省科技成果二等奖和市科技成果二、三等奖。市专业技术拔尖人才。1995年荣获中国林学会“劲松奖”，1999年享受市政府特殊津贴。

韩晓娜，女，汉族，1975年12月出生，河南省襄城县人，中共党员，大学文化，市园林管理处高级绿化工。2006年省建设厅绿化工技术大比武获“技术能手”称号，2006年省工会花卉工技能比赛第9名，2011年市第三届“银鸽杯”职工技术运动会获园林绿化状元奖，市总工会授予“五一劳动奖章”。2010年12月份漯河市“十佳市民”。

程海欣，男，汉族，1967年10月出生，河南省临颍县人，中共党员，大专文化，临颍县林业园艺局项目办主任，高级工程师。获省科技成果三等奖1项，市科技成果二等奖1项，《社会林业工程项目》被国家林业局和中国林科院评为特等奖和二等奖，《临颍县林业生态建设规划2008～2012年》获省林业（园林）工程优秀咨询成果三等奖。2004年荣获“河南省绿化奖章”。

谢江华，男，汉族，1964年4月出生，河南省叶县人，中共党员，大学文化，工程师，河南省风景园林学会理事，漯河市盆景艺术协会理事，2002年12月～2009年11月任市林业园艺局党组成员、副局长。2005年荣获“河南省绿化奖章”。

谢联合，男，汉族，1965年10月出生，河南省漯河市人，高中文化，市园林管理处高级绿化工。在历届河南省盆景艺术展上，所创作的作品多次荣获金、银奖。2004年被中国盆景艺术家协会授予“跨世纪中国杰出盆景艺术家”称号。2011年4月份市“十佳市民”。

靳国富，男，汉族，1945年8月出生，河南省临颍县人，中共党员，本科学历，临颍县林业技术推广站高级工程师。获林业部科技成果三等奖1项、国家林业局工程项目研究特等奖1项。1992年荣获中国林学会“劲松奖”。

蔡联军，男，汉族，1973年12月出生，河南省漯河市人，中共党员，本科学历。市林业技术推广站站长。2011年荣获“河南省绿化奖章”，2012年被评为“河南省住房和城乡建设系统职工技术英杰”荣誉称号。

谭瑞琼，女，汉族，1971年7月出生，湖南省茶陵县人，中共党员，本科学历，郾城区林业局副局长，高级工程师。2003年4月被省农业厅授予“第二批驻村科技服务工作优秀专家”。2009年荣获“河南省绿化奖章”。

荣誉篇

一、漯河市林业、园林系统先进集体荣誉

收录漯河市、市林业和园林局获市级以上荣誉；收录局属各单位、机关各部门、县（区）荣获省级以上荣誉。

获奖单位	授予称号	授予时间	授予机关
漯河市	省级园林城市	1999 年 3 月 13 日	河南省建设厅
漯河市	全国园林绿化先进城市	1999 年 10 月 4 日	建设部
漯河市	河南人居环境范例奖	2002 年 1 月 9 日	河南省建设厅
漯河市	省造林绿化最佳城市	2002 年 12 月 5 日	河南省绿化委员会
漯河市	国家园林城市	2002 年 12 月 16 日	建设部
漯河市	2002 年中国人居环境范例奖	2003 年 2 月 20 日	建设部
漯河市	全国中小城市生态环境建设实验区	2003 年 12 月 27 日	国家林业局 中国林业科学研究院
漯河市	全国绿化模范城市	2004 年 3 月 22 日	全国绿化委员会
漯河市	国家森林城市	2010 年 4 月 27 日	全国绿化委员会 国家林业局
市绿化委员会	郑州绿博园建设优秀组织奖、先进单位	2010 年 6 月 29 日	第二届中国绿化博览会组委会（全国绿化委员会、国家林业局、河南省人民政府）
市林业局	林业产权制度改革先进单位	1999 年 1 月 28 日	河南省林业厅
市林业园艺局	全省城市园林绿化工作先进集体	2006 年 3 月 20 日	河南省建设厅
市林业园艺局	先进基层团组织	2006 年 4 月 21 日	共青团河南省委
市林业园艺局	市五一劳动奖状	2008 年 1 月 24 日	漯河市总工会
市林业园艺局	省级文明单位	2008 年 11 月 20 日	河南省委、省政府
市林业园艺局	全省住房城乡建设行政执法队伍规范化建设优秀单位	2010 年 1 月 11 日	河南省住房和城乡建设厅
市林业园艺局	2009 年度平安建设先进单位	2010 年 1 月 13 日	漯河市委、市政府
市林业和园林局	省优质服务窗口	2010 年 2 月 1 日	河南省优化经济发展环境工作小组
市林业和园林局	2009 年度目标管理先进单位	2010 年 2 月 1 日	河南省林业厅
市林业和园林局	服务新农村建设工作先进单位	2010 年 2 月 25 日	漯河市委、市政府
市林业和园林局	创森工作先进单位	2010 年 6 月 30 日	河南省人民政府
市林业和园林局	第十届中原花木交易博览会（漯河园）获金奖	2010 年 9 月 6 日	国家林业局 河南省人民政府
市林业和园林局	创建国家森林城市工作记集体二等功	2010 年 12 月 7 日	漯河市委、市政府

获奖单位	授予称号	授予时间	授予机关
市林业和园林局	市 2010 年度工会女职工工作先进单位	2011 年 3 月 4 日	漯河市总工会
市林业和园林局	全国绿化先进集体	2011 年 3 月 29 日	全国绿化委员会、人力资源和社会保障部、国家林业局
市林业和园林局	全省住房和城乡建设系统工会工作先进单位	2011 年 12 月 1 日	河南省住房和城乡建设厅
市林业和园林局	2011 年度林业工作先进单位	2012 年 1 月 13 日	河南省林业厅
市林业和园林局	2011 年度信息宣传工作先进单位	2012 年 3 月 5 日	河南省住房和城乡建设厅
市林业和园林局	全省住房城乡建设系统依法行政先进单位	2012 年 12 月 12 日	河南省住房和城乡建设厅
市园林管理处	黄河路道路达标	1996 年 10 月 15 日	河南省建设厅
市园林管理处	全国城市绿化先进单位	1999 年 11 月	建设部
市园林管理处	省级文明单位	2001 年 1 月	河南省委、省政府
市园林管理处	全省建设女职工双文明建功立业活动先进集体	2001 年 2 月	河南省建设厅工会
市园林管理处	全国三八红旗集体	2004 年 3 月	中华全国妇女联合会
市园林管理处	全省建设系统精神文明先进单位	2004 年 4 月	河南省建设厅
市园林管理处	2004 ～ 2008 年度省级卫生先进单位	2004 年 12 月	河南省爱国卫生运动委员会
市园林管理处	2007 年度全省城市园林绿化先进集体	2008 年 10 月	河南省建设厅
市园林管理处	2012 ～ 2014 年省级卫生先进单位	2011 年 12 月	河南省爱国卫生运动委员会
市园林管理处	2011 年全省城市园林绿化工作先进集体	2012 年 1 月	河南省住房和城乡建设厅
市园林管理处	省五一劳动奖状	2012 年 4 月	河南省总工会
市森林公安分局	集体二等功、集体三等功	2005 年 12 月	国家林业局森林公安局
市森林公安分局	河南省森林资源林政管理先进单位	2005 年 12 月	河南省林业厅
市森林公安分局	全省林业执法和治理整顿专项行动先进集体	2007 年 12 月 5 日	河南省林业厅
市森林公安分局	全省森林公安机关“三考”执法办案卷宗考评先进单位	2008 年 11 月	河南省森林公安局
市森林公安局	集体三等功	2009 年 11 月	河南省森林公安局
市森林公安局	全省森林公安机关侦查办案先进单位集体三等功	2010 年 12 月	河南省森林公安局
市人民公园	月季单株一等奖、月季单株二等奖（2 个）	1989 年 5 月	河南省花卉协会省第四届月季花展办公室
市人民公园	插花艺术《戏水》《欢庆》《思乡》分获第一名	1989 年 10 月	河南省首届名优花卉展评审委员会

续表

获奖单位	授予称号	授予时间	授予机关
市人民公园	河南省首届名优花卉展评会一等奖、二等奖	1989 年 11 月	河南省花卉协会
市人民公园	第二届中国花卉盆景博览会盆景一等奖、三等奖	1989 年 10 月	河南省花卉协会
市人民公园	全国首届插花大赛获省团体第三名	1990 年 8 月	河南省花卉协会
市人民公园	1994 ~ 1996 年度全省建设系统职业道德建设先进单位	1997 年 3 月	河南省建设厅
市人民公园	省国土绿化模范单位	2010 年 12 月	河南省绿化委员会
市人民公园	省城市园林绿化先进单位	2011 年 1 月 1 日	河南省住房和城乡建设厅
市园林监察大队	全省住房城乡建设系统依法行政执法队伍“服务提升年”活动先进单位	2012 年 12 月	河南省住房和城乡建设厅
市林业技术推广站	林业科技先进单位	2011 年 11 月 14 日	河南省林业厅
市林业技术推广站	林木种苗工作先进单位	2012 年 12 月 1 日	河南省林业厅经济林和林木种苗工作站
市森林病虫害防治检疫站	目标考核先进单位	2003 年 12 月	河南省林业厅
市森林病虫害防治检疫站	全省森林病虫害防治工作先进单位、标准站	2005 年 10 月	河南省林业厅
市森林病虫害防治检疫站	全省有害生物防治知识竞赛优胜奖	2008 年 6 月	河南省林业厅
市森林病虫害防治检疫站	目标考核先进单位	2008 年 12 月	河南省林业厅
市森林病虫害防治检疫站	林业政务信息工作先进单位	2009 年 3 月	河南省林业厅
市森林病虫害防治检疫站	省林业有害生物防治工作先进单位	2009 年 12 月	河南省林业厅
市森林病虫害防治检疫站	目标考核先进单位	2009 年 12 月	河南省林业厅
市森林病虫害防治检疫站	省摄影比赛优秀奖	2011 年 10 月	河南省林业厅
市绿化工程处	首批质量、安全、信誉放心 AAA+ 级示范单位	2008 年 4 月	中国工程建设与管理联合会
市绿化工程处	2008 年度安全文明、优秀施工企业	2009 年 3 月	河南省住房和城乡建设厅
市绿化工程处	第二届中国绿化博览会室外展（漯河意象园）获银奖	2010 年 9 月	中国绿化博览会组委会
市绿化工程处	2010 年度河南省市政（园林）工程金杯奖	2010 年 12 月	河南省住房和城乡建设厅
市绿化工程处	省先进企业	2011 年 11 月	河南省住房和城乡建设厅
市城乡绿化设计院	漯河市绿地系统规划编制二等奖	1999 年 9 月	河南省建设厅
市城乡绿化设计院	星光公园、老虎滩公园设计三等奖	1999 年 9 月	河南省建设厅

获奖单位	授予称号	授予时间	授予机关
临颍县	全国平原绿化先进单位	1990年3月1日	林业部
临颍县	全省平原绿化高级达标先进县	2004年4月17日	河南省人民政府
临颍县	省绿化模范县	2007年3月1日	河南省绿化委员会
临颍县	省林业生态县	2009年1月15日	河南省林业厅
临颍县	省林业生态复查合格县	2011年3月	河南省林业厅
临颍县林业园艺局	森林资源清查工作先进单位	1989年12月	河南省林业厅
临颍县林业园艺局	全省林业育苗先进单位	1991年1月	河南省林业厅
临颍县林业园艺局	全省森防标准站	2005年4月	河南省林业厅
舞阳县	全国平原绿化先进单位	1986年5月15日	林业部
舞阳县	全国平原绿化先进单位	1990年3月	林业部
舞阳县	全省平原绿化高级达标先进县	2004年4月17日	河南省人民政府
舞阳县	省造林绿化先进县	2004年5月1日	河南省绿化委员会
舞阳县	全国绿化模范县	2006年3月	全国绿化委员会
舞阳县	省林业生态县	2009年1月15日	河南省林业厅
舞阳县林业园艺局	省森林资源连续清查工作先进集体	2009年2月	河南省人民政府
郾城县	全省平原绿化高级达标先进县	2004年4月17日	河南省人民政府
郾城县	省造林绿化先进县	2004年5月1日	河南省绿化委员会
郾城区	省林业生态县	2009年1月15日	河南省林业厅
郾城县林业局	优秀青年绿化工程	1989年11月	共青团河南省委、省绿化委员会、省林业厅
郾城县林业局	全省林政管理先进单位	1990年4月	河南省林业厅
郾城县林业局	1997年度林业育苗先进单位	1998年2月	河南省林业厅
郾城县林业局	林业科技推广先进单位	1999年2月	河南省林业厅
郾城县林业局	林业工作站建设合格县	1999年12月	国家林业局
郾城县林业局	全国先进林业工作站	2001年4月	国家林业局
郾城区林业局	全省林业有害生物防治工作先进单位	2009年12月	河南省林业厅
源汇区	全国平原绿化达标先进单位	1988年12月	林业部

续表

获奖单位	授予称号	授予时间	授予机关
源汇区	省平原绿化先进单位	1989 年 4 月	河南省人民政府
源汇区	省国土绿化模范县	2010 年 4 月	河南省绿化委员会
源汇区	省林业生态县	2011 年 3 月	河南省林业厅
源汇区林业管理站	森林病虫害防治检疫标准站	2009 年 12 月	河南省林业厅
召陵区	省林业生态县	2011 年 12 月	河南省林业厅
召陵区召陵镇林业工作站	全国先进林业工作站	2006 年 3 月 28 日	国家林业局
河南省胡桥园林绿化工程有限公司	河南省第一批林业产业化重点龙头企业	2010 年 10 月 28 日	河南省林业厅
漯河市永盛园林绿化有限公司	河南省第一批林业产业化重点龙头企业	2010 年 10 月 28 日	河南省林业厅
漯河市伊人黑玫瑰有限责任公司	河南省第一批林业产业化重点龙头企业	2010 年 10 月 28 日	河南省林业厅
漯河装饰材料有限公司	河南省第一批林业产业化重点龙头企业	2010 年 10 月 28 日	河南省林业厅
召陵区金利园果品专业合作社	河南省农民林业合作示范社	2012 年 11 月	河南省林业厅

二、1986 ～ 2012 年漯河市林业和园林系统科技成果（荣获省级以上成果等级奖单位）

成果名称	授予机关	奖励等次	年度	获奖单位
毛白杨病虫害防治	林业部	三等奖	1986 年	舞阳县林业局
泡桐幼树剪梢接干技术	河南省人民政府	二等奖	1987 年	临颍县林业局
河南省野生蔷薇种质资源调查研究	河南省城乡建设环境保护厅	二等奖	1990 年	市人民公园
河南省臭椿种质资源及优良类型选育和繁殖技术研究	河南省人民政府	三等奖	1990 年	市林业技术推广站
蜈蚣渠流域林业综合技术开发	河南省林业厅	三等奖	1992 年	市林业技术推广站
ABT 生根粉应用与推广	国家科技成果司	一等奖	1992 年	市林业技术推广站
臭椿良种选育	河南省林业厅	三等奖	1992 年	市林业技术推广站
社会林业工程项目研究与实施	国家林业局科技司	特等奖	1998 年	临颍县林业技术推广总站
社会林业工程项目研究与实施	中国林业科学研究院	二等奖	1999 年	临颍县林业技术推广总站
葡萄优良品种引种栽培技术研究与示范推广	河南省人民政府	二等奖	2001 年	市林业技术推广站
ABT 与 GGR 系列研究与推广	国家林业局科技司	二等奖	2003 年	市林业技术推广站
苹果无公害生产技术示范应用与推广一体化研究	河南省农业综合开发领导小组	二等奖	2004 年	舞阳县林业园艺局
林业生态建设规划（2008 ～ 2012 年）	河南省林业工程建设协会	三等奖	2008 年	临颍县林业园艺局
观赏桃超延期开花技术研究	河南省科技协会	二等奖	2012 年	市林业和园林局
林业有害生物天敌繁育释放技术研究与推广	河南省科技协会	二等奖	2012 年	市森林病虫害防治检疫站
市林下经济魔芋引种栽培试验与推广技术研究报告	河南省科技协会	二等奖	2012 年	市林业技术推广站
市沙澧河市区段生态环境保护和植物营造技术研究	河南省科技协会	三等奖	2012 年	市园林管理处

附录

一、文献辑录

漯河市人民政府

漯政[2009]13号

漯河市全民义务植树实施办法

第一章　总则

第一条　为推动义务植树活动的深入开展，保护和改善生态环境，依据国家有关法律法规和《河南省义务植树条例》规定，结合漯河实际，制定本办法。

第二条　本办法所称义务植树，是指有植树义务的公民在指定场地无报酬参加的植树劳动或者其他绿化劳动。

第三条　县级以上人民政府应当加强对本行政区域义务植树工作的领导，把义务植树工作纳入生态建设规划，对义务植树成绩显著的单位和个人给予表彰和奖励。

第四条　县级以上人民政府绿化委员会负责组织、协调、指导、监督本行政区域的义务植树工作。县级以上人民政府绿化委员会办公室负责义务植树的日常工作。

第五条　每年3月为本市义务植树活动月。

第六条　凡居住在我市范围内的公民，男性18至60周岁，女性18至55周岁，除丧失劳动能力者外，均应按照本办法规定承担义务植树任务。

第二章　组织实施

第七条　县级以上绿化委员会应当因地制宜，统筹安排，制定本辖区义务植树规划和年度实施计划，建立义务植树基地，并报同级人民政府批准后实施。

第八条　城市居民义务植树的重点是营造城市近郊生态防护林和参加城市公共绿地建设。

农村应以乡或行政村为单位建立义务植树基地。由乡（镇）人民政府或村民委员会组织农民到义务植树基地或国家、集体林场参加义务植树，也可参加重点生态工程建设等与绿化有关的义务劳动。

第九条　有植树义务的公民，每人每年应义务植树不少于3棵，也可采用完成相当于一个工作日的育苗、整地、管护及其他绿化任务折抵义务植树任务，具体折抵标准由市绿化委员会制定。

第十条　义务植树按下列规定组织实施：(一)市直机关、团体、企事业单位(含私营企业、外商及港澳台投资企业)和外地驻漯单位的义务植树任务，由市绿化委员会办公室组织安排。(二)县、区所属机关、团体、企事业单位、个体工商户、无业市民和农村务农人员的义务植树任务，由县、区绿化委员会办公室组织安排。

第十一条　各级机关、团体及企事业单位的下属单位及分支机构的义务植树任务，由所在机关、团体、企事业单位统一组织完成。

第十二条　各机关、团体、企事业单位应于每年11月30日前，将应承担义务植树任务的人数，如实上报市、县、区绿化委员会办公室。个体工商户、无工作单位的城镇居民由街道办事处将应承担义务植树任务的人数登记上报县、区绿化委员会办公室。

各单位承担义务植树任务的人员包括单位正式职工和临时雇佣人员。

第十三条　市、县、区绿化委员会办公室应根据各单位上报的人数，下达义务植树任务。

单位不按规定上报应承担义务植树人数的，绿化委员会办公室按有关部门提供的依据核实人数，并依此下达义务植树任务。

第十四条　各单位应组织本单位人员按照绿化委员会办公室规定的时间、地点，保质保量地完成义务植树任务。

在本单位庭院内植树以及在本系统、本行业国家下达的植树造林生产任务内植树，不计入义务植树任务。提倡、鼓励单位和个人栽植纪念树、营造纪念林或认建、认养、认管公共绿地。

第十五条　义务植树所需的苗木费、交通费及当年的管护费，由参加义务植树的单位自行解决。

第十六条　市、县、区绿化委员会办公室应当为参加义务植树和营造纪念林、栽植纪念树的单位和个人给予技术指导，提供苗木供应渠道及其他必要的便利条件。

苗木供应单位应当保证苗木质量。

第十七条　有其他原因确实不能参加义务植树活动的，应在每年10月底前，向市、县、区绿化委员会办公室提出申请以资代劳，经批准后缴纳义务植树绿化费。

丧失劳动能力者、无固定收入的在校学生、农村务农人员未参加义务植树的，免缴绿化费。

绿化费缴纳标准由有关部门按有关规定核定。

第十八条　绿化委员会办公室收取的绿化费应全额上缴同级财政，实行收支两条线，用于完成义务植树任务、公益性绿化设施建设及相关的宣传、奖励等。任何单位和个人不得挤占、截留、挪用。

第十九条　义务植树应当按照技术规程栽植，成活率必须达到85%以上。

对达不到规定成活率或未完成义务植树任务的，义务植树责任单位或个人应在第二年2月底以前补栽或补缴绿化费差额。

二〇〇九年三月三日

漯河市人民政府

漯政 [2009]40 号

漯河市城市绿化实施细则

第一章　总　则

第一条　为了加强城市绿化管理，保护和改善城市生态环境，根据《城市绿化条例》《河南省城市绿化实施办法》等法律、法规，结合本市实际情况，制定本细则。

第二条　本细则适用于本市城市规划区及各县城区内绿化的规划、建设、保护和管理。

第三条　漯河市绿化委员会统一组织领导全市的义务植树活动和整个绿化工作。

市城市绿化行政主管部门负责全市城市绿化工作。

县（区）城市绿化行政主管部门按照职责分工负责本行政区内的城市绿化工作。

第四条　机关、团体、企业、事业单位和城市居民均有绿化、美化城市和养护林木、绿地的义务，应当参加全民义务植树活动。任何单位和个人都有权制止损害绿化和绿化设施的行为。

第五条　市、县、区人民政府应当把城市绿化建设作为城市建设的重要组成部分，纳入国民经济和社会发展计划。鼓励和加强城市绿化的科学技术研究，推广先进技术，提高城市绿化的科技含量，提高城市绿化的艺术水平。

第六条　市、县、区人民政府应当对城市绿化工作做出显著成绩的单位和个人给予表彰或者奖励。

第二章　规划和建设

第七条　由城市规划行政主管部门和城市绿化行政主管部门等共同编制城市绿地系统规划，并纳入城市总体规划。

城市绿地系统规划及其城市绿线的审批、调整，按照《城乡规划法》《城市绿化条例》的规定执行。

第八条　城市绿线内的用地，不得改作他用，不得在城市绿线范围内进行建设。

因建设或者其他特殊情况，需要临时占用城市绿线内用地的，必须依法办理相关审批手续。

在城市绿线范围内，不符合规划要求的建筑物、构筑物及其他设施应当限期迁出。

任何单位和个人不得在城市绿线范围内进行拦河截溪、取土采沙、设置垃圾堆场、排放污水以及其他对生态环境构成破坏的活动。

第九条　城市规划与建设必须留足绿化用地面积，并符合下列规定：

（一）新建居住区的绿地率不低于 35%，旧城区改造绿地率不宜低于 30%。

（二）单位附属绿地面积占单位总用地面积的比率不低于 30%。其中工业企业、仓储、商业中心不低于25%；产生有害气体及其他污染的工厂不低于30%；机关、中小学校、部队、公共文化设施、高等院校、宾馆、医院、福利院等不低于40%。

（三）园林景观道路的绿地率不得小于40%；红线宽度大于50米的道路绿地不得小于30%；红线宽度在40～50米的道路绿地率不得小于25%；红线宽度小于40米的道路绿地率不得小于20%。

（四）其他新建工程的绿地率不低于35%，扩建、改建工程的绿地率不低于30%。

（五）护岸林：规划区内沙、澧河大堤的坡底线一律向外扩展出不少于50米宽的防护林带。

铁路防护林：沿铁路两侧各设宽不少于30～50米的防护林带。

环路防护林：在环绕城市外围的环路两侧各控制不少于30～50米宽的防护林。

工业防护绿地：在工业区与居住区间设置不少于30～50米宽的防护绿地。

高压走廊防护绿地：高压走廊防护绿地宽度不得少于200米。

第十条　城市规划行政主管部门在审批建设工程项目规划方案时，应征求城市绿化行政主管部门意见，实行“绿色图章”制度。

建设单位因特定条件限制，其绿化用地面积达不到规定的，应实行异地绿化建设。

第十一条　新建、改建、扩建道路、公路时，配套绿化方案应当由绿化行政主管部门审定，建设道路、公路时，应当种植行道树、护路树。立交桥、高架道路下腹地、道路中间隔离带，适宜绿化的应当绿化。

第十二条　在城市国有土地上建设公共绿地，土地由政府采取划拨方式提供。征用农用地建设公共绿地的，按《中华人民共和国土地管理法》规定的标准给予补偿。各类工程建设项目的配套绿化用地，要一次提供，统一征用，同步建设。

第十三条　对城市规划建成区内绿地未达到规定标准的，尤其是城市中心区和老城区，要优化城市用地结构，提高绿化用地在城市用地中的比例。要结合产业结构调整和城市环境综合整治，迁出有污染的企业，增加绿化用地。

第十四条　城市绿化应当体现地域特色，突出科学性和艺术性。行道树应当选择具有一定高度、抗污染、耐修剪、耐旱、抗风力强、与道路景观相协调的树种。主要道路两侧的建筑物前，应当根据规划要求，选用透景、半透景的围墙、围栏、绿篱等作为分界。在现有绿化或者规划绿化区域内进行地下设施建设的，其地面应当留有满足绿化要求的表土层。选择适应本地自然条件的植物种类，合理配置乔木、灌木、草本和藤本植物，优先发展乔灌木。

第十五条　市、县、区人民政府应当在城市建设资金中安排保证公共绿地建设管理维护的经费。提倡多渠道筹集公共绿地建设资金；鼓励单位和个人以投资、捐资、领养、认建等形式，兴建、养护公共绿地以及种植、养护行道树。

第十六条　城市绿化行政主管部门要切实加强绿化工程建设的监督管理，严格实行绿化企业资质审验、绿化工程招投标和工程质量监督制度。绿化建设工程的设计、施工应当由具有相应资质证书的设计、施工单位承担，建设、施工单位应当按照批准的设计进行施工，不得任意改变，不得转包。

第十七条　城市新建、改建、扩建和住宅区开发项目，其基本建设投资中应包括配套的绿化建设投资。配套绿化工程应当与主体工程同步设计、同步施工、同步验收，确因季节原因不能及时完成的，完成绿化的时间不得迟于主体工程交付使用后的第二个植树季节。建设项目配套绿化工程竣工后，建设单位应报请绿化行政主管部门组织验收，经验收合格的，发放“绿化工程合格证”。

第三章　管理和保护

第十八条　城市绿化的管理和保护实行专业管理和群众管理相结合的原则：（一）城市的公共绿地、防护绿地、风景林地、行道树及干道绿化带，由市、县、区城市绿化行政主管部门或其委托的单位负责管理；（二）单位附属绿地和单位管理界内的防护绿地和门前三包责任地段的绿地，由所在单位负责管理；（三）居住区绿地，由居住区管理机构负责管理；（四）生产绿地，由其经营单位负责管理；（五）公路、铁路、水利等单位在其规定的用地范围内栽植的树木，所有权归属单位，由单位负责管理；

对上述（二）、（三）项的绿化管护工作，市、县城市绿化行政主管部门应当进行指导、检查和监督。

第十九条　城市园林养护管理实行资质管理制度，承担城市绿化养护工作的养护单位应当具有相应的专业资格。

对外地园林绿化资质企业进入漯河从事园林绿化工程施工和养护管理等业务活动的，应持有关证件到城市绿化行政主管部门登记备案，并接受监督管理。

第二十条　市、县、区人民政府及其城市绿化行政主管部门要积极组织开展创建园林单位、园林小区、绿化模范单位、绿化模范小区活动，单位庭院（小区）绿化未达到规定标准的，不得参加市级文明单位评选。

第二十一条　对古树名木实行重点保护，严禁砍伐、移植，防止人为和自然损害。城市绿化行政主管部门应加强监督和技术指导，并建立档案，设置标志，划定保护范围。

第二十二条　因建设或特殊原因需要临时占用绿地的，须经绿化行政主管部门审核批准，按照有关规定办理临时占用手续和缴纳绿化补偿费，并在规定期限内恢复原貌。

第二十三条　除苗木生产单位进行生产性移栽、出圃等作业外，城市中迁移树木的，应当办理审批手续，领取许可证。

改建或者扩建铁路、公路、道路、高速公路，需迁移行道树、护路树的，除紧急工程外，应当安排在树木移植季节进行。

第二十四条　凡进入市区内的种子、种苗及其他繁殖材料，必须持有森林植物检疫部门出具的检疫合格证。没有经过检疫的种子、苗木必须进行补检，带有国家、省规定的检疫对象的种子、苗木由森林植物检疫部门就地销毁。

第二十五条　禁止下列损坏绿化和绿化设施的行为：（一）擅自折损树木花草；（二）擅自砍伐城市树木；（三）在树旁和绿地内倾倒垃圾或者有害废渣废水、堆放杂物；（四）在绿地内乱设广告；（五）引起树木损坏的焚烧行为；（六）禁止借树搭棚、在行道树上悬挂物品等妨碍树木生长的行为；（七）其他损坏绿化或者绿化设施的行为。

第二十六条　城市规划和建设应合理安排地上、地下管线的位置及走向。电力、通讯、公用、市政等部门新建管线，园林绿化部门新种树木，应服从规划，本着后建让先种，后种让先建的原则相互协商，采取避让、错开等办法妥善解决。协商不成的，由市人民政府裁定。

第二十七条　因建设确需砍伐树木的，应当经绿化行政主管部门审批，并作相应的补偿。因改建或者扩建铁路、公路确需砍伐护路林的，报绿化行政主管部门审批，并作相应的补偿。在紧急防汛期，防汛指挥部根据防汛抢险需要，可以应急处置河堤的防护林，但事后应当向绿化行政主管部门备案，并及时补种。

第二十八条　为保证公用设施管线的安全，确需修剪树木的，管线单位应提前一个月与绿化行政主管部门联系，办理审批手续。修剪中必须兼顾管线安全使用和树木正常生长。

因不可抗拒力量致使树木倾斜危及管线安全时，管线管理单位可以先行修剪、扶正或砍伐，但应在两个工作日内报告绿化行政主管部门，共同处理善后工作。

第二十九条　在城市规划区公园、游园、绿地、陵园、植物园以及在街道、广场等绿地内调整布局的，其规划应当事先征得绿化行政主管部门同意，方可实施。公共绿地内不得擅自设置商业、服务业摊点；因特殊情况确需设置临时商业、服务业摊点的，应当经绿化管理部门同意。绿化行政主管部门应当加强对公园、植物园、动物园、陵园的绿化行业管理。禁止在居住区、单位庭院的规划绿地内插建其他建筑。

第三十条　任何单位和个人都可以向绿化管理部门以及绿化管理监督检查机构举报损坏绿化和绿化设施的行为。绿化管理部门以及绿化管理监督检查机构应当及时处理。

第四章　法律责任

第三十一条　工程建设项目的附属绿化工程设计方案或者城市的公共绿地和干道绿化带等绿化工程的设计方案，未经批准或者未按照批准设计方案施工的，由城市绿化行政主管部门责令停止施工、限期改正或者采取其他补救措施。

第三十二条　违反本细则规定，在城市绿地范围内进行拦河截溪、取土采石、设置垃圾堆场、排放污水以及其他对城市生态环境造成破坏活动的，由城市绿化行政主管部门责令改正，赔偿损失，并处10000元以上30000元以下的罚款。

第三十三条　有下列行为之一的，由城市绿化行政主管部门处以罚款：(一)擅自占用城市绿地的，责令恢复绿地原状，并处10000元以上30000元以下罚款；(二)损坏城市树木、花草、草坪或盗窃绿地设施的；在绿地内或树木下生火或倾倒有害物质的；在绿地内停放车辆、放牧或乱扔废弃物的；其他损害城市绿化及其设施的，责令停止侵害，并处100元以上2000元以下罚款，造成损失的，应当负赔偿责任；(三)未经批准擅自乱砍城市树木的，责令停止侵害并处500元以上1000元以下罚款，造成损失的应当赔偿损失。

第三十四条　对违反本细则的直接责任人员或者单位负责人，可以由其所在单位或者上级主管机关给予行政处分；构成犯罪的，依法追究刑事责任。

第三十五条　单位和个人拒绝、阻碍城市绿化管理人员依法执行公务或侮辱、殴打城市绿化管理人员的，由公安机关按照《中华人民共和国治安管理处罚法》的规定处罚，构成犯罪的，依法追究刑事责任。

第三十六条　城市绿化行政主管部门和城市绿地管理单位的工作人员玩忽职守、滥用职权、徇私舞弊的，由其所在单位或者上级主管机关给予行政处分；构成犯罪的，依法追究刑事责任。

第三十七条　当事人对行政处罚决定不服的，可以根据《中华人民共和国行政诉讼法》的有关规定，申请复议或者向人民法院提起诉讼；逾期不申请复议或者不向人民法院起诉又不履行处罚决定的，由作出处罚决定的机关申请人民法院强制执行。

第五章　附　则

第三十八条　本细则由漯河市人民政府法制办公室负责解释。

第三十九条　本细则自颁布之日起30日后施行。

过去有关城市绿化管理的规定与本细则不一致的，按照本细则的规定执行。

二〇〇九年六月四日

漯河市人民政府

漯政[2009]51号

漯河市古树名木保护管理办法

第一条　为加强古树名木的保护与管理，根据《中华人民共和国森林法》和国务院《城市绿化条例》等有关法律、法规的规定，结合当地实际，制定本办法。

第二条　本办法适用于本市行政区域内古树名木的保护与管理。

第三条　本办法所称古树，是指树龄在100年以上的树木。

本办法所称名木，是指树种珍贵、稀有以及具有重要历史、文化、科研价值或具有重要纪念意义的树木。

第四条　古树、名木按下列规定实行分级保护管理：（一）名木和树龄500年以上的古树实行一级保护；（二）树龄300年以上500年以下的古树实行二级保护；（三）树龄100年以上300年以下的古树实行三级保护。

第五条　古树名木保护实行专业保护与社会公众保护相结合，定期养护与日常养护相结合的原则。

第六条　市绿化委员会办公室负责组织、协调本市行政区域内古树名木的保护管理工作，并进行督促、检查。

县级以上林业、城市绿化行政主管部门是古树名木保护工作的行政主管部门，按照各自的职责，负责本行政区域内古树名木保护管理的具体工作。

第七条　县级以上人民政府应当加强对古树名木保护的宣传教育，鼓励、促进古树名木保护的科学研究，推广古树名木保护科研成果，对保护古树名木成绩突出的单位和个人予以表彰或奖励。

第八条　任何单位和个人都有保护古树名木的义务，对损害古树名木的行为有制止和举报的权利。

对损害古树名木的违法行为，市、县、区林业、城市绿化行政主管部门应当及时查处。

第九条　市、县、区人民政府要定期组织开展古树名木普查，对古树名木进行鉴定、定级、登记、拍照、挂牌、编号，建立资源档案，设立保护标牌。属于一级保护的古树名木由市人民政府设立标牌，属于二级和三级保护的古树由县、区人民政府设立标牌。

各县、区林业行政主管部门负责汇总本行政区域内的古树名木图文数据档案，并报市绿化委员会办公室备案。

公民、法人或其他组织发现应当列入古树名木保护范围的树木，应当报市、县、区林业、城市绿化行政主管部门鉴定、确认。

古树名木名录由市人民政府向社会公布。

第十条　市、县、区人民政府应当在古树名木周围醒目位置设立统一的标示牌，标明树名、学名、科属、等级、树龄、树木编号及管护单位等内容；对有特殊历史、文化、科研价值和纪念意义的古树名木，应当有文字说明。

第十一条　市、县、区林业、城市绿化行政主管部门应当根据古树名木保护的需要划定古树名木保护范围。

一级古树和名木保护的范围不小于树冠垂直投影外5米；

二级古树保护的范围不小于树冠垂直投影外3米；

三级古树保护的范围不小于树冠垂直投影外2米。

在保护区内现存的建筑物和构筑物，除法律、法规规定不宜拆除的外，应当有计划地拆除。发现危及古树名木正常生长、生存的，应当要求有关单位或者个人限期拆除，并按规定给予适当经济补偿。

第十二条　古树名木的管护责任，按下列规定确定：(一)在城市公园、游园、公共绿地、城市道路范围内的古树名木，由绿化行政主管部门负责落实管护责任；(二)在机关、团体、企事业单位、部队、风景名胜区、森林公园、文物保护单位、寺庙等单位用地范围内的古树名木，由所在单位负责管护；(三)在铁路、公路用地范围内的古树名木，由铁路、公路主管部门负责落实管护责任；(四)在住宅小区或私人宅院内的古树名木，由物业管理单位或者业主负责管护；(五)在农村集体土地上的古树名木，由土地使用权人负责管护；(六)个人所有的古树名木，由个人负责管护。

鼓励单位和个人以捐资、认养等形式，参与古树名木的保护。

第十三条　市、县、区林业、城市绿化行政主管部门应当按照管辖范围与管护责任人签订管护责任书，明确管护责任。管护责任人发生变更的，应当到市、县、区林业、城市绿化行政主管部门办理变更手续。

第十四条　管护责任人应当按照林业、城市绿化行政主管部门制定的古树名木管护技术规范进行管护。市、县、区林业、城市绿化行政主管部门应当向管护责任人提供管护知识培训及技术指导。

第十五条　遇有严重干旱、洪涝等自然灾害时，古树名木管护责任人应当及时采取保护措施。

古树名木有严重病虫害或出现长势衰弱、枯萎等异常情况的，管护责任人应当及时报告市、县、区林业、城市绿化行政主管部门。市、县、区林业、城市绿化行政主管部门应当在接到报告后及时组织治理复壮，并将治理复壮情况记入古树名木资源档案。

古树名木死亡的，应当经林业、城市绿化行政主管部门确认，查明原因，明确责任，办理注销登记手续并报市绿化委员会办公室备案。

第十六条　古树名木的日常管护费用，由管护责任人承担。承担日常管护费用确有困难的，可以向市、县、区林业、城市绿化行政主管部门申请经费补助。

市、县、区人民政府应当设立古树名木保护的专项经费，用于对古树名木的抢救、复壮和保护设施的建设、维修，以及承担对管护经费有困难者的补助。

第十七条　严禁砍伐或者迁移古树名木。因特殊需要确需迁移二级或三级古树的，应当向市林业、城市绿化行政主管部门提出申请，经审查同意后，报省林业行政主管部门批准；迁移一级古树名木的，应经省林业行政主管部门审查同意后，报省人民政府批准。

第十八条　提出迁移古树名木申请时，必须同时提交下列文件：(一)申请书；(二)建设项目批准文件；(三)迁移方案，其中古树名木属集体或者个人所有的，方案中还必须附有迁移补偿协议。

第十九条　迁移古树名木必须同时符合下列条件，方可批准迁移：(一)因重点工程项目建设无法避让，或者避让成本过高；(二)迁移方案可行，迁移技术成熟；(三)迁移费用已经落实。

第二十条　迁移古树名木所需费用由申请迁移单位承担。

第二十一条　违反本办法规定，有下列行为之一的，由市、县、区林业、城市绿化行政主管部门责令其限期改正，并处100元以上2000元以下罚款，造成损失的，应当负赔偿责任。(一)在树上刻划、钉钉、悬挂物品、缠绕绳索、架设电线；(二)借树木作为支撑物或者固定物；(三)剥损树皮、攀树折枝；(四)擅自砍伐、移植；(五)影响古树名木生长的硬化、固化地面行为；(六)擅自移动或者破坏古树名木保护标示牌；(七)其他损坏古树名木的行为。

第二十二条　非法采伐、毁坏古树名木的，由市、县、区林业、城市绿化行政主管部门责令停止违法行为，没收违法所得，造成古树名木损伤或死亡的，应当依法承担赔偿责任；构成犯罪的，依法追究刑事责任。

古树名木损伤或死亡的赔偿标准，由林业、城市绿化行政主管部门组织专家或专业人员评估后确定。

第二十三条　在古树名木保护和管理工作中，林业、城市绿化行政主管部门因保护措施不力，或者工作人员滥用职权、徇私舞弊、玩忽职守导致古树名木损伤或死亡的，依法给予行政处分；构成犯罪的，依法追究刑事责任。

第二十四条　本办法由市人民政府法制机构负责解释。

第二十五条　本办法自公布之日起施行。

二〇〇九年四月六日

二、漯河市常见主要动、植物名录

（一）乔木名录

类别	中文学名	拉丁学名	科属
常绿乔木	雪松	*Cedrus*	松科 松属
	黑松	*Pinus thunbergii*	松科 松属
	白皮松	*Pinus bungeana*	松科 松属
	罗汉松	*Podocarpus macrophyllus*	罗汉松科 罗汉松属
	桧柏	*Sabina chinensis*	柏科 刺柏属
	侧柏	*Platycladus orientalis*	柏科 侧柏属
	龙柏	*Juniperus chinensis* cv. Kaizuka	柏科 圆柏属
	洒金柏	*Sabina chinensis cv.* Aurea	柏科 侧柏属
	香樟	*Cinnamomum camphora*	樟科 樟属
	大叶女贞	*Ligustrum lucidum*	木樨科 女贞属
	广玉兰	*Magnolia grandiflora*	木兰科 木兰属
	棕榈	*Trachycarpus fortunei*	棕榈科 棕榈属
	枇杷	*Eriobotrya japonica*	蔷薇科 枇杷属
	石楠	*Photinia serrulata*	蔷薇科 石楠属

黑松

龙柏

香樟

美国红枫

五角枫

枇杷

白皮松

广玉兰

棕榈

续表

类别	中文学名	拉丁学名	科属
落叶乔木	法桐	*Platanus acerifolia*	悬铃木科 悬铃木属
	水杉	*Metasequoia glyptostroboides*	杉科 水杉属
	银杏	*Ginkgo biloba*	银杏科 银杏属
	杜仲	*Eucommia ulmoides*	杜仲科 杜仲属
	七叶树	*Aesculus chinensis*	七叶树科 七叶树属
	朴树	*Celtis sinensis*	榆科 朴属
	白蜡	*Fraxinus chinensis*	木樨科 梣属
	千头椿	*Ailanthus altissima*	苦木科 臭椿属
	香椿	*Toona sinensis*	楝科 椿属
	苦楝	*Melia azedarach*	楝科 楝属
	枫杨	*China Wingnut*	胡桃科 枫杨属
	三角枫	*Acer buergerianum*	槭树科 槭树属
	五角枫	*Acer mono*	槭树科 槭树属
	红枫	*Acer rubrum*	槭树科 槭树属
	元宝枫	*Acer truncatum*	槭树科 槭树属
	重阳木	*Bischofia polycapa*	大戟科 重阳木属
	乌桕	*Chinese tallow*	大戟科 重阳木属
	黄山栾	*Koelreuteria integrifoliola*	无患子科 栾树属
	毛白杨	*Populus tomentosa*	杨柳科 杨属
	垂柳	*Salix babylonica*	杨柳科 柳属
	馒头柳	*Salix matsudana* cv. Umbraculifera	杨柳 科柳属
	金丝柳	*Salix alba* var.*tristis*	杨柳科 柳属
	花椒树	*Zanthoxylum*	芸香科 花椒属
	白玉兰	*Magnolia denudate*	木兰科 木兰属
	红玉兰	*Mchella liliflora*	木兰科 木兰属

法桐

千头椿

火炬树

合欢树

鹅掌楸

类别	中文学名	拉丁学名	科属
落叶乔木	紫玉兰	*Magnolia liliflora*	木兰科 木兰属
	鹅掌楸	*Liriodendron chinensis*	木兰科 鹅掌楸属
	构树	*Fructus broussonetiae*	桑科 构属
	柿树	*Diospyros kaki*	柿树科 柿树属
	核桃	*Juglans regia*	胡桃科 胡桃属
	石榴	*Punica granatum*	石榴科 石榴属
	梨树	*Pyrus sorotina*	蔷薇科 梨属
	山杏	*Siberian apricot*	蔷薇科 杏属
	苹果	*Malus domestica*	蔷薇科 苹果属
	西府海棠	*Malus micromalus*	蔷薇科 苹果属
	山楂	*Crataegus pinnatifida*	蔷薇科 山楂属
	木瓜	*Chaenomeles speciosa*	蔷薇科 木瓜属
	紫叶李	*Prunus ceraifera*	蔷薇科 李属
	樱花	*Prunus serrulata*	蔷薇科 李属
	红叶碧桃	*Red autumnal leaves of the maple*	蔷薇科 李属
	寿星桃	var.*densa*	蔷薇科 李属
	樱桃	*Prunus pseudocerasus*	蔷薇科 樱属
	黄栌	*Cotinus coggygria*	漆树科 黄栌属
	火炬树	*Rhus typhina*	漆树科 盐肤木属
	槐树	*Sophora japonica*	豆科 槐属
	合欢	*Albizia julibrissin*	豆科 合欢属

七叶树

木瓜树

桃树

樱花

（二）灌木名录

类别	中文学名	拉丁学名	科属
常绿灌木	夹竹桃	*Nerium indicum*	夹竹桃科 夹竹桃属
	海 桐	*Pittosporum tobira*	海桐花科 海桐花属
	南天竹	*Nandina domestica*	小檗科 南天竹属
	枸 骨	*Ilex cornuta*	冬青科 冬青属

夹竹桃

续表

类别	中文学名	拉丁学名	科属
常绿灌木	龟甲冬青	*Ilex crenata* cv. Convexa	冬青科 冬青属
	十大功劳	*Mahonia fortunei*	小檗科 十大功劳属
	铺地柏	*Sabina procumbens*	柏科 圆柏属
	瓜子黄杨	*Buxus microphylla*	黄杨科 黄杨属
	大叶黄杨	*Buxus megistophylla*	卫矛科 卫矛属
	金边黄杨	*Euonymus Japonicus* cv. Aureo-ma	卫矛科 卫矛属
	栀子花	*Gardenia jasminoides*	茜草科 栀子属
	迎 春	*Jasminum nudiflorum*	木樨科 茉莉花属
	小叶女贞	*Ligustrum quihoui*	木樨科 女贞属
	红叶石楠	*Photinia serrulata*	蔷薇科 石楠属
	火 棘	*Pyracantha fortuneana*	蔷薇科 火棘属
	凤尾兰	*Yucca gloriosa*	龙舌兰科 丝兰属
	红花檵木	*Lorpetalum chindense* var.*rubrum*	金缕梅科 檵木属
	法国冬青	*Viburnum odoratissimum*	忍冬科 荚蒾属
	金丝桃	*Hypericum monogynum*	藤黄科 金丝桃属
落叶灌木	木 槿	*Hibiscus syriacus*	锦葵科 木槿属
	木芙蓉	*Cottonrose Hibiscus*	锦葵科 木槿属
	紫 荆	*Cercis chinensis*	豆科 紫荆属
	紫丁香	*Syringa oblata*	木樨科 丁香属
	白丁香	*Syringa oblata* var. *alba*	木樨科 丁香属
	金叶女贞	*Ligustrum vicaryi*	木樨科 女贞属
	金钟花	*Forsythia viridissima*	木樨科 连翘属
	连 翘	*Fructus forsythiae*	木樨科 连翘属
	红瑞木	*Cornus alba*	山茱萸科 梾木属

栀子

木槿

迎春

南天竹

紫荆

珍珠梅

续表

类别	中文学名	拉丁学名	科属
落叶灌木	蜡梅	*Chimonanthus praecox*	蜡梅科 蜡梅属
	梅花	*Prunus mume*	蔷薇科 李属
	贴梗海棠	*Chaenomeles speciosa*	蔷薇科 木瓜属
	珍珠梅	*Sorbaria kirilowii*	蔷薇科 珍珠梅属
	榆叶梅	*Amygdalus triloba*	蔷薇科 梅属
	棣棠	*Kerria japonica*	蔷薇科 棣棠花属
	黄刺玫	*Rosa xanthina*	蔷薇科 蔷薇属
	红刺玫	*Rosa multiflorau* var. *cathayensis*	蔷薇科 蔷薇属
	蔷薇	*Rosa multiflora*	蔷薇科 蔷薇属
	月季	*R. chinensis*	蔷薇科 蔷薇属
	木绣球	*Viburnum macrocephalum*	忍冬科 荚蒾属
	紫叶小檗	*F. atropuTpurea*	小檗科 小檗属
	紫薇	*Lagerstroemia indica*	千屈菜科 紫薇属
	八仙花	*Hydrangea macrophylla*	虎耳草科 八仙花属
	牡丹	*Paeonia suffruticosa*	芍药科 芍药属
	芍药	*Paeonia lactiflora*	芍药科 芍药属
	醉鱼草	*Buddleja lindleyana*	马钱科 醉鱼草属
	木香	*Radix aucklandiae*	蔷薇科 蔷薇属
	丝棉木	*Euonymus meaackii*	卫矛科 卫矛属
	探春花	*Jasminum floridum*	木樨科 素馨属
	枸杞	*Lycium chinense*	茄科 枸杞属
	接骨木	*Sambucus williamsii*	忍冬科 接骨木属
	刚竹	*Phyllostachys viridis*	禾本科 刚竹属
	六道木	*Abelia biflora*	忍冬科 六道木属

红瑞木

凤尾兰

木芙蓉

牡丹

（三）花卉（草本）名录

类别	中文学名	拉丁学名	科属
花卉（草本）	美人蕉	*Canna indica*	美人蕉科 美人蕉属
	大花萱草	*Hemerocallis×jybrida*	百合科 萱草属
	金娃娃萱草	*Hemerocallis* ‘Stella deoro’	百合科 萱草属
	玉 簪	*Hosta plantaginea*	百合科 玉簪属
	葱 兰	*Zephyranthes candida*	石蒜科 葱莲属
	鸢 尾	*Iris tectorum*	鸢尾科 鸢尾属
	唐菖蒲	*Gladiolus hybrids*	鸢尾科 唐菖蒲属
	射 干	*Belamcanda chinensis*	鸢尾科 射干属
	丛生福禄考	*Phlox subulata*	花葱科 天蓝绣球属
	金银花	*Flos lonicerae*	忍冬科 忍冬属
	含笑花	*Banana shrub*	木兰科 含笑属
	石 蒜	*Lycoris radiata*	石蒜科 石蒜属
	石 竹	*Dianthus chinensis*	石竹科 石竹属
	扶芳藤	*Euonymus fortunei*	卫矛科 卫矛属
	金叶过路黄	*Lysimachia nummularia* ‘Aurea’	报春花科 珍珠菜属
	红花酢浆草	*Oxalis corymbosa*	酢浆草科 酢浆草属
	一品红	*Euphorbia pulcherrima*	大戟科 大戟属
	地被菊	*Chrysanthemum morifolium*	菊科 菊属
	八宝景天	*Sedum spectabile*	景天科 景天属
	假龙头	*Physostegia virginiana*	唇形科 假龙头花属
	睡 莲	*Nymphaea alba*	睡莲科 睡莲属

美人蕉

大花萱草

玉簪

鸢尾

唐菖蒲

金银花

续表

类别	中文学名	拉丁学名	科属
花卉（草本）	三色堇	*Viola tricolor*	堇菜科 堇菜属
	大丽花	*Dahlia garden*	菊科 大丽花属
	大花秋葵	*Hibiscus moscheutos*	锦葵科 木槿属
	蜀葵	*Althaea rosea*	锦葵科 蜀葵属
	杜鹃花	*Rhododendron simsii*	杜鹃花科 杜鹃花属
	二月兰	*Orychophragmus violaceus*	十字花科 诸葛菜属
	矮牵牛	*Petunia hybrida*	茄科 碧冬茄属
	一串红	*Salvia splendens*	唇形科 鼠尾草属
	金盏菊	*Potmarigold*	菊科 金盏菊属
	孔雀草	*Tagetespatula*	菊科 万寿菊属
	万寿菊	*Tagetes erecta*	菊科 万寿菊属
	长春花	*Herba catharanthi rosei*	夹竹桃科 长春花属
	荷花	*Nelumbo nucifera*	莲科 莲属
	鸡冠花	*Celosia cristata*	苋科 青葙属
	凤仙花	*Impatiens balsamina*	凤仙花科 凤仙花属
	百日草	*Zinnia elegans*	菊科 百日草属
	菊花	*Chrysanthemum morifolium*	菊科 菊属
	彩叶草	*Coleus blumei*	唇形科 彩叶草属
	大花马齿苋	*Portulaca grandiflora*	马齿苋科 马齿苋属
	玫瑰	*Rosa rugosa*	蔷薇科 蔷薇属
	羽衣甘蓝	*Brassica oleracea* var. *acephala*	十字花科 甘蓝属
	紫茉莉	*Mirabilis jalapa*	紫茉莉科 紫茉莉属

三色堇

金盏菊

扶芳藤

彩叶草

鸡冠花

羽衣甘蓝

（四）藤本植物名录

类别	中文学名	拉丁学名	科属
藤本植物	凌霄	*Campsis grandiflora*	紫葳科 凌霄属
	常春藤	*Hedera nepalensis* var. *sinensis*	五加科 常春藤属
	藤本月季	*Morden* cvs.*of Chlimbers and Ramblers*	蔷薇科 蔷薇属
	紫藤	*Wisteria sinensis*	豆科 紫藤属
	五叶地锦	*P. thomsoni*	葡萄科 爬山虎属
	爬山虎	*Parthenocissus tricuspidata*	葡萄科 爬山虎属

凌霄

爬山虎

（五）草坪植物名录

类别	中文学名	拉丁学名	科属
多年生草本植物	野牛草	*Buchloe dactyloides*	禾本科 野牛草属
	芒 草	*Miscanthus*	禾本科 芒属
	矮天堂	*Cynodon dactylon* *C.transadlensis* 'Tifdwarf'	禾本科 天堂草属
	结缕草	*Zoysia japonica*	禾本科 结缕草属
	马尼拉草	*Zoysia matrella*	禾本科 结缕草属
	狗牙根	*Cynodondactylon*	禾本科 狗牙根属
	玉带草	*Pratia nummularia*	禾本科 虉草属
	吉祥草	*Reineckea carnea*	车前科 吉祥草属
	月见草	*Oenothera erythrosepala*	柳叶菜科 月见草属
	富贵草	*Pachysandraterminalis*	黄杨科 富贵草属
	紫露草	*Tradescantia reflexa*	鸭跖草科 鸭跖草属
	旱伞草	*Cyperus alternifolius*	莎草科 莎草属
	狼尾草	*Pennisetum alopecuroides*	禾本科 狼尾草属
	高羊茅	*Festuca arundinacea*	禾本科 羊茅属
	黑麦草	*Lolium perenne*	禾本科 黑麦草属

马尼拉草

矮天堂草

麦冬

黑麦草

续表

类别	中文学名	拉丁学名	科属
多年生草本植物	早熟禾	*Poaannuam*	禾本科 早熟禾属
	地被石竹	*Dianthus plumarius*	石竹科 石竹属
	麦 冬	*O. japonicus*	百合科 沿阶草属
	白三叶	*Trrifolium repens*	豆科 三叶草属
	马蹄金	*Dichondra repens*	旋花科 马蹄金属

马蹄金

白三叶

（六）古树名木名录

漯河市现有古树名木 1190 棵，其中：名木 155 棵，古树 1035 棵（一级古树 19 棵，二级古树 101 棵，三级古树 915 棵）。其中单株古树 156 株，古木群 6 处共计 879 株。

单位：年、米、厘米、棵

序号	编号	中文名	拉丁名	树龄	树高	胸围地围	冠幅	具体生长位置	保护级别	备注
临颍县（共 992 棵，其中一级古树 5 棵，二级古树 91 棵，三级古树 896 棵）										
1	豫 L010	银杏	*Ginkgo biloba*	500	21	327	15	杜曲镇岗张村岗张小学	一级	
2	豫 L011	银杏	*Ginkgo biloba*	700	28	519	20	台陈镇工曲村吉祥寺	一级	
3	豫 L013	侧柏	*Platycladus orientalis*	700	12	220		城关镇史庄村北	一级	
4	豫 L042	侧柏群	*Platycladus orientalis*	200	10	70		皇帝庙乡杨再兴陵园	三级	234 棵
5	豫 L043	柿树	*Diospyros kaki*	150	16	143		大郭乡前营村	三级	
6	豫 L046	槐树	*Sophora japonica*	170	10	150	10	窝城镇张堂村	三级	
7	豫 L047	皂荚	*Gleditsia sinensis*	245	12	160	10.5	窝城镇李庄村	三级	
8	豫 L048	皂荚	*Gleditsia sinensis*	110	8	170	7	窝城镇张堂村	三级	
9	豫 L049	槐树	*Sophora japonica*	150	4	130	2.5	窝城镇张堂村	三级	
10	豫 L050	毛白杨	*Populus tomentosa*	130	20	228		窝城镇张堂村	三级	
11	豫 L051	槐树	*Sophora japonica*	400	15	170		瓦店镇大张庄村小晁庄刘学仁院内	二级	
12	豫 L052	刺柏	*Juniperus forrmosana*	300	8	120	5	瓦店镇坡李村	二级	
13	豫 L055	槐树	*Sophora japonica*	300	8	130	3.5	王岗镇梁岗村胡新得院外	二级	

台陈镇吉祥寺银杏

南街村椴树

杨再兴陵园侧柏群

续表

序号	编号	中文名	拉丁名	树龄	树高	胸围地围	冠幅	具体生长位置	保护级别	备注
14	豫 L056	皂荚	*Gleditsia sinensis*	120	25	220		王岗镇葛家村张松银院外	三级	
15	豫 L057	青檀	*Pteroceltis tatarinowii*	200	3	147		南街村东方红观光园	三级	
16	豫 L058	榉树	*Zelkova schneideriana*	350	3	122		南街村东方红观光园	二级	
17	豫 L059	朴树	*Celtis sinesis*	400	3	308		南街村东方红观光园	一级	
18	豫 L060	榕树	*Ficus microcarpa*	300	6	79		南街村热带植物园	二级	
19	豫 L061	榕树	*Ficus microcarpa*	200	3	82		南街村热带植物园	三级	
20	豫 L062	榕树	*Ficus microcarpa*	250	3	91		南街村热带植物园	三级	
21	豫 L064	侧柏群	*Platycladus orientalis*	100	12	60		瓦店镇刘庄村	三级	35 棵
22	豫 L065	侧柏群	*Platycladus orientalis*	110	12	70		皇帝庙乡九才田村	三级	143 棵
23	豫 LL001	侧柏群	*Platycladus orientalis*	100	12	95		巨陵镇潘庄村	三级	210 棵
24	豫 LL002	柿树	*Diospyros kaki*	120	9	85	5	巨陵镇柿元王村	三级	
25	豫 LL003	刺柏	*Juniperus forrmosana*	100	8	120	5	瓦店镇坡李村	三级	
26	豫 LL004	椴树	*Tilia chinensis*	400	9.4	117		南街村东方红观光园	二级	
27	豫 LL005	广玉兰	*Magnolia grandiflira*	150	8.9	48		南街村东方红观光园	三级	
28	豫 LL006	百日红	*Lagerstroemia indica*	800	2.6	72		南街村东方红观光园	一级	
29	豫 LL007	银杏	*Ginkgo biloba*					黄帝庙乡商桥村杨再兴陵园	后继资源	
30	豫 LL008	银杏	*Ginkgo biloba*					黄帝庙乡商桥村杨再兴陵园	后继资源	
31	豫 LL009	黄连木	*Pistacia chinensis*					黄帝庙乡商桥村杨再兴陵园	后继资源	
32	豫 LL010	黄连木	*Pistacia chinensis*					黄帝庙乡商桥村杨再兴陵园	后继资源	
33	豫 LL011	槐树	*Sophora japonica*					黄帝庙乡商桥村杨再兴陵园	后继资源	
34	豫 LL012	槐树	*Sophora japonica*					黄帝庙乡商桥村杨再兴陵园	后继资源	
35	豫 LL013	皂荚	*Gleditsia sinensis*					黄帝庙乡商桥村杨再兴陵园	后继资源	
36	豫 LL014	黄连木	*Pistacia Chinensis*					黄帝庙乡商桥村杨再兴陵园	后继资源	
37	豫 LL015	朴树	*Celtis sinesis*					黄帝庙乡商桥村杨再兴陵园	后继资源	

窝城镇李庄村皂荚

杜曲镇岗张小学银杏

临颍县城关镇史庄村侧柏

窝城镇张堂村槐树

瓦店镇坡李刺柏村

续表

序号	编号	中文名	拉丁名	树龄	树高	胸围地围	冠幅	具体生长位置	保护级别	备注
38	豫 LL016	白玉兰	*Magnolia denudata*					黄帝庙乡商桥村杨再兴陵园	后继资源	
39	豫 LL017	白玉兰	*Magnolia denudata*					黄帝庙乡商桥村杨再兴陵园	后继资源	
40	豫 LL018	银杏	*Ginkgo biloba*					黄帝庙乡商桥村杨再兴陵园	后继资源	
41	豫 LL019	银杏	*Ginkgo biloba*					黄帝庙乡商桥村杨再兴陵园	后继资源	
42	豫 LL020	榔榆	*Ulmus parvifolia*					黄帝庙乡商桥村杨再兴陵园	后继资源	
43	豫 LL021	榔榆	*Ulmus parvifolia*					黄帝庙乡商桥村杨再兴陵园	后继资源	
44	豫 LL022	榔榆	*Ulmus parvifolia*					黄帝庙乡商桥村杨再兴陵园	后继资源	
45	豫 LL023	银杏	*Ginkgo biloba*					黄帝庙乡商桥村杨再兴陵园	后继资源	
46	豫 LL024	银杏	*Ginkgo biloba*					黄帝庙乡商桥村杨再兴陵园	后继资源	
47	豫 LL025	白玉兰	*Magnolia denudata*					黄帝庙乡商桥村杨再兴陵园	后继资源	
48	豫 LL026	槐树	*Sophora japonica*	100	8	223		城关镇樱桃郭村	三级	
49	豫 LL027	皂荚	*Gleditsia sinensis*	150	14	138		城关镇邢庄村	三级	
50	豫 LL028	皂荚	*Gleditsia sinensis*					陈关镇南街村手帕巷 72 号	三级	
51	豫 LL029	皂荚	*Gleditsia sinensis*					城区颍北新区梅苑	后继资源	
52	豫 LL030	皂荚	*Gleditsia sinensis*					城区颍北新区梅苑	后继资源	
53	豫 LL031	皂荚	*Gleditsia sinensis*					城区颍北新区梅苑	后继资源	
54	豫 LL032	皂荚	*Gleditsia sinensis*					城区颍北新区梅苑	后继资源	
55	豫 LL033	银杏	*Ginkgo biloba*					城区颍北新区梅苑	后继资源	
56	豫 LL034	银杏	*Ginkgo biloba*					城区颍北新区梅苑	后继资源	
57	豫 LL035	朴树	*Celtis sinesis*					城区颍北新区梅苑	后继资源	
58	豫 LL036	朴树	*Celtis sinesis*					城区颍北新区梅苑	后继资源	
59	豫 LL037	三角枫	*Acer truncatum*					城区颍北新区梅苑	后继资源	

南街村东方观光园青檀

王岗镇梁岗村槐树

王岗镇葛家村皂荚

南街村热带植物园榕树

南街村热带植物园榕树

续表

序号	编号	中文名	拉丁名	树龄	树高	胸围地围	冠幅	具体生长位置	保护级别	备注
60	豫 LL038	银杏	*Ginkgo biloba*					城区颍北新区梅苑	后继资源	
61	豫 LL039	桂花	*Osmanthus fragrans*					城区颍北新区梅苑	后继资源	
62	豫 LL040	银杏	*Ginkgo biloba*					城区颍北新区梅苑	后继资源	
63	豫 LL041	桂花	*Osmanthus fragrans*					城区颍北新区梅苑	后继资源	
64	豫 LL042	银杏	*Ginkgo biloba*					城区颍北新区梅苑	后继资源	
65	豫 LL043	银杏	*Ginkgo biloba*					城区颍北新区梅苑	后继资源	
66	豫 LL044	皂荚	*Gleditsia sinensis*					城区颍北新区梅苑	后继资源	
67	豫 LL045	桂花	*Osmanthus fragrans*					城区颍北新区梅苑	后继资源	
68	豫 LL046	桂花	*Osmanthus fragrans*					城区颍北新区梅苑	后继资源	
69	豫 LL047	桂花	*Osmanthus fragrans*					城区颍北新区梅苑	后继资源	
70	豫 LL048	桂花	*Osmanthus fragrans*					城区颍北新区梅苑	后继资源	
71	豫 LL049	银杏	*Ginkgo biloba*					城区颍北新区梅苑	后继资源	
72	豫 LL050	银杏	*Ginkgo biloba*					城区颍北新区梅苑	后继资源	
73	豫 LL051	银杏	*Ginkgo biloba*					城区颍北新区梅苑	后继资源	
74	豫 LL052	桂花	*Osmanthus fragrans*					城区颍北新区梅苑	后继资源	
75	豫 LL053	元宝枫	*Acer truncatum*					城区颍北新区梅苑	后继资源	
76	豫 LL054	银杏	*Ginkgo biloba*					城区颍北新区梅苑	后继资源	
77	豫 LL055	银杏	*Ginkgo biloba*					城区颍北新区梅苑	后继资源	
78	豫 LL056	银杏	*Ginkgo biloba*					城区颍北新区梅苑	后继资源	
79	豫 LL057	银杏	*Ginkgo biloba*					城区颍北新区梅苑	后继资源	
80	豫 LL058	银杏	*Ginkgo biloba*					城区颍北新区梅苑	后继资源	
81	豫 LL059	银杏	*Ginkgo biloba*					城区颍北新区梅苑	后继资源	
82	豫 LL060	银杏	*Ginkgo biloba*					城区颍北新区梅苑	后继资源	
83	豫 LL061	银杏	*Ginkgo biloba*					城区颍北新区梅苑	后继资源	
84	豫 LL062	黄连木	*Pistacia chinensis*					城区颍北新区梅苑	后继资源	
85	豫 LL063	银杏	*Ginkgo biloba*					城区颍北新区梅苑	后继资源	
86	豫 LL064	朴树	*Celtis sinesis*					城区颍北新区梅苑	后继资源	
87	豫 LL065	银杏	*Ginkgo biloba*					城区颍北新区梅苑	后继资源	

商桥镇二中侧柏

窝城镇张堂村皂荚

城关镇吴寨村槐树

南街村百日红

大郭乡前营村柿树

续表

序号	编号	中文名	拉丁名	树龄	树高	胸围地围	冠幅	具体生长位置	保护级别	备注
88	豫 LL066	皂荚	*Gleditsia sinensis*					城区颍北新区梅苑	后继资源	
89	豫 LL067	银杏	*Ginkgo biloba*					城区颍北新区梅苑	后继资源	
90	豫 LL068	银杏	*Ginkgo biloba*					城区颍北新区梅苑	后继资源	
91	豫 LL069	银杏	*Ginkgo biloba*					城区颍北新区梅苑	后继资源	
92	豫 LL070	银杏	*Ginkgo biloba*					城区颍北新区梅苑	后继资源	
93	豫 LL071	皂荚	*Gleditsia sinensis*					城区颍北新区梅苑	后继资源	
94	豫 LL072	银杏	*Ginkgo biloba*					城区颍北新区梅苑	后继资源	
95	豫 LL073	银杏	*Ginkgo biloba*					城区颍北新区梅苑	后继资源	
96	豫 LL074	朴树	*Celtis sinesis*					城区颍北新区梅苑	后继资源	
97	豫 LL075	朴树	*Celtis sinesis*					城区颍北新区梅苑	后继资源	
98	豫 LL076	银杏	*Ginkgo biloba*					城区颍北新区梅苑	后继资源	
99	豫 LL077	桂花	*Osmanthus fragrans*					城区颍北新区梅苑	后继资源	
100	豫 LL078	桂花	*Osmanthus fragrans*					城区颍北新区梅苑	后继资源	
101	豫 LL079	桂花	*Osmanthus fragrans*					城区颍北新区梅苑	后继资源	
102	豫 LL080	桂花	*Osmanthus fragrans*					城区颍北新区梅苑	后继资源	
103	豫 LL081	银杏	*Ginkgo biloba*					城区颍北新区梅苑	后继资源	
104	豫 LL082	银杏	*Ginkgo biloba*					城区颍北新区梅苑	后继资源	
105	豫 LL083	银杏	*Ginkgo biloba*					城区颍北新区梅苑	后继资源	
106	豫 LL084	黄连木	*Pistacia chinensis*					城区颍北新区梅苑	后继资源	
107	豫 LL085	三角枫	*Acer truncatum*					城区颍北新区梅苑	后继资源	
108	豫 LL086	桂花	*Osmanthus fragrans*					城区颍北新区梅苑	后继资源	
109	豫 LL087	银杏	*Ginkgo biloba*					城区颍北新区梅苑	后继资源	
110	豫 LL088	银杏	*Ginkgo biloba*					城区颍北新区梅苑	后继资源	
111	豫 LL089	银杏	*Ginkgo biloba*					城区颍北新区梅苑	后继资源	
112	豫 LL090	银杏	*Ginkgo biloba*					城区颍北新区梅苑	后继资源	
113	豫 LL091	银杏	*Ginkgo biloba*					城区颍北新区梅苑	后继资源	
114	豫 LL092	银杏	*Ginkgo biloba*					城区颍北新区梅苑	后继资源	
115	豫 LL093	银杏	*Ginkgo biloba*					城区颍北新区梅苑	后继资源	

章化乡后土城村槐树

舞阳县吴城镇后刘村槐树

孟寨镇澧河村槐树

文峰乡银杏

三家店镇华严寺侧柏群

续表

序号	编号	中文名	拉丁名	树龄	树高	胸围地围	冠幅	具体生长位置	保护级别	备注
116	豫LL094	枣树	*Zizyphus jujuba*					杜曲镇西街村程桂欣院内	三级	
117	豫LL095	槐树	*Sophora japonica*	350	15	280		城关镇吴寨村	二级	
118	豫LL096	柿树群	*Diospyros kaki*	150	12	105		杜曲镇东街村耿庄	三级	28棵
119	豫LL097	侧柏群	*Platycladus orientalis*	200	12	70		三家店镇华严寺	三级	232棵
舞阳县（共19棵，其中一级古树6棵，二级古树7棵，三级古树6棵）										
1	豫LW01	银杏树	*Ginkgo bilobal*	300	12	385	15	文峰乡白果树村南	二级	
2	豫LW02	柏树	*Platycladus orientalis*	150	12	130	5	辛安镇河子李村内	三级	
3	豫LW03	银杏树	*Ginkgo bilobal*	300	15	210	10	辛安镇吴堂村东	二级	
4	豫LW04	皂荚树	*Gleditsia sinensis [G.horrida]*	300	15	370	15	吴城镇后刘村西南沟内	二级	
5	豫LW05	皂荚树	*Gleditsia sinensis [G.horrida]*	150	15	150	10	吴城镇北高村内	三级	
6	豫LW06	槐树	*Sophora japonica*	400	10	245	5	孟寨镇澧河村南	二级	
7	豫LW07	刺槐树	*Sophora japonica*	110	10	185	10	章化乡东李吉村河坡	三级	
8	豫LW08	槐树	*Sophora japonica*	150	10	250	15	莲花镇吴李村内	三级	
9	豫LW09	槐树	*Sophora japonica*	300	11	200	8	侯集乡大黄村北	二级	
10	豫LW10	桑树	*Moraceae morusl. Morus albal*	110	10	200	10	侯集乡大黄村南	三级	
11	豫LW11	柏树	*Platycladus orientalis*	300	8	180	9	太尉镇太尉村西	二级	
12	豫LW12	柏树	*Platycladus orientalis*	500	12	420	10	莲花镇王寨村南	一级	
13	豫LW13	皂荚树	*Gleditsia sinensis [G.horrida]*	100	9	110	6	章化乡东李吉村	三级	
14	豫LW14	槐树	*Sophora japonica*	600	7	270	8	莲花镇长村赵村	一级	
15	豫LW15	槐树	*Sophora japonica*	600	6	250	8	莲花镇长村赵村	一级	
16	豫LW16	槐树	*Sophora japonica*	600	10	450	15	马村乡华店村小学院内	一级	
17	豫LW17	柏树	*Platycladus orientalis*	600	13	292	8	吴城镇谷老村	一级	
18	豫LW18	柏树	*Platycladus orientalis*	600	12	260	7	吴城镇谷老村	一级	
19	豫LW19	银杏	*Ginkgo biloba*	300	12	385		文峰乡白果树村	二级	

南街村东方观光园朴树

南街村热带植物园榕树

巨陵镇潘庄村侧柏群

龙城镇化身台寺银杏

青年村乡洪山庙村槐树

续表

序号	编号	中文名	拉丁名	树龄	树高	胸围地围	冠幅	具体生长位置	保护级别	备注
20	豫 LW20	皂荚	*Gleditsia sinensis*	300	11	315		文峰乡李楼村	二级	死亡
源汇区（共 8 棵，其中一级古树 1 棵，二级古树 1 棵，三级古树 5 棵；名木 1 棵）										
1	豫 LB01	槐树	*Sophora japonica*	540	10	367	15	源汇区顺河街沙河堤	一级	
2	豫 LB02	三角枫	*Acer truncatum*	150	15	219	15	源汇区马路街老虎滩公园	三级	
3	豫 LB03	三角枫	*Acer truncatum*	150	15	147	15	源汇区沙河南老虎滩公园	三级	
4	豫 LB04	三角枫	*Acer truncatum*	150	15	132	15	源汇区沙河南老虎滩公园	三级	
5	豫 LB05	桑树	*Morus alba*	200	16	375	19	源汇区问十乡坡陈村中部	三级	
6	豫 LB06	柿树	*Diospyros kaki*	150	12	220	10	源汇区阴阳赵乡西河村	三级	
7	豫 LB07	樟树	*Cinnamomum camphora*	25	9.5	80	8.5	漯河高中老校区	名木	曹刚川于2000年栽植
8	豫 LB08	槐树	*Sophora japonica*	411	8.4		9	源汇区干河陈乡马庄村中心街道东北角	二级	
郾城区（共 16 棵，其中一级古树 6 棵，二级古树 1 棵，三级古树 8 棵；名木 1 棵）										
1	豫 LA001	槐树	*Sophora japonica*	600	10	200	8	郾城区城关镇南街居委会	一级	
2	豫 LA002	银杏	*Ginkgo biloba*	600	16	465	15.5	郾城区龙城镇化身台寺	一级	
3	豫 LA003	槐树	*Sophora japonica*	500	8	280	10	郾城区龙城镇李湾村冯湾村刘家门前	一级	
4	豫 LA004	槐树	*Sophora japonica*	200	8	285	8	郾城区龙城镇白庄村	三级	
5	豫 LA005	侧柏	*Platycladus orientalis*	600	10	180	10	郾城区龙城镇仲李村常庄村小庙前	一级	
6	豫 LA006	侧柏	*Platycladus orientalis*	500	10	328	9	郾城区龙城镇黑龙王庙村黑龙王庙院内	一级	
7	豫 LA007	侧柏	*Platycladus orientalis*	200	10	130	10	郾城区商桥镇二中院内	三级	
8	豫 LA008	侧柏	*Platycladus orientalis*	200	10	138	10	郾城区商桥镇二中院内	三级	
9	豫 LA010	侧柏	*Platycladus orientalis*	120	8	144	8	郾城区黑龙潭乡老应村郭庄村焦家坟地	三级	
10	豫 LA012	桑树	*Morus alba*	200	10	315	23	郾城区黑龙潭乡黄赵村邓家坟地	三级	
11	豫 LA013	槐树	*Sophoya japonica*	700	16	200	15	郾城区商桥镇疙勒桥小学院内	一级	
12	豫 LA014	枣树	*Zizyphus jujuba*	150	7	92.5	8	郾城区孟庙镇孟庙村孟文理院内	三级	

皇帝庙乡九才田村侧柏群

城关镇南街居委会槐树

龙城镇仲李村刺柏

将军树漯河高中老校香樟

源汇区顺河街槐树

续表

序号	编号	中文名	拉丁名	树龄	树高	胸围地围	冠幅	具体生长位置	保护级别	备注
13	豫 LA015	槐树	*Sophoya japonica*					商桥镇南街村平国俊门前	二级	
14	豫 LA016	侧柏	*Platycladus orientalis*					孟庙镇马坡村小庙前	三级	
15	豫 LA017	皂荚	*Gleditsia sinensis [G.horrida]*					李集镇大宋村宋广辉门前	三级	
16	豫 LA018	银杏	*Ginkgo biloba*	10	7	51	2	漯河高中新校区	名木	曹刚川于2009年栽植
召陵区（共 155 棵，其中一级古树 1 棵，二级古树 1 棵；名木群 153 棵）										
1	豫 L009	银杏	*Ginkgo biloba*	300	15	272	12.6	召陵区姬石乡宋寨村学校北	二级	
2	豫 L027	侧柏	*Platycladus orientalis*	30	11	62		召陵区许慎墓周边至院围墙	名木群	153 棵
3	豫 L034	槐树	*Sophora japonica*	600	4.6	240	7.5	召陵区青年村乡洪山庙村	一级	

老虎滩公园三角枫

老虎滩公园三角枫

（七）湿地植物名录

科	属	种	拉丁名
槐叶苹科	槐叶苹属	槐叶苹	*Salvinia natans*
蓼科	蓼属	水蓼	*Polygonum hydropiper*
苋科	莲子草属	喜旱莲子草	*Alternanthera philoxeroides*
睡莲科	莲属	莲	*Nelumbo nucifera*
	萍蓬草属	萍蓬草	*Nuphar pumilum*
金鱼藻科	金鱼藻属	金鱼藻	*Ceratophyllum demersum*
毛茛科	毛茛属	毛茛	*Ranunculus asiaticus*
柽柳科	柽柳属	柽柳	*Tamarix chinensis*
菱科	菱属	菱	*Trapaceae*
伞形科	水芹属	水芹	*Oenanthe javanica*
菊科	蒿属	猪毛蒿	*Artemisia scoparia*
		野艾蒿	*Artemisia lavandulaefolia*
香蒲科	香蒲属	宽叶香蒲	*T.latifolia*
眼子菜科	眼子菜属	菹草	*Potamogeton crispus*
禾本科	芦苇属	芦苇	*Phragmites communis*
	早熟禾属	早熟禾	*Poa annua*
	䅟属	牛筋草	*Gramineae*
	狗牙根属	狗牙根	*Cynodon doctylon*
	茅根属	茅根	*Imperata cylindrica*
	稗属	稗	*Echinochloa crusgalli*
	马唐属	止血马唐	*D.ischaemum*
		马唐	*Digitaria sanguinalis*
	狗尾草属	狗尾草	*Setaria viridis*
	蒲苇属	蒲苇	*Cortaderia selloana*

莲

芦苇

茅根

续表

科	属	种	拉丁名
莎草科	苔草属	条穗苔草	*Carex nemostachys*
	藨草属	水毛花	*Scirpus triangulatus*
		藨草	*Scirpus triqueter*
		荆三棱	*Scirpus fluviatilis*
天南星科	菖蒲属	菖蒲	*Acorus calamus*
		石菖蒲	*Acorus tatarinowii*
浮萍科	紫萍属	紫萍	*Spirodela polyrrhiza*
	浮萍属	浮萍	*Lemna minor*
灯心草科	灯心草属	扁茎灯心草	*Juncus compressus*

荆三棱

（八）兽类名录

目	科	种	种群数量	生态分布					区系从属关系		
				针叶林	针阔混交林	农田草地	水域	村庄竹林	古北界	东洋界	广布种
食虫目	猬科	北方刺猬	＋＋						＋		
翼手目	蝙蝠科	小伏翼	＋＋								
兔形目	兔科	草兔	＋＋＋						＋		
啮齿目	仓鼠科	大仓鼠	＋＋						＋		
		小家鼠	＋＋								
		黑线姬鼠	＋＋＋							＋	
		褐家鼠	＋＋＋						＋		
	鼠科	中华姬鼠	＋								
		大足鼠	＋							＋	
食肉目	犬科	貂	＋								
	鼬科	黄鼬	＋＋＋						＋		
		青鼬	＋						＋		
		猪獾	＋							＋	

草兔

小家鼠

黄鼬

（九）野生动物类名录

类别	中文学名	拉丁学名	纲目
水陆野生类	蛇	*Serpentes*	爬行纲 有鳞目
	青蛙	*Rana nigromaculata*	两栖纲 无尾目
	蟾蜍	*toad*	两栖纲 无尾目
	龟	*Chinemys reevesii*	爬行纲 龟鳖目
	鳖	*Trionyx sinensis*	爬行纲 龟鳖目
	壁虎	*Gekko japonicus*	爬行纲 有鳞目
	鲤鱼	*Cyprinus carpio*	鱼纲 鲤形目
	河虾	*Macrobranchium nipponense*	节肢动物 甲壳类
	河蟹	*Crustacean*	甲壳纲 十足目
	松鼠	*Sciurus vulgaris*	哺乳纲 啮齿目
	黄鳝	*Monopterus albus*	硬骨鱼纲 合鳃鱼目
	鲫鱼	*Carassius cuvieri*	辐鳍鱼纲 鲤形目
	鲶鱼	*Silurus asotus*	辐鳍鱼纲 鲶形目
	泥鳅	*Oriental weatherfish*	辐鳍亚纲 鲤形目

河蟹

松鼠

（十）鸟类名录

目	科	种	种群数量	生态分布：针叶林	生态分布：针阔混交林	生态分布：农田草地	生态分布：水域	生态分布：村庄竹林	留居时间：留鸟	留居时间：夏候鸟	留居时间：旅鸟	留居时间：冬候鸟	区系从属关系：古北界	区系从属关系：东洋界	区系从属关系：广布种
䴙䴘目	䴙䴘科	小䴙䴘	+				+		+						+
		凤头䴙䴘	+				+				+				
鹈形目	鸬鹚科	普通鸬鹚	+				+					+			
鹳形目	鹭科	苍鹭	+			+	+					+			
		草鹭	+				+				+				
雁形目	鸭科	豆雁	+ +			+	+					+			
		灰雁	+			+	+				+				
		大天鹅	+				+					+			
隼形目	鹰科	赤麻鸭	+				+					+			
		鸳鸯	+				+					+			
		苍鹰	+	+	+		+	+							
		金雕	+	+	+			+					+		
鸡形目	雉科	鹌鹑	+		+	+			+						
		环颈雉	+	+	+	+		+	+				+		
鹤形目	秧鸡科	普通秧鸡	+			+	+			+					
		白胸苦恶鸟	+			+	+			+				+	
鸻形目	鸻科	金眶鸻	+			+	+			+					
	鹬科	扇尾沙锥	+				+					+			
鸥形目	欧科	红嘴鸥	+				+				+				
鸽形目	鸠鸽科	山斑鸠	+ + +	+	+	+		+	+						+
		灰斑鸠	+	+	+	+		+							+
		火斑鸠	+	+	+	+		+							
鹃形目	杜鹃科	四声杜鹃	+ + +	+	+			+		+					+
		大杜鹃	+ +	+	+			+		+					+
鸮形目	鸱鸮科	红角鸮	+	+	+			+			+				
		鵰鸮	+		+							+	+		
夜鹰目	夜鹰科	普通夜鹰	+	+	+			+		+					+
佛法僧目	翠鸟科	斑鱼狗	+				+					+			
	戴胜科	戴胜	+ +		+	+		+	+						+
鴷形目	啄木鸟科	斑啄木鸟	+	+	+			+	+				+		
雀形目	百灵科	云雀	+ +			+						+			
		小云雀	+ +			+			+					+	
	燕科	家燕	+ +			+		+		+					
		金腰燕	+ +			+		+		+			+		
	鹡鸰科	白鹡鸰	+ +			+	+	+	+				+		

鵰鸮

金雕

火斑鸠

草鹭

麻雀

环颈雉

续表

目	科	种	种群数量	生态分布					留居时间				区系从属关系		
				针叶林	针阔混交林	农田草地	水域	村庄竹林	留鸟	夏候鸟	旅鸟	冬候鸟	古北界	东洋界	广布种
雀形目	鹎科	白头鹎	+++		+			+	+					+	
	太平鸟科	太平鸟	+		+			+			+			+	
	伯劳科	红尾伯劳	+++		+			+		+			+		
	黄鹂科	黑枕黄鹂	++	+	+			+		+				+	
	椋鸟科	灰椋鸟	++		+			+	+				+		
		八哥	++		+			+	+					+	
	鸭科	灰喜鹊	+++	+	+			+	+				+		
		喜鹊	+++	+	+	+		+	+				+		
	鶲科	北红尾鸲	+		+			+			+				
		鹊鸲	+					+			+			+	
		乌鸦	+++	+	+	+		+	+					+	
		斑鸠	++	+	+	+		+				+		+	
	画眉亚科	红嘴相思鸟	+		+			+			+			+	
		棕头鸦雀	++		++			+	+						+
	莺亚科	大苇莺	+					+		+					+
		黄腰柳莺	++	+	+			+			+				
	山雀科	大山雀	+++	+	+			+	+						+
	文鸟科	麻雀	+	+	+	+		+	+						+
		白腰文鸟	+	+	+			+	+					+	
	雀科	燕雀	++		+			+			+				
		金翅	+	+	+			+	+						
		黄喉鹀	+		+						+				
		黄眉鹀	++		+		+	+			+				
		风头鹀	+		+	+		+			+				

斑啄木鸟

鸬鹚

扇尾沙锥

灰掠鸟

喜鹊

乌鸦

家燕

三、漯河市常见主要病、虫害名录

（一）林木虫害名录

目	科	种	寄主	为害部位
直翅目	螽科	日本螽	杨、桑、柿	叶、枝
直翅目	螽科	小油葫芦	刺槐、泡桐、杨、榆	叶
直翅目	蝼蛄科	华北蝼蛄	杨、柳、松、桑	根
直翅目	蝗科	中华蚱蜢	杨、柳、榆	叶
同翅目	蝉科	黑蝉	杨、柳、榆、水杉、泡桐、桑、山楂	枝
同翅目	叶蝉科	大青叶蝉	杨、柳、柳、竹、泡桐、桑、刺槐、白蜡	叶、枝
同翅目	叶蝉科	黄褐角顶叶蝉	烟草	叶
同翅目	蚜科	柑橘粉虱	柿、柳、枫	叶、枝
同翅目	蚜科	棉蚜	樟、枫、梧桐、木槿、花椒	叶
同翅目	斑蚜科	紫薇长斑蚜	紫薇	叶
同翅目	珠蚧科	草履蚧	松、泡桐、柳、槐、枣、柿	芽、嫩枝、叶
同翅目	粉蚧科	柿粉蚧	柿、桑	枝、叶
同翅目	蚧科	朝鲜球坚蚧	桃、杏、李、樱桃、苹果、梨	枝、干
同翅目	蚧科	槐树球坚蚧	槐树	枝、干
同翅目	蚧科	枣龟蜡蚧	杨、柳、松、枣、柿、桑、红叶李	枝、叶
半翅目	网蝽科	泡桐网蝽	泡桐、榆	叶
半翅目	盲蝽科	白三点盲蝽	柳、榆、刺槐、泡桐	叶
半翅目	盲蝽科	三点盲蝽	柳	叶
半翅目	蝽科	细毛蝽	柳、刺槐、泡桐、苹果、合欢、乌桕	叶
半翅目	蝽科	麻皮蝽	泡桐、桑、枣、榆、刺槐、合欢、乌桕	叶、枝
半翅目	蝽科	茶翅蝽象	柿、桑、柳、梧桐、榆	叶
缨翅目	蓟马科	烟蓟马	苹果、李、梅、柑橘	干、枝
鞘翅目	吉丁虫科	金缘吉丁虫	苹果、梨、山楂	干、枝
鞘翅目	金龟子科	茶色丽金龟子	杨、柳	叶、根
鞘翅目	金龟子科	铜绿金龟子	杨、柳、榆、苹果	叶、根
鞘翅目	金龟子科	白星花金龟子	榆、苹果、桃	干、枝
鞘翅目	叩甲科	细胸金针虫	杨、栎、松、刺槐、竹	根
鞘翅目	粉蠹科	竹扁蠹	木材、竹	竹材
鞘翅目	芫菁科	暗头豆芫菁	槐	叶
鞘翅目	天牛科	星天牛	杨、榆、刺槐、柳、桑	枝、干
鞘翅目	天牛科	锈色粒肩天牛	槐树、柳	枝、干
鞘翅目	叶甲科	葡萄丽叶甲	葡萄、梨	叶
鞘翅目	叶甲科	杨梢金花虫	杨、柳、梨	梢、叶
鞘翅目	叶甲科	榆黄叶甲	榆	叶

华北蝼蛄

中华蚱蜢

螽

麻皮蝽

星天牛

铜绿金龟子

蝗虫

续表

目	科	种	寄主	为害部位
鞘翅目	象甲科	椿大象甲	臭椿	叶
鳞翅目	袋蛾科	大袋蛾	泡桐、法桐、杨、柳、榆	叶
鳞翅目	细蛾科	梨潜皮蛾	杨、梨、板栗	枝、干
鳞翅目	透翅蛾科	白杨透翅蛾	杨、柳	叶
鳞翅目	斑蛾科	梨星毛虫	梨、山楂、海棠	叶
鳞翅目	卷叶蛾科	梨小食心虫	桃、杏、梨、苹果、山楂	果实
鳞翅目	窗蛾科	石榴茎窗蛾	石榴	嫩梢
鳞翅目	螟蛾科	桃蛀螟	桃、柿、松、板栗、柑橘、苹果	果实
鳞翅目	螟蛾科	黄杨绢野螟	瓜子黄杨、雀舌黄杨	叶
鳞翅目	尺蛾科	枣尺蠖	枣、梨、苹果	叶、芽
鳞翅目	尺蛾科	槐尺蠖	槐	叶
鳞翅目	枯叶蛾科	杨枯叶蛾	杨、柳、李	叶
鳞翅目	蚕蛾科	桑野蚕	桑	叶
鳞翅目	天蛾科	霜天蛾	泡桐	叶
鳞翅目	灯蛾科	白灯蛾	柳	叶
鳞翅目	夜蛾科	黄地老虎	泡桐、松、杉	根
鳞翅目	夜蛾科	小地老虎	杨、松	根
鳞翅目	夜蛾科	鼎点金刚钻	杨、柳	叶
鳞翅目	夜蛾科	棉铃虫	泡桐、木槿	叶
鳞翅目	夜蛾科	银纹夜蛾	泡桐、竹	叶
鳞翅目	毒蛾科	黄尾毒蛾	杨、桑、苹果、梨、桃、李、柿、樱桃	叶
鳞翅目	毒蛾科	柳毒蛾	杨、柳	叶

尺蠖

白灯蛾

小地老虎幼虫

霜天蛾

黄尾毒蛾

桃蛀螟

大袋蛾

白杨透翅蛾

黄杨绢野螟

（二）林木病害名录

名称	拉丁名	寄主	为害部位
桃褐斑穿孔病	*Cercospora circumscissa*	桃、碧桃	叶
苹果褐斑病	*Marssonina mali*	苹果	叶、果
葡萄灰霉病	*Botrytis cinerea*	葡萄	花穗、果、叶、新梢
女贞褐斑病	*Corynespora* sp.	女贞	叶
杨树黑斑病	*Marssonina populi*	杨树	叶
柿树角斑病	*Cercospora kaki*	柿树	叶
槐树腐烂病	*Fusarium* sp.	槐树	干
白蜡褐斑病	*Cercospora fraxinites*	白蜡	叶
木瓜叶枯病	*Septoria* sp.	木瓜	叶
核桃腐烂病	*Cytospora juglandis*	核桃	干
石榴果腐病	*Zythia versomiand*	石榴	花、果、枝
月季黑斑病	*Actinonema rosae*	月季	叶
梨轮纹病	*Plternaria mali*	梨	果、干
竹丛枝病	*Balansia take*	毛竹	枝、叶
杨煤污病	*Capnodium salicinum*	毛白杨	叶
紫薇煤污病	*Capnodium* sp.	紫薇	叶
刺槐白粉病	*Microsphaera baumleri*	刺槐	叶
白蜡白粉病	*Uncinula eraxini*	白蜡	叶
葡萄白粉病	*Uncinula necator*	葡萄	叶
月季白粉病	*Sphaerotheca pannosa*	月季	叶
柳树腐烂病	*Valsa sordida*	柳树	干
杨树腐烂病	*Valsa sordida*	杨树	干、枝
合欢锈病	*Ravenelia japonica*	合欢	干
桑树污叶病	*Clasterosporium mori*	桑树	叶
银杏叶枯病	*Pestalotia sinensis*	银杏	叶
雪松枝枯病	*Dothio rella gregaria*	雪松	枝
泡桐腐烂病	*Vagsapaulowniae miyabeet*	泡桐	干
杨树花叶病	*Poplae Mosaic Virus* (PMV)	杨树	叶
毛白杨皱叶病	*Eriophyes diepar*	毛白杨	叶

核桃炭疽病

大叶黄杨白粉病

女贞褐斑病

柳树冠瘿病

苹果炭疽病

月季白粉病

（三）有害植物名录

序号	名称	科属	拉丁名	类型	分布
1	藜	藜科	*Chenopodium album*	一年生草本	各县（区）
2	槲寄生植物	桑寄生科	*Viscum* sp.	常绿半寄生小灌木	各县（区）
3	苍耳	菊科	*Xanthium sibiricum*	一年生草本	各县（区）
4	冬葵	锦葵科	*Malva criapa*	一年生草本	各县（区）
5	狗尾草	禾本科	*Setaria viridis*	一年生草本	各县（区）
6	加拿大一枝黄花	菊科	*Golden-rod*	一年生草本	各县（区）
7	菟丝子	旋花科	*Cuscuta chinensis*	一年生草本	各县（区）
8	车前草	车前科	*Plantago asiatica*；*Plantago depressa*	一年生草本	各县（区）

苍耳

车前草

狗尾草

加拿大一枝黄花

菟丝子

冬葵

藜

编后记

在志书编纂委员会领导下，通过全系统上下共同努力，历经近两年时间的《漯河市林业园林志》编纂工作，在时间紧、任务重、难度大、首次编写无经验可鉴、且时间跨度长达27年、按志书体例要求，高质量编写的前提下，完成本部志书的编纂实属不易，今终可付梓，不久将与大家见面。

本志书初稿共收集各类资料120余万字、图片表格1400多幅（张）。成书后共收录文字约50万字、图片约470幅、图表约90张。

在《漯河市林业园林志》编纂过程中，局属各单位、机关各科室，县（区）林业局，建设局（园林处）领导高度重视，从各方面大力支持。志书编写人员认真负责，不辞辛苦，提供大量丰富翔实的资料。为确保志书质量，编辑部工作人员多方深入走访、查阅档案、收集资料、召开座谈会及培训会，按志书章节编纂内容，邀请有关专家亲临指导，提出意见或建议，先后六易其稿，不辞劳苦。为提升志书质量和水平，抽调具有较高文字功底人员，集中人力、集中时间，对志书反复进行修改、完善、提高，付出辛劳。局志书编委会多次召开会议，听取汇报，提出意见。编委会主任、主编宋孟欣多次召开编辑人员会议，研究解决问题，并经常过问，精心审阅，提出指导性意见。市史志档案局领导多次来局亲临指导，给予大力支持，在此一并表示感谢！

因多年来市、县（区）林业园林机构变化频繁，致使部分档案资料遗失，加之编者人员水平有限，难免有纰漏之处，敬请批评指正。

《漯河市林业园林志》编辑部

二〇一三年十月

主编简介

宋孟欣，男，汉族，1962 年 8 月生，河南许昌人，中共党员，本科学历。1982 年 7 月参加工作；1986 年 4 月～ 1994 年 12 月漯河市教育委员会工作；1994 年 12 月漯河市源汇区干河陈乡挂职锻炼；1997 年 1 月漯河市源汇区人民政府工作；1997 年 12 月任漯河师范学校党委副书记；2001 年 5 月任漯河市民政局党组成员、副局长；2004 年 12 月任漯河市人民政府副秘书长；2007 年 4 月任漯河市林业园艺局党组书记、局长，2010 年 1 月任漯河市林业和园林局党组书记、局长。

先后荣获“全国生态建设突出贡献奖先进个人”“河南省社会主义新农村建设先进工作者”“河南省绿化奖章”“河南省五一劳动奖章”“漯河市优秀机关党建第一责任人”“漯河市人民满意的公务员”荣誉称号，荣立漯河市人民政府二等功一次、三等功一次。

编著或参与编写《河南省古树名木》《河南省漯河市森林城市建设总体规划》《漯河市“十二五”林业发展规划》《漯河市园林绿化“十二五”规划》《河南省漯河市沙河国家湿地公园总体规划》《漯河市林业生态效益价值评估》《漯河市林业园林科技》《漯河市林业园林志》《漯河市林业生态市建设提升工程规划（2013 ～ 2017 年）》《漯河市绿地系统规划（2013 ～ 2030 年）》。